# 社会秩序の起源

## 「なる」ことの論理

桜井 洋

新曜社

目次

装幀　鈴木敬子（pagnigh-magnigh）
組版　武　秀樹

# 序論

本書は理論社会学、とりわけ複雑性理論における探求の書である。長い間、理論社会学における最大のテーマは、個人と社会の関係をどのように理解するかという点にあったと言ってよいだろう。社会学の主題である社会秩序は、一方で諸個人の間の相互行為の集積として理解され、他方で個人に言及せず、構造、システムとして理解されてきた。前者の理論は方法論的個人主義、後者のそれは方法論的集合主義と呼ばれる。それはミクロとマクロの対比であり、それゆえ個人と社会の関係は、ミクロ・マクロリンクとも呼ばれている。このミクロとマクロの二つの見方は、単にスケールの相違ではない。対象のスケールの相違なら、ミクロな対象はミクロに分析し、マクロな対象はマクロに分析すればよく、この二つの方法は両立するのであり方法論的な対立には結びつかない。それゆえこの「対立」とは、スケールの問題ではなく、個人とシステム（制度、集団など）のいずれにリアリティを認めるかという、存在論にもとづいているのである。

しかし近年の社会学的思考の流れは、個人あるいは社会という存在のリアリティそのものを問題にしつつあるように思われる。後述する関係性の社会学の研究者の一人ムスタファ・エミルベイヤーは、次のように述べる。

「社会学者は今日、基本的なジレンマに直面している。それは社会的世界を主として実体からなると見るか、過程からなると見るか、あるいは静的な『もの』からなると見るか、動的な、展開する関係からなると考えるか、というジレンマである。社会学的コミュニティの大半は暗黙裡にあるいは明示的に、前者の観点を選好し続けている。合理的選択理論、規範モデル、様々な全体論と構造主義、統計的『変数』分析などのすべては、最初に来るのは実体であり、それらの間の関係はそれに続いて生じるにすぎないという考えのおかげで、この学問の多くの部分を支配している。しかし、研究者たちはますます、可能な別の分析、すなわちこの基本的な仮定を反転し、その代わりに社会的リアリティを動的で連続的で過程的な用語で記述する方法を探求している」(Emirbayer 1997: 281)。

ここで述べられている対比は、個人と社会あるいはミクロとマクロのそれではない。それは静的な「もの」と動的で展開する運動の対比であり、前者から後者への観点の転換が現代社会学の大きな流れであると考えられる。後者の動的な運動は個人とその行為と重なるように思われるかもしれないが、そうではない。後述するように、個人という概念こそが、典型的な「もの」として考えられてきたからである。本書のテーマはまさにこの転換に関係している。すなわち本書の目的は、個人の心的秩序と社会秩序を静的な「もの」としてではなく、運動あるいは生成として理解する理論を構築することにある。今後、静的な「もの」を「存在」、運動と生成を「ダイナミクス」という用語で表現することにしよう。方法論的個人主義における「個人」と、集合主義における「社会」の双方は、静的な「もの」、すなわち「存在」と考えられてきた。本書の理論は個人と社会の双方をダイナミクスとして理解しようとする。

存在からダイナミクスへの視点の転換は、ポスト構造主義と呼ばれる思考と関係している(1)。ポスト構造主義といっても多様だが、その焦点は、「主体」と「真理」の概念の批判であったといえるだろう。近代という時代においては西欧の思想がどの分野でも圧倒的な影響をもっていたが、ポスト構造主義は西欧思想の真剣な自己批判である。主体と真理の概念は西欧の思考の核心にある考え方であり、しかも重大な問題をはらむものとして取り出された。主体とは、たとえばしばしば言及されるデカルトの「われ思う」の「われ」がそれであり、それはそこから様々な「思うこと」が流出するが、それ自体は不変であるような能動的な生産者であり、同一性をもつがゆえに静的な「もの」として考えられた「存在」である。存在としての主体は個人にとどまらず、マクロ社会学における基本概念である社会システムもまた、主体の概念であると考えられる。それゆえ主体という考えは、ミクロの個人とマクロの社会システムの双方に妥当する思考法なのである。ポスト構造主義の主体批判を承けつつ、現代社会学の流れは、主体を存在ではなくダイナミクスの観点から理解しようとする方向におおむね向かっているといえるだろう。

他方、真理の概念は、確固とした不変の秩序を意味している。この概念はキリスト教の真理の概念やプラトン主義に起源をもつ。個人については自己保存あるいは自己利益が真理として考えられてきたし、マクロ社会学では構造、システム、規範などの概念が、真理とまではいかないにせよ何らかの確固とした秩序を意味してきた。個人と社会の双方におけるこの確固たる秩序概念を、より可変的で流動的なダイナミクスとして理解しようとすることもまた、現代社会学の流れであるといえるだろう。後述する関係性の社会学と複雑性理論(2)は、この流れの代表的なものと考えられる。本書の内容は主体（存在としての個人と社会システム）と真理（確固とした秩序）の二つの概念を、ダイナミクスの概念で置き換えるものである。

本書における研究は、われわれが使用する理論の言語についての批判的な考察から始まる。言うまでもなく言語は思考という営みの根幹に関わっている。思考は言語によって行われるのであり、それゆえ思考に対する言語の影響に対して、われわれは自覚的でなければならない。このことは二〇世紀における「言語論的転回」を経た現代では、自明の事実である。それぞれの言語にはその言語特有の発想があり、さらには世界観がある。一般に自然科学は科学の言語として構築された数学を使用するが、人文科学や社会科学の大半は日本語や英語のような自然言語を使用している。それゆえこれらの学問は、それぞれの自然言語がもつ世界観の影響を受けやすいのである。近代以来、思想的な営為においては西欧文化の影響が際立っていたが、西欧語を使用する思考には、その言語独特のバイアスが不可避的にかかることになるだろう。このことは社会学のような自然言語を使用する学問においては致命的である。

日本語を使用する思考においては、さらに独自の事情がある。西欧に成立した理論的思考は、日常的に使用される自然言語を反省的に再構築した言語によって行われる。たとえば「存在」という概念は日本語ではいかめしい趣をもつものであり、日常的にはあまり使用されない、理論的思考のための専用語である。だが西欧語で「存在」を意味するSeinにしてもbeingにしても、それらは日常語なのである。日本における近代の初頭に流入した異文化としての西欧文化を理解するために、当時の日本人は翻訳語を作り出した。それは主として漢字二字の熟語であり、日常言語からは乖離した、理論的思考のための専用語だった。柳父章はこの間の事情を、

「翻訳に適した漢字中心の表現は、他方、学問・思想などの分野で、翻訳に適さないやまとことば伝来の日常語表現を置き去りにし、切り捨ててきた、ということである。そのために、たとえば日本の哲学は、私たちの日常に生きている意味を置き去りにし、切り捨ててきた。日常ふつうに生きている意味から、哲学などの学問を組み立ててこなかった、ということである」(柳父 1982: 124)

と指摘する。私は柳父の主張に同意する。明治以来日本の思想は西欧の思索の輸入と翻訳であったと言っても過言ではない。現在、日本語による理論的思考に使用されている用語の大半は柳父の言う翻訳語なのであり、それら翻訳語を使用する思考は、所詮は借り物となってしまう。

世界には多様な言語があり多様な世界観がある。現在ではよく知られているように、近代において支配的であった西欧の世界観はじっさいには普遍的なものではなく、様々な見方のうちの一つである。日本語や日本文化はあいまいである、とよく言われる。だがそれは西欧文化を規範としての判断ではないだろうか。主として自然言語で行われる人文・社会科学の領域で思考が深みに達するためには、思考は母国語で行われる必要があるだろう。本書は日本語で書かれているので、日本語の水脈から思考の源泉を取り出していこうと思う。だがそれはナショナリズムを意味してはいない。現代のように国際化した世界では、それぞれの言語による思索は、他の言語を使用する人にも理解可能でなければならず、そのような形で国際的な協働が達成されなければならない。世界は多様な世界観を含みつつ、一個

の知の共同体であるべきである。

「存在から運動と生成へ」という転換において、日本語による思考は大きく貢献できると思われる。言語学者の池上嘉彦は、西欧語を「する」言語、日本語を「なる」言語として特徴づけた。詳しくは後述するが、西欧語は多様な事象を、ある固定的な存在が何かを「する」という形で表象するのに対して、日本語では、ある全体が「なる」という形で生成すると考えるのだという。この「する」という考え方は西欧形而上学の基盤であった「主体」の概念とうまく対応している。「する」言語は「する」主体を必然的に要請するからである。そうだとすれば、西欧の主体概念は、西欧語の構造によって大きく影響されているのではないかと想定できる。日本語では事象を「なる」という形で表象するので、主体の概念からはある程度の自由度をもつことができる。そこで本書は日本語の「なる」という発想を「なることの論理」へと理論化し、それを個人と社会の理解に応用する。しかし現代はグローバルな時代であり、社会学理論もグローバルな場面で理解されなければならない。そのために必要なのは、日本語による思考の内容を概念によって論理化・抽象化し、その内容を他の言語でも理解可能にすることである。すなわち日本語による思考を理論化することによって、他の言語によっても理解可能にすることが必要である。日本語による思考はこれまではあいまいさに安住し、他者への理解可能性の追求を回避してきたのではないだろうか。グローバル化の時代には、少なくとも日本語による学問的思考は、その特質を維持したままで、他者に理解可能な言葉として伝えられる必要がある。

本書は「なる」ことを論理的に表現する理論として現代物理学の場の概念と、同じく現代物理学から派生した複雑性科学を取り上げ、この二つの理論を応用して心と社会の理論を構成しようとする。社会秩序がそこで展開する場面として、従来は集団という用語が用いられ、さらに洗練された社会システムの概念が用いられてきた。だが最近では、おそらくはすでに述べた秩序の動的な性質へのいっそうの関心から、場 field の概念が使用されている。この場の概念は特にピエール・ブルデューと、組織論および社会運動論の研究者たちによって使われている。この場の概念は、市場やスポーツの競技場のイメージであり、その場に固有の価値を求めて多数の行為者たちが競争するというイメージである。本書における場の概念はこれとはまったく異なるもので、現代物理学の力の場の概念を応用する。ブルデューや組織論における場の概念は典型的な「する」論理にもとづくものであるのに対し、本書が使用する場の概念は「なる」過程を理論化するために用いられている。

物理学における場の概念は本質的に動的であり力学的である。今後、心的秩序や社会的秩序の運動が力学的な場として記述されるのだが、その原理として採用するのが、社会学における複雑性理論である。複雑性理論の対象は、無数のミクロの要素の相互作用からマクロな秩序が創発する過程である。この過程をコントロールする中枢、言いかえれば「する」主体の存在が仮定されない。この秩序形成の過程は、自己組織的な創発の過程であり、その原理が後述する並列分散処理である。このように自己組織性、創発、並列分散処理が複雑性理論の要である。この過程は典型的な「なる」過程であり、それゆえに複雑性理論は「なる」ことの論理の定式化として最適であると考えられる。

さらに、複雑性理論は秩序という根源的な概念にも新たな提案を行う。すでに述べたように西欧思想の影響下にあった伝統的社会学では、社会秩序は確固とした規範や価値と考えられてきた。それに対して社会学の複雑性理論の基盤である物理学における複雑性科学に見られる秩序概念は、実現する可能性が低い状態が、それにもかかわらず実現していることとして考えられる。それはすなわち、秩序の確率的な定義である。伝統的な社会学は秩序を定常的で安定した状態と考えてきたが、この熱力学的な秩序概念では無秩序こそがもっとも安定的であり、それゆえ秩序は根本的に不安定で動的なものであると考えるのである。それゆえ、カオスの概念は複雑性科学のもっとも重要なキーワードの一つであった。社会学にとっては、秩序とは本質的に不安定で可変的なものであり、安定状態は一時的なものであると考える方が、はるかにリアリティがあるだろう。かつてのパーソンズの社会システム論では定常状態が基本であり、社会変動はそれからの逸脱であった。本書の考え方では社会秩序は本質的に動的で不断に変動しつつあるものとみなすのである。

物理学における場とは重力や電磁力のような力の場であり、複雑性理論を場の概念から構成する本書では、組織する力を考える。すでに述べたようにもっとも安定的で生起しやすい状態は無秩序である。それゆえ秩序状態が実現しているなら、それは何らかの力によるものであると考えるのである。複雑性科学では秩序とは形（パタン、組織）を意味するから、この力は自己組織性の力、形態形成の力であり、本書ではモーフォジェネシス morphogenesis（形態形成）という用語を用いる(3)。ここでいう形（パタン）、すなわち秩序とは、システムや構造でもある。システムや構造はすでに確立した変数の組を意味する。そのような関係が生成するのが場であり、それゆえに場はシステムや構造より基本的な概念であり、形態形成の力とともに定義されるのである(4)。

社会学で過程を重視する立場は相互行為論と呼ばれている(5)。しかし相互作用はすでに一つの社会秩序にほかならない。それゆえに相互作用から社会秩序を説明する方法は、論点先取である。社会秩序への問いとは、相互行為の可能性への問いなのである。それゆえにこの問いは、相互行為という事実から出発できない。相互行為が説明対象であるなら、そこからさらに遡る必要がある。それゆえ、相互行為、さらには構造やシステムが創発する社会秩序の根源的な場面として、場の概念が考えられるのである。こうして、本書で展開される理論は、場と複雑性科学という二つの物理学由来の概念の上に構築される。しかしそれは物理学によって社会的な、あるいは心理的な対象を説明することではない。そのようなことは端的に不可能である。このことを最初に断っておかなければならない。当然のことながら、重力や電磁力という物理的な力の概念には、社会的な過程を説明する能力はあり得ない。本書で試みるのは物理学の場と力の概念の思考法を借りて、社会学に固有の対象を記述し説明することである。したがって本書の内容は物理学の社会学への応用ではなく、物理学の概念に示唆された形での、社会学理論である。

最後に本書の構成について一言説明したい。第Ⅰ編では本書全体の基盤となる理論が導入される。その第1章では、特に「する」と「なる」という二つの秩序原理について考察し、さらに2章の理論の前提となる議論を行う。続く第2章では、場の概念と複雑性理論の概念が説明される。第Ⅱ編と第Ⅲ編はその理論をそれぞれ心的秩序と社会的秩序に応用するものである。なお、引用文における強調部分はすべて原文による。

注

（1）ポスト構造主義といってもフーコー、ドゥルーズとガタリ、デリダその他、多様な思想が並列的に展開してきたのであり、一括して「ポスト構造主義」と呼べるような体系的な思想があるわけではない。とはいえ表現の便宜のために、今後もこの、やや不正確な用語を使うことにしよう。

（2）複雑性理論の詳細は後述するが、それは自然科学における複雑性科学の影響を受けた社会学理論である。複雑性科学については本編の第2章で詳述するが、物理学における熱力学に起源をもち、自己組織性、複雑系、複雑性科学、非線形力学など様々な名称で呼ばれている。最近の社会学の文献では、自然科学におけるこの種の理論を複雑性科学、社会学における理論を複雑性理論と呼ぶのが慣用になりつつあるように思われるので、本書でもこの用語を踏襲する。

（3）モーフォジェネシスの概念を社会学で初めて使用し、それに本質的な意味を認めたのは社会学者ウォルター・バックリーである（Buckley 1967）。彼はモーフォスタシス morphostasis とモーフォジェネシスを対照させ、後者を重視した。彼は社会秩序として定常的な構造を考えているので、彼の定義では前者は構造維持、後者は構造生成を意味する。本書ではモーフォジェネシスは構造形成にとどまらず、いっそう広く過程の形態形成を意味する。

（4）秩序の核心を組織と見ることは、いわば実在から関係あるいは組織への観点の移動であり、二〇世紀の科学の中心的なテーマであった。社会学でもバックリーは新たな科学の成立を、本質から組織への主題の移動に認める。彼は現代のシステム論という「この科学的世界観は、物理および生物科学における概念化の間の不断の弁証法の結果であり、固有の実質、性質あるいは特性への関心を離れ、組織される対象ではなく組織そのものの原理を中心的な焦点とする方向へと進んだ」（*ibid.*: 36）と述べて組織の中心性を強調する。

（5）バックリーはパーソンズの構造‐機能理論に反対して相互作用からの秩序形成を重視する。それゆえに彼はとりわけジョージ・ミードのような象徴的相互作用論を高く評価する。だがその割には、彼の秩序概念は構造的なものに留まっている（Buckley 1967, 1998）。

# 第Ⅰ編　「なる」ことの論理

# 第1章　主体と真理

## 第1節　「する」論理と「なる」論理

### 1　「存在」の概念と言語

序論で述べた「存在」とは、通時的な同一性をもつような対象である。エミルベイヤーは、このような実体的な世界観は自然科学では近代になって取られなくなったが、社会科学では方法論的個人主義として驚くほどの活力をもって残存しているという (Emirbayer 1997: 284)。すでに触れたバックリーも、西欧のイデオロギーは圧倒的な個人主義的バイアスの上になりたっているという (Buckley 1998: 7)。ジョン・デューイとアーサー・ベントリーは「かつて物質の一部に住み込んでいたあらゆる幽霊、妖精、本質、実体は、いまや新たな家へ、ほとんどは人間の身体へ、とりわけ人間の脳へと逃げ込んだ。…(中略)…現代の心理学や社会学でいまだに使用される『行為者』としての『心』は、その不滅性をはぎ取られて風変りになった、古い時代の自己行為する『魂』なのである」(Dewey and Bentley 1949: 131) と述べているが、デカルト的な「われ」はそのような概念の典型である。

西欧の思考においてこのように実体的な存在概念が強固である理由として、キリスト教の影響を挙げる人もいる。ケネス・ガーゲンとシーラ・マクナミーは「ヘブライ、ギリシャ、キリスト教、啓蒙、ロマン主義などの、われわれの多様な関連する伝統におけるルーツに由来して、西欧文化の中にいるわれわれは、自己が最終的な源泉であるという信念を共有している。もっと詳しくいえば、われわれは個人であること、『主観的な主体性』、つまり内的な熟考と自己の行為の統制を尊重している…（中略）…われわれは主観的な主体性を人間であることの本質、アイデンティティと固有の価値の基礎と考えている」（Gergen and McNamee 1999: 6）と述べる。

エミルベイヤーはノルベルト・エリアスの「実体論的な思考は、西欧の言語に深く根づいた文法的なパタンと密接に関係している」というコメントを引いて肯定する（1997: 283）。彼は、この実体的な思考は、トマス・アクイナスの神学において頂点に達するキリスト教の教義においても典型的に見られるという（*ibid.*: 283-284）。また、社会学におけるネットワーク理論のハリソン・ホワイトは、現代のほとんどの社会科学において「人格」persons は疑問の余地のない原子と考えられているとし、これはキリスト教神学の魂という構成から知らずの内に借りて転写したものであり、社会科学に持ち越されてそれを妨げている、魂の究極的な固定性は、パウロの神学の原則であったと述べ（White 2008: 130）、この方法論的個人主義は現在でも支配的に近いという（*ibid.*: 127）。

いま触れたエリアスは、社会学的認識における言語の影響にもっとも敏感だった人である。彼は西欧的な思考において、個人はその周囲の世界あるいは社会から孤立した小さな世界と考えられているとし、それをホモ・クローザス（閉ざされた人間）と呼ぶ（Elias 1997a: 52）。それは人類学者のクリフォード・ギアツが次のように述べる人間観と同じである。

「西欧における、限定され、独自で、多かれ少なかれ統合された動機と認知の世界、さらに固有の全体へと組織され、他のそのような全体や社会的・自然的な背景と対照的な意識、感情、判断と行為の動的な中心という人間の概念は、われわれにとってそれがいかに根強いものと見えようとも、世界の諸文化の文脈においてはむしろ特殊な考えかたである」（Geertz 1979: 229）。

エリアスはこの考え方が、西欧の言語の物象化的な性格に由来すると考える。彼は、自分たちの言語（それは直接にはドイツ語であり、さらには西欧語である）が対象を「客体」として表現するように形成されているという、その「慣習的な言語手段の物象化的性質」を指摘し、それが社会の概念や思考方法にも表れているという（Elias 2006:

12-13)。エリアスは『社会学とは何か』の中で「思考と言語表現の新しい手段の必要性」という項目を設け、社会秩序を記述する言語に注意を喚起している（*ibid.*: 144-148）。その中で彼は、彼らの言語すなわち西欧語が運動や変化を表現する際に、通常は静止しているものが運動するという表現しかできないようになっているという（*ibid.*: 145）。たとえば「風が吹く」という場合に、吹く以前に「風」という「もの」が存在するかのように表象する（*ibid.*）。それは彼らの言語が名詞に焦点を置き、変化や運動はそれに対する付加的なものとして表現するからである（*ibid.*: 146）。言語のそのような物象化的性質によって、たとえば「個人と社会」というように、個人と社会がテーブルとイスのように別個で独立の「もの」として表象されてしまうとし、それが関係やネットワークの理解を大いに阻害すると述べている（*ibid.*: 147）。

社会学者のニクラス・ルーマンもこのことに気づいていたように思われる。彼は、「主語にもとづいた記述を強制し、そうした観念を示唆し、結局は古い思考の習慣に引き戻される。その結果、何らかの特性、活動あるいは関与が帰属される『もの』が重要であることになる。これはわれわれの言語のもっとも悪い特質の一つである（そのため、本書におけるシステム論のすべての叙述は不適切であり、さらには人を混乱させるものなのである）」（Luhmann 1985: 115）という。

社会学者のステフ・ローラーはエリアスを引きつつ述べている。

> 「エリアスが言うように、西欧の人間は自らを自己の小さな自己閉鎖的な世界——エリアスの用語ではホモ・クローザス——として考えることに慣れている。しかし、上述のように、このことは、これとは別の考え方を抑圧することを意味していた。その別の考え方とは、人間を他者との関係において理解し、それゆえアイデンティティを個人の内面ではなく諸個人の間で形成されるものと理解するものである。この考え方は、再びエリアスを引くなら、『その人生を通じて本質的に他者に志向し依存するものとして人間を概念化する。人間の間のこの相互依存のネットワークが、人びとをつなぐのである。このような相互依存はここでフィギュレーション figuration

と呼ばれているもの、すなわち相互に志向し依存する人びとの構造の結合体である。…（人びとは）、あえていえば、複数性として、フィギュレーションとしてのみ存在する』（Elias 1994: 213-214）。『あなたがいなければ、私は無だ』。他者との結合がなければ、われわれの誰一人として、いま現在の自分自身にはなれないのである。しかしながら、西欧における個人の概念は、この複雑な相互依存の大規模な抑圧の上になりたっており、本質的には社会的世界の外部に存在するアイデンティティのモデルを示唆しているのである。エリアスが示唆したように、社会学的分析はこの考え方を組み入れるのではなく、これを批判しなければならない」（Lawler 2008: 7-8）。

後述するように、存在を主語とする言語形式は、独立して存在する何らかの「もの」が何かを「する」という記述の形式をもっている。何かを「する」という表現はそれを「する」主体を必然的に要請する。一部の社会学者は、「する」論理に代えて「なる」論理を使用することで、存在概念のもたらすアポリアを避けようとする。たとえばグレアム・チェスターズとイアン・ウェルシュは複雑性理論を社会運動論に適用し、「なる」ことを強調する（Chesters and Welsh 2006: 8）。しかしこれまでのところ、「なる」ことの論理についての関心は大いに表明されているが、その論理が明瞭に定式化されたことはないと言ってよいだろう。後述の関係性の社会学のニック・クロスリーはその著書『間主観性』に「社会的ななることの組織 The Fabric of Social Becoming」という副題をつけている。この副題からすると、この本では「なる」ことの論理が定式化されていそうに思えるが、それは一切なされていない。こう見ると、西欧の思想的伝統と「なる」という発想には折り合いが悪いところがありそうである。

複雑性理論のポール・シリエルスはこの点に関して、「西欧の知的伝統を通して、ほとんどの哲学的立場は秩序と構造の自発的な創発に対して懐疑的であった。そのような創発についての合理的な説明がなかったために、何らかの組織するエージェント――（究極的な設計者としての）神あるいはその他のアプリオリの原理――が通常は仮定された」（Cilliers 1998: 89）と述べている。この引用で彼が言う「秩序と構造の自発的な創発」、すなわち秩序の生成が、私が考える「なる」ことの論理である。近代において圧倒的な影響をもってきた西欧の思想が、西欧語という特定の言語に誘導される表現法、あるいは文化をもっていたとすると、それは大きな問題である。本書における思考は、思考を導く言語に焦点を合わせることから始まる。いま述べた、「存在」としての主語を今後、存在論的主語と呼び、それに対応する述語を存在論的述語と呼ぼう。それらは経験的に得られたものではなく、西欧語から誘導される文化的アプリオリである。存在論的主語は、世界から独立して実体として存在する要素を指示し、存在論的述語は合理性など、真理として表象される状態を指示する。

## 2 「する」言語と「なる」言語

序論で述べたように、認識と言語の相関関係は現在では広く認められている。前の項で述べたことは、西欧の一部の研究者たち自身が、西欧語のもつ言語的特性のために、彼らが「する」主体という考え方をアプリオリに前提しやすいことに気づき始めているということである。先に述べたように、この問題にとりわけ深い関心をもったエリアスはそれをホモ・クローザスと呼んだ。われわれは言語の制約から完全に自由になることは不可能であるとしても、少なくともそうした制約に対して自覚的でなければならない。

世界に無数に存在する言語は、それぞれに固有の世界観をもつだろう。言語学者の池上嘉彦は、世界の多様な言語を、「する」言語と「なる」言語に大別した（池上 1981）。池上によれば、「する」言語とは、世界の状態を描写する際に、世界の内部に存在する、互いに独立しそれ自身の同一性をもつ「個体」に準拠した視点を取る言語であり、その言語では、主語としての何らかの孤立した個体が何らかの動作を「する」という記述が中心になる(1)。言いかえれば、世界を独立の個体の集合として理解するのである。したがって「する」言語的な描写では、状態の変化はある同一物が場所を変えていくということとして記述されるのであり、存在者の通時的な同一性が世界記述の前提となる。

他方、「なる」言語では、世界の記述に際して、孤立的な個体よりもむしろ状況・状態全体の連続的な様相に注目し、状況の全体が「なる」あるいは変化する、と考える。ここでは変化は個体のそれではなく、状態の全体の変化である。池上によれば、「なる」言語は、「動いている個体そのものにだけもっぱら注目する代わりに、その動く個体を含む環境全体に視点を合わせ、動いている個体はその環境という全体を構成する一部として捉える」（同：255）、「〈なる〉は主体の意図的な働きという意味合いを排除する」（同：198）のである。まとめて言えば、「ある出来事が言語的に表現される場合、（A）その出来事の中から一個のアイデンティティを保っていると認められる項を析出し、それに焦点を当てて表現するやり方と、（B）そのような項を想定しないで、出来事を全体として捉えて表現するやり方」（同：98）の二つである。（A）が「する」言語の発想であり、（B）が「なる」言語のそれである。池上によれば、たとえば英語を含む欧米語は「する」言語であり、日本語は「なる」言語である。

「する」言語においては、「場所の変化」という考えが典型的に妥当するのは、変化するものが不連続すなわち離散的 discrete で、それぞれが同一性をもつ個体である場合である（同：253）のに対して、この個体の個体としての独立性（つまり不連続性・離散性）が失われれば失われるほど、その「変化」は「場所の変化」としてよりも「状態の変化」として理解されることになる（同：254）。「する」言語と「なる」言語の相違は、大ざっぱにいえば、日本語における「もの」と「こと」の相違と重ねることができる。

「〈こと〉とは要するに命題的な存在、〈もの〉とは〈項〉的な存在を意味するというふうに解されてはならない。〈こと〉であることの本質は、〈もの〉的な要因をすべて全体の中に融解し去っているということである。それは連続体の一部にすぎない。連続体的なイメジをその本質的な姿において帯びるものとして、〈こと〉は〈変化〉の様相において捉えられた場合には〈なる〉的な性格を示すはずである」（同：260）

と彼は言う。そして、日本語では動作主はしばしば場所として表現されるという（同：200）。

池上のこの区別はきわめて興味深いものである。彼の議論が正しいとすれば、日本語による思考は世界を連続体としてとらえ、個体は連続体の一部にすぎないものとして表象されやすいだろう。それに対して欧米語による思考は、世界を離散的で相互に独立の、それぞれが同一性をもつ個体からなるものと考え、世界における秩序はそれら個体の間の関係と考えやすいだろう。哲学者の坂部恵は、「どちらかといえば、主－客、自－他等の区別が外延的排他的な体験層をより多く表出する西欧語と、むしろ、主－客、自－他等の区別のまだ定かでない原初的な体験層により多く定位して、そうした体験層と日常のより分節化の進んだ体験層との連続性を表出するに適した日本語の表現のちがい」（坂部 1989: 91）を指摘しているが、ここでも「外延的排他的」とは「もの」あるいは存在の特性であり、「体験の連続性」とは「なる」という形で生成する場であるといえるだろう。

哲学者の大森荘蔵はその名著『物と心』において、西欧語のもつ「主語－動詞－補語」の構造が、われわれを「主観－作用－もの」という分節へと誘い、主観、作用、ものがそれぞれ独立して存在するという表象を生むのであると述べ、しかしこの後者の分節は誤りであることを主張する（大森 1976: 22）。大森によれば、「私がAを見る」という事態は主観・作用・対象からなる事態ではなく、Aが私にじかに立ち現れていると考えるべきなのである。これは「大森哲学」の中心的な命題である。したがって「私がAを見る」という文章は主語、動詞、補語という項へ分解不可能なものと考えられなければならない。この大森の考え方を別の言い方でいえば、西欧語の表現形式は池上の言う「する」言語として、存在としての主体と対象に焦点を当てる傾向が強いために、主語、動詞、補語あるいは対象をそれぞれ「存在」化しやすいのである。そこで「主観あるいは主体」「作用」「対象」という「存在」があると考えられてしまう。現に、中村雄二郎も述べるように、西欧形而上学とは「存在」についての思想であった（中村 1998: 337）。

池上は「行為」とactionの概念を比較する。通常は社会学では行為とactionは、ほぼ同じ意味であると考えられているだろう。しかし池上によれば「行為」は自動詞的な意味が中心であり、actionは他者に働きかけるという「する」観点、すなわち他動詞的な意味が中心である。さらに、日本語では自動詞が中心であり他動詞は自動詞に対象が付加されたものであるのに対して、英語は他動詞中心であり、自動詞は不完全な行為を想起させるという（Ikegami 1991: 305）。ここでも「なる」言語と「する」言語の相違は明瞭である。さらに、通常は「なる」はbecomeと同様の意味に解釈されるが、池上はその相違を次のように指摘する（*ibid*.: 318-319）。英語の become は全体の変化に必ずしも焦点を置くものではなく、「何が」なるのかという対象が明瞭であるのに対して、日本語の「なる」は全体の変化に明確に焦点を合わせている。たとえば、「結婚することになりました」「このような取り決めになった」と言う場合に、「なる」は使えるが become は使えない。すなわち、become は離散体としての存在の変化に照準しているのである。すなわちそれは、ある「存在」が、「なる」ということを「する」という表現なのである。

こうして、「する」言語では同一性をもつ存在としての要素に焦点が当てられ、「なる」言語では全体的な場に焦点が当てられる。この結果、世界、人間、社会についての世界像は、双方の言語に応じて、異なったものになりうるのである。以上で述べた池上の「する」言語という指摘は、これまで挙げた社会学者たち、とりわけエリアスの主張とぴたりと重なると思われる。「する」言語はエリアスが批判する名詞中心主義にもとづいている。とすれば、日本語の論理あるいは発想法は、「なる」ことの論理を定式化することに役立ちそうに思える。それが、本書が行おうとすることである。とはいえ、それは容易ではない。グローバル化が進行する現代では、社会学的な知は、多様な言語を使うあらゆる人びとに共有されなくてはならない。そのためには、日本語の「なる」という発想の核心を抽象的な概念として取り出し、どの言語でも表現可能なものとしなくてはならない。このことに役立つのが、現代物理学における概念である。

## 3　ラグランジュ記述とオイラー記述

池上の上記の区別は日常言語についての区別であるが、われわれは現代物理学、特に流体力学において、上記の区別と重なる記述法の区別を見出すことができる。現代物理学は状態の記述に関して、二つの異なる記述を用いている。たとえば台風について記述する場合を考えてみよう。気象情報としてわれわれに親しいこの例において、二つの典型的な記述様式が存在する。一つは「台風の進路」を描く場合であって、特定の台風の進路を時系列に沿って通時的に示した図が示される。たとえば「台風一号」の数日前から今日にいたる軌道の記述がそれに当たる。他方は台風の衛星画像の場合であって、特定の時点における台風を雲の分布として記述するものである。物理学では前者の記述はラグランジュ記述 Lagrangian description, 後者のそれはオイラー記述 Eulerian description と呼ばれている（巽 1995）。

ラグランジュ記述では、特定の台風の同一性が前提されている。台風とは気圧のダイナミクスであり、その実体は刻一刻と変化する重力場である。しかしラグランジュ記述はこの台風を一個の独立した「存在」と見て、その通時的な同一性を考える。これによって「台風の進路」という描写が可能になるのである。他方、オイラー記述の場合は何月何日何時何分における日本というように特定の時間と空間が同定され、この場における力の分布として「台風」が描かれる。この場合、「台風」それ自身の同一性は必要とされない。この観点では台風はどこかに存在する「もの」ではない。通常は低気圧の領域を「台風」として考えるが、その場所の気圧が低いというのは相対的な問題であり、周囲の気圧に対して低いということにほかならない。それゆえにある場所の気圧が低いということは、周囲の気圧が高いことでもあり、台風とはこの気圧の差異において生じる現象である。つまり周辺の高い気圧も、台風をなりたたせる条件である。もし周辺の気圧が中心と同じなら台風は存在しない。この意味で、台風は場の全体のダイナミクスなのである。

このように、ラグランジュ記述では個体的な同一性を前提し、この同一性は他の存在と明確に区別されなければならない。これは言いかえれば、世界を、相互に明確に区別しうる個体としての離散体 discrete body の集合と見る見方である。これに対して、オイラー記述は世界を力の連続的な分布からなる一個の連続体 continuum と見るのであり、それは連続体力学 continuum mechanics の基盤となっている。オイラー記述は、「個々の粒子の振舞いではなく、各時刻における連続体の場全体の様子を見渡す記述法」（巽 1995: 7）なのである。

物理学では、物質を原子・分子などの粒子の集合体と見ないで、質量・運動量・エネルギーなどが時間・空間的に連続分布していると見なすとき、その物質を連続体と呼ぶ（岩波理化学辞典）。離散体的な見方とは世界を個体から構成されると見てそれに焦点を当て、世界をそれら個体の集合として見る見方であり、他方、連続体的見方とは世界を運動やエネルギーなどが分布する一個の場として見る見方である。物理学におけるラグランジュ記述とオイラー記述は、上述の日常言語における「する」言語と「なる」言語の区別と本質的に同一であると言ってよいだろう。

「する」言語の中心は典型的なラグランジュ記述であり、世界を個別・独立で同一性をもつ離散体の集合体として描写する。それに対して「なる」言語の中心はこれも典型的にオイラー記述であり、世界を連続体的に、すなわち多様な力の分布として描写する。日本語はあいまいであるとしばしばいわれ、それは特に主語の不在に関していわれるのだが、個体に関する描写があいまいで個体としての主語が明確でないというのは、まさにオイラー記述の特質なのである。だが正確にいえば、あいまいに見えるのは個体の描写に関してであって、そうなるのは、オイラー記述はそもそも個体に焦点を合わせていないからなのであり、それはオイラー記述が場の記述だからである。それに対してラグランジュ記述は個体の同一性に関して明確である分、その個体は抽象化されなければならない。

台風についての二つの記述を比べればその違いは明確である。オイラー記述としての衛星画像は特定の時間・空間における状況を具体的に描写している。それに対してラグランジュ記述としての台風の進路の図では、「台風」という個体は抽象的な点として描かれる。それというのも、台風というのは刻一刻と変化する運動であるが、この点をラグランジュ記述では表現できないからである。ラグランジュ的記述とオイラー的な記述は、世界を記述する典型的な二つの方法であると考えてよいだろう(2)。簡単にするために、以下ではラグランジュ的あるいは「する」言語的な記述を「点記述」、オイラー的あるいは「なる」言語的な記述を「場記述」と呼ぶことにしよう。

## 4　離散体的世界観と連続体的世界観

物理学でこの両方の記述が使われることからも明らかなように、この二つの記述はどちらが優れているというものではなく、それぞれの特性と利点があり、使用するのにそれぞれ適切な場面がある。それゆえに気象情報では両方の記述が併用されているわけである。だが、日常言語においてはそのような使い分けは簡単ではないので、点記述が優越する文化と場記述が優越する文化が区別されることになる。前者を離散体的世界観 the discreet view of the world, 後者を連続体的世界観 the continuous view of the world と呼ぼう。「する」言語による文化は、世界を孤立した粒子的な、同一性をもつ離散体からなるものとして描き出し、「なる」言語による文化は世界をむしろ連続体的な場として描きやすいのである。言語が文化のすべてを決定するわけではない。だが同時に言語論的転回以後の時代のわれわれは、言語が思考と文化において中枢的な地位を占めることを知っている。言語によるこの二つの見方が、それぞれの文化と世界観に本質的な影響を与えていると考えられる(3)。

じつは物理学も例外ではなく、古典力学は自然を離散体的に見る見方の上になりたっていた。だが電磁気学の登場と相対性理論以降の現代物理学は場の概念を中心的な概念としており、その意味で連続体的な世界観によっているということができる。言うまでもなくこれらの類型は大まかな区別であり、たとえば連続体的世界観としての日本語において、点記述が使用されないということではない。個人の通時的な同一性を仮定しなければ、社会制度は不可能になってしまう。その意味でこれらは大まかな類型なのだが、しかし同時に有意味な区別であると思われる。

池上嘉彦は、英語では「する」言語的な「場所の変化」の動詞が、「状態の変化」ばかりでなく「状態」を表すことすらあるのに対して、日本語では逆に「なる」言語的な「状態の変化」を表す動詞が「場所の変化」を表すのに転用されることがあると指摘し(池上 1981: 251)、こう述べる。

「もし〈場所の変化〉が個体への注目、〈状態の変化〉が全体的状況への注目ということによってそれぞれ特徴づけられるとすると、英語のように〈場所の変化〉の動詞が〈状態の変化〉に転用する言語では、個体中心的な捉え方が本来そうでない分野にまで拡大されているわけであるし、逆に日本語のように本来の〈状態の変化〉の動詞が〈場所の変化〉に転用される言語では、特定の個体に注目するのではなく出来事全体として捉えるという見方が〈場所の変化〉の場合にまで拡大適用されているということになる」(同: 255-256)。

それぞれの言語が点記述と場記述を適切に使い分けるのではなく、どちらかの記述を優越的に使用しやすいのである。池上は日本語の「……シテイル」という表現と英語の be ~ing という表現に関して、「日本語の『テイル』が BE 本来の〈存在〉ないし〈状態〉の意味合いへの志向性が強いのに対し、英語の be ~ing は（おそらく本来は日本語の『テイル』のような意味であったのであろうが）少なくとも現代英語では〈動作〉的な色彩の強い表現形式になって来ている。」（同：62）と述べ、英語においては状態を表す概念に個体とその動作を表す概念が侵入しつつあるという。それに対して、注で述べたように、日本語の「する」は自動詞として使用されると能動的な主体を指示することをやめて「なる」と同様に状態を指示するのであり、これは日本語において個体より状態への関心が優位していると解釈できるだろう。要するに、物理学のような理論的言語とは異なり、日常言語においては点記述と場記述が単なる記述法の域を超えて、特権的な観点、すなわち世界観となるのである。少々長くなるが、一つの例を示してみよう(4)。

国境の長いトンネルを抜けると雪国であった。夜の底が白くなった。信号所に汽車が止まった。

これは川端康成の有名な作品『雪国』の、これまた有名な冒頭の文章である。一番目と三番目の文は、さしあたって問題はないと思えるかもしれない。しかし二番目の「夜の底が白くなった」という表現は、いかにもあいまいに感じられるのではないだろうか。この小説の翻訳者であるエドワード・サイデンステッカーは、上記の一節を次のように英訳した（川端 1957: 3）。

The train came out of the long tunnel into the snow country. The earth lay white under the night sky. The train pulled up at a signal stop.

「夜の底が白くなった」という箇所は、The earth lay white under the night sky と訳されている。これを日本語に直訳すれば、「夜空の下、大地は白く横たわっていた」とでもなるだろう。サイデンステッカーの訳では原文には存在しない earth と sky が付加されている。英訳では原文には存在しないこれら「大地」と「空」という離散体的な「もの」が導入され、そこに焦点が合わされているのである。これは離散体的な世界描写であるということができよう。「もの」が追加されたことによって、一見したところでは、「夜空の下、大地は白く横たわっていた」という表現は、「夜の底が白くなった」という表現より明確であるようにみえる。

しかし、一見あいまいにみえる川端による原文は場記述であると考えれば、そのあいまいさの外見は消失するだろう。小説の冒頭に置かれたこの文章は詳細な状況を語っていないが、この文章が述べている状況は、主人公が汽車に乗ってトンネルを通り、抜けたところであることは明らかだろう。つまり、この記述は主人公が眺めている車窓という場の変化を表しているのである。トンネルの中では当然ながら車窓の風景は暗黒である。トンネルを抜けた時点では、夜であるから車窓の上の部分は相変わらず黒いままだが、雪国であるので下（底）の部分は積雪のために白かったのである。英訳では、夜空の下で地面は白かったという情景が表現されている。それが原文の意味なのだろうか？しかし原文はより多くのことを意味している。

何より、原文が述べているのは白く「なった」という「変化」なのである。それは訳文には反映されていない。「白くなった」という表現は、その前、すなわちトンネルの中では「夜の底は白くなかった」つまり車窓の「全面が暗黒であった」ことを論理的に意味している。さらにこの表現は、この文章が主人公の視点からのものだとすれば、トンネルの中で主人公がこの暗黒の車窓を見つめていたことを、これまた論理的に意味している。なぜなら、仮に主人公がトンネルの中では寝ていたか、あるいは車窓を見ておらず、トンネルを抜けた時点で初めて車窓を見たのだとすれば、文章は「夜の底は白かった」というのでなければならないからである。「白くなった」というためには、主人公がトンネルを抜ける以前に車窓を見つめていなければならないのである。主人公は、トンネルの中で、暗黒の車窓を眺めていたのである。何の風景も見えない暗闇をみつめることは、ある種の心的状態ではありうることである。それゆえに原文は、主人公の心象のありかを示唆しているのである。汽車がトンネルを出た時に、暗黒の風景の底が白く染まる。だがそれはむしろ、暗黒を黒々と照らし出すための白なのではないだろうか。そして原文の記述の焦点は、「トンネルの外は雪が積もっていた」という客観的な事実ではなく、トンネルの中で暗黒の車窓風景を見つめる主人公の心象にあるのではないだろうか。そうだとすれば、原文の記述の主題は、トンネルの内部での主観的な「闇」にあるのである。

こうした事情は訳文にはまったく反映されていない。訳文に補われている「大地」と「空」という離散体的な「もの」は、記述の意味を明確にしているように思えるかもしれない。しかしこの二つの言葉を付加することによって、この箇所は「トンネルの外の風景」の客観的記述、すなわち「トンネルの外では雪が積もっていた」という記述になってしまうのである。これによって、「白くなった」という「場の変化」の様相、さらにはトンネルの中で主人公が闇を凝視する風景が無視されてしまう。これは端的に誤訳であるというべきだろう。しかしそれは単なる不注意な誤訳ではなく、日本語と英語という言語の本質に関わる誤訳なのである。「夜の底が白くなった」という原文が車窓風景の暗闇という場に焦点を合わせていると思われるのに対して、訳文はトンネルを出た時点における「もの」に焦点を置いている。川端の原文が「大地」と「空」に言及していないのは、なぜか。「夜の底が白くな」る以前の、トンネルの内部の車窓風景において、上の部分は暗黒だが、それは空の暗さではない。また車窓風景の下部もまた、大地ではない。トンネルの中では空も大地も見えないからである。その闇はトンネル内部の闇なのである。トンネルの中の車窓風景には空も大地も存在しない。だからそれらは言及されていないのである。川端にとっては、風景の「変化」がその記述の焦点なのであり、トンネルの中には存在しない空と大地への言及は端的に不適切なのである。

こうして、意外にも川端の表現は、場記述として見ると過不足のない明確で論理的な表現なのであり、そこにはあいまいさはまったく存在しないことがわかる。それがあいまいであると思えるとしたら、その判断は「点記述」を判断基準として行われているのである。かつて政治学者の丸山真男は日本語について「感覚的なニュアンスを表現する言葉をきわめて豊富にもつ反面、論理的な、また普遍的概念をあらわす表現にはきわめて乏しい国語の性格」（丸山 1961: 53）と述べたが、この判断も同様に、西欧語の点記述という世界描写を基準とした判断である。点記述の観点からはあいまいと見える描写は、場記述としては厳密に論理的であることがありうる。サイデンステッカーの訳文においては、原文の場記述が点記述に変更されており、場記述のみが与えることができる内容が消去されている。その消去された部分は、「感覚的なニュアンスを表現する」部分ではなく、論理的に明確な部分だったのである。

こうしてみると、一見適切な翻訳に思える最初の文章と最後の文章も、いま一度点検する必要がありそうである。冒頭の文章の原文と英訳を比較してみよう。

国境の長いトンネルを抜けると雪国であった。

The train came out of the long tunnel into the snow country.

英訳では原文に存在しない汽車という「もの」が追加されて主語となり、それに焦点が当てられている。汽車がトンネルを抜けて雪国に入った、というのである。さらに、英訳では「国境（くにざかい）の」という部分が省略されている。試みに、この部分を原文から取り除いてみよう。

長いトンネルを抜けると雪国であった。

この文章は原文に比べるとやや間が抜けている印象がするのではないだろうか。英訳では原文には存在しないtrainという主語が挿入されている。原文では「汽車」という主語が省略されているのだろうか？　だがそもそも、「長いトンネルを抜け」たのは、本当に「汽車」なのだろうか？　確かに、汽車がトンネルを抜けたことに間違いはない。だがこれまでに述べた二番目の文章の解釈を前提すれば、この冒頭の文章もまた場記述であり、車窓風景の変化を述べているのではないだろうか。すなわち第一の文章が車窓風景の変化の全体的な状況を述べ、第二の文章がより詳細な変化を述べる、という形で。そうだとすれば、「国境の」という文言の機能もわかりやすくなる。「国境」という境界性を示す言葉によって、この文章が「場の変化」を述べていることがいっそう明瞭になるのである。それゆえに、英訳では省略されている「国境の」という語句は、場記述のためには必要なのである。それに対して、この文の英訳は、汽車という主語がトンネルから出るという行為を「する」という形の記述になっている。では、最後の文章はどうだろうか。

信号所に汽車が止まった。

The train pulled up at a signal stop.

英文の「汽車」は点記述の主語である。それに対して原文の「汽車」は車窓風景という「場の変化」の舞台だったのである。それゆえに、最後の文章は汽車が駅に止まったという事実を単に意味するだけではなく、新たな世界への場の変化を暗示しているのではないだろうか。

以上は解釈であり論証できるようなものではない。だが英訳が一貫して「空」「台地」「汽車」という離散体的な「もの」を点記述の主語として扱い、それゆえにそれらに関する客観的な記述になっているのに対して、原文は「場の変化」に焦点があるのである。以上の考察は、日本語の方が西欧語より優れていることを述べているのではない。それぞれの文化にはそれぞれの利点と弱点が存在する。「する」言語がもたらす文化は、エリアスが述べたようなホモ・クローザスという思考をほとんど必然的にもたらす。他方で「なる」言語による思考は、個体の全体的な場への融解をもたらしうるのである。この論点は後に責任の概念を分析する時に述べられる。

## 5 存在論的背理

すでに述べたように点記述と場記述には優劣はなく、それぞれの適切な使用法がある。たとえば台風の軌道は点記述によって適切に記述される。その時、台風の具体性、つまり暴風や大雨は捨象され、台風はどの時点においても同一の抽象的な点として表現される。他方で、台風の具体的な様相は場記述で適切に記述される。このようにこの二つの記述法はそれぞれ適切な場面があるのである。しかしこの二つが混同されると、それは誤謬となる。台風の場記述は台風を特定の場の気圧のダイナミクスとして描く。気圧とは空気の質量だから、言いかえれば台風の場記述とは台風を重力場の運動として記述することである。この場記述の文法的な主語は気圧すなわち重力である。それゆえ台風という存在はその場記述の中に登場しないのである。他方、台風の点記述の文法的主語はその台風である。この点記述には気圧の分布や重力場は登場しない。このように点記述と場記述は文法的主語が異なるのであり、同じ台風についての異なる、それぞれ有意味な記述なのである。ここで場記述の中に台風を文法的主語として記述すると、それは論理的＝文法的な誤謬となる。このような誤謬を存在論的背理と呼ぶことにしよう。存在論的背理とは、場記述の中に誤って点記述の主語を導入し、それが場において因果的に作用すると考えることを意味する。すでに述べた存在論的主語とは、場記述に誤って挿入された点記述の主語である。

　この誤謬は事実的な誤りではなく、論理的＝文法的な誤りである。たとえば「台風が雨を降らす」という表現は、台風と雨の間に相互作用が存在することを意味している。だが台風とは点記述における抽象的な表現であり、雨は場記述における具体的な表現である。それゆえこの両者には相互作用あるいは因果関係は論理的＝文法的にあり得ない。場記述において雨を因果的に引き起こすのは気圧の分布である。それを抽象的に台風と呼ぶのである。それゆえ「台風が雨を降らす」という表現は厳密には背理だが、日常的な生活では厳密性は求められないからこのような表現は珍しくないし、悪くもない。しかし学問的には厳密に区別しなければならない。「台風」とは風雨の、より正確には気圧のダイナミクス「そのもの」である。それゆえに「台風」はその風雨の中に内在せず、それゆえ風雨と相互作用しないのであり、したがって台風が因果的に風雨を引き起こすということは背理なのである。だからといって、その外部にあるのでもない。抽象的な主語としての「台風」と具体的な描写としての「台風の風雨」は別の論理的＝文法的次元に属している。それゆえ両者の相互作用は論理的＝文法的に不可能なのである。

いまある特定の台風が北上しているとし、時点1では博多にあって、時点2では東京を通過していたとしよう。これは点記述による、同一の台風の軌道の記述であり、台風を離散体的な同一性において記述する。この記述法は誤りではなく、有意味な記述法である。しかし次のように考えるとアポリアに陥るのである。時点1と時点2において同一の台風であるからには、時点1と時点2において同一の台風が共通して存在するのでなければならない。ところが博多の状態と東京の状態は異なっていて、これが台風だ、という実体を見つけることはできない。台風は博多では風は吹かずに大雨を降らしたが、東京では雨は降らず、その代わり暴風であったとしよう。雨が降らなくても台風であり、風が吹かなくても台風であるなら、台風という「存在」は雨とも風とも無関係でなければならない。こうして台風から具体的な様相がはぎとられ、ついには空虚な点となる。ならば、台風というものは存在しないのではないか？このようなアポリアである。こうしたアポリアを、存在論的背理と呼んだのである。点記述による「台風」という記述は、具体的な場面の中に存在するのではない。具体的な状況は、場記述によるのであり、その中に「台風」は存在しない。だが点記述の主語としての台風は空虚な点として有意味であり、台風の軌道という概念も有意味なのである。すなわち点記述の主語は純粋な文法的主語なのであり、それを「存在」として思考してはならないのである。台風が風雨を引き起こすのではなく、台風とは、言いかえれば、すなわち別の仕方で記述すれば、風雨なのである。

　このように点記述と場記述という観点から見れば、西欧近代の思惟の中心をなし、ポスト構造主義の批判の標的となった「思考の原因としてのわれ」が同様の存在論的背理であることは、拍子抜けするほど明瞭ではないだろうか。後で詳しく見るように、デカルトの「われ思う」という表現では「われ」が「思うこと」を因果的に引き起こす、つまり思うことの原因、言いかえれば思うことの主体であり創造者であると考えられている。この命題に対する批判は、「われ」そのものが見つからないことにあった。それをギルバート・ライルは「機械の中の幽霊」と呼んだ（Ryle 1949）。かつて身体は機械とみなされ、心はその操縦者とみなされたが、身体は認識できるのに心が見当たらないからである。デカルトの「われ」こそは、存在論的主語の典型である。また、社会学における社会システムの概念も同様である。あらゆる問いが有意味なのではなく、ある種の問いは誤った解答を導き出す。「われ思う」という有意味な点記述命題を前提にして、「われとは何か？」という問いを立ててはならず、答えてもならないのである。それはこの問いが、背理の地盤から発せられているからである。

本章の第5節で学問における抽象化について述べるが、点記述の主語は確かに抽象的ではあるが、学問的な操作としての抽象化の結果ではない。問題関心にとって有意味な特定の要素のみに焦点をおき、世界における秩序が認識しやすいようにする操作である。科学的な抽象化とは、たとえば日常的な世界像では世界は様々な個物からなるが、それらの個物性を無視して質量のみに焦点を置いて重力場という視点で見ると、重力の法則性がみえるのである。それゆえ科学的な抽象化とは、生活世界における日常的な観察方法とは異なる観察方法であり、異なる記述方法である。台風の過程を抽象化して記述すれば、重力場の変動となる。この抽象化は、台風という同じ過程に対する異なる表現なのである。抽象化とはこのような操作である。そして「台風」という点記述の主語は、抽象化された台風ではなく、文法的な主語なのである。「台風」という点記述の文法的主語は具体的な雨や風としての台風の抽象化ではないし、「細胞」は細胞の内部の分子ダイナミクスの抽象化ではない。生まれてから大人になるまで同一の「私」は、「私」の人生のそれぞれの時点の具体的な「私」の抽象化ではない。確かにそれらは具体的な過程と比べると抽象的ではあるが、それは科学的な抽象化とは異なる抽象概念である。つまりそれは点記述の主語、あるいは文法的主語としての、いわば論理的＝文法的抽象概念なのである。ここで述べた存在論的背理の概念は、本書の思考を貫く一つの柱である。とりわけ「する」言語の使用は、存在論的背理に陥りやすいのである。

そういうわけで、点記述の主語としての「われ」や「社会システム」の概念は、心的秩序や社会秩序をその具体的な運動において理解する概念ではなく、したがって心理理論や社会理論の基盤にはなり得ないのである。それでは心と社会の秩序の具体的なあり方を知るには、どのようにしたらよいのだろうか。その答えは、以上の分析から完全に明確になる。必要なのは心的秩序と社会秩序についての場記述にほかならない。こうして、本書における議論は、心と社会の双方に対して場記述を行い、それぞれを「なる」過程あるいは運動として描き出すことが中心となる。それは心的あるいは社会的秩序の記述において、文法的主語に焦点を当てることを意味している。点記述では行為と意志の主語は個人あるいは「私」であり、社会秩序の主語はたとえば社会システムである。それは点記述としては誤りではない。しかし点記述は秩序の具体的な様相を示すことができない。そのためには場記述が必要となるが、それは文法的主語の変更を伴うのである。心的秩序と社会秩序の場記述における主語とは何か、ということが本書における探求の核心である。

注

(1) 厳密にいえば、日本語の「する」という動詞には自動詞と他動詞としての異なる用法があり、このうち他動詞としての「する」は英語の do にほぼ対応すると考えられる。しかし自動詞の「する」は異なる意味をもっている。たとえば香り・音・気配・感じが「する」という場合であり、それは他動詞のように能動的な行為を表すのではない。『日本国語大辞典』(小学館)では、自動詞の「する」の意味としていくつかの定義を挙げるが、そのまとめとして「なんらかの動きやけはいが現われる」としている。また大野晋による『古典基礎語辞典』(角川学芸出版)では、「す」の意味として、「①自然現象などが起こる。生じる。起こっているのが感じられる。聞こえる。見える。②《「……むとす」「……とす」の形で》ある現象・行為・作用が、今にも起こりそうな状態になる。もう少しで…するだろうと思われる。③…の状態になる。…の状態である」を挙げている。自動詞の「する」は能動的な行為ではなく対象の状態を述べるのであり、この点で「なる」と類似しているのである。哲学者の飯田隆も、「する」のこの自動詞としての用法は、対象の状態を表すと述べている(飯田 2008: 112)。もっぱら動作を意味する do に対して、「する」は動作と状態を一つの言葉で意味する。それゆえ厳密にいえば「する」イコール do ではない。これは日本語の「なる」的な特質の拡張だろう。この自動詞としての「する」の用法は聴覚や触覚にはなりたつが視覚にはなりたたないという飯田の指摘は興味深いものだが、その考察は別の機会に譲らなくてはならない。議論を錯綜させないために、以後、本書では「する」をその他動詞的な意味、すなわち能動的な行為という意味において使用する。

(2) 大森は、世界記述の方法として原子論描写と場描写の二つを区別したが、それはラグランジュ記述とオイラー記述の区別と同等である(大森 1998)。

(3) 精神科医の岡一太郎は池上の理論に言及しつつ、ドイツと日本の患者の視線恐怖を、「する」と「なる」の観点から分析している（岡 2009）。
（4）池上嘉彦（2007）もこの事例を取り上げているが、分析の仕方は異なる。

## 第2節　個人と主体

### 1　同一性と主体

これまでの論述で点記述と場記述を区別した。第Ⅱ編と第Ⅲ編はそれぞれ心的秩序と社会秩序を場の秩序として論じていくものであり、本書の核心部分をなしている。だがその前に、存在論的主語と存在論的述語が社会学とそれに関係する学問においてどのように使用されているかを検討してみよう。西欧の思想の圧倒的な影響のもとにあった社会学では、存在論的主語と存在論的述語が決定的に重要な地位を占めており、そこからアポリアが生じてくるからである。この第2節では存在論的主語としての個人の概念、第3節では同じく社会システムの概念について考察する。

離散体的世界観にもとづく文化においては、場記述によるべき場合に点記述が特権的に使用され、また連続体的世界観による文化においてその逆がなりたちやすいことをすでに述べた。これらの場合には、点記述や場記述が不適切に使用されているのであり、不適切な記述と理解を生み出していく。一方で点記述的な文化では、時間と空間を貫通する強い同一性をもつ離散体的な個体さらには主体の概念、すなわち存在論的主語が登場することになるし、他方で場記述的な文化ではこうした同一性は場の中に溶解しがちになるわけである。前者の場合、この強い同一性を与えられた個体は、状況を超越し反復するものとなる。このような同一性を、「存在」と呼んだ。存在とは具体的な状況を超越し、反復する通時的な同一性である。

このような「存在」の観念こそは、西欧的な思惟を貫通するものであった。西欧文化のもっともすぐれた知性は、離散体的に考えられた「存在」の思想を鍛え上げてきたといえよう。日常的な思惟においては多分のあいまいさを残していた概念が、厳密な同一性すなわち存在の概念へと磨き上げられたのである。そのような強い同一性を負荷された主体の概念が、存在論的主語である。存在論的主語とは、離散体的な世界観をもつ文化において、アプリオリに想定される「存在」に関する主語である。この思想を明確な哲学として提示したのは、言うまでもなくルネ・デカルトのコギトの思想であった。「われ思う、ゆえにわれあり」という定式は、独立した実体としての存在の思想の端的で明瞭な表現である。「思う」ということは個別具体的な活動である。この個別の「思い」を主語としての「われ」が統括し、それは最終的に「あり」という「存在」あるいは同一性に収斂する。デカルトのこの表現は、存在と同一性の思想のもっとも簡潔で美しい表現であるというべきである。存在としてのコギトは自己原因として考えられた。自己原因である存在は、その動機づけもまた自己の内部のみから汲み出さなくてはならない。こうして後述する自己準拠的思考が生み出された。さらに、社会学の社会システム論においては、社会もまた存在論的主語として扱われる。ミシェル・フーコーが批判した主体の概念は、「存在」概念から世界を描写する離散体的世界観が作り出した表象なのである。テオドール・アドルノは西欧文化における「同一性」の概念についてこう述べる。

「同一性という言葉は、最近の哲学の歴史の中で多くの意味をもっていた。ある時はそれは個人の意識の統一性、すなわち一個の私（自我）はそのすべて経験において同一のものとして維持されているということを意味していた。これはカントが言う『私のすべての表象に伴うことができる〈われ思う〉』を意味していた。次に同一性はすべての理性を与えられた存在における規範的な同一性、論理的な普遍性としての思考となった。さらにあらゆる思考対象の自己同一性、単純なA＝Aであるとされた。最後には、認識理論的には主観と客観が、媒介されているにせよ、一致することを意味した」（Adorno 1970: 145）。

明らかに、存在の同一性の概念は西欧的な思考の核心にあった。存在とは強い意味での同一性であり反復であるから、そこでは時間性が排除されている。じっさい、西欧における思惟を特徴づけてきた数学や論理学は経験的な思惟ではなく本質的に無時間的である。この意味で、それは変化する現実を超える位階に位置づけられる。存在とその同一性に焦点を置く思考は、このような論理的階層性を思考の枠組として持つのである。繰り返すが、点記述と場記述には優劣はない。それは場合に応じて使い分けられるべきものである。だが西欧の思惟の歴史は、離散体的世界観によって、人間をつねに同一な「存在」として考えてきた。それは人間を無時間的なものとして扱うことであり、具体的で実存的な側面を捨象することにほかならない。人間の具体的な生が無時間的なイデアに取って代わられるのである。このことは、西欧的な知性の性格をよく照射すると思われる。主体とは具体的な生のあり方を捨象した抽象的な点記述である。場記述と比較して点記述はより思考的、理念的なものであり、個別者ではなく一般者に焦点を当てる。言いかえれば、それは具体的で実存的な「経験」から遠いのである。ここに西欧的な思惟のアポリアがあった。それは「存在」の概念からもたらされる、存在論的主語の使用がもたらすアポリアなのである。フリードリッヒ・ニーチェ以来の西欧の先鋭的な思惟は、これに気づき乗り越えようとする真摯な闘争であったといえよう。

離散体的世界観のもとでは、社会あるいは世界は相互に独立で同一性をもつ離散体的な個人、すなわちエリアスのホモ・クローザスの集合として表象され、ここにおいて個人は互いに独立で還元不可能な実体と考えられることになる。それが離散体ということの意味である。近代的な知においては、それまでの時代における神の位置を人間的な「主体」が占めることになった。いまや「主体」が存在論的主語となり、実存的で個別具体的な「私」は超越的なコギトとなったのである。哲学者の野家啓一によれば、西欧の近代における哲学の二つの大きな潮流である大陸哲学系の自己意識の明証性とイギリス哲学の感覚的経験の絶対性の双方は、ともに「自己還帰性」という構造をもつという。双方とも、その基礎命題の正当性を、論理的あるいは経験的正当化ではなく、自己準拠＝自己根拠づけという正当化から導くのである（野家 1993: 241）。これは「自己準拠」の構造である。自己準拠とは、正当な秩序の根拠が自己自身によって与えられること、自己そのものが秩序の源泉であることを意味する。

## 2　自己保存という原理

個人に離散体的な世界観が適用されると、社会は相互に独立した個体が相互作用する状態として描かれる。この描像のもとでは「する」主体としての個人が典型的な存在論的主語となり、社会秩序の最終的な源泉も個人に求められることになる。個人は様々な形で動機づけられ、その動機を行為へと結びつけていく。この考え方では、離散体としての個人の動機は個人に内在的であると考える以外にはない。つまり個人がみずからの欲望や動機の根拠・源泉・原因であるとみなされる。こうして、個人に固有の「欲望」という観念が、行為と社会の秩序の記述と説明の基盤となる。離散体的な図式の下では欲望は純粋に個人的なものと考えざるを得ないから、個人は本質的にエゴイストである、という考え方に必然的にいたり、個人にとっての価値は自己保存であるということが論理的に結果する。個人を動機づける本質的な原理は自己保存であるという考え方は、あらゆる思考に先立つアプリオリでもある。『啓蒙の弁証法』の中でマックス・ホルクハイマーとアドルノは言う。

「啓蒙は、意味論的な言語批判が思い込んでいるように、単に明らかでない概念や語彙だけでなく、自己保存 Selbsterhaltung との目的連関のうちに場所をもたない限り、どのような言明にも神話を察知する。『自己保存の努力は、善の第一にして唯一の基盤である』というスピノザの命題は、西欧のすべての文明に妥当する格率を含んでおり、この格率に関しては市民間の宗教的あるいは哲学的な差異はなくなる。自己は、自然のあらゆる痕跡を神話として方法的に根絶したのちに、もはや身体でも血でも精神でも、さらには自然的な自我でもない超越論的あるいは論理的な主体へと昇華され、行為の立法機関としての理性の準拠点となる。自己保存を合理的に考慮することなく生に直接的に身を委ねる者は、プロテスタンティズムによってと同様に啓蒙によっても、先史時代への逆行と判断される」(Horkheimer and Adorno 1969: 35-36)。

「啓蒙が考えるシステムとは、事実をもっともよく処理し、自然支配に際して主体をもっとも効果的に支持するような認識の形態である。そのシステムの原理とは、自己保存である。自立していない状態とは自己を維持する能力の欠如であることが、明らかになる」(*ibid.*: 90)。

彼らが述べているのは、自己保存という原理は経験からの帰結ではなく、経験を解釈するためにアプリオリに定立された原理である、ということである。このように、社会を離散体的な、相互に独立の個人に焦点を当てて理解すると、動機づけすなわち心の原理は私的な欲望として理解されることになる。私の心はつねに私の利益のみを志向する。本書におけるもっとも重要な論点は、心と自己は分離可能である、ということである。それは、後に詳しく述べるように、私は私の心の私的な所有者ではないことを意味している。この観点から、私は私の心の私的所有者である、つまり私はつねに私の私的利益のみによって動機づけられるという観念を、「心の私的所有」論と呼ぶことにしよう。心の私的所有の理説は、心と自己を同一視することによってなりたつ。こうした観点からは、社会はエゴイストの間の闘争、所有と支配をめぐる闘争と見られることになる。こうして離散体的世界観では、欲望・所有・支配(あるいは権力)が人間と社会を記述する基本的な語彙となる。すなわち、エゴイズムの物語である。『否定の弁証法』においてアドルノは言う。

「獲物とされるべき生物は、悪でなければならない。このような人間学的図式が認識論へと昇華された。観念論において――フィヒテにおいてもっとも明確だが――非我、すなわち他者、そして結局は自然を想起させるすべては価値が低いものであり、自己保存する思想の統一体はそれをむさぼり食ってもよいのだというイデオロギーが、無意識のうちに支配する」(Adorno 1970: 33)。

そうなると、私的な欲望から社会的秩序の成立を導く理路は、エゴイストたちの誰もが納得する相互利益であるか、外的な規範による拘束の二つである。社会契約は前者の考え方であり、交換や贈与、互酬性の理論も基本的には前者の思想である。人間の本質をエゴイズムと見る見方は離散体的世界観の産物だが、交換や贈与もまた同じ根から出ている。この考え方にもとづく社会理論の古典的なものは、いま述べた社会契約説である。もし諸個人に際限のない自由が与えられているとすると、社会は万人の万人に対する闘争となるだろう。この事態を避けるために、自然状態において人びとは国家という怪物に服従することにしたのだ、というのがホッブズ的な社会契約の思想である。じっさい、社会契約説には多様なものがあるが、古典的なそれもジョン・ロールズやデヴィッド・ゴーティエのような現代的なそれも、等しく個人に準拠している（飯島 2001）。たとえばロールズの正義論は、その原初状態の条件として、契約の当事者たちが互いに無関心であることを想定する（Rawls 1971）。これは契約の当事者がエゴイストや利他主義者であるという強い仮定を避けるためではあるが、しかしこの仮定の下では相互作用や社会秩序はなりたたない。飯島昇藏は、ロールズとゴーティエに共通する現代の社会契約説の理解とは、「社会とは、自分自身の私的利益のみを極大化するために合理的に行為する人びとが単独で行為するばあいに期待できるであろうよりも多くの便益を提供できるような一連の制度、慣行および関係である」とまとめている（飯島 2001: 102）。これは典型的な自己準拠の論点であり、人間に対する離散体的な見方から導かれるものである。

自己準拠の論理は社会契約説だけにとどまらず、多様な思考の基盤になっている。たとえばアメリカの哲学者ダニエル・デネットは、初期人類における言語の創発を論ずる中でロールズと同様の考えを述べる。「相互援助の実践に参加することの費用と利益はそれらの動物にとって何らかの形で『目に見える』ものであり、彼らの内の十分な数のものが自分への利益が費用を上回ることを認識したために、コミュニケーションの習慣がコミュニティにおいて確立したのだとわれわれは考えるべきである」（Dennett 1991: 195）。

こうしてデネットはコミュニケーションを個人の利益に還元する。これもまた明瞭な自己準拠にもとづく議論である。だがこの説明によるなら、コミュニケーションが存在する以前にコミュニティが存在していたという、社会学者にとっては受け入れがたい結果になる。

## 3　ダブル・コンティンジェンシー

社会学で離散体的な粒子とみなされるのは、個人と社会システムである。この双方ともが、独立し同一性をもつ「存在」として扱われている。そのいずれを強調するかによって、方法論的個人主義と集合主義が分かれるが、私の考えではその両者は同根である。これらの理論における個人と社会システムはともに存在論的主語であり、秩序の中心として想定される「自己」なのである。これによって、「自己保存」が個人と社会の双方における秩序原理として想定されることになる。一見すると、個人は独立した主体であるようにみえる。だがそのような描像は、社会的存在としての個人を見失わせてしまう。だからといって主体の死を宣告し、個人は社会に決定されると考えるのもまた性急である。個人を独立した存在として考える見解が正しくないのは、個人という概念の内部に社会的な秩序を論点先取の形であらかじめ暗黙裡に入れ込んでいるからである。たとえば、社会システム論によるダブル・コンティンジェンシーの理論がそうである。この理論はタルコット・パーソンズ、ニクラス・ルーマンのそれぞれの社会システム論の中心的な論点であり、社会秩序の可能性を記述する重要な理論であり、社会システム論の議論の出発点となるものである。

たとえば、パーソンズの理論は次のような場面を想定する（Parsons 1951）。いま私と他者という二人の行為者が相対しているとしよう。私と他者はそれぞれ自分自身の欲求の充足へと動機づけられているが、その欲求充足はある程度他者に依存する。そのために私は他者への行為へと動機づけられるが、私がいかなる行為を行うかということは、他者がどのような行為を行うかに依存して決まる。私が他者の行為に対する予期をもっているとしても、それは必ず当たるというわけではないから、そこには不確定性 contingency が存在する。この事情は双対的に他者にも当てはまる。他者の欲求充足は私の行為に依存するが、私がどのような行為を行うかは、他者にとって不確定性をもつ。こうして、双方の行為者にとって、欲求充足のための自己の行為の決定には他者の行為に関する予期が不可欠であり、かつそこには不確定性が存在するのである。これがダブル・コンティンジェンシーと呼ばれる状況である。ルーマンの表現では、ダブル・コンティンジェンシーとは必然性と不可能性の排除である（Luhmann 1985: 152）。現に存在する状況は、可能な状況ではあるが必然的ではない。すなわちそれはつねに他の可能性に対して開かれている。社会秩序がなりたつということは、双方の行為者における不確定性が減少することであり、言いかえれば相互行為が安定化することにほかならない。社会システム論という理論は、相互行為のシステムがなりたつことによってこの安定化が得られると考えるのである。

ダブル・コンティンジェンシーの理論は、自律的な行為者としての個人が社会秩序に先行して存在することを前提し、そこから社会秩序を導こうとするものである。だが、社会秩序以前に自立した個人を想定する理論は、矛盾に満ちたものとならざるを得ない。この理論によれば、社会秩序がなりたつ以前に、行為者の欲求充足は他者の行為に依存することになっている。だが、他者の行為の結果が私の欲求充足を左右するなら、相互作用の連関の網の目、すなわち社会秩序がすでに存在しているのである。これは論点先取の錯誤というべきである。もちろん、ダブル・コンティンジェンシーに相当する状況は、社会において日常的に見られる事態である。ほとんどつねに私の欲求充足は他者の行為に依存し、そこには不確定性が存在する。だがそれはすでに社会秩序がなりたっている状況においての話である。たとえば本章第6節で詳しく述べる戦略的場の理論のニール・フリグスタインとダグ・マカダムは、彼らの意味での「場の創発」を、二人かそれ以上の集団で、行為が相互に指向しているが安定的な場の条件をまだ発達させていない状態である空間を占有していることとしている（Fligstein and McAdam 2012: 89）。これはダブル・コンティンジェンシーの設定だが、彼らの場合はすでに社会秩序がなりたっている状態で、個別具体的な新たな場が生じる条件を議論しているから、これでよいのである。

だがパーソンズは社会秩序というものがそもそも生じる原理的な条件について述べている。それは社会秩序の起源を語るものとして提出されているのであり、そこで描写されるべきなのは社会秩序の成立以前の状況であるはずだ。このような原理的な場面で両者がともにすでに相手を必要としているのでは具合が悪いのである。それが論点先取のゆえんである。双方の当事者が相互関係生成へのコミットメントをもっていることが暗黙の前提となっているのである。パーソンズのモデルでは、自我は自己の行為に対する他我の反応を考慮に入れた上で次の行為を行うことになっている。自我のパフォーマンスに対する応答としての他我のパフォーマンスは、自我にとってのサンクションとなる。自我はこのサンクションを考慮に入れて、次の行為を選択する。自我と他我はともに二人の間の関係を形成することに熱心である。これはすでに社会的状況なのである。そもそも、パーソンズのモデルでは両者が相互行為を行っているのだが、相互行為とはまさに社会秩序にほかならない。それゆえの論点先取である。社会秩序への問いとは、相互行為の可能性への問いなのである。それゆえ相互行為は説明項ではなく被説明項である。だがダブル・コンティンジェンシーの理論は、相互行為によって、相互行為である社会秩序を説明しようとする不可能な試みである。

## 4　離散体モデルと個人

ダブル・コンティンジェンシーのモデルは、離散体としての個人を前提する、離散体モデルあるいはホモ・クローザスのモデルである。個人を他者から独立した離散体と考えると、その行為の動機はその行為者自身の内部から来るしかないから、個人は必然的にエゴイストであることになる。このモデルは社会科学の歴史を通して、社会秩序についての思考のパラダイムであったし、現在でもそうであるといえよう。たとえば厚生経済学者のアマルティア・センは、「合理的な愚か者」という論文において「経済学の第一原理は、どの行為者も自己利益のみによって動機づけられているということである」というフランシス・エッジワースの一八八一年の言葉を引き、「この人間観は経済学のモデルの中で維持されているものの一つであり、経済理論の本質はこの基本的な仮説によって大きく影響されてきたと思われる」(Sen 1977: 317) と述べている。

この考え方からすると、社会は競争するエゴイストたちの弱肉強食の世界として表象されることになる。この世界を治める原理は、互酬性である。ホモ・クローザスの観点からは、自己が他者と関係を結ぶ理由は、自己の利益を増大させること以外にはあり得ない。独立して存在する二人の行為者の間の社会的関係は、この関係が両者のいずれにとっても利益になるという理由によってのみ結ばれるのである。これが互酬性の考え方である。互酬性の思想は社会システム論でも採用されている。ルーマンは「この問いに対しては、あなたが私が欲することをしてくれるなら、私はあなたが欲することをするだろう、という自己言及の循環が決定的である。この循環は、萌芽的な形式においてではあるが、関与しているシステムのいずれにも還元できない新たな統一体である」(Luhmann 1985: 166) と述べている。この問いとは、ダブル・コンティンジェンシーの問題がどのようにしてそれ自身を解決するか、という問題である。これは互酬性の原理である。この離散体モデルからすると、たとえばステファン・サンダーソンが「人間諸個人は、自分自身の必要と欲望を満たすことに強く動機づけられている、自己中心的な存在である。……(中略)……この利己的で適応的な行動が進化分析の中心的な焦点にならなければならない」(Sanderson 1995: 12-13) と述べるように、協働的な行為も自己利益に還元される。彼は外見的に利他的な行為も根底では利己的であると考える (*ibid.*: 13)。

個人はエゴイストであるという考え方は一見説得力があるようにみえる。仮に利他的な動機から行為を行ったとしても、その利他的な選択肢がその個人の効用関数をもっとも増大させるともいえる。しかしこの考え方は点記述と場記述の誤った用法にもとづいている。現実の具体的な過程を記述するのが場記述である。現実に何が起ころうと、それにかかわらず不変の同一性をもつ主語を使用するのが点記述である。本書の第Ⅱ編で詳しく述べるように、個人の心的な秩序は「ホモ・クローザス」のように閉鎖されたものではない。だが点記述の観点からは、どのような動機もその個人のものであるということになる。すなわちこの思考は、個人という概念の中にあらゆる社会的な要素をあらかじめ押し込んでいるのである。すべての個人はいずれかの社会へと生まれ、社会化された結果、ようやく「個人」となる。個人はつねに予め社会的存在である。したがって、離散体的な個人の概念を初めに措定して、そこから社会を説明しようとする理論は論点先取である。個人を社会から分離する企てを無理やりに敢行すれば、デカルト的な自我のような空虚な点とならざるを得ないのである。

前出のセンは、個人の本質的な利己性という経済学の第一原理を追求したエッジワースその人が、この原理は虚偽であると考えていたと述べている（Sen 1977: 317-318）(1)。個人に利己的な側面があることは厳然たる事実である。だがそれだけが社会秩序の源泉ではない。ところが離散体モデルにおいて考えると、どうしてもそう考えられることになるのである。センは上記の論文において倫理学のヘンリー・シジウィックの次の言葉を引き、彼が人間を本質的なエゴイストとみなす想定の恣意的な本性に気がついていたと述べている（*ibid.*: 343）。

「もし功利主義者が、『他者のより大きい幸福のために、私はどうして自分の幸福を犠牲にするべきなのか』という問いに答えるべきであるなら、利己主義者に対して『どうして私は未来の快楽のために現在の快楽を犠牲にするべきなのか。どうして私は他者の感情に関与する以上に、私の未来における感情に関与するべきなのか』と問うことも確かに認められるべきである。人が全体として自分自身の幸福を追求するべきであることの理由を問うことは、常識にとっては疑いもなく逆説的に思える。きわめて経験的な学派の心理学者たちの見解は利己的な快楽主義に近いと通常は考えられているが、彼らの見解を受け入れている人びとが上記の利己主義者への問いにどうして反論するのか、私には理解できない。仮に、ヒュームとその支持者たちが主張するように、自我とは単に統一された現象のシステムにすぎず、永続的に同一の『私』は事実ではなく虚構であるとしよう。その時に、自我がそこへと解消される感情のある系列は、どうして他者の系列より以上に、同一の系列の他の部分とことさら関わるべきなのだろうか」（Sidgwick 1981: 418-419）。

シジウィックの問いは、どうして私は他者ではなく私の利益を考えるべきなのか？という根源的な問いである。シジウィックは利己主義者の考えが「理解できない」というが、それはもっともである。そのような根拠がじつは存在しないからである。シジウィックのこの問いこそは、本書の後続する部分が答えようとする問いにほかならない。そしてこの問いに答えるために必要なのが、社会の場記述の理論なのである。物理学者の蔵本由紀は「全体は部分に還元できない」という主張を、「部分」「要素」の意味について少し無頓着ではないか、と批判している（蔵本 2003:

44)。現実の自然現象における原子は他の原子とつねに衝突しており、その運動を記述するのはほとんど不可能である。それゆえに物理学が扱う原子は孤立した仮想的な原子なのである。個人の概念も同様であるといえよう。だが社会学では仮想的な孤立した個人を考えても意味がない。個人はあくまで社会的な相互行為の中に見出されなければならないのだ。

注

(1) センは利己性とは異なる原理として、共感とコミットメントという二つの概念を挙げる(Sen 1977)。共感とは他者の厚生水準が直接に自己の厚生水準に影響する場合であり、たとえば他者の苦しみによって私の苦しみが増加するような場合である。コミットメントは広い意味でのモラルと関係している。モラルを維持するために効用がより少ない選択肢をあえて選択することが、彼の言うコミットメントである。センは、共感は広い意味では利己的であるといえるが、コミットメントはそうでないと述べている。しかし彼のコミットメントについての説明は、経済学の第一原理を破るほどのものとは思えない。仮にあるモラルにコミットした結果、不利益を甘受するとしても、モラルを守ったという満足という意味での効用があるはずだ、といえるからである。

## 第3節　社会システムの文法

### 1　社会システム

前節では存在論的主語としての個人の概念を検討したので、この節では同様の観点から、社会学における典型的な存在論的主語である社会システムの概念を検討しよう。

個人と社会システムはともに、「する」主体であるとしばしば考えられている。社会システムが存在論的主語であるとは、エミルベイヤーが「自己行為の考え方は、個人ではなく行為の排他的な源泉として自ら存在する『社会』、『構造』あるいは『社会システム』を措定する全体論的な理論、『構造主義』によって、社会思想にも徐々に浸透した」(Emirbayer 1997: 285) と述べるように、社会それ自身を「する」主体と考えることである。たとえばルーマンは「ある要素のまとまりが『下から』の創発として、あるいは『上から』の構成として説明されるべきか、という点については理論的に定まっていないようである。われわれは明確に後者を選ぶ」(Luhmann 1985: 43) と明確に述べているが、これは存在としての社会システムの表現である。

現代の社会学あるいは社会科学全般において、「システム」という概念は広く普及したものとなっている。近代科学が成立した当初は、自然を一個の巨大な機械と見る機械論的自然観が前提されていた。機械論的自然観の成立は、近代化に伴う社会全体の世俗化の一環であり、それなくしては近代科学は生み出されなかっただろう。しかし同時に、機械論的自然観では解決できない問題も存在した。生命がその代表的なテーマだが、生命を科学的な形で記述し説明するには、一七世紀以来の近代科学はあまりにも未発達であった。二〇世紀になって、有機体的な現象、すなわち自然における何らかの組織性への関心が増し、こうした流れの中から「システム」の概念が生み出されるにいたったのである。システムとは生々流転する流れに抗して、何らかの秩序を維持しようとする現象である。秩序の維持のためには環境との関係で自己を制御しなければならないから、システム概念は制御概念と密接に関係している。そしてシステム概念はとりわけ社会科学に導入されるに及んで、存在論的主語としての色彩を強めたと思われる。

社会システム論の成立に強い影響を与えたのは、サイバネティックス cybernetics であった。ノーバート・ウィーナー（Wiener 1950）によるサイバネティックスの中心的な概念はホメオスタシスであり、それはシステムの恒常性の維持を意味する。たとえば生体は体温を一定に維持するというようにホメオスタシス的な過程をもつ。ホメオスタシスは自己保存に関わる概念だから、サイバネティックスは自己準拠的理論である。生体の恒常性の維持は、反復する過程である。言いかえれば、恒常性はそこに回帰する準拠点である。恒常的な値からの逸脱は、恒常性への回帰によって修正される。したがって、ホメオスタシスは再帰的な制御理論である。この制御の過程において、フィードバックの概念が主要な役割を演ずる(1)。

パーソンズによる社会システム論はこのサイバネティックス的なシステム論の影響下に構築されたから、社会変動が説明できないという批判がなされたのも的外れとはいえない。そもそもがサイバネティクスは、システムが環境の影響によって変動しないようにコントロールする理論だからである。サイバネティクスはもっぱらシステムの同一性の維持に関する理論であり、秩序の生成や変化を問う理論ではない。その意味で、サイバネティックスは恒常性あるいは同一性の「維持」に焦点を合わせた、限定された理論なのである(2)。

集団や組織としての社会システムは、「する」主体として行為の主語として使用されることがある。たとえば「大学が単位の制度を変更する」という言明は有意味であり理解可能な記述である。この言明は大学という場において生じた過程の変化を点記述として記述している。だがここで、人は文法的な錯誤へと誘われやすい。それは、「大学」を存在論的主語とみなし、大学という「社会システム」が存在しており、大学という場における過程を直接コントロールする、という考え方である。私はこの文法的錯誤を存在論的背理と呼んだ。

「細胞が内部の分子ダイナミクスを調整する」という命題は有意味である。だが「細胞」そのものが存在して、分子的相互作用をコントロールするという事態は存在しない。「細胞」は「細胞内部の過程」に内在しない。それは細胞の内的過程とは別の文法的次元に属する。生じているのは、細胞の内部ダイナミクスが変化するという事態であり、この事態を「細胞が内部の分子ダイナミクスを調整する」という点記述命題で表現し、理解するのである。この命題における主語「細胞」は、内部ダイナミクスの「変化」を記述するために必要な文法的な同一性であり、点記述の主語である。だが細胞や台風はそのダイナミクスと別に、あるいはその内部に存在するものではないのである。台風や細胞をそれぞれのダイナミクスの変化の「原因」と考えることは、場記述の中に誤って点記述の主語を挿入することからくる、文法的な錯誤である。台風における気圧の変化は、台風ではなく気圧のダイナミクスによって引き起こされている。細胞における分子的状態の変化は、細胞ではなく細胞内部の分子的ダイナミクスによって引き起こされている。気圧（風雨）のダイナミクスが台風そのものであり、このダイナミクスの内部や外部に「台風」が存在するのではない。分子的ダイナミクスが細胞そのものなのであり、その内部や外部に「細胞」が存在するのではない。同様に、相互行為のダイナミクスが社会システムそのものなのであり、その内部や外部に「社会システム」が存在するのではない。それゆえ社会システムという概念は、社会的な相互行為を点として指示する文法的主語であり、具体的な過程とは別の論理的＝文法的次元に属するのである。点記述の機能は、過程の変化を通時的な同一性に焦点を置いて記述することであり、その時の同一性はそうみなすことによって与えられる。

このように、「台風」「細胞」「社会システム」とは、それぞれの内的で具体的な状態の変化を点記述において記述するために必要な文法的同一性に関わる概念である。それゆえ、「社会システム」によって構造変化を説明する、という理論は、気圧のダイナミクスを「台風」によって説明するのと同様に、経験的にではなく論理的に誤りなのであり、この誤りは概念の使用における文法的な錯誤に由来する、存在論的背理である。このように存在化された「社会システム」の概念は、プラトンのイデアのような実在性を想定されたものなのである。

社会システム論においては暗黙裡に、国家における政府や組織における管理部門がコントロールの主体として想定されていると思われる。だがそれらは社会システムそのものではなく、社会システムの内部の一つのエージェントである。政府を国家や社会と等置するのは誤りである。「台風が北北東に進路を変えた」という命題は有意味な記述命題である。それではどのような原因で台風一号は進路をその方向に変えたのだろうか。これは説明を求める問いである。この問いに対する物理学的説明は、台風を気圧のダイナミクスとして、すなわち重力場の変動として場記述することである。「台風」という点記述の文法的主語はそれ自身は空虚であるから、説明に使用するわけにはいかない。点記述の文法的主語は具体的な過程の原因ではあり得ないのである。

「社会システム」があたかも独自の存在をもつように考えられると、そこに恣意的な存在論的述語が帰属され、しばしばそれは目的論となる。進化論を考える場合にも目的論的構図に誘われやすい。ある生物はしかじかの目的のためにしかじかの構造をもっている、というような場合である。目的論が誤っているのは、この生物がその構造を備えて登場する以前にその生物が自己の身体を目的的に構築したという事実を想定できないからである。社会システムも同様であり、「社会システムが構造を目的的に選択する」という過程を想定できないのである。

目的論的構図では、社会システムが存在論的主語として、目的をもつ存在として理解される。この結果、具体的な社会的過程はこの目的のための手段という位置づけになる。これが機能主義であり、それはある種の全体論的な観点である。早くもエミール・デュルケムの社会学主義において、このシステム至上主義は明らかであった。方法論的集合主義の後裔としてデュルケム的な視点を引き継いだのが、社会システム論であった。「システム」という「上から」のやり方で、全体が最初に決まっているので、部分は全体への機能的な貢献によってしか評価されないことになる。このことに当時から多くの人が気づいており、それがパーソンズへの批判の中心的な論点となったのであった。それゆえに、本章第5節で述べるように「社会システム」の概念は社会秩序の説明の原理ではあり得ないのだが、無理に「説明」を試みようとすると、「システムの自己保存、自己準拠」という原理を立てることになる。というのも、存在論的主語は具体的な過程の抽象ではないから、具体的な過程から意味を汲みだすことができず、超越的な原理をいわば外から当てはめるからである。

「社会システムの維持」ということは、部分的には正しい命題である。さらにこの命題は、社会学における方法論的集合主義の有機体論の隠喩によって強化された。社会システム論が決定的な影響を受けたサイバネティックスが、ホメオスタシス（恒常性の維持）の概念を中心とする自己保存の理論であったことも大きいだろう。また、生物学において生物は環境に適応するシステムと見られているが、社会システム論はこの適応の隠喩を引き継いだので、社会システムは環境に適応すると考え、言いかえれば環境において自己の存続を図ると考えるのである。

さらに、パーソンズの社会システムの概念には別の文法的な問題がある。そもそも彼の社会システムの概念は、行為システムから導かれている。行為システムとは社会的行為をなりたたせる多様な要素を含む総合体である。その一つの下位システムとしての社会システムは心理や文化を含まないものとして理解されており、具体的には制度や規範のシステムである。となると、機能主義が言う「社会システムの存続」とは、制度体としての規範システムの存続のことであると考えられる。社会システムの構造が、規範システムが環境に適応し、存続しうるように機能する。それゆえの構造－機能理論である。だが、この表現は少々奇異ではないだろうか。「規範」が環境に適応するとは、どのように理解すればよいのだろうか。じっさいには、機能主義が用いる「社会システム」は、パーソンズが導出した「社会システム」とは別の意味で使用されているのである。それは、かつての有機体論における社会のイメージを継承した概念である。だがそれは明示的に定義されていない。それは暗黙の裡に、組織やコミュニティ、さらには国家を意味しており、この意味においては「存続」や「適応」という概念が理解可能なのである。しかしこのように、理論で明示的に定義されていない概念を主要概念として用いる理論には大きな問題があるといわざるを得ない。

## 2　社会システムの概念と社会秩序

社会学における社会システム論とは、社会秩序を「システム」として記述し表現できると考える理論である。それは社会秩序を「社会システム」の理論として一般化しようとする。つまり、社会学の研究対象は「社会システム」であると考えられており、社会システムは社会秩序と同一視されている。たとえば家族、コミュニティ、組織は社会システムの典型的な例である。社会システムは何よりもまず、境界によって環境から区別される。それは環境に囲まれて存在し、環境に適応しなければならない。それゆえに社会システムは「自己」としての性質、すなわち環境から区別された、反復的で定常的な同一性を示す。社会システムはこの同一性を維持するための構造を備えている。それぞれの構造は何らかの機能を果たす。

確かに、家族や組織はこのような「社会システム」であるようにみえる。だが、社会における現象はすべてこの社会システムの概念で表現できるのだろうか、という疑問が生じる。たとえば社会の再帰性 reflexivity の典型的な事例である文化や思想あるいは言説はどうだろうか。二〇世紀にはマルクス主義、実存主義、構造主義、ポスト構造主義などの多様な思想が現れ、社会に多大な影響を与えた。あるいは文学、音楽、建築などの領域でも多様なスタイルが登場した。これら文化や思想は明らかに社会現象であり、社会学の対象と考えないわけにはいかない。しかし文化や思想やモードは社会システムとして表現できるのだろうか。そこに何らかのシステム境界やその環境を考えることはできるだろうか。これらの思想に構造とその機能と呼べるものはあるだろうか。そこに何らかの同一性や「自己」を想定できるだろうか。おそらく答えは否定的だろう。思想は「システム」というより以上に流動的なものである。フーコーの言説、権力の概念はその後の社会学に多大な影響を与えた。だが彼の言説や権力の概念は、社会システムの概念で理解できるようなものではない。彼の言う言説や権力は、思想と同様に流動的なものである。こう考えると、社会システムというものは社会学の対象の重要だが特殊な一部でしかないのではないか、と思えてくる。文化、思想、フーコーの考える言説や権力には明確な同一性は存在しないし、それゆえに構造や境界も存在しないのである。

エリアスは、社会学で言う「社会」は暗黙のうちに国家を意味していたと述べている（Elias 2001）。これに組織や家族を加えてもよいだろう。ジョン・アーリが、社会学の「社会」の概念は境界に仕切られた領域の比喩をもとに作られていると述べるように（Urry 2003: 43）、社会学はしばしばその対象である社会の一部を特権的な対象としてきたのである。それは境界をもち、「する」主体として自己行為を行うと想定できる対象である。ルーマンの社会システム論の、境界への強迫的とも思える執着は社会学の「文化」を示している(3)。しかしアンソニー・ギデンズが言うように、前近代の社会は近代の国民国家のような明確な境界をもたなかった（Giddens 1990: 14）し、エミルベイヤーが「国民国家の境界は、人口、領土、生産と消費のパタン、文化的アイデンティティ、集合的な感情的コミットメントなどにおいて不均等に重なり合っている。そしてこれら境界づけられた単位の内部の、またそれを横断する『隙間における相互作用』は、国家が問題のない統一した実体であるという考え方が誤りであることを繰り返し示している」（Emirbayer 1997: 295）と述べるように、近代国家といえども厳密な閉鎖系ではあり得ないのである。

ジグムント・バウマンが「近代の時代における、境界を引くことと境界の維持に関する強い関心」（Bauman 1989: 40）と述べるように、また国民国家に見られるように、境界で区切られた内部とその環境という思考法は、近代という時代に典型的である。社会システム論はこの近代的な思考に深く影響されて、それに合致する対象のみを誤って社会秩序と考えている。家族、コミュニティあるいは組織など、社会システムの概念が当てはまるように思われる対象は集合体と呼ばれるものであり、定常的で反復的な過程である。それに対して思想、言説、文化あるいは社会変動の過程は非定常的で非反復的な過程である。社会システム論はこれらの対象を社会学の対象から除外してしまう。それゆえ、社会システム論は社会秩序における特定の事例を不当に一般化した理論であると言わざるを得ない。

社会秩序は社会システム論が考えたより以上に変化に富み、流動的である。社会システムとして考えることができるのは、社会秩序の中でも弾性、つまり定常的な状態を復元する能力を備えた部分であり、「する」主体と考えることが可能な部分である。確かに社会のある部分はそのような弾性を備えているといえよう。しかし文化や思想、あるいは言説、さらには「ロシア革命」のような過程は同一性をもたず定常的でもない。それはいわば社会的な流体である。社会的な流体は環境から明確に区別されず、境界も不明であり、維持するべき「自己」も明確ではなく、構造と機能も考えることが難しい。しかし、それらはそれとして指示しうるような対象性をもっているのである。つまり、特定の文化や思想、言説を記述し語ることができる。それに対して、社会システム論の対象である「社会」は、「する」主体としての存在論的主語の性格をもっているのである。社会システム論が有機体論のアナロジーに強く影響されて成立したことも、これと深く関係するだろう。有機体としての個々の生物は、確かに自己であり、環境から区別され、環境に適応して自己保存を図る。だが古典的な有機体論は生命を理解するためには、もはや何の役にも立たないのだ。

## 3　オートポイエーシスと自己準拠

パーソンズに続いて新たな形で社会システム論を構築したのは、ルーマンである。彼の社会システム論は、ウンベルト・マトゥラーナとフランシスコ・ヴァレラのオートポイエーシス autopoiesis のアイデアを核としてなりたっている。オートポイエーシスは、生理学者であるマトゥラーナたちが、生命とりわけ細胞を理論的に位置づけるために考案した概念である。オートポイエーシスはアロポイエーシス allopoiesis と対照される概念である。たとえば自動車は様々な部品からなるが、それらを自動車が作り出したわけではないし、それらが故障したからといって自動車そのものが部品を新たに作り出したりすることはない。そもそも「自動車」とはいっても自ら動くわけではなく、運転者を必要とする。これがアロポイエーシス的な機械である。それに対して、細胞は自らを作り出し、維持する。この特質をオートポイエーシスと呼ぶのである。これだけならば自明の事実だが、マトゥラーナたちが強調し、ルーマンの社会システム論の要にもなっているのが、オートポイエーシス・システムの特質としての閉鎖性にほかならない。

オートポイエーシス・システムは環境に対して閉鎖的なシステムである。それは円環を描くように作動を続ける。閉鎖性の概念がいわんとするのは、次のようなことである。細胞の主要な分子はタンパク質だが、細胞はタンパク質の素材であるアミノ酸を自ら作り出すことはできないので、それを環境から取り入れなければならない。たとえば人間であれば、肉、魚、植物などの多様なタンパク源という環境からタンパク質を摂取する。しかし動物や魚のタンパク質がそのまま人間の細胞において機能する、ということはまったくない。環境から摂取されたすべてのタンパク質はそれを構成するアミノ酸に分解され、しかる後にこのアミノ酸は人間の細胞のタンパク質へと再構成される。それゆえに、人間の細胞において他の動物や魚や植物のタンパク質が活動するということはあり得ず、それゆえに細胞は環境に対して閉じているといえるのである。だがこの閉鎖性は環境と関係がないことを意味するわけではない。環境からタンパク源を取り入れているからである。細胞の閉鎖性の意味は、環境における要素がそのままシステムの内部に導入され、そこで活動することはない、ということなのである。

同様の事情は神経系についても議論されている。たとえば人間が外界を知覚するのは、脳における神経系の機能である。だが神経系は外界の事物をそのまま写し取るのではない。むしろ外界からの光のような刺激にもとづいて、世界についての像を意識内に独自に構成するのである。たとえばある範囲の波長のスペクトルが「黄色」に見えることの根拠は外界の事物に求めることはできない、というようにである。この意味で、神経系は確かに環境から刺激を取り入れるが、にもかかわらず閉鎖系なのである。さらに、神経系は、環境からの刺激なくして、たとえば幻覚のような内的なイメージを作ることができる。このように、オートポイエーシス・システムは環境と何らかの接点はあるが、しかし同時に閉じている。この事情を、システムと環境は構造的にカップリングしているが、しかし環境に対して入力も出力も存在しない、という形で表現する。

だが、この議論は出来損ないの現象学にすぎない。確かに知覚と幻覚は映像そのものとしては区別できない。だが同時に、もし知覚が閉鎖的であるなら、知覚は無限の自由度をもつことになり、幻覚の氾濫となるはずではないか。つまり知覚は生物が存在している環境とは独立に、自由なオートポイエーシス的世界を描き出すことが可能であるはずである。だがそのようなことになったら、生物は環境の中でとうてい生存できないだろう。知覚は何らかの「対象」のそれでなければならない。エトムント・フッサールの言葉でいえば、知覚は対象に「的中」(Husserl 1986) しなければならないのだ。もしこの「的中」がなければ生物は環境の中で生きていくことはできない。超越論的哲学の問いとは、この「的中」のゆえんを問うことであった。オートポイエーシスはこの深刻な問いのはるか手前の議論なのである。

ルーマンはこのオートポイエーシスのアイデアを、個人の意識システムと区別された社会システムの理論の支柱として採用した。個人と社会は複雑に入り組んだ関係にある。この中から「社会的事実」を取り出すには、何らかの形で個人と社会が明確に区別される必要があると考えたのだろう。そのためには、オートポイエーシス・システムがもつ閉鎖性は、社会システムの固有の領域を確保するために、うってつけとも思われたのだ。

しかし、オートポイエーシスの概念は、個人と社会の関係に適用してみると、きわめて奇妙な情景を描き出す。たとえばある人が研究かビジネスの折に、聴衆を前にしてプレゼンテーションを行う場面を考えてみよう。これは一個の社会的コミュニケーションの場面であり、社会システムであると考えることができる。発表者は当然にも、彼自身の考えを発表するのであり、それを他者である聴衆に理解してもらい、できれば賛同してもらいたいと思っているだろう。だがじっさいには、誰もが知るように、それは簡単な仕事ではない。なんといっても聴衆は人それぞれの異なる価値観や考え方をもっているから、まず発表者の見解を理解してもらうことに困難がある上に、それに共感してもらうことは、しばしば至難の業である。このようなことは、他者と議論をしたことがある人なら、誰でも熟知していることだろう。そしてオートポイエーシス・システムということでルーマンがいわんとするのは、このようなことではないのである。

発表者がこの場に提示するのは、彼の個人的な見解である。すなわちそれは彼の意識システムの産物である彼の思考である。だが、意識システムは社会システムの環境であり、社会システムは環境に対して閉ざされている。それゆえ、オートポイエーシス・システムとしての社会システムでは、発表者の個人の見解は、そもそもプレゼンテーションの場面にまったく登場しないのである。それは、マグロを食べたからといってマグロの細胞のタンパク質が人間の細胞にそのまま登場することがあり得ないのと同じである。だが、これは実に奇妙なことではないだろうか。発表者の個人の見解が彼のプレゼンテーションにまったく反映されない、ということがありうるだろうか。そうなら、そのプレゼンテーションは端的に無意味ではないだろうか。この場合、発表者の見解はそもそもプレゼンテーションの場に存在しないのだから、理解されることもあり得ず、誤解されることもあり得ない。社会システムはコミュニケーションのシステムであり、そこには環境である個人の思考は登場しない、というのである。実に奇妙な理論である。

いま、個人ＡとＢが恋愛関係にあるとしよう。ルーマンの理論では、恋愛関係という社会システムに対してＡもＢも環境だから、ＡとＢそれぞれの思考は社会システムに登場しない、ということになってしまう。ＡとＢの恋愛関係という社会システムはつねに円環を描いて作動し、AとBはその外部にある。この恋愛はコミュニケーションを不断に生み出していく。しかしそこにAとBそれぞれの思いは登場しないのである。これまた不可思議な恋愛ではないか。恋愛において、個人は相手である他者の思いに関心があるはずである。確かに相手の思いを理解することは時に、あるいはしばしば、あるいはほとんどつねに容易ではない。しかし同時に、他者の思いが登場しないような恋愛を考えることは不可能ではないだろうか。さらに、どのような社会関係であれ、それに参加する個人がどのような人であり、どのような思いをもつ人であるか、ということが決定的に重要である。たとえ組織のような公式のシステムであっても、である。組織といえども地位と役割のシステムであるにとどまらず、多様な諸個人の関係なのである。家族やコミュニティでは、それはいっそう明らかである。オートポイエーシス・システムの理論は、このように社会的秩序のリアリティとはまったく別のところにあると考えざるを得ない。なんといっても、それは進化しないシステムとして考えられている。なるほど、細胞ならそれでよいかもしれない。細胞は数億年以上の長期にわたって安定的なシステムである。だが社会はつねに変化する。細胞のような安定的なシステムに妥当する理論は、社会のような可変的なシステムには向かないのである。

オートポイエーシスはきわめて単純な理論である。たとえば、マトゥラーナは、夜間に飛行機を操縦するパイロットは計器の観察と操作という閉じた世界にいるのであり、飛行を行っているのではない。それゆえ無事に着陸した後で見事な飛行を友人から褒められると当惑する、と述べている。飛行とは飛行機の外部の観察者による記述なのである（Maturana and Varela 1980: 50-51）と述べる。これはじつに珍妙な事例であると言わざるを得ない。見事な飛行をほめられて当惑するパイロットなどいるはずがない。じっさいには、パイロットは計器盤を見ることを通して、飛行機を運行しているのである。「パイロットの仕事は飛行機を運行することではありません。そうではなく、計器盤を見て操作することなのです」と述べるパイロットなど考えることができないだろう。オートポイエーシスの概念は、複雑に絡まりあっている現象を単純に切り離すような粗雑な理論である。

最後に、ルーマンの「複雑性」の概念について触れておこう。ルーマンはシステムと環境の分化から出発する。システムと環境の差異とは、複雑性の差異にほかならない。彼が「システムと環境の差異についてのより広範な分析は、環境はシステムそれ自体よりも、いつでもはるかに複雑であるという仮定から出発する」(Luhmann 1985: 249)と述べるように、環境とはシステムより複雑性が大きい領域であり、逆にシステムとは複雑性が環境より少ない領域である。ルーマンの理論ではシステムは意味によって複雑性を縮減する。これに対して、後述の複雑性理論でいう複雑性は異なる意味をもっている。たとえば単細胞生物を取ってみよう。ルーマンが述べるのとはまさに逆に、複雑性という点では、その内部は外部である環境よりはるかに複雑である。じっさい、細胞内で生じている生化学反応が、細胞外の環境で自発的に生じる確率はきわめて低い。それに対して細胞の内部ではタンパク質が触媒として機能し、それによって分子間の化学反応を強制的に生み出し、その結果、複雑性を増大させているのである。細胞という狭い領域に多種の化学物質を押し込めているからこそ、多様で複雑な化学反応が可能になる。それらの分子が広い場所に散在していれば、それらが反応する確率はきわめて低いのであり、したがって複雑性なども存在しないのである。複雑性とはあくまで秩序の複雑性であることは言うまでもないが、この秩序は酵素による触媒のような、何らかの駆動力がないところでは不断の解体にさらされているわけである。生命は、細胞という区画の内部に酵素という化学反応のエンジンを備えており、これが複雑性を発生させる。このように、複雑性理論で言う「複雑性」の意味はルーマンの言うところとは反対であり、内部は環境より高度の複雑性をもつのである。このような相違が生じる理由は、ルーマンの理論が「論理的可能性」に準拠しているのに対して、複雑性理論は「現実的可能性」に準拠していることによる。

注

(1) フィードバックの概念は、その後、複雑性科学において拡張された。サイバネティックスでいうフィードバックは、後述の複雑性科学でいうネガティヴ・フィードバックに等しい。

(2) 三宅美博は、サイバネティクスは設計という活動をフィードバック・ループという明示的な決定論的ダイナミクスとして定式化したが、こうした合理性はサイバネティクスの功績であると同時に限界でもあるという(三宅 2000: 360)。限界である、というのは、このループの環境があまり考慮されなかったという点である。金子邦彦と津田一郎は、フォン・

ノイマンの理論がノイズをいかに消去するかをテーマとしたのに対して、サイバネティックスはむしろエラーとの共存すなわちフィードバックを考える立場である、として一定の評価を与えている（金子・津田 1996: 13）。これはシステムの環境への適応ということである。環境が変化したとき、システムはその変化を自己へとフィードバックし、自己を再組織化することで適応する。その意味ではシステムは変化するのだが、この変化は同一のシステムの存続という枠の中での変化であるにすぎない。

（3）ニール・ハリソンは、社会科学者は単純化を好む傾向があり、この単純化はシステムの閉鎖性という仮定に結びつくが、この閉鎖性の仮定は社会科学者の実験科学へのあこがれを表しているという（Harrison 2006b: 4）。実験室は閉鎖系だからである。

## 第4節　真理と合理性

### 1　存在論的述語と秩序の確実性

ポスト構造主義が西欧的な思考の特質として挙げたのは、主体のほかに真理という概念である。これまでの論述では主語としての主体の概念に焦点を当て、それが「する」言語から誘導される世界観であるという観点から考察した。この節では述語に観点を移し、真理の概念を考察しよう。真理とは、世界における秩序は何らかの絶対性あるいは確実性に根拠をもつ、という考え方であり、確実性への信憑という観点から考えることができる。西欧的な思考の起源としてしばしば古代ギリシャ文化とキリスト教が挙げられるが、そのいずれもが確実性という秩序概念の上に構築された思想である。秩序とは確実なものである、という考え方は西欧の歴史とともに古く、その中心にある。そしてまさにこの考え方が二〇世紀において西欧の思考自身による批判の的となったのである。

かつて若きニーチェは古代ギリシャの思惟の根底にディオニュソス的な陶酔の美学を見出したが、しかし彼も認めるようにそれはソクラテス的、あるいはプラトン的な思惟によって息の根を絶たれたのであり、古代ギリシャ的なるものの代表として、理性的秩序を考えるのがやはり妥当であるというべきだろう。理性的なものというアポロン的な秩序は個体化の原理であり、感情的な撹乱によって影響されない安定性の原理であり、ニーチェが言う美学上のソクラテス主義の原理、「すべてのものは美しくあるためには聡明でなければならない」(Nietzsche 2010: 66) という原理にもとづく。この安定性は、理性が真理の概念と結びついているために生まれる。理性という秩序は、なんといっても絶対に確実な真理でなければならないからである。

キリスト教もまた絶対的な神と絶対的な正典を掲げる宗教であり、真理の宗教である。広い意味では、およそ宗教とは何らかの真理に関する言説であるということもできるだろう。しかし、たとえばキリスト教と仏教において、真理という概念の意味は決定的に異なっている。仏教学の末木文美士は仏教の特質について、「『有』に傾きつつも、その『有』は再び常に『空』によって揺り戻されるのであり、いわば、仏教の中にあって『有』は常に一種の後ろめたさを持っていると言うことができる」（末木 1996: 287）と述べ、仏教に一貫するものとしてこの「構造的な不安定性」（同）を挙げている。確かに、無や空といった概念が不動の真理であるなら、それはすでに無ではなく空ではない。無や空という仏教的な真理の言説は、概念の定立から不断に遠ざかる運動であり、このように真理という概念がつねに否定的な形で掲げられる点に仏教の特質があるといえよう。事実、プロテスタンティズムの成立と大乗仏教の成立というそれぞれの宗教における最大の宗教改革を比較すれば、仏教には真理の規範的な拘束が弱いことが容易に見て取れる。また、ユダヤ教における律法に対して仏教の戒律は大いに異なる規範である。律法が神との契約という神聖な源泉から来る絶対不可侵の掟であるのに対して、戒律にはそのような根拠が存在しない。そもそも何に囚われることをも嫌う仏教にとって、規範の存在も無化するのが理想であるはずだ。末木が指摘するように、「特に原始仏教において顕著な発想は、形而上学的に『絶対の真理』を提示することではなく、応病与薬的に苦からの離脱の道を提示することにあった」（同：284）のだとすれば、仏教的な規範は絶対的な根拠を本来的に欠いているのであり、このことこそが「無」あるいは「空」の概念のアイデンティティなのである。

これに対して、ギリシャ思想とキリスト教に共通する思想は真理の思想であり、それは絶対的な確実性として不断に反復する述語的同一性である。このように、経験を超えたアプリオリの真理であると信じられる述語が、存在論的述語である。真理は普遍性であり、個別的で具体的な個人の生を超えたところに存在すると考えられる。真理とは同一性として不断に反復する述語である。真理は当然にも絶対的な秩序であり、確固として確実な秩序である。

こうして、「秩序とは確固としたものである」という思考が醸成された。確固たる秩序とは、言いかえれば絶対的に安定的な秩序である。真理の秩序観の核心には、秩序とは安定的なものであるという思考あるいは文化が存在する。

真理は単なる知識ではなく規範性をもつ知識であり、人びとがそれへと訓育されるべきディシプリン discipline である。真理はまた他のあらゆる知識の正当性の根拠でもある。根拠とは思考がそこで停止するべき点であり、根拠それ自身は超越的な存在である。この意味で、真理や根拠の概念は、経験科学における一般化や抽象化とは異なっている。経験科学における一般化や抽象化は、具体的な現実の否定ではない。それに対して、不変性に準拠する真理の思考からすると、生々流転する現実は否定されるべきものと見えることになる。社会だけでなく自然もまた同様である。モーリス・メルロ＝ポンティは、「歴史的に見ても哲学的に見ても、自然的存在を、それが他のものではあり得ないがゆえにそのあるところのものであるような対象、つまり即自と見るわれわれの観念は、制限なき無限の存在、ないし自己原因という観念から生じてきているのだし、この観念はそれはそれでまた、存在と無との二者択一から生じてきているのである」（Merleau-Ponty 1968=1979: 73）と述べている。

## 2　理性と合理性

西欧のそれぞれの時代は、それに見合う真理の概念を見出してきた。キリスト教の真理の概念が長年にわたって君臨した後で、近代の時代にそれを引き継いだのは理性と合理性の概念である。理性や合理性もまた経験から抽象されたのではない、アプリオリである。エルンスト・カッシーラーは一七世紀と一八世紀の理性概念の差異を、一七世紀では理性は神の領域に接続する「永遠の真理」として考えられたが、一八世紀にはニュートン力学を中心として思考の力として理解されるようになったという（Cassirer 2003: 12-13）。理性の世俗化である。この結果、神ならぬ人間の思考が絶対的な確実性をもちうる可能性が見出された。現実の人間は、ほとんどつねに合理的ではない。それゆえに合理性は人間の思考の最終的な目標と考えられるようになった。合理的な思考は、論理的な思考である。それゆえに論理性は合理主義において最高の規範と考えられた。

デカルト以来の西欧近代の哲学の課題は、野家啓一によれば、確固不動の「アルキメデスの点」の探索にほかならない。アルキメデスの点とは、あらゆる知識を支える根拠である。野家によれば、この探索は大陸合理論の「演繹的正当化主義」と、イギリス経験論の「経験的基礎づけ主義」の二手に分かれてきた（野家 1993: 238）。デカルトからカントを経てフッサールにいたる理性主義の系譜におけるアルキメデスの点は、「自己意識の明証性」という事態であった。イギリス経験論は理性の形而上学とは異なる視点を取ったが、やはり「アルキメデスの点」の探索であったことに変わりはない。野家によれば、彼ら経験的基礎づけ主義の掲げたアルキメデスの点は、感覚的経験の絶対性であった。感覚的経験は特に知覚に集約される。現に目の前に存在する光景を疑うことは困難である。この知覚の絶対性の上に理論を築くことが、確実な理論への道である。この知覚の特権性はイギリス経験論だけでなく、大陸系の現象学においても基礎的な論点になっている。合理主義における論理的思考と、知覚を基盤とした感覚的経験の絶対性を統合しようとするのが、論理実証主義の夢であった。

カッシーラーは、一八世紀において合理主義による統一の要請はきわめて強固であったと述べる（Cassirer 2003: 23）。理性は秩序を統一する能力でもあると考えられた。理性的に統一された秩序の典型的な概念は、均衡の概念である。それは完全にバランスが取れた状態であり、不動の静的な秩序状態である。たとえば自然科学はニュートン力学の均衡的なシステムを規範として形成された。社会科学でもこの均衡システムを規範とする観点は中枢的なものとなっており、経済学の一般均衡理論がその名の通りの均衡システムを体系化した。社会学ではパーソンズがやはり均衡的な体系を理想としたのである。このアポロン的な概念は、自然科学や社会科学の理想となっただけでなく、近代という時代の思想、モダニティの中心概念でもあった。

存在論的主語としての主体もまた真理に関わる概念であり、その真理基準は自己保存にほかならない。この原理から導かれ、離散体的世界観による社会観は、自己のみに準拠するエゴイスト間の相互利益という、「互酬性」を社会秩序の根本原理として掲げる。人間はエゴイストであるという理解は、離散体的世界観にもとづいて西欧文化が作り上げた物語なのではないだろうか。人間が本質的にエゴイズムという「悪」を宿しているという考えは、人間は本質的に救済されるべき罪びとであるというキリスト教思想に合致する。こうして、真理という神によって矯正されるべき主体という描像が現れる。それは「罪と罰」の物語の再現ではないだろうか。欲望についてのフロイト的な描像もまた、同様の系列に属している。エゴイストという描像は、社会的には私的所有という真理と組み合わされる。近代西欧社会において私的所有は不可侵の真理であり存在論的述語であった。こうして、人間は自己保存を追求するべき独立かつ孤独な存在であるという自己準拠的な観点がなりたつのである。こうした物語はひとり西欧のみならず、近代産業社会におけるドミナント・ストーリーとなった。自己と自己保存という原理は、すでに述べたように社会学においては社会システムに拡張され、社会システムの原理が社会システムの自己保存であると考えられることになった。

## 3　超越論的現象学

フッサールの超越論的現象学は、これまで述べた西欧思想の確実性への希求をもっとも明確に示した思想である。彼は『厳密学としての哲学』において自身の思想の立場を明確にする。彼は同時代の哲学を批判して、それが客観的に妥当する知識をなんら提供しないと述べる（Husserl 2009b: 4）。哲学は学問として不十分であるどころか、学問としてまだ始まってさえいない。彼が学問といえるための基準とするのは、客観的に基礎づけられた理論内容である。ところがその時点で存在するのは「個人的な信念、学派の見解あるいは『立場』」（*ibid.*: 5）でしかない。そのような主観的な要素は数学や自然科学には存在する余地がないというのに、である。そしてこれは『論理哲学論考』を執筆した若きルードウィヒ・ヴィトゲンシュタインも共有していた考え方でもあった。

『ヨーロッパ諸学の危機と超越論的現象学』において、フッサールがルネサンス期の人間に仮託して語った「神話と伝統の束縛から自由な、熟慮された世界考察、すなわち先入観を絶対的に排除した、世界と人間の普遍的な認識であり、究極的には世界それ自身の内に、そこに内在する理性と目的論と、さらにその最高の原理としての神の認識を開始しなければならない」（2012: 7-8）という言葉は、ルネサンス人の後裔としてのフッサールの哲学の通奏低音であると思われる。彼はそれを「復興された『プラトン主義』」と呼んだ。彼は当時の西欧の諸学が問うことを怠っていたものは他ならぬ理性であるとし、理性とは「『絶対的に』『永遠に』『時間を超越し』『無条件に』妥当する理念や理想を指示する名称」(*ibid.*: 9)であると述べる。それはまさに真理の知にほかならない。

だが、単純な客観主義の誤謬はすでに彼において明らかなものだったから、フッサールは独自の探求を進めた。彼が選んだのは、主観性に定位する哲学であった。だがこの主観性が個別具体的な実存、経験的な主観性であれば真理の知としての哲学など望むすべはない。生活世界における具体的な主観性は歴史性と他者性に不断に侵入されており、実体的な存在としての同一性を考えることは不可能である。ここに超越論的主観性が登場する。それは心理学的な個別具体的な主観性ではなく、普遍的な主観性である。これが必要なのは、客観的なものは決して直観されず経験されないものだからである(*ibid.*: 137-138)。

客観性に対比しての主観性の優位は、それが疑い得ない明証性が与えられる場であるということである。フッサールは明証性があらゆる真理の基準であり、すべての原理の原理であると述べる(2009a: 169)。そしてこの明証性が与えられるのが主観性であり、とりわけ知覚なのである。彼は、意識はいかに広い意味に理解するにせよ、その意味は最終的には体験という概念と一致すると述べ(*ibid.*: 80)、意識を体験あるいは経験の地平で思考する。そして様々な経験の中でも、知覚に特権的な地位が与えられる。たとえば、「感覚的知覚は、経験的諸作用の中で、ある良い意味で一つの根源的経験の役割を演じており、他のすべての経験的作用はその基礎づけの力の主要部分をそこから引き出している」(*ibid.*: 81)「すべての知的な体験、また体験一般は、それが体験されることによって、純粋な直観と把握の対象となりうるのであり、ここにおいて直観は絶対的な所与である。体験は、その存在を疑うことがまったく無意味であるような一個の存在者、一個のこの－これとして与えられている」(1986: 31)というように。だが、個別の経験的・心理学的な主観性はこのような絶対的所与性の場ではあり得ない。絶対的な所与性の場として考えられたものこそ、超越論的主観性にほかならない。それはまた、「反省という現象は、じっさい、純粋な、また時に完全に明証な、所与性の領野である」(2009a: 175)というように、反省の場でもある。

フッサールが考える超越論的哲学とは、イマニュエル・カント以来の超越論的哲学という概念をもっとも広い意味に取り、「前学問的、また学問的な客観主義に対して、すべての客観的意味形成と存在妥当の根源的な場としての認識する主観性へと還帰し、存在する世界を意味と妥当の形成体として理解し、こうして本質的に新たな種類の学問性と哲学に道を開く哲学なのである」（2012: 108）という。カント以来の超越論的哲学とは、外界の対象を認識する人間の能力を問うものである。われわれは外界に客観的な存在者が存在し、それを知覚するのであると確信している。だがじっさいにはわれわれに与えられるのは、われわれ自身が実在と信じるものの経験（現象）でしかない。それは対象の全体像ではなく一面的な射映である。われわれはこれら一面的な射映を総合して、対象はかくかくしかじかのものだと判断しているのだが、それはわれわれの推論でしかない。かくして外界の客観的な存在者は人間の意識の手の届かない所に存在する。このような存在者のあり方を、超越 transcendence と呼び、超越的 transcendent と形容する。カントは「物自体」という用語でこのことを語った。客観的な存在者あるいは世界と人間の意識のこのような関係を思考する哲学が、超越論的 transcendental と呼ばれるのである。現象学とは、客観ではなくむしろ意識に内在的に与えられる存在としての現象（主観的な経験あるいは射映）の側から外的な実在を意味づけていこうとする哲学である。経験は、「内在的存在は、原理的にいって、それが存在するためには他の事物を必要としないという意味において、疑いなく絶対的存在である」（2009a: 104）とされるように、疑い得ない確実性をもつ。客観的な実在が「存在」すると信じられる超越の領野に対して、知覚的経験に代表される直観の領野が内在であり、そこが現象学の場所である。したがって、「自然的世界の総体の、意識の領域から、体験の存在の領野からの原理的な分離可能性」（*ibid.*: 99）ということが根源的な原理になる。フッサールのこの原理に、現象学のすべての運命がかかっている。およそ現象学である以上は、この「自然的世界と意識の分離可能性」の上に構築されなければならない。

「どこにおいても、真の存在とは、ドクサの内にあって疑問の余地なく『自明』であるもの、単に思い込まれているだけの存在に対立する理想的な目標、エピステーメーすなわち『理性』の課題である」（2012: 13-14）。これが彼の現象学の中心的なテーマである。したがって現象学的な還元とは日常的な思惟としてのドクサの自明性を突き破って理性の真理を獲得することにほかならない。還元とは、日常性という「前形態を乗り超える」（*ibid.*）ことなのである。

フッサールは、「人は先入観のために、自分の直観領野において所有するものを、判断領野にもたらすことができなくなっている。じっさいには、誰もが、いわばつねに、『理念』や『本質』を見ているのであり、思考においてこれらを操作し、本質判断をも遂行している――ただ、人はそれらを自分の認識論的な『立場』から解釈的に引き去っているのである」(2009a: 48) と述べる。それゆえ、「先入観のために、判断領野にもたらすことができなくなっているが、自分が自分の直観領野において所有しているもの」の探求が必要であり、それこそがフッサールの現象学にほかならなかった。フッサールは心理学的な自我と超越論的自我を厳密に区別したが、人びとの思考は通常、具体的な心理学的自我として行われているわけである。したがって心理学的自我から超越論的自我への移行という学問的な手続きが必要となり、それが現象学的還元と呼ばれるものなのである。すなわちそれは、経験的あるいは個別的な直観を本質直観へと転化することであり、そのような態度変更にほかならない。この態度変更の結果として与えられるのが超越論的自我である。それゆえこの手続きの核心部分は超越論的還元と呼ばれる。

フッサールによれば、われわれは外界の実在と考えるものを、じつはわれわれが自身の経験に与える意味として構成している。われわれはこうした有意味性の世界を生きており、この有意味性はいちいち反省されないという点で、自明性をなしている。現象学的還元においては、この自明性を停止しなければならない。「現象学的還元とは、一切の超越者(私に内在的に与えられていないもの)を無効の符号とともに見ること」(1986: 6) なのである。このことは判断停止とかエポケーなどとも呼ばれている。この還元で到達すると考えられた超越論的主観性は、純粋自我とも呼ばれる。純粋自我は本質的に非人称的である。非人称的で歴史性ももたない純粋自我は、無限の反復であり存在である。

超越論的自我に到達することによって、何が知られるのだろうか? 存在としてのイデア、本質、あるいは形相eidos が直観されるのである。これがフッサールの現象学の最終的な目的である。中村雄二郎はフッサールの見解を「すべてをイデアやエイドスに還元する西欧の正統的な文化観」(中村 1998: 319) と述べているが、確かにフッサール現象学は西欧哲学の正統を負うものとして出発した。それゆえ、フッサール現象学が目指す超越論的主観性の領野は、理性の領野であった。それは言いかえれば、明証性の王国である。

通常の生活ではあいまいなままに留まるこの存在の思考は、フッサールにいたる西欧形而上学において厳しく突き詰められることになった。一方で存在論的主語はデカルト的なコギトの概念、さらには超越論的主観性の概念として鍛え上げられた。それはいかなる具体的な歴史性からも自由な主体の観念である。他方において存在論的述語は、真理としての合理性と確実性として厳密化された。とすれば、西欧的な思惟の完成は、存在論的主語と存在論的述語が統一される点、すなわち超越論的自我が確実で合理的な知識を達成する点、言いかえれば主体と真理の合致に求められることになる。この崇高な統一を達成する思索が何としても到来しなくてはならないのだ。

フッサールの現象学はまさに西欧思想の根底をなす課題に正面から答えようとする試みであると思われる。生活世界にまどろむ経験的な自我は、現象学的還元によって超越論的自我として存在論的主語そのものとなる。このとき、本質や真理という存在論的述語が直観される。こうして主語と述語に分離した二つの存在、二つの同一性が超越論的主観性において統一される。フッサールの現象学は西欧思想史において来るべき思想であり、西欧思想の極北であり、音楽であるかのように美しい思想である。それは西欧的な思惟にとって、乗り越え不可能な思想であり、ただ破壊のみが可能である。ここに二〇世紀における脱構築的思想の出発点がある。フッサール以後、彼の超越論的現象学を改変し緩和する試みが見られた。たとえばメルロ＝ポンティの思考は示唆に富むものだが、彼の思想が現象学である明確な理由があるとは思えない。たとえば「存在のいかなる形式も主観性への照合なしには立てられない」（Merleau-Ponty 1964=1989: 233）というのがそれだとすれば、現象学はあまりに拡張され、薄められてしまっている。

## 4　近代の学問における秩序の概念

周知のように一七世紀における科学革命によって近代科学が誕生した。近代化は世俗化の過程であったから、科学の創立者たちは科学的認識から宗教性を排除することに腐心しなければならなかった。合理化とは、同時に脱宗教化であり、その結果自然は合理的で客観的な存在、あるいは機械として考えられるようになった。近代科学の基礎をなす機械論的自然観では、色彩や形、音などの性質は人間の主観的な性質にすぎず、自然に固有の性質は数量としての数学的性質であるとされ、フッサールはそのような観点を自然の数学化と呼んだ。デカルトやガリレイによる自然観である。こうして、色彩や音などの質的な「形」は科学の対象から排除された。さらに、近代以前の宗教的な自然観にはアニミズムの要素が多少とも含まれていたが、この要素も排除された。

大森荘蔵は近代以前の自然観を活物的自然観とし、近代科学の自然観を死物的自然観と呼んだ（大森 1998）。活物的世界観の基礎は、生気論的な自然観である。生気論 vitalism とは、大森によれば「生体現象は無生物の物理、化学的過程としては理解できず、『生命』またはそれに当たる特有の概念を必要とする、という考え」（同：25）である。近代科学的な自然観とは、何よりもこの生気論的な自然観の否定であり、近代科学によって自然は「ただ幾何学と運動学の言葉だけで語られる死物」（同：10）となったのである。こうして合理主義的な自然観が生まれた。

近代科学の方法は還元主義であるといわれる。上に述べた、自然の全体を幾何学的な第一性質のみで表現することも還元である。もう一つは、対象をよりミクロレベルの構成要素に分析し、その総体として対象を記述するという還元である。この分析と総合の方法が近代科学の基本的な手続きであった。還元主義が取られるには理由がある。幾何学的な性質はその他の感覚的とされた性質より、そしてミクロな事象はマクロな事象より、一般的には単純であり、理解しやすい。そのために初期の科学において自然の対象はミクロレベルで数量的に分析されたのである。たとえば生命のようなマクロで複雑な現象の分析と理解は非常に困難だが、原子レベルでは単純である。この意味で還元主義は単純化であり、初期の科学においてはやむを得ざる選択でもあったのである。自然を決定論的な法則によって動く機械と考え、われわれが日常世界において経験する自然の姿を数量とミクロな要素へと還元するこのまなざしは近代科学のまなざしであり、それは近代の産業社会を生み出した。こうして近代社会において、還元主義的な理論がパラダイムとしての位置につくことになった。

機械論的自然観は、自然は法則によって決定されると考え、この法則は確固とした秩序であるとみなす。すでに述べたように、西欧的な思惟の根源はポスト構造主義者が指摘した主体と真理の二本柱にあるが、秩序に関しては絶対的に確実なもの、すなわち真理性をもつものが秩序であると考えられてきた。この真理としての秩序には合理性、自己保存、法則、知覚の確実性など多様なものがあるが、その起源はすでに述べたギリシャ哲学とキリスト教に求められるだろう。近代における西欧の心の哲学も、デカルトによる絶対的な確実性の探求とともに始まった。このような流れの中で、社会学のほとんどの理論が秩序を確実なもの、安定的なものと考えても不思議ではないだろう。

均衡 equilibrium という概念もそのような確実な秩序の概念の一つである。確実な秩序は運動するものではなく定常的で安定的であると考えられる。定常的な秩序が存在するのでなければ、そこには無秩序のみが存在するという考え方はこれまで長いこと人間の意識を支配してきた。経済学では経済的過程の均衡状態が範型的な秩序とされているし、社会学でもパーソンズの社会システム論は同じく均衡を重視した理論であった。均衡概念が秩序の基本と考えられたことには、合理主義の思想の伝統もあるだろう。フッサールは「世界はそれ自体において合理的で体系的な統一体であり、すべての個別的なものはその中で合理的に決定されていなければならないということを人びとは必然的に洞察しうると考えている」(Husserl 2012: 71) と述べている。この理性の哲学は、後のパーソンズの構造－機能理論にも通じる観点である。これらの均衡概念は力学的均衡と呼ばれるものであり、多様な力のバランスが取れることで出現する静止状態である。後に述べる熱力学的均衡もまた静止状態であるから、いずれにしても均衡概念は定常的な静止状態を指すのである。

このように、定常的な静止状態が秩序であり、動的な状態は静止状態への過渡期であるという理解が長いこと支配的であった。たとえば経済学において静止状態が秩序であると考えられたのはなぜか。経済学の塩沢由典は、新古典派の形成期には均衡が唯一知られていた定常的過程であったことと、大規模な系の分析において可能な状態が、物理学でも均衡以外にはなかったことの二つがその理由であるという。その後のカオスの発見などにより、「動的過程を均衡への収束過程とみなさなくてもよいという理解が生まれた」(塩沢 1997: 217) と説明している。

静止的な均衡状態は非現実的である。現実にはそのような経済も社会も存在しない。経済も社会も、不断に変化する動的な過程である。そうであるなら、社会秩序を本質的に動的なものとして理解するのが正当なはずである。じっさい、二〇世紀を通じて、動的な過程に人びとの関心が集まってきた。後述する複雑性科学は、動的な秩序を中心に据える。複雑性科学の中心概念の一つである複雑性の概念は、無数のエージェントが相互作用する集合現象を扱うマクロ過程の物理学の中から作り出されてきた概念である。それはミクロレベルのエージェントの相互作用から創発する、マクロ秩序に関する概念である。近代科学は還元主義的方法を取り、ミクロの秩序の探求を行ってきた。この際、ミクロレベルの探求は原子その他のミクロ粒子を離散体的に扱うラグランジュ的な点記述によってきた。そうすると複雑な秩序は現れないから、自然を機械と見る機械論が安泰だったのである。非線形の過程の中心的な現象である自己組織性とは、自然において秩序が自発的に生成するということであり、機械論と対照をなす概念である。複雑性科学が社会科学においてもつ意義は、確実な秩序とは異なるタイプの秩序の概念を提示したことにある。本編の第2章で説明するカオス、カオスの縁、カオス的遍歴などの概念は、不断に変化する動的なダイナミクスがもつ秩序を記述する概念である。この運動する秩序においては、動的な状態が秩序を示すのである。

## 5　社会学における秩序の概念

バックリーが「社会学における焦点は、これまでつねに『社会秩序』あるいは『社会統制』の問題であった。それは、社会秩序はいかにして可能であり、どのような形を取ることがあり得、どのような階層化された社会経済的構造が帰結するか、という問いである」(Buckley 1998: 4) と述べるように、社会秩序への問いは社会学の核心にある問いである。だが、それにもかかわらず、あるいはそうであるがゆえに、この「秩序」という概念はあまり明確ではない。盛山和夫は次のように述べている。

「秩序問題はたんてきには『秩序はいかにして可能か』という形の問いであるが、一般的に『Xはいかにして可能か』を問うのであれば、Xについてあらかじめ一定の概念規定を与えておかなければ有効に問うことにはならない。ところが、秩序問題の現況においては、ゲーム論的定式化を除けば、そのXとは何であるかがまったく明示的に語られていないのである。すでにみたように、パーソンズにおいて、その『規範的秩序』の概念は一度として呈示されてこなかった。ルーマンは、『人々が整序された関係を取り結ぶことができるのはいかにして可能か』という問いと『各々の個人と社会秩序の間にいかなる関係が成り立つか』という問いの二つが、『いかにして社会秩序は可能か』の問いとして集約することができる」(Luhmann 1981: Bd. II, 208, 訳 34-35) と述べているが、ここでもどのような関係が『整序された』関係であるかは不明である」(盛山・海野 1991: 21)。

確かに、秩序概念はもっとも基本的な概念であるだけに、適切な定義には困難がある。パーソンズはその初期の『社会的行為の構造』において、社会秩序を事実的秩序と規範的秩序に分類した。事実的秩序とは、確率的なランダム性あるいは偶然性の対立物である。パーソンズはこの事実的秩序を論理的理論、特に科学によって理解可能であるとし、反対にランダム性は理解不可能であるとする (Parsons 1968: 91)。規範的秩序は事実的秩序を生み出し、安定的に維持する。それゆえ事実的秩序は規範的秩序を伴わなければ、少なくとも比較的長期にわたっては存続できないとパーソンズは考える (*ibid*.: 91-92)。

ランダム性は秩序概念の構成において決定的に重要な意味をもつが、パーソンズにおいてはその意味は明確ではない。盛山はランダム状態も確率論によって認識できる状態であると、パーソンズのこの論点を批判しているが (盛山・海野 1991: 22) が、この批判は正当である。パーソンズはランダム性と理解不可能性を等置したが、ランダムな状態は明らかに理解可能である。また、彼はエドワード・シルズとの共編著『行為の一般理論をめざして』の中で、「システムのもっとも一般的で基本的な性質は、部分あるいは変数の間の相互依存である。相互依存とは、変化の可能性がランダムな場合と対照的に、部分あるいは変数の間の確定した関係である。言いかえれば、相互依存はシステムの構成要素の間の関係における秩序である。この秩序は均衡概念としてごく一般的に表現される自己維持への傾向をもつに違いない。しかしそれは静的な自己維持あるいは安定的な均衡である必要はない。それは秩序づけられた変化の過程、すなわち出発点に依存してランダムに変化する可能性ではなく、確定したパタンに従う過程かもしれない」(Parsons and Shils 1951: 107) と述べている。

ここでパーソンズとシルズはランダム性を変数の間の関係、さらには確定したパタンに従って動く過程と対照させている。変数の間の関係は構造である。それゆえここでは、秩序はすなわち構造であるとされている。この秩序概念に導かれ、パーソンズは社会秩序を構造と同一視する。たとえば『社会システム論』における「具体的な行為システムは、ある状況との関係における、行為要素の統合された構造である。このことは、ある種の秩序化されたシステムへともたらされた、動機と文化あるいは象徴的要素の統合を本質的に意味している」(Parsons 1951: 36) という表現からそれは知られる。それゆえに端的に、「秩序の問題、そしてそれゆえ社会的相互行為の安定的なシステム、すなわち社会構造の統合の性質の問題」(*ibid.*: 36) とあるように、秩序は社会構造の統合と等置される。

このような、社会秩序とは多かれ少なかれ確固とし、あるいは相対的に安定的で定常的であるとする見方はパーソンズに固有ではない。この安定的なパタンは、構造概念に代表されると言ってよいだろう。多くの社会学者は社会秩序と構造を同一視していると思われる。たとえばギデンズの構造化理論では、「構造化理論における『秩序問題』とは、社会システムがどのようにして現前と不在を結びつけて統合し、時間と空間を『結合』するのか、という問題である」(Giddens 1984: 181) とあるように、秩序とはシステムあるいは構造である。バックリーは、「『モーフォジェネシス』はシステムの構造の適応的な変化として定義される。すなわちそれはよりよい目標達成、あるいはシステムの調整に結果するような構造変動である」(Buckley 1998: 179) と述べ、彼が考える秩序形成の原理としてのモーフォジェネシスを構造において理解している。序論で述べたように、バックリーの理論ではモーフォジェネシスに対応するのが構造維持としてのモーフォスタシスである。バックリーの理論を承けたマーガレット・アーチャーは、「『モーフォジェネシス』とは社会的な構造化の過程を記述する」とし、「『モーフォジェネシス』はシステムの所与の形態、状態あるいは構造を精密化したり変化させたりする過程について述べ、逆に『モーフォスタシス』はシステムの所与の形態、組織あるいは状態を保存あるいは維持することに寄与する、複雑なシステム－環境交換の過程について述べる」（Archer 1995: 166）と述べて、バックリーの見解を引き継いでいる。

これらは一端にすぎないが、社会学者のほとんどは、社会秩序を構造的あるいは定常的な状態として考えているようである。だが構造が社会秩序であるとなると、不断に変化する過程に見出される秩序はその変化しにくい部分だけであることになる。このような見方からは、社会の動的な過程の十分な理解は達成されないだろう。本書が目指すのは、つねに変化する過程、あるいは歴史そのものが示す、動的な秩序の概念を定義することである。こうして、社会学における秩序概念は安定性、定常性、確実性を含意している。だがじっさいの社会はつねに変動状態にあるのだから、これらの「社会秩序」の概念は経験から導かれたのではない、アプリオリの文化、あるいは存在論的述語である。確実性は近代社会において真理としての地位をもっていた。それに対して複雑性科学は動的な秩序概念を提供してくれる。

## 6　力への意志と永遠回帰

二〇世紀の思想は、これまで述べてきた西欧近代における存在＝同一性の思想に対する批判を中心として展開してきたと言ってよいだろう。それは一方では存在論的主語としての主体の批判であり、他方で存在論的述語としての真理、合理性あるいは確実性の概念への批判であり、つまりは近代的な思惟への批判であり啓蒙への批判でもあった。それはまとめていえば、反存在の思想であった。反存在の思想は、主語のレベルでは反主体の思想であり、述語のレベルでは反真理の思想である。こうして二〇世紀を彩る多様な思考が誕生した。それらの思考の背景にあるのは、反復する同一の存在という秩序の源泉への懐疑であった。それはまた神の死への応答であるともいえる。神の死とは根源的な主体の崩壊、真理の源泉の崩壊であったからである。だが、ここからどのような思考が展開しうるか、という点に関しては単純ではない。二〇世紀の場合は、ジャック・デリダの言葉を借りれば「脱構築」、すなわち同一性の解体、否定という方向をおおまかにいえば取ったのであった。だがその結果、生じたのは一切の価値の拒否というニヒリズムであった。

二〇世紀の多様な思想の一つの巨大な出発点は、ニーチェの思考である。彼の思考は、力への意志という概念へと収斂した。その出発点はキリスト教道徳に対する批判にあった。彼はキリスト教道徳を弱者のデカダンスとしてとらえる。強者に対抗する術のない弱者が、そのルサンチマンの念から編み出したのが道徳という考えである、というのである。

彼によれば、生に敵対的なキリスト教会は官能性、自尊心、支配欲、所有欲などの根絶を目指した（Nietzsche 1999c）。これに対してニーチェが提出するのが、生の肯定の思想である。ニーチェは本当に対立する二つのものとして、まずキリスト教や観念論のような「地下的な復讐心から生に敵対する退廃する本能」（1999e: 311）があり、他方で生の肯定の態度があるという。後者は「充実、あり余る充実から生まれた一つの最高の肯定の形式であり、苦悩や罪、存在におけるあらゆるいかがわしく奇異なものに対してさえ、無条件で然り、と言うことである。…（中略）…生に対するもっとも歓喜に満ちた、もっとも過剰で破天荒な肯定」（同）というものである。これが生の肯定の思想である。彼はキリスト教道徳だけでなく、近代の客観主義的な科学をも批判し、あらゆる価値はパースペクティヴにほかならないと述べる。それぞれの生が自己の立場から力への意志に従う、その意味でのパースペクティヴなのである。ある価値を客観的で普遍的であるように主張するのは、じつはルサンチマン的な態度にほかならない。哲学者たちが作り上げた「真の世界」、その世界を認識する能力としての「理性」。そのようなものは、生成し消滅する感覚や仮象を恐れ、永遠のものを崇拝しようとする彼らが捏造した「概念のミイラ」（1999c: 74）でしかない。彼がパウロに投げつけた言葉を借りれば、「憎悪の天才、憎悪の啓示の天才、憎悪の過酷な論理の天才」（1999d: 215-216）としてのニーチェ、「天才となったルサンチマン本能」（*ibid.*: 192）の化身としてのニーチェのこの「地下的な」態度は、二〇世紀の思想にも共有されているように思われる。

彼にとっての「力への意志」の原型的なイメージは、若きニーチェをとらえたディオニュソス的なものの力であったろう。「個体化の原理が崩壊する際に、人間の、まさに自然のもっとも内なる根底から湧き上がる歓喜に満ちた陶酔」(2010: 4)、それがディオニュソス的なものである。この観点は後になっても基本的には変わらなかったと思われる。「陶酔の本質は、力の高揚と充実の感情である」(1999c: 116)、あるいは「生の過剰状態」(1999e: 313) といわれるのがそれである。したがって、「力への意志」は、エゴイズム的な「私の力、私の権力」とは一線を画するものでなければならない。というのもこれら自己準拠的な力は、アポロン的な個体化の原理に属するものだからである。確かに、「力への意志」が自己準拠的エゴイズムであるなら、この思想は単にホッブズ的な闘争の理論ないしは社会ダーウィニズムでしかないことになる。それでは「力への意志」とは自己準拠的な力でないとすれば、それは何であるのだろうか。だがニーチェの思考は迷路に入り込んだように思われる。

ニーチェの力の思想は、最終的に「永遠回帰」の思想へといたる。永遠回帰とは、生がその細部にいたるまでまったく同じものとして無限回反復する、という思想である。人はこのような事態に到底耐えることはできないだろう。永遠回帰とはもっとも耐え難い無意味な世界にほかならない。「ディオニュソス哲学の決定的要素である（ヘラクレイトスにおける）流転と破壊の肯定、対立と闘争の肯定、『存在』という概念さえに対する徹底的な拒否を伴う生成」(1999e: 313)「生のもっとも異様で過酷な諸問題の中にあってさえ、生そのものを肯定すること、すなわち、自己の無尽蔵への歓喜の最高の典型を犠牲として捧げる生への意志——それを私はディオニュソス的と呼んだ」(1999c: 160) とニーチェが言うように、永遠回帰はいかなる存在、いかなる同一性もない流転の世界なのである。そして超人とはこのような最高の無意味を肯定するような存在である。ニーチェの思想がポスト構造主義の先駆とされるのも不思議ではない。それは明瞭な反存在の思想である。明確な個体性と同一性の象徴としてのアポロンが存在の神であるとすれば、ディオニュソスは反存在の神であり、それは反真理、無意味、不条理とカオスの表象であり、あらゆる有意味性の否定である。ディオニュソスは主体と真理を同時に否定する神なのである。

ニーチェの思想はきわめて重要な洞察を含んでおり、本書の今後の展開の中でしばしば言及されることになるだろう。とはいえその反存在の思想をそのままの形で社会認識に応用することは困難だろう。社会秩序はほとんどの場合カオス的ではないからである。ニーチェの達した結論は、無意味の極限に耐えるということである。これが生の「肯定」なのだろうか？　しかし、同様の思想は実存主義においても反復される。ジャン＝ポール・サルトルによれば、「実存 existence」とは「本質 essence」すなわち本書でいう「存在 being」と対立する概念である。だが、思えば「実存主義」とは奇妙な言葉である。通常、「何々主義」というものはその「何々」を肯定するものだろう。ところが「実存主義」というものは、自らが奉じる「実存」を不条理なものと見る、そういう思想なのである。要するに、実存主義者は本質や存在を否定し実存を真であると見るのだが、同時にその実存は吐き気を催すような無意味さにつきまとわれていると見るのである。これが不条理 absurdity の観念である。「不条理」とは言いかえれば「馬鹿馬鹿しさ」ということにほかならない。実存主義者はそのようなものとしての「生」、端的な無意味としての「生」を肯定するのである。つまり実存主義とは典型的に無根拠の思想なのである。したがってここでも永遠回帰と同様の物語が反復される。このことが、実存主義の視点を歪めている。「実存」主義というなら、人間の生の実存の具体的な様相を記述するべきではないか。しかし結局のところ、たとえばサルトルは「対自」の概念によって、生の具体的な様相から遠ざかってしまう。

生が不条理であり無意味であるとする判断は、何を根拠としてなされているのだろうか。それはやはり、かつてすべての秩序の根源であった「神」であり「理性」が、もはや十分な信憑性をもたなくなったという事態だろう。すなわち、彼らの「不条理」「無意味」の概念は、神や理性にいまだに準拠しているのである。言いかえれば、反存在の思想はいまだに存在の地盤の上にある。ニーチェは、神は死んだという。それはキリスト教を憎悪する彼にとって単にめでたいことではないか。それがどうして無意味に耐えねばならない、という話になるのだろうか。神の死によって世界が無意味になったというなら、ニーチェにとって、神はいまだに価値の源泉なのである。

## 7　反存在の思想

ポスト構造主義はこれら西欧思想の反省の流れを、反存在の思想として明確化した。反存在の思想は、存在の二つの位相に応じて反主体と反真理の思想として展開した。一方でコギト的な主体の概念の否定は、差異の概念によって表現された。ジル・ドゥルーズやジャック・デリダが強調する差異の概念は存在の同一性の否定であり拒否を意味している。デリダの脱構築の思考は、どのような厳密に思考された同一性の体系にも差異という亀裂が入り込むことを示そうとする。ドゥルーズとガタリでは差異の概念はしばしばカオスや分裂と結びつけられた。また、反主体の思想はそれに代わるものとして構造や言語を中心に置いた。言語論的転回の名が、それを示している。社会とは言説の網の目であり、人間はそれによって決定される項にすぎない、という構造主義的あるいは構築主義的な考え方が受け入れられた。個人のアイデンティティの意味は否定され、アイデンティティは社会的に構築されるものでしかない、と考えられるようになった。人間から構造へ、というのが二〇世紀の大きな流れになったのであった。

個人の思考は言語と概念を使用して行われるが、それらはその個人が作り出したものではなく、社会が用意したものである。さらに、個人は特定の社会へと産み落とされ、その社会によって社会化され、自分が作ったのではない文化に深く影響される。これが、「自己は社会的に構成される」という主張の根拠である。こうしてアイデンティティの概念は社会的なものに還元されるべきであり、それ自身は無価値であると考えられるようになった。結局のところ、理性啓蒙に代わって構造と言語という新しい神が出現し、新たな決定論を啓示し、人間はまたもや服従を余儀なくされたのである。この新たな神学は哲学や社会学だけでなくサイコセラピーの領域まで及び、そこでも「個人」を拒否するように働いたのである（Frie 2003ab）。

他方で反真理の思想は、たとえば反秩序と決定不可能性という論点として展開した。ドゥルーズはフェリックス・ガタリとともに、リゾーム rhizome について語った。リゾームとは根茎であり、樹上の部分が秩序立てられた形をしているとしても、根茎部分は無秩序に広がり、ついに何かの秩序を作り出すことはない。否定の哲学である差異の哲学は、決定不可能性やパラドクスに深い関心を示す。折しも数学の領域でクルト・ゲーデルの不完全性定理を始めとして、数学的体系の決定不可能性に関心が集まったのであった。真理という一元的な体系が存在しないなら、多様な価値が併存する多様性、多元性が価値であるはずだ。だがこの相対主義的な世界観では万人の闘争というホッブズ的秩序状態にリアリティがおかれ、人間は様々なポリティクスを駆使して自己利益を図るエゴイストであるという表象が復活し力を得ることになる。近代における確固たる秩序の概念が理性の概念であったことから、当然にも反真理の概念は反理性であり、不確実性であり、反原理の思想であった。このような相対主義はニヒリズムでもあった。「生にはもはや何の意味もない、というように生きることが、いまや生の『意味』となる」(Nietzsche 1999d: 217)。

反存在の思想は、存在とそこから導かれる主体と真理の概念を否定するが、それに対する明確な代替案を提示することはない。この思想はプラトン的なイデアの絶対性に対して、ヘラクレイトス的な生々流転を対置する。しかし、後述するように、生々流転とは熱力学的均衡であり、まったくの無秩序でしかあり得ない。それゆえに反存在の思想は明確な秩序の像を描くことがないのである。それは相変わらず「存在」の地盤の上を動いている。法哲学の井上達夫はこれらポスト構造主義の思想の前提にデカルト主義、絶対的な確実性を求める態度を見る。彼はポスト構造主義の思想家たちを「挫折した絶対主義者」と呼ぶ。相対主義は人を独断と破壊的懐疑との間で振動させるのである(井上 1986)。

とはいえ、ポスト構造主義に結実する西欧の自己批判の思想は、現代社会学の前提ともなる重要な思想を生み出した。たとえば多様性、多元性などがそれである。しかし多元主義は反存在の思想の論理的帰結ではない。たとえば科学哲学者トマス・クーンは科学革命論を展開し、異なる諸理論の間での共約不可能性を主張した(Kuhn 1970)。この議論は、自文化と他文化の間には共有される基盤はあり得ないとするものである。多元主義は他文化に対するリスペクトを求めるが、その主張は共約不可能性から論理的に導けるものではない。じっさい、むしろ共約不可能性と自文化中心主義は論理的には両立するものである。それゆえ、他文化へのリスペクトがなりたつためには、何らかの点で共約不可能性が破られて共通の基盤が顕わになるのでなければならないだろう。共約不可能性、あるいはさらに広く無根拠の思想には、存在の破れとしての他者が欠けているのである。

反存在の思想は社会学にも多大な影響を与えたが、この思考によって社会学の何らかの理論が直接になりたつということは考えられないだろう。多様性とは無秩序ではなく様々な秩序の多様性なのであり、リゾーム的な自由が存在する場ではいっさいの秩序がなりたたないために、多様性もなりたたないのである。すべての要素がまったく自由に振舞う空間では、それらの自由が互いに相殺しあい、熱力学的均衡状態となるほかはない。後述するように、熱力学的均衡状態とはすべての分子がもっとも自由に振舞う状態であり、言いかえれば、なんらの秩序も存在しない無秩序の状態である。本書における問いは、ポスト構造主義とは異なって、社会秩序への問いである。だが本書はポスト構造主義の真摯な思惟を受け継いでいるので、確固とした主体と真理に復帰するわけではない。本書が提示しようとするのは主体と真理という秩序観念の代替案であり、それは「なる」という形での生成の観念である。

## 第5節　記述と説明

### 1　経験的記述と理論的説明

学問的な知とは、人間が住む自然や社会の秩序、さらには自己自身の心的秩序をよりよく知ろうとする営みである。この「知り方」には大きく分けて二つの種類がある。記述と説明である。世界をよく知ることの一つの面は、世界をより詳しく知ることである。世界を詳しく知るということは、言いかえれば、世界の詳細な記述である。それは「世界はどのようであるのか（how）?」という問いへの答えであり、世界の経験的な描写である。たとえば分子生物学は博物学に由来する記述的傾向をいまなおもち、そのような知識が経験的記述による知識である（Keller 2002）。分子生物学は、細胞におけるタンパク質と核酸を中心とする多様な分子のふるまいについての経験的な記述である。そしてそれは言うまでもなく役に立つのである。かつて、科学的説明の考え方が非常に狭く理解されていた時代には、仮説演繹的な理論だけが科学理論であるとされた。だがその後、科学という知の多様性が認識されたのであり、現代においては分子生物学のような経験的記述も、広い意味での一つの科学理論として承認するべきなのである。それは確かに、「細胞内の分子的相互作用」を理解させてくれるからである。

だが、後述するように、分子生物学とは別に、理論的な生物学もまた可能であると考えられる。それは複雑性科学にもとづく、仮説演繹的な構成の生物学である(1)。物理学は典型的な仮説演繹的な構成による科学である。物理学の方法は抽象化によって理論を構築し、それによって現象を説明する。ニュートンはリンゴが地面に落下するのを見て重力の概念を発想したと伝えられるが、「リンゴ」という個別性・具体性を「質量」さらには「重力場」と抽象化するのである。このような抽象化という方法で獲得される知識は、記述による個別的知識とは異なる、普遍的知識であり理論的知識である。こうした理論は、広い意味では「世界はどのようになっているか?」という問いに答えるものであるともいえるが、狭義には、「世界はどうして（why）そのようになっているか?」という問いに照準している。それは、「なぜ?」という問いに答え、それによって世界をよりよく知ろうとする営為なのである。分子生物学は、「生物はどのような（how）ものであるか?」という問いへの答えとして、有意味であり有意義である。だが、「生命とは何か?（どうして生物というものが存在するか?）」という別の問いがあり、それに答えることができるのは、理論的な知識であって経験的な知識ではない。なぜなら、この問いへの答えは、現存する生物とは異なる次元に言及することによってのみ答えられるからである。それゆえ地球上に存在する生物の記述である分子生物学は、この問いに答えることはできない。以下では便宜のために、「説明」という概念をその狭義において理解し、「なぜ」という問いに答える言説と考えることにしよう。そうすると分子生物学は説明というより記述なのである。記述は経験的であるが、説明は抽象的な理論を必要とする。こうして、世界について知る方法は、大きく分けて「経験的記述」と「理論的説明」の二つに分けられる。

　理論的説明は抽象化にもとづく。しかし抽象化とはいってもそこには多様性がある。たとえば西欧的思考の規範であった幾何学は、異なる無数の個別的・具体的な図形を同一視することによってなりたつ。この同一視の方法に相似変換や位相変換などいろいろあって、多様な幾何学が存在するわけである。幾何学的性質というものは、二つの図形を比較して「同じである」と考えられることから導かれているのであり、その意味で幾何学的性質は思考されるものであって物質的に実在するものではない。そのことは、点、線などの概念について考えてみれば明らかである。点や線は観察可能ではなく、思考の対象である。それゆえ幾何学は抽象化というよりは理念化といった方がよい。これに対して、重力などの物理的な力は、同じく抽象化の産物であっても実在するものであって、それゆえに測定可能である。だからこそ、幾何学とは異なり、物理学は経験科学なのである。

　要するに、分子生物学のような経験的記述と、物理学のような抽象化にもとづく理論的説明は、人間が世界をよりよく知る上でともに必要な、二つの異なる種類の知である。この差異は、具体的な細部への意志と一般的な原理への意志という二つの異なるエートスに支えられている。この二つのエートスは人間の知にともに貢献するのであり、その間に優劣はない。これら二つの知のスタイルの差異から、それぞれの理論の価値観における差異も生じてくる。経験的な記述は詳細なほどよいのであり、抽象的な原理は単純であるほどエレガントであり価値があると考えられている。

抽象化は一般化とは異なる。世界には多種多様な対象が存在する。一般化とは、個別多様な対象をより大きな枠組に位置づけることである。それに対して抽象化は、対象の特定の側面に集中することである。古典力学においてリンゴと地球が重力場へと抽象化されたことは、抽象化ではあるが一般化ではない。後述するように、パーソンズの構造－機能理論は多種多様な構造と機能の一般化を目指し、そのために失敗した。その理論は適切な抽象化を欠いていたのである。「社会システム」の概念は点記述の主語であると述べた。点記述の主語は文法的主語であり、抽象化ではない。「台風」は気圧のダイナミクスの抽象化ではない。点記述の主語は通時的軌道を記述する概念であり、説明する概念ではない。

世界を何らかの形で「知る」ことは、学問だけでなく日常世界における必要事項でもある。経験的記述と理論的説明はいずれも概念によってなされる。生活世界の日常的な知における記述と説明といえども、何らかの概念、すなわち理論を前提している。理論や概念なしに、人は複雑な現象を「知る」ことはできない。かつて理論社会学のパラダイムとも目されたパーソンズの構造－機能理論は、その後、誇大で空虚な箱として批判され、同時に人は理論社会学そのものから遠ざかったようにみえる。だが特定の理論の批判と、理論という思考法への批判は区別しなければならない。パーソンズの場合には、具体的な行為のシステムが有機体、パーソナリティ、社会、文化の下位システムへと分かたれ、その内の社会システムのみが社会学の固有の対象とされた。この考え方だと社会学の理論からパーソナリティ（個人）も文化も追放されてしまい、社会は規範の体系へと単純化されてしまう。このような理論が批判されるのは当然である。しかし、社会システム論という一つの特定の理論への批判は、そのまま理論という抽象的な思考そのものへの懐疑となり、その結果、社会学における理論的な思考の衰退を招いたように思われる。この傾向は、あらゆる理論や概念を懐疑するポストモダンの思考によって加速された。だが、ポストモダンの思考もまた難解な概念からなりたっていたことからも明らかなように、およそ一切の思考は概念と理論抜きにはあり得ない。理論を否定することは、すべての社会過程を一回限りの過程と考えることである。だが、学問的な知は一回限りの過程をよりよく「知る」ための道具を持たなくてはならない。それが理論であり概念であり、あるいは方法なのである。現在までのところ、社会学には抽象による理論は存在しないようである。ほとんどの場合、社会秩序の源泉は個人に求められている。そうでなければ社会システムの維持あるいは再生産であるが、このいずれの場合も抽象化ではない。本書は抽象化にもとづく理論を目指している。

## 2 社会学と方法

科学としての構築の点では、社会科学はこれまで自然科学の達成を参考にして進んできたのであって、残念ながらその逆ではない。それゆえ、社会科学、ここでは社会学の方法や理論に関しても、自然科学とりわけ物理学の展開によって大きな影響をこうむってきた。すでに述べたように、長らく科学の模範と考えられてきたのは物理学における古典力学の決定論的モデルであった。ニュートンの運動方程式に代表されるこの理論は、それゆえにあらゆる科学の目標となってきた。社会科学ではひとり経済学のみが一見このモデルらしく見えるモデルを構築することに成功した。それが現在の新古典派の一般均衡理論にいたる流れである。もっとも現代から見れば、この古典的な経済モデルは人間と社会の合理性という、非現実的な仮定を代償として獲得されたものなのである。そのような無理をしてまで獲得したものは、古典力学に一見類似する数学的にエレガントな理論だった。

社会学は経済学のこの「成功」を横目で見ながら進んできたものの、社会学の対象である社会は経済学の対象である市場よりはるかに複雑だから、合理性という仮説的な前提によって理論を大幅に簡略化することはいくらなんでも無理だった。とはいえ、二〇世紀の中葉、パーソンズの頃まではこの古典派の夢を見ていた人もいたわけである。だがこの頃に、社会学にとっては救世主のようにみえる理論が登場した。システム論である。これを承けて社会システム論がなりたち、厳密に構築された理論が社会学で初めてなりたつのではないか、という期待を人びとに与えた。こうして、二〇世紀の後半の時期には、社会システム論は社会学における初めての「パラダイム」であるかの観を呈したのであった。

しかし、結果的には社会システム論はパラダイムとはならなかった。ここでパラダイムとは、ある学問に従う研究者の大半に支持されるような標準的理論という意味である。むしろ、時はポスト構造主義の時代を迎え、標準的な理論の不在という状況を迎えたのであり、社会システム論はいまだかつて十分に構築されたこともないのに脱構築されてしまうという悲劇的結末を迎えたのである。社会学における方法についての議論の中心は、方法論的個人主義と方法論的集合主義の対立を核としている。常識的には、社会とは、個人の集まりであるようにみえる。そこから、社会を考える際のリアリティを個人に置く考え方が当然なりたつことになる。それが方法論的個人主義である。方法論的個人主義の流れは、個人の主観性を重視する流れである。デカルトの方法的懐疑に見られるように、「われ思う」ということにはあらゆる懐疑を許さない強いリアリティの感覚があるだろう。それゆえに、個人こそが実在するものだという議論には相当の説得力があった。しかし同時に、社会現象を個人に還元することの困難もまた以前から気づかれてきたのであって、この意識が方法論的集合主義につながる。方法論的集合主義の流れは、デュルケムの「社会的事実」の主張に始まり、社会システム論にいたる流れである。

個人と社会の二分法はこれまでの社会学方法論における基本的な対立であり、ミクロとマクロの観点の対立でもある。この対立は過程と構造の対立と密接に関係している。過程は行為における個人の心的な動機づけに、構造はマクロの社会的領域に、おおまかに関係づけられている。社会に関わるこれらの概念を詳細に関係づけることが、「理論社会学」の課題であるとされている。しかし考えてみれば、ここで述べた個人と社会、過程と構造という概念は、生活世界における常識的なコミュニケーションにおいて使用される日常語である。そして社会学におけるこれらの概念の意味も、日常的な用語法とさして異なるものではない。そうだとすると、次のような疑問が生じてくる。はたして「理論社会学」というものは実在するのだろうか？　という疑問である。もし社会学が学問であるならば、社会学は日常語とは異なる専門的な用語を持たねばならないはずである。あるいは日常語を使用したとしても、その用語は日常語とは異なる形で定義されていなければならない。そうでなければ社会学的な認識は、日常的な常識的な認識からさほど遠くへは行けないだろう。誰もが生活世界において生活しているのであり、生活世界における誰もが「社会」「個人」「構造」「システム」「組織」「権力」について思考し語っているのである。社会学が学問であり、税金や学費から研究費を得るからには、社会学的な言説が日常的な言説より優れたやり方で社会について語ることができるのでなければならない。だが現状においてはこのことに関しては大いに疑問がある。それは要するに、社会学の用語が日常語に依存していること、言いかえれば社会学に固有の「理論」が明確になっていないことに起因する。理論を与えるのは方法である。理論の貧困は、方法の不備に由来するのである。

## 3　相互作用と構造

これまでのところ、社会学における方法論の問題で最大のものは個人と社会、あるいはミクロとマクロの関係の問題である。第Ⅲ編では複雑性理論を用いてこの問題に解答を試みるが、ここではその問題点について考えておこう。ミクロとマクロの対比はしばしば行為と構造の対比として語られる。それゆえ構造は多くの場合、社会のマクロ秩序あるいは社会秩序そのものと同一視される。方法論的個人主義と集合主義の長年にわたる対立を経て、多くの社会学者はその双方にリアリティを認め、個人と社会あるいは構造の関係について考えているように思われる。その場合しばしば、構造というマクロの社会秩序は諸個人の相互行為から創発し、逆に構造は相互行為を制約すると考えられる。パーソンズの構造－機能理論がそうだったし、ギデンズの構造化理論やアーチャーのモーフォジェネシスの理論も構造は相互行為から生まれ、相互行為を制約すると考えている(2)。ミクロとマクロのこの関係において、通常は個人に能動性が付与されている。たとえばデヴィッド・バーンとジル・キャラハンはこう述べている。「創発を議論する際の通常の語彙はミクロとマクロの関係を扱っており、たとえマクロがミクロとの関係において原因となる力を認められているとしても、ミクロはマクロを構成する基盤として考えられている。社会的世界において、この議論は、社会における個人としての形をとるミクロ、そして創発した形態として考えられる社会的なものの関係という観点から表現される」（Byrne and Callaghan 2014: 41）。

また「社会の生産は人間たちによって維持され、『引き起こされる』、熟達した遂行である」（Giddens 1993: 20）というギデンズの観点もそれであるし、アーチャーもそう考えている（Sawyer 2005: 83）(3)。個人が根源的な駆動因であり、構造はその制約であると考えるのである。

社会学者のキース・ソウヤーは「現代の社会理論のほとんどは一致して個人主義と集合主義の歴史的な立場を拒否する。アーチャー（Archer 1995）は、これらを統合する現代の試みは二つの形を取るという。それはギデンズの構造化理論の分離不可能性と過程存在論、および分析的二元論の創発主義とモーフォジェネシス的説明であるという」（Sawyer 2005: 139）と述べているが、確かに現代の社会学では純粋な方法論的個人主義も集合主義もほとんど支持されないだろう。そうなると個人と社会の相互作用を考えるか、あるいは社会でも個人でもないところに焦点を合わせることになり、たとえば「流動する社会現象は、相互依存する諸個人の特定のトランザクションの結果以上でも以下でもない」（Dépelteau 2013: 180）という関係性の概念か実践の概念になるが、今後述べるようにこれらの概念の内実はいっこうに明らかではない。たとえばソウヤーはギデンズのミクロとマクロの分離不可能性、実践への還元を批判して、「分離不可能性を前提すると社会学者は社会的創発、外的な社会的力の個人を制約する力、マクロの社会学的パタン、歴史、物質的条件を説明できない」（2005: 130）という。また、アーチャーは、ギデンズが主張する分離不可能性理論は長期にわたるマクロの構造化を説明できないという。それは現在を中心とした短期の過程に集中するからという（1995: 87-89）。

ソウヤーは「ギデンズの分離不可能性の主張を経験的な研究に適用するのは困難である」（2005: 141）とまで言うが、

これまでそれで済んできた理由として彼は「分離不可能性と関係する理論的問題は、これまで深刻な経験的な結果をもたらさなかった。それは第一に、構造化理論はそれに対応する経験的なプログラムをもたないとこれまでしばしば指摘されてきたこと、第二に社会文化主義者たちは、その著作において分離不可能性を主張する人びとであってさえ、分析的な分離可能性を暗黙裡に受け入れているからである」（*ibid.*: 140）ということを挙げる。つまりは「社会文化論者と構造化理論家のどちらも、社会構造とそれが個人をどのようにして制約し、また可能にするかということについての適切な理論をもっていない」（*ibid.*: 142）とソウヤーが言うように、構造化理論とはいうものの内実のある理論があるわけではないのである。じっさい、社会運動論と組織論のフリグスタインとマカダムは、「行為者が構造に抵抗するという考え方に多大の関心が払われているけれども、そもそもどのようにして行為者は構造をなりたたせ、時間の経過とともにそのような構造を維持し変化させる過程で、行為者はどのような役割を果たすかということについての純粋に社会学的な観点はまだほとんど形成されていない。われわれは構成された社会的世界における創発と制度化、安定性と変化そして断絶と調和の複雑なダイナミクスについての理論化を始めたばかりにすぎないのだ」（Fligstein and McAdam 2012: 6-7）と述べているが、確かに、構造化の過程を明確に示した理論はいまのところ見当たらない。

この困難には理由がある。諸個人の相互行為が構造を生み、逆に構造が相互行為を制約するということは、行為と構造、ミクロとマクロの間に因果関係、すなわち相互作用を認めることである。しかし一般的にはミクロとマクロは対象を観察し記述する際の観点の相違だから、ミクロ要素とマクロ要素という異なるスケールの要素の直接の相互作用、そしてその一部としての因果関係を認めることは理論的に困難である。たとえば細胞をミクロに見れば多様な分子の相互作用が存在する。分子的相互作用に比較して細胞とはマクロな記述である。分子は他の分子と直接に相互作用するのであり、分子と細胞が直接に相互作用することはあり得ない。

ウィルスが細胞に侵入するという表現は、ウィルスという分子と細胞の相互作用を記述した形をとっているが、直接に生じているのはウィルスという分子と細胞壁の分子の相互作用である。それゆえ「ウィルスが細胞に侵入する」という表現は便宜的な表現である。「細胞は内部の分子的相互作用から構成される」というのも同様の便宜的な表現である。分子的相互作用が細胞を因果的に生み出すことはあり得ない。細胞内の分子的相互作用は細胞のミクロの記述であり、細胞と分子的相互作用は同一の対象の異なるスケールにおける表現である。それゆえこの両者の間に相互作用がなりたたず、したがって因果関係もあり得ないのである。細胞以前に細胞内の分子的相互作用が存在することは論理的にあり得ない。フランソワ・デペルトーが、個人と社会の相互作用を認める批判的実在論とギデンズの共決定論を批判し、個人は他の個人あるいは人間以外の実体と相互作用するのであり、社会構造と相互作用することはあり得ないと述べる（Dépelteau 2013: 179）ように、個人と社会の相互作用は概念的に不可能なのである。

個人と社会の相互作用を考える理論は、個人と社会の双方を存在と考えている。個人と会社が契約するという表現は可能であり有意味だが、それは個人と会社を行為の主体として意味づける点記述であり、個人と構造に関する社会学的記述ではない(4)。それゆえ、「諸個人の相互作用が社会秩序を生み、社会秩序は個人を制約する」という命題はなんとなく意味ありげではあるが、じっさいには背理なのである。また、個人でも社会でもない実践や関係性という概念を立ててみても、個人でも社会でもないならそれは何なのかを特定することは困難なのである。それゆえ社会学的方法は迷路に存在する。本書では場の概念を定義して、それによって個人と社会の秩序の双方を説明するという形式を取る。

## 4　構造概念と説明

社会学においてしばしば秩序概念と同一視される構造の概念は、社会秩序を説明する概念であるかのように理解される場合も多いのではないだろうか。だが構造概念は説明概念としては機能しない。それは構造が具体的な概念だからである。構造は、個別的で具体的な場面によって異なっている。つまり構造には多種多様なものがあり、異なる機能の仕方をするのである。その意味で構造概念は記述概念であるということができる。ある社会状態を、そこで働いている規範などの構造を示すことで理解することができる。これは記述である。たとえば組織や家族は、構造によって記述されているということができる。それは言いかえれば、構造概念は説明概念ではないということである。確かに、構造概念によって過程を理解することは可能である。たとえばスポーツの規則を示すことで、選手のふるまいを理解するというように。これは広い意味では説明ともいえるが、理論的説明とは異なっている。理論的説明は抽象化によるものだが、構造は具体的なものであり、抽象化ではない。規範や規則は具体的であり、抽象化の結果得られるものではない。

この事情は分子生物学と同様である。たとえば生物学は細胞を、代謝と遺伝の定常的で反復的な構造において記述している。同様に社会学も、家族、コミュニティ、組織などを、それぞれの構造において記述している。たとえば拡大家族と核家族の相違は、両者の構造の差異として記述される。つまり、社会学における構造概念とは、ある集団がどのようになっているか（どのような形で組織されているか、どのような形で機能しているか）ということについての記述であり、「どのようにhow」という問いに答えるものである。じっさい、ある組織がどのようなものであるか（how）を聞かれた場合に、その組織の成員は構造をもって答えるだろう。

しかし、細胞を構造として記述する分子生物学が、生命の存在という「なぜ」の問題に答えないのと同様に、社会システムの構造に焦点を置く理論は記述理論であり、「なぜ」という問いに答える説明理論ではない。すなわち構造概念はどうしてそのような構造が存在するのかという問いに答えるものではない。そしてこれこそが社会秩序への問いの核心である。

同じことが機能の概念にも当てはまる。構造－機能理論は、社会システム(5)の維持という仮説から、そのために必要な機能の概念を導き、さらに必要な機能を達成するための構造の概念を導くという論理構成になっている。そしてこの理論は社会システムの一般理論を目指したので、その主要概念である機能概念を一般化しようと試みた。パーソンズの理論ではそれはＡＧＩＬ図式と呼ばれる枠組であり、構造－機能理論のアイデンティティとも見られたものであった。それは、あらゆる社会システムには、それが存続するためには満たさなければならない機能的な要件が四つあり、それは適応 adaptation, 目標達成 goal attainment, 統合 integration, 型の維持 latent pattern maintenance である、という主張である。このそれぞれの頭文字を取って、ＡＧＩＬ図式という。これらの機能は構造の働きである。

だがこの図式はいまや誰にも省みられないものとなっている。どこかに錯誤があったのである。それは、機能を一般化するというパーソンズの方針にあったと考えられる。そもそも、機能を一般化する、ということはどのようにして可能なのだろうか。たとえば社会とは別の例だが、自動車とはエンジン、サスペンションなどの構造的な要素が相互連関し、その結果として「走行」という秩序を生み出す機械である。自動車を構成する構造は何らかの機能を果たす。だが、このような構造と機能は、まず、具体的な方向へと突き詰められた時に有意味になる。どの種類の自動車を作るにしても、自動車とは様々な機能部品の具体的で精妙なバランスによってなりたつ機械である。ピストンやシリンダーという部品は厳密に吟味される。ここで必要なのは一般化された議論とは逆に、特定のこのピストン、特定のこのリング、という具体性であり個別性なのである。具体的な要素の精妙なバランス、すなわち特定の具体的な構造と機能を発見することがエンジニアリングの本質であるといえるだろう。

構造と機能の概念の意義と面白さとは、無数に存在する特定の構造が生成する具体的で特定の機能の探索にある。それゆえまだ見ぬ機能をもつ構造の探索にエンジニアは余念がない。この事情は分子生物学でもまったく同様である。分子生物学の主役はタンパク質だが、無数のタンパク質の構造が無数の異なる機能を果たしている。ある特定の機能を果たすタンパク質の特定が重要なのである。分子生物学にとっては個別特定の「この」タンパク質の個別的な構造と機能に意味がある。自動車の設計者にとって、特定の具体的な構造だけが有意味なのであり、自動車の一般理論は無用なのである。

自動車の部品や細胞内のタンパク質は、特定の構造をもち、その特定の構造が特定の機能を果たす。構造と機能の概念の持ち味はその個別性、具体性にあり、これらの概念は本質的に一般化には馴染まないのである。それは構造や機能の概念が記述概念だからである。それゆえに、個別的な構造や機能を一般化すればするほど、その内容は希薄になる。あらゆる自動車に妥当する「自動車の構造と機能」を考えてみればよい。また、あらゆる生物に妥当する構造と機能、あらゆる社会に妥当する構造と機能、これらのものは内容のない漠然とした希薄な概念になるしかない。自動車の一般理論はすでに漠然としたものだが、さらに飛行機にも船舶にも妥当するより一般的な「移動体の構造」というものはさらに漠然とした無意味なものになるだろう。もっとも一般化された「移動体の機能」とは、移動すること、というほとんど無内容で自明の内容になるだろう。要するに、構造や機能という概念は経験的記述のための概念であり、したがってそれらはより詳細で具体的であるほどよいのである。逆に、構造や機能を一般化すると、その概念はますます無意味になる。ＡＧＩＬ図式とは、そのようなものにほかならなかったのである。構造と機能の一般モデルは、漠然としているので新たな情報を提供しない。一言でいえば、それは「当たり前」なのである。それゆえ、パーソンズの構造－機能理論は、抽象化の方法を誤ったのである。構造と機能の一般理論というものは、そもそもの出発点から無意味な試みだったのである。

成功した学問と考えられている生物学では構造と機能の概念が使用されるが、それはいま述べたように個別具体的な分子の構造と機能についての記述概念である。無数に存在する分子の構造と機能についての一般化や抽象化は無意味である。分子生物学は、タンパク質や核酸の多様な個別具体的な構造を発見し、その構造によるこれまた個別具体的な機能を発見する。それゆえ分子生物学は生物の一般理論ではないし、そのようなものを目指してもいない。単細胞生物から鳥や象にいたるまで、地球には無数の異なった生物が存在する。生物学はこれらの異なる生物を一般化し、「生物一般」について考えているのではない。分子生物学の対象は、細胞である。細胞はあらゆる生物に共通する要素ではあるが、あらゆる生物に共通する構造ではないし、また抽象化によって得られる概念でもない。つまり、分子生物学は多様な生物を一般化あるいは抽象化するのではなく、それらに共通する細胞という特定の個別的な要素に焦点を当てて、その構造を具体的に記述しているのである。分子生物学はこのように分子的構造の博物誌である。そしてそれは十分に意味のあることである。だがそれは経験的記述であり、理論的説明ではないのである。社会学の経験的研究は、分子生物学と同様の研究を行っている。それは社会秩序の構造を特定して記述し、その広い意味での機能を記述しているのであり、それは有意味な研究である。構造と機能は記述概念であり、それを一般化したり抽象化することには意味がないのである。

そうなると、構造や機能の概念とは別の社会学的な関心の可能性が明らかとなる。それは、相互行為の過程における多種多様なパタンはどうして（why）存在するのか、という問いであり、理論的説明を求める問いである。理論的説明は具体的な相互行為の過程の抽象化によって可能になる。言いかえれば、理論的説明は、抽象化によって得られる原理や法則による説明である。生命現象でいえば、生命は代謝と遺伝でなりたつのだが、そもそものような構造はどのようにして可能なのか、という問いが、理論的説明への問いにほかならない。以上をまとめると、第一に構造概念は社会秩序を記述する概念であり、説明概念ではない。さらに、構造概念は社会秩序のうち定常的で反復的な部分のみを記述する概念であり、過程を記述する概念ではないから、社会秩序についての普遍的な記述概念でもない。それゆえに構造概念によって社会秩序の記述を代表させるわけにはいかない。社会秩序の説明は構造や機能の概念ではなく、場の概念によるべきである。こうして、われわれは社会的なダイナミクスの理論へと向かう。

注

（1）たとえば金子（2003）、カウフマン（1995, 2000）の研究がそれに当たる。なお、二〇一五年から一七年度の日本学術振興会の科学研究費（いわゆる科研費）の特設分野研究の「構成的システム生物学」がこの理論生物学に相当する。

（2）パーカーはギデンズ、ブルデュー、アーチャー、モーゼリスを構造化理論の代表者として挙げ、彼らはみな個人の主体性を、歴史の形成の唯一の原因と考えていると述べている（Parker 2000: 102-103）。

（3）ギデンズの理論は構造化理論であることになっているが、盛山（2013: 152）やソウヤー（2005: chap. 10）が指摘するように、ギデンズは構造化と構造に関する体系的な理論を提出していない。ギデンズの構造化理論というものは、その言葉のみが存在し、その指示対象は存在しないという、シニフィエなきシニフィアンのようなポストモダン的な不思議なものである。アーチャーのモーフォジェネシスの理論は、個人は構造に影響され、構造は個人に影響されるという個人と構造の分析的な二元論を取る（Archer 1995）。

（4）バーンとキャラハンは、家族は「そのメンバーを失い、また獲得し、別れ、再び形成することが可能だが、それでも、われわれが複雑なシステムとして認知可能な何かが存在し続けている」（Byrne and Callaghan 2014: 32）と述べている。これはきわどい場面である。本書の理解では存続しているといえるのは点記述としての家族であり、点記述の主語は認知可能ではない。認知可能なのは場記述された家族であり、それはつねに変化している。だが彼らは点記述の主語としての「家族」が「存在」として存続しているという見方に誘われている。これも存在論的背理の一例である。

（5）「社会システム」という概念そのものの用語法に多義性が見られる。たとえば組織のシステム、単位取得のシステムなどという場合の「システム」は、「構造」と同義であると思われる。だが、社会学における社会システムの概念は点記述の主語として通常は用いられている。

## 第6節　存在・過程・運動

### 1　間主観性と意味

本書は社会秩序を場のダイナミクスとして記述する。それゆえ本書でもっとも重要な概念は場とダイナミクスである。このうちダイナミクスの概念は複雑性理論のものであり、それゆえ本書は複雑性理論にもとづく社会秩序の研究である。本書が使用する理論は次の第2章で述べられる。とはいえ、本書の理論はそれ以外の多くの理論から学んでいる。この節では本書に関係するいくつかの現代社会学の理論を取り上げ、簡単にコメントを加えよう。

本書における理論は、心的秩序と社会的秩序の基盤として、「思うこと」に焦点を置く。それゆえに本書の理論は理解社会学であるということができる。後述するマックス・ウェーバーの理解社会学的な方法は、その後、現象学的社会学によってより精密なものとして構成された。それゆえ本書の理論は広い意味での現象学的社会学であるともいえる。社会とは客観的な実在ではなく、間主観的なリアリティである。それゆえにこそ、社会的な過程には再帰性がある。社会的な過程が「思うこと」によって生成される過程であるからこそ、個人における思考は社会的な過程に再帰的に反映する。現象学的な観点はきわめて重要なものであり、本書もそれを引き継いでいる。パーソンズは社会を個人と文化から切り離し、社会学の対象を制度としての社会システムに限定したのだが、現象学的な観点からすれば、社会的な過程において心的過程や文化は決定的な意義をもつ。それは社会的な相互行為の過程から切り離すことができない意味的な過程なのである。社会的な過程を理解する上で、思想的、哲学的、宗教的な動機づけの重要性については、改めて言うまでもない。世界は多文化から構成される社会であり、個人はそれぞれの文化的な観点によってその動機づけに影響されるという理解は、今日では常識となったといえよう。

フッサールの現象学的還元は純粋理念を直観する方法であり、それはそれで西欧哲学の高貴な課題に答えるものだった。したがって、彼の現象学の核心は経験のイデア的な本質の直観にあったのであり、還元はそのための手段でしかなかった。還元は自明性への気づきの方法である。だが後になって、むしろ還元が現象学の核心として取り上げられた。ここに、フッサールのイデアあるいは本質の現象学とは異なる、還元の現象学が生み出された。還元の現象学は、還元の結果として何かを見出そうとするのではなく、むしろ自明性批判である。すなわち、フッサールの純粋現象学の試みにおいて、フッサールその人は「純粋」の方に力点を置いていたのだが、その後の現象学の展開の中で、「現象」の方に焦点を置く学派が生じたのである。それが還元の現象学である。

社会学に多大の影響を与えた現象学は、イデアの現象学ではなく、アルフレッド・シュッツを経由した還元の現象学である。すなわちそれは自明性批判である。イデアの現象学としてのフッサールの超越論的現象学は、社会学と何らの関係も持ちようがない。それに対して現象学的社会学の基本的な考え方は、現実は客観的な存在ではなく諸個人によって生きられる現実であり、無数の主観の相互作用によって構成されるものである、ということである。つまり、現象学的社会学の「現象学的」とは「世界を主観的に構成されたものと見る態度」なのである。確かに、社会における制度的なものは、間主観的に構成される。たとえば貨幣は典型的な信憑の対象であり、社会的な構成である。貨幣をその知覚表象に還元することはまったく無意味である。コインや紙幣の知覚的な性質（金属、紙）に貨幣の本質があるわけではないからである。したがって貨幣の知覚表象において本質直観するということにも意味はない。世界の自明性への信憑が、生成するものを見えなくする。つまり、知と生の隔絶への無意識が、自明性を支えているのである。自明性批判とは、この乖離を直視しようとする努力である。現象学的社会学の主張は、自明性は心的に構成されたものであり、それは客観的実在すなわち超越ではなく、したがって他の可能性に開かれている、ということである。現象学的社会学における自明性批判は、イデアのような絶対的な場所への着地を目指してはいない。したがって現象学的社会学に超越論的還元も形相的還元も存在しないのである。これはフッサールの現象学とはおよそ異質な思考である。

私は、イデアの現象学はすでに破綻した思考であると考えている。しかし、現象学的社会学はイデアの現象学とは異質な還元の現象学であるために、この破綻を免れているのである。還元の現象学によって、われわれは主観性あるいは心をイデアから解放された相で眺めるようになったということができるだろう。そもそも、明証性とは客観的真理の特質と考えられたものであった。この真理あるいはイデアに重きを置く理論は、心の意義を殺してしまうのである。世界はわれわれがそう「思う」ことによってなりたっている。だがその「思い」は根本的に明証的でなくゆらぎに満ちたものなのである。イデア的な確実性に対して、心の鋭敏性が取って代わったということもできるだろう。鋭敏なものは移ろうものであり確実性から程遠い。あるいはコギトの透明性が批判され、心の不透明性に焦点が当てられるようになったのである。とはいえ、還元の現象学は、この社会的構成の過程を明確に語ることに成功していない。この現象学は心的な過程について語ろうとするが、その心的過程から間主観的な社会が生成する過程については理論化できていないのである。そのために、せっかくの間主観性という概念も題目でしかない。

現象学的社会学においてもっとも重要な意義をもつ概念は、意味の概念である。社会は間主観的な意味付与によって構成され構築される。これが現象学的社会学の観点の中心的なテーゼである。この考え方は現代社会学全般に多大の影響を与え、現代社会学のパラダイムの一つであると言っても過言ではないだろう。だが本書における主要な概念は意味ではない。

第一に、意味の概念は意味付与の概念と密接な関わりをもつ。現象学的社会学の本家である現象学哲学の最大の課題は、意味付与する主体、すなわち超越論的主観性を探索することであった。このように意味の概念は、現代ではそのままでは通用しない超越論的な主体の含意を、潜在的にせよもっている。第二に、意味とは、何らかの思考を理解する枠組である。この点で、意味の概念は静態的で、相対的に固定的である。意味が不断に変動するのでは、コミュニケーションもなりたたないだろう。それゆえ意味には安定性が必要だが、それゆえにこの概念はダイナミクスの理論には適さない。第三に、枠組というものは経験を一般化するものである。だが、現象学はともかく、現象学的社会学の主要な関心は、動的で個別的な思考のダイナミクスにあるのではないだろうか。そうだとすれば、意味という一般化する概念はこの動的な運動の細部を見て取るためには適切ではないのである。第四に、意味を理解するということは人間の心の働きのすべてではないということである。それはむしろ、心の働きのどちらかといえば受動的な部分であるといえるだろう。心のより能動的な部分とは、言うまでもなく新たな思考を生み出す、ということである。厳密には確かに、理解も新たな思考の生産ではある。だが新たな思考の産出のすべてを意味理解という概念で表すことはできない。創造は意味理解の過程ではない。理解と密接な関係にある意味の概念もまた、この点からして受動的なのである。以上が意味の概念の問題点である。

現象学的社会学が意味の概念にいわば偏っているのは、その本家であるフッサールの現象学に由来すると考えられる。すでに述べたように、彼は具体的な生活者の個別的な心を心理学的自我と呼び、現象学の本来の場所である純粋自我あるいは超越論的自我と峻別する。フッサールの現象学の目的は理性の真理を直観することだから、それは純粋自我において行われなければならない。それが厳密学としての哲学の方法である。この観点からして、フッサールにとっては普通の人びとの具体的な心の働きなどは一切眼中にないのである。

ところが社会学では事情は反対で、純粋自我の出る幕はない。イデオロギーや虚偽意識であろうと、宗教的な信念であろうと、あるいは流言飛語の類であっても、少なからぬ人びとがそう思うなら、それは社会秩序なのである。真理は所与であり、その直観はどちらかといえば受動的であるのに対し、普通の人びとがこれらの思考を生み出す過程は能動的である。それは理解だけではなく、多様な思考の創造である。そうであれば、心のより能動的な側面に主要な関心を注ぐのは当然ではないだろうか。そういうわけで、本書が焦点を当てるのは、思考がいかにして生起し、進化し、いかなるマクロ秩序を創発するかという、思考のダイナミクスの動的な過程である。思考のダイナミクスは超越論的主観性の能作ではなく、静態的な枠組でもない。この思考のダイナミクスもまた、間主観的に進行する過程である。私は現象学で用いられる「生きられる世界」という概念を、より能動的に解釈したい。人は客観的な世界、所与としての世界に生きるのではない。人間が生きる世界は間主観的に構成された世界である。この世界において、諸個人は世界を単に理解し意味付与するだけでなく、想像力によって世界を不断に創造するのである。こうして、世界はつねに能動的に生きられるものとしてある。おそらく現象学において、「意味」の概念と「生きられる」という概念にはずれがあると思われる。「生きられる」という概念の方が、本書のテーマである思考のダイナミクスには親和的である。意味とは異なり、「生きられる」という概念は経験あるいは思考の動的で細部にわたる、あるいは個別具体的な側面を強調するように思われる。

現象学的社会学に代表されるような、社会学における従来の「主観主義」的なアプローチは、この主観的なリアリティを社会秩序へと接続する「方法」をもたない。いや、むしろそのような方法を自覚的に拒否するところに主観主義的なアプローチの特質を見ようとしてきたようにすら思える。「主観主義」的な社会学者たちによって、一般化、普遍化、理論化は客観主義であり、主観性と本質的に対立的なものとして理解されてきたのである。そのために理論ではなく「記述」が標榜されたこともあった。だが理論なき記述は欺瞞でしかない。社会理論が学問であるからには、常識的な見地より「よい」見方を提供する以外に、その存在理由はない。それゆえに記述の標榜は単なる怠慢でしかないと思うのである。また、ポスト構造主義者は一般理論、普遍的な理論に真理への探究のにおいをかぎつけ、それにプラトン主義、ヘーゲル主義のレッテルを張り、理論全般を否定する態度をとった。私はこうした態度もまた知的な怠慢であると考える。本書における理論は、思考に照準するという点で広い意味で現象学的社会学であるということができる。しかしこの理論は思考する主体ではなく、思考の運動を主題とするのである。

## 2　社会学における場の概念

ソウヤーは、社会システム論の発展を三期に分け、第一の波をパーソンズの構造－機能理論、第二のそれを一九六〇年代から八〇年代にかけての一般システム理論とし、第三の波を九〇年代からの複雑な力学系理論 complex dynamical system theory いわゆる複雑性理論としている（Sawyer 2005: 10）。社会学における社会システム論とは、五〇年代におけるパーソンズの構造－機能理論（Parsons 1951）と、それを批判的に継承したルーマンの社会システム論（Luhmann

1985）を通常は意味している。本書における理論は、複雑性理論の系譜に属している。

社会学ではこの理論の開拓者はバックリーである。彼は早くも一九六〇年代に社会を複雑適応系として見ていた。彼はパーソンズの構造－機能理論に対抗して、規範やプログラムという概念を批判した。彼はそれに対して社会や文化の、より流動的で多様な性格を強調し、コンフリクトや緊張を正常な過程と見たのであった。「われわれは、規範と価値だけが行為を特定するのではなく、われわれが説明しようと努力している社会的行動を生み出すのは、規範と価値およびそれらを多様に解釈する行為者たちの相互作用であるという原則に訴えてきた」（Buckley 1967: 165）と彼は述べている。しかし彼の議論は時代の知識によって制約されたために、ほとんど希望的観測の域を超えていない。彼の考えを実現するには、複雑な力学系についての理論すなわち複雑性科学が必要だったのだが、それはその当時にはまだ十分に形成されていなかったのである。力学系の立場からすれば、規範と価値に加えて相互作用を考えるのではなく、規範と価値を相互作用から導出するのでなければならない。

ソウヤーも言うように、社会的な過程の重要性は言うまでもないが、それを適切にとらえることが困難であった（Sawyer 2005: 23）。私は本書において、社会的な過程をシステムではなく、より柔軟で動的な場 field の概念によって記述し、説明する。社会学では場の理論 field theory と呼ばれるものがすでに存在する。それらの理論における場の概念は、市場やスポーツの競技場のように、そこで競争が行われる場のイメージである。それに対して本書における場の概念は物理学の場の概念に示唆されたものであるから、本書における場の概念はこれまでの社会学における場の概念と共通性はまったくない。そうであればこれらの場の理論について本書で説明する必要はないのだが、混乱を避けるために社会学的な場の理論の概要を述べておこう。

ジョン・マーティン（Martin 2003）は社会学における場の概念の多様な起源について述べているが、現在では社会学における場の理論は、一つはピエール・ブルデュー（Bourdier and Wacquant 1992）の場の理論であり、他方は組織論と社会運動論で形成されてきた場の理論である。後者の代表的な著作はフリグスタインとマカダムの『場の理論』（Fligstein and McAdam 2012）であろう。これらの理論は細部では異なるとはいえ、そのおおまかな枠組は共通している。二〇世紀の社会学においては社会システムの概念が理論における主導的なものであった。それに対して最近の社会学における場の理論は、「社会運動を含む単一の組織の境界とその成員がいっそうあいまいで浸透可能なものとなり、新しい形態が生じ、現存の形態の間に新しいつながりが形成されるにつれて、場のレベルの概念化が、現代における様々な変化の複雑性を追跡するために不可欠となっている」(McAdam and Scott 2005: 12) というように、社会システムの概念よりあいまいで変化に満ちた状態あるいは過程を指示している。この限りでは本書の試みはこれらの場の理論と問題意識を共有している。なお混同を防ぐためにこれらの場の理論を今後は戦略的場の理論と呼び、区別の必要がある時は本書の理論を力学的場の理論と呼ぶ。

フリグスタインらの理論は、戦略的行為の場の理論と呼ばれる。戦略的行為の場とは、「個人あるいは集合体としての行為者が、場の目的、その場における他者との関係、場における正当な行為を支配する規則についての共有された理解にもとづいて、相互に調整し相互作用する、構成された中範囲の社会秩序」(Fligstein and McAdam 2012: 9) であり、また「場とは構成された社会秩序であり、一群の合意によって定義され、相互に調整された行為者たちが利益を求めて争う領域」(*ibid.*: 64) ともされる。簡単にいえば戦略的場の基本概念は、規則、資源、そして後述の社会的スキルである (*ibid.*: 172)。場には多様な種類があるが、どの場においても特有の「掛け金」があり、行為者はそれを求めて競争的な相互行為を行う。「誰が、何を、どのような理由で獲得するか、ということがどの場の分析においても核心となる」(*ibid.*: 217) とされる。

この競争において使用されるのがそれぞれの行為者がもつ資源であり、社会的スキルである。社会的スキルとは、「スキルをもつ行為者が、場における制度的な企ての提供において、共感と、共有された意味とアイデンティティを戦略的に展開する能力を使用する方法」(*ibid.*: 53) を意味する。この概念は象徴的相互作用論やゴフマンから得たものである (*ibid.*: 47)。それゆえ、彼らは場における行為者を孤立したエゴイストと考えているわけではない。むしろ彼らは実存的な動機づけを重視し、「われわれの目標は、実存的な能力と、意味とメンバーシップの必要性を、人びとがどのように中範囲の社会的世界を創造し維持しているかの理解のための核心として使用する、明瞭に社会学的な理解を提供することである」という。個人が利得、社会的地位、権力を目指す場合でも、それは有意味性が本質なのである（*ibid.*: 46）。

ブルデューの理論も大まかにはこれと同様である（Bourdieu and Wacquant 1992）。すなわち場における個人は社会資本を元手に、ハビトゥスに従いつつ、掛け金を求めて競争する。彼は社会的世界に存在するのは主体の間の相互行為や個人の間の間主観的な結びつきではなく、諸関係であるとする。それは個人の意識と意志から独立して存在する客観的な関係であるとし、場を「位置の間の客観的な諸関係のネットワークあるいは布置」であると定義する（*ibid.*: 97）。彼の場の概念はフリグスタインらのそれより構造主義的であるといえよう。場には芸術、経済、宗教、学問など多様な場が考えられており、それぞれの固有の掛け金とハビトゥスがある。場の研究の具体的な手続きとして、その場の、権力場に対する位置、この場において特定の権威の正当化された形態を求めて競争している行為者や組織によって占められている位置の間の関係の客観的な構造、行為者のハビトゥス、の三つを挙げている（*ibid.*: 104-105）。

ブルデューの理論を含めて戦略的場の理論では、場の概念はスポーツの競技場や市場のイメージで理解されており、場における行為者は典型的な「する」主体として描かれている。これらの場の理論では、個人あるいは集団が行為の主語であり、それらが資源や権力を背景に行為を「する」ことで場の秩序が形成される。フリグスタインとマカダムは実存的な動機づけによる共働を強調するが、「協働による活動の目的は、資源をメンバーに配分すること」（Fligstein and McAdam 2012: 15）であるから、協働は「する」主体としての個々のエージェントの利益に還元される。そして彼らの理論では意味は社会的技術とされ、エージェントが利得を目指す場合に使用するものとなる。さらに、場の創発は場のダイナミクスではなく、社会的なスキルをもつ行為者によって担われる（*ibid.*: 92）。こうしたモデルは古典的な社会契約の論理とさほど異なるものではないように思われる。

戦略的行為の場という名称からわかるように、この理論では行為者の目的は所与であり、戦略が変数となっている。変化する環境の中でいかなる戦略を取るべきか、というのがテーマである。この理論構成はごく単純なものであり、説明理論にふさわしい概念と理論を備えていない。それゆえこの理論は中範囲の状況を記述するものであるといえよう。さらに、場を定義する掛け金はつねに明瞭なのだろうか、という疑問も生じる。われわれの社会生活というものは、特定され定義された「掛け金」の獲得をめぐって、社会的スキルなり社会資本なりを駆使して競争するという事態なのだろうか。

戦略的場の理論は場に登場するエージェントが所与であるために、この理論によれば、たとえば明治維新は次のような記述になるだろう。幕末の場には多様な主体が存在し、それぞれ異なる社会資本とスキルをもち、権力という掛け金をめぐって闘争を行った。幕府は征夷大将軍としての正統性と集権的な権力をもち、朝廷は資金と権力はないが伝統的かつ宗教的な権威をもち、雄藩は正統性はもたないが資金と軍事力をもち、維新の志士は資金も権力も正統性もないがビジョンと行動力があった、というように。だが、このような話は、自明ではないか。それは「大河ドラマ」と大差ないのではないか。戦略的場の理論に、この自明な物語を説明する概念は備わっていない。そもそも、維新の過程において何が掛け金であったのかは明瞭ではない。それは変化していったからである。それゆえにこれら二つの戦略的場の理論は、ほとんど自明のことしか述べていないように思われる。明治維新の核心は、どうして維新の志士というものが登場したのか、という点にある。本書で提示される場の理論は、戦略的場の理論とはまったく異なる概念的基盤にもとづいている。戦略的場の概念はすでに述べたように競技場の比喩にもとづいている。スポーツにおいてはそのスポーツをなりたたせるのは選手であり、競技場としての場は単なる空間にすぎない。それに対して、本書における場の概念は運動する場としてのそれである。

## 3　関係性の社会学

本書における理論は、社会学における比較的新しい理論である関係性の社会学 relational sociology とも関心を共有している。クリストファー・パウエルとデペルトーは、関係性の社会学は一九九〇年代に形成されたとし、とりわけエミルベイヤーの「関係性の社会学のマニフェスト」(Emirbayer 1997) の影響を評価している (Powell and Dépelteau

2013: 2)。この理論は最近有力になってきたようで、二〇一三年にはパウエルとデペルトーの編集により、『関係性の社会学を概念化する――存在論的・理論的諸問題』(Powell and Dépelteau 2013) と『関係性の社会学を応用する――関係・ネットワーク・社会』(Dépelteau and Powell 2013) がパルグレイブ社から刊行された。また二〇一五年には *International Review of Sociology* が関係性の社会学を特集しており、関係論的転回という言葉も使われるようになっている (Dépelteau 2015, Prandini 2015)。この理論の源流はジョージ・ミードなどの相互行為論とプラグマティックス、エリアスの社会学、アーヴィン・ゴフマンの社会学、ポスト構造主義などである。その意味でこの理論はデペルトーが「関係性の社会学の偉大な結果の一つは、誰もが絶対的なものの探求を忘れることである」(2015: 48) と述べるように、反本質主義を共通の基盤としている。また、ガーゲン (Gergen 1994, 1999) の社会心理学も関係性の社会学に数えてよいだろう(1)。

さらに、「近代の政治思想家が個人と社会全体の矛盾と格闘しなければならなかったのに対して、今日のわれわれは多様な特異性とわれわれの共同の社会生活の間の相補性を理解しなければならない。この相補性は言語的な協働と生-政治的生産のネットワークによってつねに処理されている」(Hardt and Negri 2004: 310) と述べるアントニオ・ネグリとマイケル・ハートのマルティチュードの理論も、関係性の社会学と同じ関心に属するといえるだろう(2)。伝統的な社会学の中心概念であった個人と社会は、方法論的個人主義と方法論的集合主義がそれぞれ前提したようにともに確固とした存在と考えられてきた。それに対して現代社会ではドゥルーズ、アーリ (Urry 2003)、ネグリとハートなどが強調するように、より流動的な秩序が支配している。個人と社会という古典的な概念はこの流動する社会秩序を記述する力を失いつつある。関係性の概念への関心にはこのような背景もあるだろう。

デペルトーとパウエルが「関係性の社会学のテキストは通常、客観主義と主観主義あるいは決定論と主意主義への非難から始まる」(2013: xv) と言うように、関係性の社会学の主要な問題意識は、個人と社会、あるいは主体と構造の二元論の克服であり、この二つのリアリティを関係性の概念へと一元化しようと試みることである。クロスリーは、「関係性の社会学は、相互行為、関係、ネットワークに焦点を置くことで、個人主義と全体論の双方に対する代替的選択肢を探求する」（Crossley 2011: 22）と述べている。言うまでもなく、個人と社会の物象化を批判し、その関連を追求しようとした社会学者は多い。たとえばピーター・バーガーとトマス・ルックマン、ブルデュー、ギデンズ、アーチャーなどの理論がそれで、デペルトーはそれらの理論を「共決定論 co-determinism」と呼んでいる（Dépelteau 2008: 51）。

だがこれらの理論は主体と構造をほとんどそのままにして、その間の関係を弁証法的などという言葉でしばしばごまかしてきた。関係性の社会学はそれをもう少しきちんと理論化しようとする。関係性の社会学者は、しばしばカール・マルクスの有名な言葉「人間は自身の歴史を作るが、自由に作るのではない。人間は、自ら選択したのではない、直接に発見した、所与の、伝えられた状況において歴史を作り出す。過ぎ去ったすべての世代の伝統は現在生きる人びとの脳に夢魔のようにのしかかる」（Marx 1927: 21）を引用するが、クロスリーはマルクスのこの言葉を承けて、「社会学、とりわけ関係性の社会学がなすべきことは、マルクスを言いかえるなら、相互―行為者たちはみずからが選択したのではない環境において（構造）、いかにして歴史を作る（主体性）のか、ということを解明することであると私は提案する」（Crossley 2011: 5）と述べている。

デペルトーによれば、関係性の社会学の「最大の利点の一つは、社会的なものは、分析的あるいは存在論的にいって個人に外在するという考えを、主観主義者にも方法論的個人主義者にもなることなく拒否できるという点にある」（Dépelteau 2015: 48）という。関係性の社会学に大きな影響を与えたエリアスが批判するのは、個人に固有の「私」や「自己」が内在しており、それによって私は他者から完全に隔離されているとする思考の習慣であり（Elias 2006: 165-166）、「概念化される対象に、静止し孤立した実体という性質を与えるような諸概念」（*ibid*.: 166）である。この概念作用によって個人と社会が別個の「存在」とみなされるのである。エリアスはホモ・クローザスの代わりにつねに他者との関係において存在する個人を考え、社会における諸個人の相互依存のあり方をフィギュレーション figuration と呼ぶ。それは方法論的個人主義が考える独立の個人の間の関係ではなく、また個人とは別に独自に存在する社会秩序でもない。それは諸個人の相互依存の関係である（Elias 1997a: 70）。

関係性の社会学はミードらの相互行為論に多大な影響を受けているが、その批判的な継承である。相互行為論における「相互行為」の概念の問題点と関係性の概念についてパウエルは、「『相互行為』の概念が二人の主体の事前の存在を含意しているのに対して、『関係』の概念は、そこにおいて主体が自らを構成する過程へとわれわれの注意を向ける」(Powell 2013: 192-193) と述べる。同様にケネス・フィッシュも伝統的な相互行為論は、それに参加する個人に焦点を当てる傾向があった (Fish 2013: 32) と述べている。

パウエルは関係とは過程であると強調し、「関係を過程として理解することは、関係に関して観察可能なことはある種の運動、変化、相互行為あるいはトランザクションであることを意味する」(Powell 2013: 195) という。相互行為という概念を避けて、この引用にもあるトランザクション transaction という概念を使用する人もいる (Dépelteau 2015, Emirbayer 1997, Fuhse 2015)。エミルベイヤーは、「トランザクション的アプローチに固有の点は、この理論が項の間の関係を、内在する実在の間の静的な関係ではなく、展開し進行する過程として、本質的にきわめて動的なものと見ることにある」(1997: 289) と述べているが、この観点は他の人にも共通している (Dépelteau 2008: 61, Dépelteau 2015: 56, Fuhse 2015: 27)。

エミルベイヤーは、トランザクションの概念は流動性や変化と対立する静的で実体的なカテゴリーを「解凍」する能力を与えるという (1997: 308)。彼は、「現在のカルチュラル・スタディーズでは本質主義の思考様式がしばしば個人と集合体を、人種、ジェンダーあるいはセクシュアリティに根ざした単一で一元的な『アイデンティティ』をもつとみなし、そのような固定的な属性が『利益』と行為をともに説明すると考えている」(*ibid*.: 308) とし、また、現在のアイデンティティ・ポリティクスについての議論も、たとえば「黒人」という集合的アイデンティティを中心にしている (*ibid*.: 308) と述べて、その実体的・本質主義的な概念性を批判する。そして、「トランザクション的思考はすべてのカテゴリーの本質的に物象化的な性格に異議を申し立てる。この思考は、カテゴリーというものがいかにして次のことを行うのかを明らかにする。すなわち、じっさいはしばしば多次元的で矛盾するアイデンティティを『全体化』し、それ以外の選択肢が『逸脱』とのみラベルづけうるような思考と行為の様式を指示し、創造的で(自己)

変容的な可能性を抑圧する固定的な差異を取り入れ、そして通常、そもそも不公平な差別とカテゴリー化を構成するのに役立つ、歴史的に多様な関係的基盤を拒むことなく受け入れることである。一言でいえば、トランザクション的思考は自明化された道徳世界を脱構築するのであり、そうすることで、道徳的そして実践的な生において、エリアスが認識の水準できわめて強調した『過程の縮減』への傾向を批判する」(*ibid.*: 308-309) と述べる。

このような関係性の社会学は興味深いものであり、その問題関心は現代社会学、そして本書のそれと共通している。それゆえ本書の理論も、一つの関係性の社会学であると考えることもできる。しかし関係性の社会学はいまだに発展途上であり、一致した枠組も存在しない。リカルド・プランディーニは、関係性の社会学は過程、流動、変化を強調する文化的「ムード」において存在するが、共有された方法論はいまだ存在しないと述べている (Prandini 2015: 12)。なんといっても最大の問題は、肝心の「関係性」の概念がきわめて不明確であることにある。相互行為 interaction に対してトランザクション transaction の概念を用いるとしても、トランザクションの概念もまた不明確である。それゆえ関係性の社会学はまだ「気分」あるいは「ムード」でしかないと揶揄されても仕方がない。現在のところでは、存在するのは理論ではなく関心だけである。

理論としていまだになりたっていないために、そこには非常なゆらぎがある。パウエルは「徹底した関係主義は徹底した反本質主義であり、非人間主義である。人間とその行為は、関係の構造 configuration として現れる。言いかえれば、人間とはフィギュレーション figurations である」(Powell 2013: 190) と述べるが、これはほとんど構造主義ではないだろうか。他方で同じパウエルとデペルトーは「社会的な形成物 (構造、システム、言説など) は独立した人間たちの間の関係以外ではない」(*ibid.*: 3) と言うが、こちらはほとんど方法論的個人主義ではないか。早い時期にフィギュレーションを強調したエリアスにしても、この概念はまったく不明確である。そのために彼は『社会学とは何か』の中で社会秩序の成立についてゲーム理論的な説明をしているが、ゲーム理論は徹底した方法的個人主義の理論ではないか。

ネットワーク分析も関係性の社会学に数えられることもある。たとえばヤン・フーゼは関係性の社会学をハリソン・

ホワイトのネットワーク理論と同一視している（Fuhse 2015）。しかしフーゼ自身も言うように、ネットワーク分析の多くは構造主義的なものであり、そこに理論の利点があるわけである。その分、具体的な文脈を抽象化し、結合の構造に集中することになる（Fuhse 2013: 181）。ホワイトのネットワーク分析の中心概念はアイデンティティであり、これは通常の意味とは異なり個人あるいは集団の主体性 agency くらいの意味だろう。彼の考えではアイデンティティは相互行為の不確実な状況の中でコントロールを目指す。コントロールとは他者の支配とは限らず、社会の中で自己の位置を見出すことであるとする（White 2008: 1）。それゆえこの理論は典型的な「する」主体の理論である。

要するに、行為でも構造でもないなら、関係性とはいったい何か、という根本的な問題が残されているのである。関係性というものが行為にも構造にも還元できないものだとすれば、それは独自の秩序をもつのでなければならず、しかも社会秩序はつねに変化することから、関係性の秩序は変化し運動するものでなければならないはずである。

クロスリーはこの点についてもっとも自覚的な社会学者である。彼は「私が提案する関係の概念は、相互行為を中心とする。このことは、相互行為のダイナミクスについての議論を促す」（Crossley 2011: 22）とし、「社会は不断に形成中であり、つねに『なる』ものであり、そのアイデンティティ、形態、実存に関して、社会の『内部』で生じていることに依存している」、「関係性の社会学は本質主義に反対し、社会を固定的な性質をもった堅固な客体として扱うことを拒否する。関係性の社会学は、社会をつねに形成し、再形成する関係的なダイナミクスに焦点を合わせる。関係主義者にとって、社会とは『もの』ではなく、進行する相互行為の巨大な網の目の内部の戯れの状態である」（*ibid.*: 13）と述べている。彼は合理的行為理論のような方法的個人主義は、個人という概念を相互行為の根拠をなしそれを説明する安定した基盤として扱うが、関係性の社会学では個人あるいはむしろ行為者は、相互行為において、またそれを通じて形成され、不断に再形成されると考えると述べている（*ibid.*: 15）。さらに、個人主義は様々な社会のタイプの相違を説明できないという（*ibid.*: 16）。というのは、個人主義の前提ではいかなる社会も個人からなりたつからである。デペルトーとパウエルの「関係性の社会学は…（中略）…孤立した個人あるいは外在的で固定的な社会構造ではなく、流動する過程の観点から思考することへの誘いである」（Dépelteau and Powell 2013: xv）、あるいはエミルベイヤーの「トランザクションは動的で展開する過程として考えられ、構成要素ではなくこのトランザクションが分析の主要な単位となる」(Emirbayer 1997: 287) という言葉も、同様の方向性を述べたものであるといえよう。

彼らの議論は本質、「もの」つまり私が述べた「存在」から過程へと進むが、それを「なる」こととして考えている。だが議論はそこで停止している。議論の方向性には賛成だが、理論の内実はほとんどないと言わざるを得ない。関係性の社会学がきちんとした内実をもつためには、相互行為のダイナミクスの理論が必要であり、それは社会的な過程を「なる」ものとして記述し説明するものだろう。それこそが本書の主題である。私はこの相互行為のダイナミクスを記述する理論として複雑性理論を採用する。

## 4　社会学における複雑性理論

関係性の社会学と問題関心を共有するのは、社会学における複雑性理論である。この理論は自然科学における複雑性科学の影響のもとに、一九九〇年代から探求が始まった理論である。この科学については次の第2章で詳しく述べるが、それはマクロの物理現象を対象とする物理学である。この新しい科学は複雑性の科学、複雑適応系、複雑系、自己組織性理論など様々な名称で呼ばれているが、専門的には非線形力学 nonlinear dynamics (Capra 2005: 33) である。

複雑性科学は一九九〇年代に国際的な注目を浴びたが、ちょうど同じ時期に社会学における複雑性理論の研究も本格化した (Castellani and Hafferty 2009: 27)。社会学者のイマニュエル・ウォーラースティンを委員長とし、後述のイリア・プリゴジンを委員に含むグルベンキアン財団によるグルベンキアン委員会は、一九九六年に『社会科学を開く』と題する報告書を刊行し、社会科学における複雑性理論の興隆に大きく貢献した。その内容のうち、複雑性理論に関する部分を、やや長くなるが要約しよう。

一九六〇年代以降の知の構造における目ざましい二つの発展がある。一つは複雑性科学であり他方はカルチュラル・スタディーズである。戦後になって社会科学を支配した法則科学的な思考はニュートン力学の観点に立っており、それは線形性、単純性、数量的な厳密性にもとづいていた。しかし自然科学の発展は、次第にこれに反して非線形性、複雑性、測定において測定法を無視することの不可能性、数量的方法より厳密性において制限がある質的解釈を強調するようになった。その中でもっとも重要なことは、自然科学者が時間の矢を強調するようになったことである。つまり、自然諸科学はかつてハード・サイエンスとして称賛された社会科学より、ソフト・サイエンスとして貶められた社会科学に近づきつつある。今日では多くの自然科学者は、世界はより複雑で、攪乱が大きな役割を果たし、そのような複雑性がどうして生じるのかを説明することが重要な問いの一つであるような世界として記述されるべきだと議論している。マクロなものはミクロなものから導かれるのではなく、複雑なシステムは自己組織的であり、その結果として自然はもはや受動的なものではない。それはニュートンの方法が誤りだというのではなく、その対象が限定されたものだったということである。それゆえ自然科学は、自然の法則が出来事、新奇性、創造性と両立することを願っている。複雑なシステムの社会科学における重要性はきわめて大きい。歴史における社会システムは明らかに、創発と進化を特徴とする、多元的で相互作用する要素からなりたっている。自然科学において発展した、進化する複雑なシステムの概念枠組は、社会科学における長年にわたる思考に適合する。とりわけニュートン的な法則科学に抵抗する部分においてそうなのである。多元的な未来、分岐、選択、歴史への依存性、不確実性を強調する不均衡のダイナミクスは、社会科学の伝統とよく調和する（The Gulbenkian Commission 1996: 60-64）。

長いこと社会科学は自然科学を理想と仰いできたが、意外にも、最近の自然科学は社会科学の考え方に接近しつつあるというのである。確かに、複雑性、攪乱、混沌を扱う（そして途方に暮れる）点では、社会科学は自然科学の大先輩であるといえる。今後は、社会科学は自然科学に多少は大きな顔ができるのではないだろうか。ともあれ、この考え方からすると、体系的で精密な新古典派経済学は古いニュートン科学の化石のようなものである。この委員会の委員長が社会学者であるので社会科学にひいき目なのではないかと思うかもしれないが、ノーベル化学賞受賞者のプリゴジンも委員だから、ある程度の信憑性はあるだろう。

その後、複雑性理論は社会学において次第に発展した。当然のように、初期にはその複雑性科学の理解はまだ安定しなかった。一九九七年にレイモンド・イブらの編集で刊行された『カオス・複雑性・社会学』(Eve *et al.* 1997) ではまだ用語が安定せず、著者は「新しい科学」という語を使用している。この本はカオスの概念に焦点を置いているが、この概念はその後の社会学においては重要な効果は果たさなかった。また、同書が刊行された頃にはカオスという概念はしばしばランダム性と混同されていたという (*ibid.*: 270)。

今世紀に入ってから多数のきわめて影響力のある社会学者たちが複雑性の概念の社会学への応用を試みるようになった (Castellani and Hafferty 2009: viii)。ブライアン・キャステラーニらはこの本でSACS (Sociology And Complexity Science) という用語を用いる。彼らのこの本は、とりわけ二〇一〇年代のSACSのレビューであり、その主要な五つの研究領域として、計算社会学 computatonal sociology、イギリスに基盤をおく複雑性学派 (BBC: British-Based School of Compolexity)、複雑な社会ネットワーク分析、社会サイバネティックス、複雑性のルーマン学派を挙げている (*ibid.*: x)。その後、雑誌『理論・文化・社会』の二〇〇五年十月号はアーリの編集で複雑性理論を特集し、その巻頭がアーリの「複雑性論的転回 complexity turn」と題された論文である (Urry 2005a)。この論文の中でアーリは一九九〇年代後半からのこの複雑性論的転回は、社会思想における新生気論の復活にも影響されていると述べている (*ibid.*: 1)。この複雑性論的転回という言葉はキャステラーニらも使用している (Castellani and Hafferty 2009)。複雑性科学は社会学だけでなく政治学、経済学、経営学、ビジネス、地理学、教育、医療などの分野に影響を与えている(3)。日本では今田高俊 (1986, 2005) が自己組織性の概念を中心にこの理論に貢献してきた。

これまでの社会学の秩序についての観念は、すでに述べたようにシステムや構造に代表される確固としたものであったが、グローバル化の進展とともに社会秩序の不確実性と流動性・可変性、ノイズや偶然の不可避性が明らかとなった。ポスト構造主義と複雑性理論の登場は、この事実と密接に関係している。いまや不確実性は縮減の対象というよりは、秩序の源泉と見られるようになった。キャステラーニとフレデリック・ハフェルティは、複雑性科学が登場した事情を、一九九〇年代以来の世界のグローバル化、コンピュータ科学の進展、脱産業化、環境破壊とグローバル経済、文化的・政治的コンフリクトなどが既存の理論でうまく理解できなくなったという事実によると考える（Castellani and Hafferty 2009: 21）。そして複雑性科学の観点として、生命の全体的な理解、自己組織性、創発、高度の関係性、動的性質、非線形性と進化を挙げる（同：21-22）。第2章で詳しく述べるように、複雑性科学は相互作用、創発、カオス、自己組織性、不可逆性などを中心的な概念としている。アーリは、複雑性理論は、不確定性や開放性、複雑性を受け入れる新しい感性を生み、増幅したと言う（Urry 2005a: 3）。モダニティが確固とした秩序意識、ポストモダニティが何でもありのカオス的意識を生んだとすれば、複雑性理論は不確定性 contingency が秩序の源泉であるような生の感覚を生み出したといえるだろう。このような感覚は構造、システムにも、またその反対の分裂病やノマドにも馴染まず、生にはあるまとまりはあるものの、未来は本質的に不確定であるという感覚である。

地理学者のクリスチャン・スティーンは、自然科学の三つの根本的な要請を、対象の測定可能性、再現可能性、予測可能性としている（Suteanu 2005: 115）。それに対してベノイト・マンデルブローのフラクタル研究はこれらの要請を満たしていないが、それは新たな形の科学的知識であるとスティーンは言う。フラクタル理論は対象を測定する代わりに、対象がどのようなものであるか（how the object is）を教えるのである（*ibid.*: 116）。それは科学の量的な枠組の中に質的な要素としてのパタンを持ち込むことであった（*ibid.*: 116）。スティーンによれば、マンデルブローのこの方法は、ある問題をただ一つの、すなわち最適な観点ではなく、多元的な観点から見ることの重要性を明らかにした点で、複雑なシステムを理解することに寄与している（*ibid.*: 117）。このように複雑性という観点が最適性ではなく多数性、多元性と結びつく点が、現代社会学における複雑性への関心の一つの由来だろう。

また、複雑性理論は社会学の根本問題である個人と社会、ミクロとマクロの問題にも重要な示唆を与える。その中心となるのは後述する創発の概念である。ソウヤーは、社会学における創発の概念はコントに遡るという（Sawyer 2005: 38）。現代心理学では、社会文化理論とコネクショニズムが、創発の概念を中心に置いている（*ibid.*: 46）。この二つの理論はともに、(1)下位のレベルの構成要素と上位のレベルの創発の両方のレベルを考慮し、(2)構成要素の間の相互作用から上位のレベルの要素がどのように創発するかを考察し、(3)上位のレベルの創発が下位の要素の未来にどのように影響するかを考察する(*ibid*.: 52)。

社会学における複雑性理論といっても、その内容は多様である(4)。キャステラーニとハフェルティは、ほぼ共通する内容として、動学理論、エージェント・ベースの理論、規則に従う行動、自己組織性、均衡から遠く離れた場所における存在、環境における存在、適応と進化、知的な構築であること、を挙げている(Castellani and Hafferty 2009: 124)。また、複雑性科学の主要なテーマとして、自己組織性、オートポイエーシス、創発、システムダイナミクス、複雑なネットワークを挙げている(*ibid*.: 125)。ジョン・ローとアネマリー・モルは複雑性を一般性と個別性の衝突として理解する(Law and Moll 2002)。彼らは分類によって一般化・全体化するより個別者のリストを作ること、代表例を考えるより個別者について語ること、地図を作るより歩行によって物語を語ることを勧める(*ibid*.: 16-17)。彼らは秩序とカオスの二元論から逃れる結果生じる複雑性に対処する比喩として、多元性、振動、媒介、物質的異質性、遂行性、干渉を挙げる(*ibid*.: 20)。

複雑性理論は、ノイズや変化、偶然性の強調という点でポスト構造主義と共通する点があり、複雑性理論の中にポスト構造主義のアイデアを組み込む人もいる。全体性を拒否するポスト構造主義と、ローカルな要素からの秩序形成の理論である複雑性理論は相関性があるといえるだろう。イブらは「複雑性理論…(中略)…はローカルなレベルが、『偶然』と『機会』が確率的な仕方で働いて、もっとも生じやすい場所であることを教える」(Eve *et al*. 1997: 28)と述べる。バーンは、複雑性理論の特質は、その知が普遍的な観点からのものではなく、ローカルなものであることを指摘する(Byrne and Callaghan 2014, Byrne 2005)。マイケル・ディロンはラディカルな関係性、存在の動的な性質、形成中の身体の不確定的で可変的なあり方を主張する点に、ポスト構造主義と複雑性理論の共通点を見出している(Dillon 2000: 8)。シリエルスは複雑性理論の基礎となるコネクショニズムとポスト構造主義の類似性を指摘し、言語論的・意味論的アプローチを取る。彼は差異の概念を理論の中心にすえ、ソシュールとデリダを複雑性の観点から高く評価している（Cilliers 1998, Cilliers and Preiser 2010）。

いわゆるポスト構造主義者の中で複雑性理論ともっとも密接なのは、ドゥルーズである。マーク・テイラーはデリダの思想を高く評価しつつ、しかしデリダは異なるシステムや構造を区別せず、あらゆるシステムや構造は全体主義的であると考え、それによって彼が批判する全体化の誤りに陥っていると批判する（Taylor 2001: 65）。テイラーはドゥルーズの影響を深く受け、複雑性理論におけるネットワークは全体として運動するが全体化することはないと肯定的に考えている（*ibid.*: 155）。彼によれば、「複雑性理論はカタストロフィ理論と非連続的変化への深い関心を共有し、またカオス理論と非線形システムのダイナミクスへの関心を共有しているが、『均衡から遠く離れた』あるいは『カオスの縁』におけるシステムの活動を探求する」（*ibid.*: 13-14）。このネットワークについての肯定的な考えはすでに述べたネグリとハートのマルティチュードという概念にも共通している。

マニュエル・デランダは、ドゥルーズの理論を拡張して集合体 assemblage の理論を提唱する（DeLanda 2006）(5)。それは内的な統一をもたない集合であり、方法論的集合主義でしばしば参照された有機体ではなく、生態系などを参照する理論である。有機体とは異なり、集合体における部分間の関係は外在的であり偶発的である。集合体における要素は独立性をもち、ある集合体から離れて別のそれに入ることができる（*ibid.*: 18）。通常は、事象に同一性を与え、時間の経過の中でこの同一性を維持するものはその事象の本質であると考えられている。しかしドゥルーズはこの本質を動的な過程によって置き換えた、とデランダは述べ（DeLanda 2002: xiii）、ドゥルーズの存在論では生物の種は本質ではなくその種を生み出すモーフォジェネシスの過程によって定義されるという（*ibid.*: 2）。そのほかにナイジェル・クラーク（Clark 2005）、チェスターズとウェルシュ（Chesters and Welsh 2006）、ディロン（Dillon 2000）もドゥルーズと複雑性を関係づけている。同じくドゥルーズの影響を受けているブライアン・マスミは、文化と社会的なものの存在生成 ontogenesis あるいは「なること」becoming が存在し、文化と社会性の決定された形態はその結果であると考える（Massumi 2002: 9）。

このように複雑理論の名の下で多彩な思考が展開されてはいるが、まだ十分に整備された理論は存在しない。ほとんどの場合は相互作用と創発の強調に留まっているといえよう。あるいは、理論というより存在論が中心の場合もある。バーンとキャラハンは、彼らの書物でいう「複雑性理論」の「理論」とは、存在論である、と述べる（Byrne and Callaghan 2014: 7）。確かに、たとえばクリス・ジェンクスとジョン・スミスの書物（Jenks and Smith 2006）のように、社会学における複雑性理論は、しばしば存在論である。それが悪いわけではないが、存在論だけでは社会理論とはいえない。本書は複雑性理論にもとづいて社会理論を構成する試みである。

社会学における複雑性理論は、自然科学における複雑性科学の概念の比喩的使用にすぎないという批判はしばしば行われる（Cilliers and Preiser 2010: v, Byrne and Callaghan 2014: 6, Mackenzie 2005）。確かに、現在のところきちんとした概念の体系をもつ社会学における複雑性理論は存在しないので、その批判は正当である。たとえば複雑性理論の多くの学者はしばしば非線形性 non-linearity という用語を使用する。社会は非線形的である、というように。だが非線形性とは科学ではなく数学であるとフリトフ・カプラは言う（Capra 2005: 36）。非線形性は方程式の特徴だから、数学的に表現しないなら非線形性という用語は無意味である。そして、よほどの単純化を行うのでない限り、社会秩序を方程式で表現することは当分の間、望みがない。経済学はすべての個人は合理的であるというあり得ない仮定を置くことで数学化に成功しているが、社会学者は社会的リアリティにより忠実だろう。仮に社会秩序を単純化して表現すれば、複雑性などは消失してしまう。もし社会秩序が方程式で記述できるとしたら、その方程式は間違いなく非線形方程式だろう。だが現実に方程式で記述していない以上、社会秩序は非線形であるという言明は無意味であり、そのような命題を含む理論の信憑性は低い。カオス理論におけるストレンジ・アトラクタの概念もカオスの数学理論に固有の概念であり、それを比喩的に使用する（たとえば Urry 2003, Byrne 1998）ことは無意味である。アーリの『グローバルな複雑性』（*ibid.*）は、比喩への批判をまったく気にすることなく比喩を連発しつつ飛ばして行く爽快な本だが、それなりにグローバル化のリアリティを伝えているのは皮肉の意味で見事ともいえる。

本書ではより実直な方針を採り、比喩の使用をできるだけ避けて複雑性に関する概念はすべて本書の枠組において定義することにする。さらに、これまでの複雑性理論は、自然科学における複雑性科学をあまり熱心に研究していないように見受けられる。著者たちはしばしばプリコジンの自己組織性(6)やパー・バクの自己組織化臨界の概念に言及する。だがこれらはごく単純な現象であり、社会秩序の探求にさほど役立つものではない。本書ではより複雑な生命現象をモデルにした複雑性科学を主として参照する。第２章で本書において使用する複雑性理論を定式化するが、この理論は社会学における複雑性理論というよりは物理学における複雑性科学を主として参照している。

複雑性理論は前項で述べた関係性の社会学と内容的に密接な関係があると私は考える。じっさい、複雑性理論のバーンはすでに引用したエミルベイヤーを引用し、「私が提案しているのは、相互行為の要素ではなく相互行為そのものが問題であると考えるべきであるということである。これはエミルベイヤーの関係性の社会学に対する提案と一致する」(Byrne 2010: 67) と述べている。また、複雑性理論のシリエルスとリカ・プレイザーは「われわれの個人あるいは個人の集団としてのアイデンティティは、本質的な性格ではなく関係的に構成される動的な性質である」(Cilliers and Preiser 2010: vii) という観点を強調するが、これは関係性の社会学のテーマでもある。しかしこの二つの理論の相互言及がほとんどないのは不毛な状況である。この二つの理論はシステムや構造、個人の欲求ではなく相互行為を社会秩序の焦点と考える点で共通している。相違といえば、関係性の社会学はより相互行為を強調し、複雑性理論はカオスや非連続性、不確実性を強調する点だろう。複雑性理論は物理学由来の概念を多用するので、自然科学という異国情緒があるのかもしれない。いま引用したシリエルスとプレイサーは、われわれは複雑性を扱うことができる言語をいまだに持たないという (同 : vii)。これは関係性の社会学も同様である。

私の考えでは、相互行為というダイナミクスは、同一性をもつ主体を主語とする「する」言語では記述できず、ダイナミクスを主語とする「なる」言語で定式化されなければならない。それがうまく行けば、関係性の社会学と複雑性理論の双方とも、新たな理論で表現できることになるだろう。それが次の第２章の課題である。社会学における複雑性理論が強調するのは複雑性、不確定性の概念である。確かにそれらは複雑性科学の中心概念に違いない。しかしもっとも本質的なことは、複雑性を含みつつ秩序を可能にするダイナミクスである。本書が焦点を当てるのは複雑性ではなくこのダイナミクスにほかならない。

## 注

（1）しかし社会学における関係性の社会学の論者はガーゲンにはまったく言及しない。二〇一三年のパウエルとデペルトーの二冊の本において、ガーゲンへの言及はまったくない。

（2）この引用で特異性 singularity とは、「個人」という概念がもつ実体的な含意を避けるための表現である。社会のレベルでは、「人民 people という概念は伝統的に統一的な概念であった。もちろん、人びとはあらゆる種類の差異によって特徴づけられる。しかし人民はこの多様性を統一へと縮減し、人びとを単一の同一性とする。『人民』とは一なるものである。それに対してマルティチュードは多なるものである」（Hardt and Negri 2004: xiv）とされるように、多なるものが社会秩序の基盤とされるが、多なるものとは明らかに関係的なものである。

（3）経営学ではたとえば Griffin（2002）。医療の分野では、ウィルソンとホルト（Wilson and Holt 2001）は治療を、またプルスクとウィルソン（Plsek and Wilson 2001）は医療のマネジメントを、複雑性理論の用語を用いつつ、規則に従うシステムとしてではなく柔軟に変化する複雑な場として考える。その場合、コントロールより相互作用が重視される。なお、二〇一六年の時点では、日本学術振興会の科学研究費の「特設分野研究」の九個の主題のうち「構成的システム生物学」と「複雑系疾病論」の二つを複雑性研究が占めている。

（4）ルーマンの社会学でも複雑性がキーワードの一つだから、複雑性理論としてルーマン理論が挙げられることもある。しかしすでに述べたようにルーマンの理論は複雑性科学とは直接の関係がない。

（5）デランダの集合体の理論は、ドゥルーズの領域化と脱領域化の概念を引き継いでいるが（DeLanda 2006: 12）、これは「領域」の概念の上になりたつ概念である。本書の中心概念であるダイナミクスには領域は存在せず、それゆえ脱領域化も存在しない。

（6）これはプリコジンの自己組織性の概念に価値がないという意味ではない。次の第2章で私もこの理論を参照している。だが本文でも述べたようにこの概念はきわめて単純な事例なので社会秩序の探求を導くものではない。

# 第2章 「なる」ことの論理

## 第1節 場と秩序

### 1 「なる」ことの論理に向けて

第1章は、本書で展開する理論の位置づけをめぐる準備的考察だった。そこで、これまでの社会学や哲学に圧倒的な影響を与えてきた西欧の思想が、その根幹である「する」論理を批判し乗り越えようとするが、つねに「する」論理へ、存在の概念へ、離散体的世界観へと引き戻されてしまう過程を見てきた。すでに見たように、「する」論理の基盤である点記述には、具体的な秩序を記述し説明する能力がない。それゆえ社会理論は場記述によってのみなりたつというのが、きわめて明瞭な結論である。場記述は「なる」論理、すなわち運動と生成の論理によってなりたつ。この「なる」論理を、あいまいではなく明確に定式化できるのは、場の概念と複雑性科学の論理である。

第2章では、「なる」ことの論理を提示する。それは場と複雑な力学系の理論である。後者はすでに検討した社会学における複雑性理論が参照する理論だが、本書の理論の観点から複雑性科学を再構成したものである。複雑性理論では通常は創発や複雑性の概念が中心的な概念として考えられている。本書ではそれらの概念も重要だが、力点は複雑性科学の中心をなす複雑なダイナミクスの概念にある。その核心は、空間の非エルゴード性の概念とそれにもとづく形態形成すなわちモーフォジェネシスの概念である。

第1章第6節で考えた社会学の最近の諸理論は、同一性をもつ「存在」として考えられた個人と社会の概念を批判し、より動的な概念で社会学理論を構成しようとしているといえるだろう。それはグローバル化に伴い、ますます可変的で流動的となりつつある社会秩序を反映している。それゆえ構造やシステムより相互作用、場、実践、運動、過程などが中心的な概念となっている。だがこれまで見たように、これらの理論はいまだに十分理論化されていない。この第2章における理論と概念は、これら相互作用、場、過程などの概念に明確な意味を与えようとするものである。すなわち、これらの概念やイメージは、「なる」ことの論理として考えられた時に明確な理論となるだろう。

エリアスは、個人と社会の関係の問題は、両者を変化し、生成するものとして初めて解明できるという（Elias 1997a: 21）。だがエリアスはじっさいにはそのような理論を提示してはいない。本書はエリアスと問題意識を共有し、彼が言う「生成」を記述する理論を目指す。その基盤は相互作用にある。だが相互作用はともするとAとBという二人の個人という存在の関係と考えられやすい。ここでクロスリーとメルロ＝ポンティからの二つの引用を見てみよう。彼らは相互行為についてほぼ同様の内容を語っている。

「相互の反応と相互の適応の過程が、行為者たちが立つ『地盤』を変化させ、時には以前には考えられなかったことを、考えられるだけでなく、自明なこと、必要なこと、さらには自動的なことに変える。著しいダイナミクスと軌道を獲得した相互行為の文脈に没頭することで、関与する行為者たちは、以前には自分自身で是認しなかったような行動に引き込まれる。…（中略）…行為者たちは、彼らが関与している相互行為によって形成される。相互行為の軌道は彼らの行為、感情、思考のあり方を変化させる。…（中略）…行為者たちが相互行為を『する』のではない。彼らは相互行為に影響される。そして彼らが相互行為において行うことは、彼らがそれによってどのように影響されているかということによって形成される」（Crossley 2011: 30）

「対話の経験において、私と他者の間に一つの共通の場所が構成される。私の思考と彼の思考が一つの布地へと織り合わされ、私の言葉と私が対話する人の言葉が議論の状態によって呼び出され、私と他者のいずれもが創造したのではない共有された活動へと挿入される。…（中略）…私の対話者の私が述べたことに対する異論は、私が自分でもっているとは知らなかった考えを私から引き出す」（Merleau-Ponty 1962: 413）。

クロスリーは、「個人の自己物語は、相互行為を個人に関する用語に書き直し、間主観的な織物を別々の断片へと切り裂き、会話のダイナミクスと不確定性の結果を一人かそれ以上の関与する行為者へと写し返すことで、このダイナミクスと不確定性を無視する。われわれは性質と結果を個人としての自己や他者に帰属させるが、自己と他者は相互行為において創発したものなのである」（Crossley 2011: 31）と述べ、ガストン・バシュラールの言葉を借りてこれを認識論的障害と呼んでいる。確かに、相互行為は彼が言うように個人に関する用語にしばしば書き換えられる。それが本書でいう存在論的主語であり、過程が「する」主体へと吸収されることである。すなわちここでクロスリーが述べているのは、本来は場記述で記述されるべき相互行為が、「する」主体へと分割されて点記述されてしまう、という事態である。先に引用したクロスリーとメルロ＝ポンティが言おうとしている（と私に思われる）ことが、本書が述べている内容にほかならない。クロスリーとメルロ＝ポンティは、彼らの問題意識を具現化する言語をもたないために、彼らが述べようと考えている（と私に思われる）内容を、明確に表現できないのである。前出の引用でクロスリーは「ダイナミクスと軌道を獲得した相互行為の文脈」「行為者たちは…（中略）…行動に引き込まれる」「行為者たちが相互行為を『する』のではない」と述べている。これは何を意味しているのだろうか？　たとえば行為者が引き込まれるとは、何によって、どのようにして、どこに引き込まれるのだろう。そもそも引き込まれるとはどういうことなのだろう。こうしたもっとも基本的な内容が解明されないままになっており、それはあいまいな言葉でごまかされて終わる。基本的な概念や理論を定式化しない以上、この二人の著者は、ほんとうはこのような内容を書く資格はないのである。社会学や哲学は、その寛容な文化を誇るべきだろう。本書で行おうとするのは、この引用に示されている問題意識を具体的に表現することができる概念と理論の提示であり、それは場と複雑な力学系の概念による、「なる」ことの論理の構築である。

本書で提示される理論の中心は力の概念である。力の概念は社会学には馴染みがないが、それが必要な理由は次の通りである。社会秩序は時に小さく、時に大きく、しかし不断に変動することに誰しも異論はないだろう。だからこそ、社会秩序は過程なのである。なるほど、社会システム論が考えたような定常的な安定状態は確かに存在する。しかし社会秩序にとって変動は例外ではない。変動あるいは変化は、何らかの駆動因によって引き起こされるのであり、いかなる社会理論もその駆動因についての仮説をもたなければ社会理論としてなりたたない。秩序を駆動するのは何らかの力であり、それゆえどのような社会理論も何らかの力の仮説を、多くの場合は暗黙裡に、もつのである。第1章で見たように、ほとんどの社会理論では社会秩序を変化させる力は、個人の行為あるいは欲望や動機にある。例外的にパーソンズは社会システムの自己維持の力を認め、ルーマンはコミュニケーションを生産する社会システムの力を認めた。だが社会秩序の変化の駆動因としての個人という概念は、すでに見たように現在ではそのままでは到底維持できないものとなっている。社会システム論も同様である。そうなると、新たに別の力の概念を探求する必要がある。それは秩序の変化を生じさせるものだから、力なのである。関係性の概念にしても、それは動的に解釈されないと構造と変わらない意味になってしまう。先の引用文でクロスリーが述べているのは、明らかに社会的な力である。だがそれは明示されていないのである。社会理論は力の概念を中心としなければならない。

社会学の対象である家族や組織は、環境から区別可能とはいっても、しかし環境とは別個で自立した「存在」なのではない。それはそれを取り囲む社会という場の中で、「なる」形で不断に生成する一つの局所的な場なのである。それゆえ、社会理論の核心は、社会的な場を生成する力の発見にある。場に働く力の概念がなければ、場の運動は「する」主体に再び収斂してしまう。社会システムという概念は集合的なレベルにおける「する」主体だから、「なる」過程を解明することはできない。社会秩序を記述する概念は、定常的な過程だけでなく非定常的で、より動的な過程も表現可能な概念でなければならないのである。個人についても同様である。個人は他者から独立した、ホモ・クローザス的な「自己」である、というのは思い込みにすぎない。この思い込みからすると、個人の動機は私秘的な自己の内部からのみ来ることになる。むしろ必要なのは、個人にしても社会にしても、このような「自己」の外観がいかにして生じるか、という過程の説明である。説明を与えるのは理論であり、その理論は抽象化を経た概念によって構築されなければならない。それが後述する場と複雑性の概念であり、それらの概念は、「ナルは、時間が経過するうちに、こちらが手を加えないのに、事態や状態が移り変わり、新しい形が現れ出る意」（大野晋編『古典基礎語辞典』角川学芸出版）という日本語の「なる」の含意を論理的に表現することができる。

本書で企てられる思考の転換は、簡単にいえば「存在＝同一性」の思想から「力と場」の思想への転換であり、言いかえればデカルト的な主体の「する」哲学から場の「なる」哲学への転換である。「言語論的転回」に倣っていえば、本書はいわば「力学的転回」の試みである。以下では点記述による粒子的・離散体的世界観に代わって、場記述による連続体的世界観が世界理解の基本的な枠組となる。以下の論述では場の概念と複雑な力学系の概念が説明される。その中で、確固としたものとしての秩序の概念は否定され、代わって確率的な秩序概念が提示される。確固とした秩序の概念の代表としての合理性はポスト構造主義の批判の的であった。だが彼らはそれに対する代替案を示さなかった。複雑なダイナミクスの理論は、合理性を明確に否定し、それに対する代替案を明示する。

## 2　力と場

場の概念は、様々な意味において多様な分野で使用されている。日本では、場の概念を主題として考察した先駆的な業績は、清水博（1999, 2003）によるものである。清水は解の可能性を限定する拘束条件を生成するものとして、場の概念を明らかにする。中村雄二郎も場の概念を重視する。中村は、「実在のリアリティは〈場所〉にあり、それはリズム振動の生起する場である」（1998: 320）と述べる。社会科学の分野では、伊丹敬之らが経営学の領域で場の概念を重視している（伊丹 1999, 伊丹・西口・野中 2000）。また、既述のように、社会学ではブルデューの場の理論と組織・社会運動研究の分野における場の概念が知られている。だが、いまだに場の概念についてはあいまいさが残っている。それは仕方がないといえる面もある。というのも、場という概念が提起されるゆえんは、システム概念が相互作用をあまりに明晰に構造化してしまい、その結果、社会というもののリアリティを喪失していることとも関係しているからである。したがって場という概念は、むしろあいまいで複雑な要素を掬い取るものとして登場したともいえる。しかし、あいまい性について語る概念は、明晰でなければならない。概念をあいまいにすることで、事態のあいまいさや複雑さを理解できるわけではない。

すでに触れた社会学における社会運動論やブルデューの場の理論は、大まかにいえば多様な参加者が自己の目的の実現のために相互作用する、協働というよりは競争の場であり、これらの理論における場 field は競技場のイメージである。それは「する」主体が相互作用する場の概念であるといえよう。すなわち、これらの理論では場は行為者が相互行為する単なる空間でしかない。本書で使用する場の概念はこれとは異なり、場そのものが運動し、そこにおける参加者は場の運動として結晶化する、というものである。場と行為者の双方を運動として理解するのである。社会学ではしばしば、行為者の間の相互作用から社会構造などのマクロなシステムがなりたつという考え方が表明される。この考え方は相互作用をもっとも基本的な条件と考え、そこから生成される構造を社会秩序とみなしている。しかし社会的な相互作用はすでに社会秩序である。それゆえに社会秩序についての原理的な探求は、相互作用を生み出す要素を求めなければならない。私はそれを場の運動の原理として理解しようと思う。

この運動の概念は、力の概念と密接な関係にある。場とは本質的に力 force の場なのである。社会学では力の概念は通常は権力 power の概念で示されている。権力という概念は多くの場合いずれかの主体に帰属され、「する」主体が行使する能力として考えられている。そのような概念は相互作用を生み出す力の概念ではない。先に述べたように、これまでの社会学ではほとんどの場合暗黙裡に相互作用を生み出す力の概念が仮定されており、それは個人の欲望であるか、社会システムの自己保存であり、ともに「する」論理である。本書ではこれとは異なる力の概念を提示する。

たとえばエリアスは、著書『文明化の過程』の中で文明化の過程を波動として記述している。彼は定義を与えていないので、これは比喩的な表現である。だが波動とはまさに力の概念にほかならない。それは言いかえれば「なる」ことの条件である。「なる」とは変化を意味し、それは状態のパタンが変化することであると考えられる。この変化を場の変化と考え、それは場における力によって引き起こされると考えるのである。社会学における通常の理解が力を権力として「する」主体としての個人に帰属させるのに対して、本書における考え方は力が相互作用を引き起こすとし、主体と力の関係を逆転させるのである。

このような考え方をより理論的に定式化するために、本書では物理学における場の概念を参照する。それゆえ本書における場の概念は社会学におけるこれまでの場の概念とは無縁である。以下では物理学における場の概念について簡単に説明しよう。それは電磁気学の分野においてイギリスのマイケル・ファラデーによって導入された。物理学における場の概念は、近接作用 action through medium に関係している。だが、近接作用について述べる前に、遠隔作用 action at a distance について述べなければならない。万有引力の概念は、当初は、遠隔作用の考え方にもとづいていた。遠隔作用とは、離れた場所にある二つの物体が、何の媒介もなしに相互作用するというものである。だがわれわれの日常生活で、遠隔作用はあり得ないことである。たとえば椅子を移動するにも、それを押すか引くか、あるいは紐で引くとか、とにかく何かで椅子に触れないことには不可能である。ところが遠隔作用という考えは、椅子にまったく触れることなく椅子を動かすということを意味する。後になって、遠隔作用の考え方は近接作用の考え方によって置き換えられた。近接作用とは、物体は何らかの媒体を通して作用を受けるという考え方であり、現代の物理学ではすべての相互作用は近接作用によるものと考えられている。場の概念はこの近接作用の概念の中心となる考え方である。

電磁場を例に、場の概念について説明しよう。いま、ある物体が電気エネルギーを帯電（チャージ）しているとき、この物体を電荷 electric charge という。電荷Xは自己の周囲に力を及ぼし、それ自身の場 field すなわち電場を生成する。Xが生成するこの場に存在する別の電荷Yは、それが存在する位置において、Xの電場の力を受ける。XとYが直接に遠隔作用的に相互作用するのではなく、YはXの電場と相互作用するのである。これが近接作用である。場の概念の核心は、物体の離散体的な「存在」としての性格が捨象され、物体は空間上の位置として理解されることにある。空間のある位置にエネルギーがチャージされ、そこに場が形成され、空間はその場において歪むのである。なお、この電荷が運動すればその周囲に磁場を生成する。場の運動は波動 wave と呼ばれる。以上は電磁気学についての説明であるが、同様の考え方によって重力場の概念もなりたつ。「質量の周りの空間は、この領域に他の質量を置くとそれに力が加わるように変化している、と考えることができる。質量によって現れるこの〝空間の変化〟を重力場という。質量は場を作っている質量と直接作用するのではなく、この場と作用するのだと考えることができる」(Hewitt et al. 1994: 8-9) というように、場とは空間の変化あるいは歪みである。

一般的にいえば、何らかの空間があり、その特定の位置に力がチャージされる。通常は何らかの物体に力がチャージされるのだが、その離散的な物体性は無視される。チャージされた力は、それ自身の場を生成する。この場の運動が波動である。Xの力の場に存在するYは、Xの場の力によってチャージされる。同様にYはそれ自身の力の場と波動を生成し、XはYの場によってチャージされる。このような相互作用によって、全体的な場の波動がなりたつのである。

場の概念は、物理的秩序に関する場記述である。この意味で、点記述とは異なる世界像を描き出す。何度も言うように、点記述と場記述に優劣はなく、それぞれに適切な場面が存在するのだが、過程のダイナミクスを具体的に記述するのは場記述なのである。「する」言語にもとづく西欧における哲学的思考に欠けていたのは、この場記述にほかならない。私はこの場の概念を使用して、新たな秩序の概念を構想したいと思う。「する」言語を使用する西欧において「なる」言語的な場の概念が形成されたのはどうしてだろう。それは端的に、自然の運動は「なる」という秩序形式をもっているためだろう。

場の概念はオイラー的なものであり、その主語は個体としての「もの」、すなわち同一性をもつ「存在」ではなく、重力などの「力」である。場の概念では作用は存在としての「個体」が「する」という形で他者に及ぼすのではなく、空間の一点が力によって歪み、そこに作用が生じるのである。これは作用が「なる」過程であると考えることができる。それゆえ、個々の離散体的存在は重要ではない。電磁場においては粒子という離散体より力のチャージが本質的である。場の位置に応じて力は変化し、力の変化は場の変化である。場の運動は波動である。離散体的世界観における「存在」の概念は、強い通時的な同一性を要請する概念である。運動は存在論的主語としての存在に帰属するものとして理解される。これに対して、場の概念が焦点を当てる秩序とは力であり、それはチャージの概念に示されている。チャージの概念は、存在の概念がもつ通時的な同一性をもたない。時間的な経緯とともに、「何か」が変化する。存在の概念はその「何か」を、変化にかかわらず同一なものとして見る。それに対して、場記述では、場そのものが変わるのである。場の概念は本来力学的だから、場はつねに運動している。こうして、場の概念において、存在論的主語は排除される。それに代わって「力」あるいは「波動」が記述の主語となる。いずれかの粒子がチャージされているのだが、「粒子であること」には意味はなく、力のチャージに意味があるからである。場の特定の位置に力が宿る。力という運動的な要素が、場記述の主語なのである。

本書の第Ⅱ編では心の概念を、「存在する私」ではなく運動する場として考える。第Ⅲ編では社会秩序を、境界と同一性をもつ社会システムとしてではなく、これも運動する場と考える。このとき、場を記述する主語は力として考えられる。本書では場を基本概念として考え、その運動の原理として以下に説明する複雑なダイナミクスを採用する。

## 3　非線形性とマクロ物理現象

近代の学問のパラダイムとしての機械論は、自然を単純なものとして見る、いわば思考の経済の産物であった。このような単純化は学問の草創期における必然である。しかし、自然のすべての現象が法則に駆動される機械の比喩によって理解できたわけではない。生命がそれである。確かに、生物の身体を機械と見るのが近代科学であり生物学や医学であるが、しかし生命のふるまいは機械の比喩の域を明らかに超えている。生命という現象は、この還元主義的な理論が長いことうまく扱えない対象だった。ようやく二〇世紀の半ばになり、DNAの二重螺旋の発見によって還元主義の勝利は不動のものとなったように思われた。しかし、生命現象はDNAという分子に還元できない全体的な現象である。複雑性科学の観点では、生命とは無生物の物理的・化学的過程が生み出すマクロ秩序である。複雑性科学は生命に代表されるようなマクロ現象をマクロ的な視点から扱おうとする物理理論である。

近代科学は単純な線形的秩序をもっぱら扱う。だがじっさいには自然界の秩序のほとんどは非線形的である（Harold 2001: 150）。近代科学が主に線形現象を扱うのは、非線形的秩序はかつての科学の水準で扱うにはあまりに複雑だったからである。線形的秩序の基本となるのは、比例法則と指数法則である。線形的秩序 linear order とは、$f(x+y) = f(x) + f(y), f(\alpha x) = \alpha f(x)$ がなりたつような秩序である。非線形性(1)の研究はようやく一九七〇年代から始まった（清水 1999）。非線形性とは「部分の総和をとるだけでは集まり全体の性質にはならないこと」（同：205）であり、社会学でも馴染みの考え方である。あるいはそれは「結果（出力）が、原因（入力）となって回帰する現象」（高塚 2001: 5）ともいわれ、この考え方も自己言及性あるいは自己準拠として社会学でよく知られている。グレゴリー・ニコリスは、線形と非線形の法則の際立った相違は、重ね合わせの性質の存否であると述べる（Nicolis 1995: 1-2）。線形システムでは二つの異なる原因の効果は、単にそれぞれの効果の和である。それに対して非線形システムでは二つの異なる要素の作用を加えると、それらの協働から劇的な新たな効果が生じ、予期できない結果が生じる。それゆえ非線形科学すなわち複雑性科学は進化と複雑性の科学である、と彼は続ける。物理学の蔵本由紀（蔵本 2003: 77）は、非線形現象とは何らかの形でフィードバック効果が働く現象であると述べている。このフィードバックの機構が、非線形性をもたらすのである（Harold 2001: 150）。

秩序の非線形性が明らかになるのは、とりわけマクロ物理現象においてである。蔵本は、「マクロ世界の科学的描写においては、力学的世界観が復活する」と述べる（2003: 62）。彼は、「エネルギーや物質の流れをもつシステム（非平衡開放系）においては構造や運動の自律的形成が可能なのである。非線形科学で主として扱われる力学系はこのような能力をもつ開放系である。自然の力学描写とはいえ、基本粒子のミクロ描写とはまったく趣を異にした描写であることがわかるだろう」（同：64）という。フランクリン・ハロルドが言うように、「力学系はエネルギーの不断の流れによって均衡から遠い状態に維持される」（2001: 150）のである。

蔵本によれば、自然法則にはミクロからマクロまで多様なものが存在するが、一般にミクロな法則ほど高い対称性をもつと考えられている。さらに、法則がもつ対称性と、その結果として実現する状態の対称性とは明確に区別しなければならず、法則は対称的であってもその結果は対称的ではないこともまれではないという（同：84）。典型的な例は対称性の自発的な破れであり、あるいは結晶化である。分子集団の結晶化においては対称性が破れるのだが、その方向性は物理法則によっては決定できないのである。ハロルドもまた、「拡散というと濃度の差異を平準化すると直観的には連想される。だがじっさいはそれに反して、特定の動学的規則に従うシステムでは、均質な領域に生じたランダムなゆらぎが増幅され、モルフォゲンの濃度の安定的な局所的最大値と最小値を生み出すのである」（*ibid.*：151）と述べている。蔵本は、「ミクロ世界の長旅の果てに、ようやく私たちは生成流転する経験世界に立ち戻り、自然学を作り直そうとしているのではないだろうか」（同：55）と言う。ここで説明した非線形性は明らかに社会秩序に当てはまるだろう(2)。

## 4　秩序の概念

「秩序」という概念はあらゆる学問における根本概念だが、すでに述べたように通常は「確固とした」、変化しにくいものとして考えられている。本書ではこの秩序の概念を異なる形で定義する。それは確実性や真理としての秩序から、確率的な秩序概念への意味変更である。世界の実相を生々流転であると見る見方は、歴史上繰り返し現れる。だが、もし世界が完全なる不断の流転の相にあるとすれば、それはランダム性にほかならず、われわれはそこにいかなる秩序も見出すことができない。そのような世界は時間的・空間的に対称的な世界であり、それは時間・空間に関するあらゆる変換に対してつねに同一不変である。したがってそのような世界はその内部に一切の差異がない世界であり、そこにあるのは端的な無秩序にほかならない。それゆえ、そのような世界には、そもそも生々流転するべき秩序が存在せず、それゆえにじつはそれはいまだ世界ではない。したがって、このような無秩序においては「生々流転」そのものが存在し得ないのである。生々流転ということが存在するためには、生成し流転する何らかの秩序が存在しなくてはならず、そのためには、世界に時間的空間的な非対称性が導入されなければならない。このことは、無秩序のただなかに、何らかの非対称性が導入されることを意味している。もっとも広い意味における秩序とは、そのような非対称性、言いかえれば差異、すなわちパタンである。今後、本書では秩序とは非対称性すなわちパタンを意味する。差異、形、組織も同じ意味である。それに対して無秩序とは対称性あるいはランダム性であり、パタンが存在しないことである。

複雑性科学はマクロ物理現象についての科学だが、マクロ物理現象への関心の出発点は、一九世紀に成立した熱力学 thermodynamics であった。それゆえに熱力学が複雑性科学の出発点である。古典力学が単独の粒子を質点として対象とし、その運動を運動方程式によって決定論的な仕方で記述するのに対して、熱力学は物質の集団についての科学である。物質の集団的現象とは、温度、圧力、あるいは固体・液体・気体のような相である。それは、単独の分子ではなく無数の分子の集合的な相互作用からなりたつ、マクロ現象である。古典力学がミクロ力学であるのに対して、熱力学はマクロ現象についての力学である。

熱力学で有名なのは、熱力学の第二法則である。それはエネルギーの出入りが存在しないような断熱的な孤立系 isolated system においては、エントロピー entropy が増大することを述べる。ここで、孤立系とは外界と熱も物質も交換しないような系であり、閉鎖系 closed system とは熱のみを交換するシステムである（杉浦ほか 1987）。エントロピーとはルドルフ・クラウジウスによって一八六五年に名づけられたもので、分子的なミクロレベルにおけるランダム性、すなわち無秩序の程度を表す概念である。エントロピーの低い状態とは秩序だった状態であり、パタン、差異が存在する状態である。そしてエントロピーの高い状態とは、反対に、秩序だっていない状態、パタンが存在しない状態、すなわち無秩序により近い状態である。したがって、熱力学の第二法則は、孤立系においては、熱力学的秩序は必然的に崩壊して無秩序にいたるということを述べている。

たとえば、部屋の片隅をストーブで熱すればその部分は局所的に暑くなり、他の部分との温度の差異が生まれる。この差異が、パタンであり秩序である。いま部屋を孤立系と考えると、ストーブを止めてこの状態を放置して十分に長い時間が経てば、部屋の全体はどの場所も同じ温度になり、その時点からは変化しない。これが熱力学的均衡状態であり、温度の差異すなわちパタンが存在しないという意味で無秩序なのである。これはわれわれが日常的に経験する事態である。逆に、全体が同じ温度の部屋を放置したら、その一部が暑くなったということはあり得ない。第二法則が述べる過程は、不可逆 irreversible である。不可逆性がなりたつのは、エネルギーの散逸による。運動する物体がやがて静止するのは、物体の運動エネルギーというマクロなエネルギーが、分子のミクロなエネルギーに散逸するからである（蔵本 2003: 76）。第二法則が述べる、秩序の崩壊状態すなわち無秩序は、熱力学的均衡(3)と呼ばれる状態である。それが均衡であるのは、その状態は完全に静止的であり、そこからなんらの運動も生じないからである。

無秩序としての熱力学的均衡は、最大の確率をもつ状態であり、もっとも生じやすい状態である。つまり、無秩序とはもっとも生じやすい状態であり、逆に、「生じにくいこと」が生じていることが、秩序である。これが秩序概念の確率的な定義である。確実であること、確固としていることは秩序概念の要件ではない。秩序とはパタンであり、それは生起する確率が低い状態である。

こうして、熱力学的均衡の概念は、「無秩序」の概念すなわちランダム性の概念を明確にし、その反面として「秩序」の概念を示している。ニコリスとプリゴジン（Nicolis and Prigogine 1989: 9）によれば、いま孤立系の液体があるとすれば、それはやがて熱力学的な均衡状態に達する。その時、この液体の内部に微小な観測者の存在を想定すると、その観測者は自身がこの液体内部の小体積Aにいるのか B にいるのかを区別できない。すなわち均衡状態ではその局所的な状態はいたるところ同一であるから、場所の相違は意味をもたず、また理解することもできないのであり、彼が空間の概念を得ることのできる内在的な方法が存在しないのである。ニコリスとプリゴジンが述べる熱力学的均衡状態とは、系のいたるところが同一である状態、言いかえればいたるところに差異あるいはパタンが存在しない状態であり、無秩序である。

この熱力学的な「秩序」概念は、自然と社会とを問わず秩序についての思考に対して決定的な意味をもつと考えられる。すでに第1章で考察したように、西欧近代の思考は確実性や定常性、安定性、真理性を秩序の根本条件としていた。西欧思想の影響下になりたった近代社会における様々な思想もまた、秩序とは確固たる不変の、言いかえればきわめて安定的なものである、という考え方に立っている。だが二〇世紀における多様な思考が一致して明らかにしたように、秩序を確固たるものと考えることには大きな問題があった。熱力学的な秩序概念ではこれとは反対に、無秩序こそがもっとも安定的で、実現する確率がもっとも高い状態なのである。熱力学的無秩序とは熱力学的均衡であり、ランダムな状態である。それは言いかえれば対称性が実現している状態である。対称性とは、たとえばある部屋のどの部分も同じ温度である状態である。どこも同じ状態だから、左右上下の差異がなく、それゆえに対称的なのである。逆に、熱力学的な秩序とは、この対称性が破られている状態、言いかえればどの部分も同じではない状態、つまり差異が存在し、パタン（形）すなわち非対称性が存在する状態である。形が存在することは、確率的に低い。そのような状態が実現していることが、秩序が存在するということなのである。すなわちここでは秩序とはパタンあるいは形の存在を意味しており、それは存在する確率が低い状態なのである。つまり秩序の概念は確率とパタンによって定義される。この意味での秩序は生起する確率が低いのだから、無秩序に比べて不安定なのである。

確実性としての秩序の概念に疑問を抱いた二〇世紀の思考は、不確実性の概念を称揚するようになった。だが不確実性という概念は、確実性の欠如という意味で、消極的なものでしかない。私は本書において上記の熱力学的な秩序概念を採用する。これによれば、確実性のもっとも高い状態が対称性としての無秩序であり、その反対に秩序とは不確実というより、形が現れることである。すなわち、秩序とは、対称性を破って形が出現していること、言いかえれば生起する確率が低い事象が生起していることなのである。秩序のこの定義からすると、秩序の程度を考えることができる。すなわちより高度の秩序とは確率的により低いパタンが生じることである。また、確率的に低い状態が実現しているなら、それを引き起こす力を想定しなければならない。このことは今後の内容できわめて重要な意味をもつだろう。

注

（1）すでに説明した理由により、本書では心的および社会秩序には非線形性という用語を使用しないことにするが、ミクロへの還元不可能性という意味での創発の概念が使用される。
（2）バックリーは伝統的な理論枠組が、過程、「なること becoming」、広範囲の「集合行動」という事実の前に無力であると指摘している（Buckley 1998: 97）。だが彼の理論は過程を「なる」ものとして理論化したものではない。
（3）equilibrium の概念は日本では社会科学系の学問では「均衡」、自然科学系のそれでは「平衡」とするのが習慣である。本書では一貫して「均衡」を用いることにするが、引用は原文に従う。

## 第2節　モーフォジェネシス

### 1　無秩序からの秩序

もし宇宙が孤立系であれば、全宇宙は熱力学的均衡に達し、宇宙におけるすべての形態は消滅しなければならない。だが、現実はその逆であり、宇宙は多様な秩序、多様な差異に満ちているどころか、宇宙の歴史においてより複雑で多様な秩序が生み出されてきた。これら秩序はどのようにして生じ、どのようにして維持されているのだろうか。熱力学第二法則に表現された無秩序化への力それ自身が、むしろ逆に秩序を生み出すことがある。プリゴジンの研究で有名な散逸構造 dissipative structure はその典型的な事例である。自然が自己組織化に利用する物理的な力には様々な物理的法則があるが、これら決定論的法則とは別に、自発的な形態形成を促進する力には、二つの種類がある。第一に、エネルギーの最小レベルへと向かうエネルギー的な力による変化、第二に、エントロピー最大へと向かうエントロピー的な力による変化である（田中 2002: 100）。すなわち、「自然界で生じることは最小の努力あるいは運動の経路である」（Goodwin 1994: 170）。

水を入れたビーカーの底部を熱した場合、ビーカーの上部と底部には温度の差異、すなわち秩序が生じる。するとこの差異という秩序を解消しようとする熱力学的な運動が生まれる。それはパタンを解消しようとする無秩序への運動である。もし火力が弱ければこの差異は小さいので、熱伝導によって差異は徐々に解消し、最終的には無秩序としての熱力学的均衡にいたる。しかし火力が強い場合は差異が大きく、熱伝導では解消できない。その場合には対流が生じて差異を解消する。熱伝動も対流もともに温度の差異という秩序を解消する運動であり、ビーカーの内部を熱力学的均衡すなわち熱力学的な無秩序に維持しようとするもので、第二法則に合致した事例である。だが熱伝動とは異なり、対流の場合は明確な差異、対流という形態としての秩序が形成される。対流とはビーカーの熱された下部から冷たい上部へと熱を運搬するパタンである。無秩序化への運動が、かえって秩序としての形を生み出してしまうのである。このように差異すなわち秩序を解体するような秩序を散逸構造と呼ぶ。熱伝導のような線形不可逆過程に大量の非均衡エネルギーが加えられた場合には、線形的機構だけではこれを均衡化し散逸することができないので、非線形的なメカニズムが出現し、マクロスケールの形態を形成して均衡化を達成する（田中 2002: 127）のである。散逸構造は、差異を解消するための差異であり、秩序を解消するための秩序である。それは非常に興味深いものだが、スチュアート・カウフマンによれば第二法則のような自然法則は高度に複雑な秩序が生まれるための必要条件であるにすぎない（Murphy and O'Neill 1995: 87）。自己組織化の過程が生成するには、十分条件が必要である。散逸構造は初期の複雑性科学の主要なテーマであったが、それ自身はごく単純な形態形成でしかない。対流のような散逸構造は生命と比べれば複雑性がきわめて少ない過程であり、生命のような複雑な秩序がなりたつためには、十分ではないのである。

生命は、複雑な物質的秩序の典型である。量子力学の建設者の一人アーヴィン・シュレディンガーは、DNAの存在を予言した一九四四年の講演『生命とは何か』の中で、秩序が生成される二つの方法について述べている（Schrödinger 1967）。一つは統計的メカニズムであって、それはランダムな形で「無秩序からの秩序」を生み出す。他方は生命に関するメカニズムであって、「秩序からの秩序」を生み出す。生命がランダムに生まれるとは考えにくい。それゆえに生命の秩序は秩序からの秩序であり、それゆえ生物が再生産されるためにはそれに先行する何らかの秩序が存在するはずであると彼は予言したのである。それは後に核酸における遺伝子として的中した。それでは、地球における最初の生命はどのように誕生したのだろうか。その仔細はまだわかっていないが、偶然に高度に濃縮したアミノ酸からなる原始スープに、何らかのエネルギーが加えられて原初の細胞が誕生したという説が通説だろう。これはネオ・ダーウィニズム的な説明である。この考え方はシュレディンガーが言う「無秩序からの秩序」の発生であり、彼が言うように統計的な出来事である。言いかえれば、それはでたらめの結果、偶然に秩序が生まれるということである。そのようなことは可能だろうか。原理的には、それは可能である。

自己組織化する力の主要な探求者の一人であるカウフマンによれば、生命がこの宇宙に偶然に誕生する可能性はゼロではない。だが彼はその確率は、一〇の四万乗分の一と見積もる(Kauffman 1995: 44)。この数字を理解させるために、彼は宇宙全体の水素原子の数を挙げる。それは一〇の六〇乗個であるという。これが天文学的数字というものである。ならば、一〇の四万乗という数は天文学的数字ですらなく、想像を絶する数字なのである。したがって、一〇の四万乗分の一という確率は、事実上限りなくゼロに近いのである。確かに、それはゼロではない。では、生命の偶然の誕生の可能性を信じるべきだろうか。

仮にある人が新築の高層ビルを案内され、その最新鋭の設備に驚き、このビルを造るのには大変な費用がかかったでしょうと言ったとしよう。それに対して案内人がこう答えたとしたら、どうだろう。ビルを造るために、すべての建築資材を更地に用意しておいたところ、そこに偶然に巨大な雷が落ちて、そのエネルギーによってビルが偶然できたのだ、だから材料以外の建築費はゼロだったと。そのような可能性はあるのだろうか? もちろん、あるのである。一個のビルはそれを構成する無数の分子の可能な組み合わせの一つであり、この特定の組み合わせが偶然に実現する確率がゼロであるとはいえないからである。

あるいは、ドストエフスキーという作家はじつは実在せず、彼が書いたとされる作品はじつはサルが書いたのだ、としたらどうだろう。編集者があるサルを訓練して、キーボードを打つとバナナをやるようにしたのである。サルは言語を理解せず、ただランダムにキーを打ち続ける。それがたまたま偶然に『罪と罰』という小説となる可能性はあるのだろうか? 数学的には、確かにあるのである。仮にアルファベット二六文字で打つとすると、サルが『罪と罰』の最初の文字をたまたま偶然に打つ確率は二六分の一である。その後、この二六分の一という数字が掛け算される。この過程は有限である。掛けられる二六分の一が増えるに従って、分母は増大していくが、分子は一のままである。この結果、確率はどんどん低くなっていく。しかし、言語を解さないサルがたまたま偶然に『罪と罰』を構成する文字列を生み出すことは「不可能である」というためには、確率の分子がゼロでなければならないのである。だが二六分の一を何度掛けても分子は一のままで、ゼロになることはない。それゆえ、サルが『罪と罰』をたまたま偶然に「書く」ことは、あり得ないかといわれれば、数学的には確かに「ありうる」のである。だが、このような話を信じる人はいないだろう。もしこうした話を信じないなら、生命の偶然による発生の仮説も信じるべきではない。いかに小さな細胞でも、生命はビルよりはるかに複雑だからである。逆に、生命の偶然の発生を信じるなら、いま述べたビルや小説の偶然の発生も信じなければ公平ではないのである。

だが、現に生命は誕生した。たとえそれが地球上で誕生したのではなく隕石に乗って地球に届いたにせよ、宇宙のどこかで誕生したことは確かである。生命の誕生は、それに先立って遺伝子のようなものが存在したのではないという意味で、明らかに「秩序からの秩序」ではなく「無秩序からの秩序」である。だが、それはシュレディンガーの言うような偶然による統計的メカニズムではとうてい不可能な事態なのである。確かに、いったん生命が誕生してからは、単独の種に関する限りは、核酸に蓄積された情報による「秩序からの秩序」の連鎖となったといえよう。しかし生命の起源については「秩序からの秩序」の説明も、また「無秩序からの秩序」についての統計的説明も無効である。

したがって、われわれはネオ・ダーウィニズムに反して、「無秩序からの秩序」の確率的発生論を捨て、無秩序から秩序を生み出す自然の力、すなわち形を生み出す形態形成の力、言いかえればパタンを生み出す組織する力の存在を想定しなければならない。それがカウフマンの主張である。この考え方は、生命は自然が必然的に生み出したと見る見方であり、古典的な近代科学の枠を大きく超えるものである。カウフマンは自発的に形成される秩序を、無償の秩序 order for free と呼んだ。彼は「自律的エージェントは永遠に、分子的・形態学的・行動的・組織的な新しさへと押し進む」(Kauffman 2000: 22) と述べる。宇宙あるいは自然には何らかの「形」を自発的に生み出す力が存在する、という仮説である。自己組織性とはこのように、自発的に形を組織し、秩序を生み出す力である。プリコジンはこの科学について、「われわれは新しい科学の時代の幕開けにいるのだとわれわれは信じる。われわれは、もはや理想化され単純化された状況に限定された科学ではなく、現実の世界の複雑性を反映する科学、われわれとその創造性を、自然のすべてのレベルに存在する根源的な傾向の一部と見る科学の誕生を目撃しているのである」(Prigogine 1997: 7)と述べている。

人はこのような力の存在について疑念をもつだろう。しかし、現在では誰もが信じている重力や電気力にしても、当初は怪しげな仮説として出発したのである。科学における発見とはこのようなものである。本書の基本仮説は、場にはこの組織する力、パタンとしての秩序を生み出す力が働くというものであり、自己組織性の議論を承けたものである。この力は複雑なダイナミクスとして働く。それはミクロの要素の相互作用からマクロ秩序を創発するものであり、その基本的な考え方は、「①内部に自由度を持った要素が、②互いに作用を及ぼし、③内部自由度と相互作用の両者によりその状態が変化していく」(金子・池上：25)というものである。この考え方が「なる」という過程の基本である。すなわち「なる」こととは、内的自由度をもつ要素の相互作用によって状態が変化することである。要素に対して状態はマクロであるから、このことはミクロの相互作用からマクロ秩序としてのパタンが自発的に創発することであるということができる。厳密にいえば、すでに述べたようにミクロとマクロの相互作用はあり得ない。いま述べた表現は、ミクロの相互作用の過程において、マクロにおいてパタンとして表現可能な秩序が創発するということである。

これが「なる」ことの論理である(1)。この論理の成立に多大の貢献をしたプリゴジンは『存在からなることへ』*From Being to Becoming* (Prigogine 1980) というタイトルの著作をもつが、その中で物理学の古典力学と量子力学を「存在の物理学」、熱力学と自己組織性の理論を「なることの物理学」としている。その相違は、存在の物理学は確かに時間を含むもののそれは可逆的な時間として単に一つの次元にすぎないが、「なる」ことの物理学では不可逆性の概念が重要となり、時間はダイナミクスの本質となることである。本書の対象はプリゴジンの場合とは異なるが、その内容が「存在から『なる』ことへ」という点では同じである(2)。

## 2　秩序化する力

家族や組織は、諸個人の相互行為がその環境におけるより高密度で行われるために、環境と区別される一個の集合体として観察される。それは生物の個体と同様の「もの」あるいは「存在」であるように見える。生物の個体は皮膚によって環境から区別された「自己」をもち、その内部は機能分化した様々な構造からなり、それによって行動が可能になる。この描像は不正確ではないが、生命の理解に対して十分ではない。いまコップが水で満たされているとし、そこにインクを数滴落としたとしよう。この時、インクは拡散して何らかのパタンを形成するが、たまたま人間のような形が出現したとしよう。この形は生きているのだろうか？　もちろん、そうではない。じっさい、この人間のような形はしばらくすれば消滅し、コップの中はいたるところ均質な溶液となる。それは熱力学第二法則がいう秩序の必然的な崩壊に類似する事例である。

それでは、われわれ人間はどうして時間の経過とともに消失しないのだろうか。それは、人間の身体の内部は皮膚によって守られているからだ、と人は言うだろう。確かに目視のレベル、すなわちマクロのレベルではそう見える。しかし分子のレベルで見れば、身体の内部、境界としての皮膚、身体の外部にあって身体を取り巻く空気のいずれもが分子からなりたっている。空気は目視では見えないが、確かに分子からなりたっているのである。そして分子は様々な分子間力に影響されつつ、運動している。つまり身体の内部、境界および外部は一体であり、分子が運動する場なのである。ならば身体の内部の分子がどうして外部へと運動しないのだろうか。言いかえれば、分子が作り上げる身体という形はどうして時間の経過とともに崩壊しないのだろうか。これまでの化学は多様な分子間力というミクロの力を明らかにしてきた。だがいま述べた事例は、特定の分子を身体という形へと編成する、マクロに働く形態形成の力の存在を示唆している。すなわち生命の身体は「存在」としてそこにあるのではなく、不断に個体へと「なる」という形で生成される場であると考えるべきである。この運動の秩序を「なる」ことの論理と考え、それを、社会秩序に適用するのが本書の考え方である。こうして私は今後、社会秩序を、不断に変転し、自己も外部も存在しないような秩序として描くだろう。それは社会秩序をダイナミクスとして考える、ということにほかならない。

ビッグバン直後の宇宙は超高密度で超高温の状態にあった。それが徐々に冷却されるに伴い、水素とヘリウムの原子核が形成され、爆発後十万年経過した頃に、温度の低下とともに電子と結合して水素原子、ヘリウム原子が誕生した。ここから多様な元素が進化した。これが元素進化である（日本化学会 1980: 3）。原子の相互作用により、分子が誕生した。これは原子の誕生後数十億年後であるという（同：7）。この原初の分子の相互作用からさらに多様な分子が生成する過程が、化学進化あるいは分子進化である（杉浦ほか 1987）。この化学進化の到達点が、生命の誕生である。こうして、宇宙の歴史は元素進化・化学進化・生物進化の観点から見ることができる。この進化はランダムに生じたのだろうか。だが先に述べたように、秩序がランダムに生じる可能性はきわめて低く、元素進化から生物進化にいたる過程がたまたま偶然に生じたということは考えにくい。むしろ、この過程はより大きく複雑な要素の創発の歴史であり、同時により高度で複雑なふるまいの進化の歴史であると考えるべきだろう。つまり宇宙の歴史は組織する力の進化と進歩の歴史であり、それは同時に自律性の高度化の歴史なのであると考え、組織する力、言いかえれば形すなわち秩序を作り出す力、形態形成の力の存在を仮説するのである。

高度の複雑性をもつ物質である分子は、宇宙空間の熱や紫外線などのエネルギーによって破壊されやすい。じっさい、彗星や太陽で発見された分子の多くは結合が切断されたフリーラジカルと呼ばれる不安定な分子であるという（廣田・梶本 2001: 31）。こうした苛酷な環境では化学結合が切断されてしまう。それゆえ分子は天文学にとっては馴染みの薄い物質である（日本化学会 1980: 49）。二原子分子を超えるような複雑な分子は、比較的に安定し、かつ反応のためのエネルギーが存在する場所でしか生成しない。大気に覆われた地球は分子に対する破壊的なエネルギーが緩和され、しかも適当なエネルギー源が存在したために、化学進化にとって好都合な場所であった。したがって地球上では単独の原子として存在するのはヘリウムなど他の原子と化学反応できない構造の原子のみである（同）。地球のような比較的安定的な環境では、原子のほとんどは、より複雑な分子へと組織化されているのである。この事実は自然界における秩序化し組織化する形態形成の力の存在を示唆している。すなわち、適切な条件があれば、原子は分子へと自発的に組織されるのである。こうして、この地球上では物質は基本的には分子の形態で存在しており、分子こそが生命の基盤になる。地球上では原始の海の中で様々な分子が生成し、相互作用を行い、いわば分子の生態系が存在した。この過程で複雑な分子が進化してくる。

高度に複雑な分子は、強い非線形性に由来する形態形成の力をもつ。蔵本によれば、「化学反応という現象は、流動現象とならんで、自然において最も普遍的な非平衡の過程といえる。いずれにおいても非線形性が重要で、これが現象の自己組織性や複雑性のもとになっている」（蔵本 2003: 89）、さらに、「化学反応における非線形性の由来はさまざまであるが、一般的にそれは、反応に関与する物質の濃度によって反応速度が実質的に変化することから来る。生化学反応においては、その触媒である酵素の関与が著しい非線形性を生む」（同：90）という。田中博は「化学反応における循環的過程は、非平衡性によって駆動される自発的反応に抗エントロピー的な非自発的な反応が共役することによって形成される」（田中 2002: 127）と説明している。カウフマンは、高度の形態形成力をもつ高分子を自律的エージェントと考えている（Kauffman 2000: 128）。ハロルドは、タンパク質と核酸に代表される生体分子は、それ自身は生物ではないが、それでも他の非生体分子とは異なり、生体という組織の中で「仕事」をしているのである（Harold 2001: 34）という。この「仕事」は代謝に代表される分子的ネットワークによって行われる。タンパク質と核酸は生物ではないが、高度の自律性を備えている。

自己組織性とは、複雑な力学的秩序あるいはパタンを作り上げる力である。秩序とはパタンであり、それは確率的に低い状態が実現していることだから、秩序化する力とは、確率的に低い状態、すなわち自然には生じにくい状態、すなわちパタンを実現する力である。物理学における他のすべての力と同様に、それは仮説された力である。かつてニュートンは万有引力を仮説したが、自己組織性という力は現在の非線形力学における仮説である。この観点からすると、宇宙には形としての秩序を自発的に作り出す力が存在すると考えられる。カウフマンの著書『探求』（Kauffman 2000）は、そのような力の探求の書である。彼は、「われわれの宇宙は途方もなく非反復的である。あるいは、物理学者が言うように、宇宙は際限なく非エルゴード的である。おそらく、この非エルゴード的流れを治める法則が存在するのだ」(*ibid.*: 22) と述べている。エルゴード性とは、簡単にいえば一様な確率密度による分布である。秩序とはそのような一様な分布を破る差異であり、後述する非エルゴード的な流れである。この流れを治める法則が、自己組織性にほかならない。

自己組織性の基本的前提は、宇宙の非均衡性である。カウフマンの『探求』の第4章「増殖する組織」と第5章「意味の物理学?」から、いま少し彼の説明を聞くことにしよう。彼は、現代の物理学は根本的な問題を見逃していると述べる。ビッグバン以来、宇宙は均衡の外に留まっており、大きく非均衡である。宇宙の起源における対称性の破れ breaking of symmetry によって、多様な法則・構造・物質が生み出された。宇宙は、以前には存在しなかった分子やその他の形を生み続けることによって、つねに対称性を破っている。なおここで対称性とは無秩序であり、対称性の破れとは秩序が生成されることを意味する。異なる構造や過程の持続的な創発は、宇宙の対称性の持続的な破れである。宇宙はエネルギーの源泉に満ちている。多様性と複雑性を増大させる非均衡の過程と構造が出現し、エネルギーの源泉を構成し、それらのエネルギーの源泉を測定し発見し捕らえ、エネルギーの放出を制限する構造を構築し、非自発的な過程を駆動してさらに多くの多様で新たな過程、構造、エネルギー源泉を創造するのである。こうして宇宙において対称性が破られ多様な構造と過程が創造される。これらの構造と過程は分岐した、あるいは分岐するエネルギー源を構成し同定し、これらのエネルギー源を探索し、それに適合する装置と過程を創造し、そして多様性をさらに生み出して、それによってマクロ的秩序をいっそう増大させる。それは、

「システムが均衡系である時、これらのゆらぎは所与の振幅をもつ。しかし、もし状態空間において大きく収束する熱力学的開放系を考えるなら、その収束はゆらぎを相殺する傾向がある。この収束はシステムをアトラクタに押し込む傾向にあり、ゆらぎはシステムを可能性空間の中でランダムに駆動する傾向にある。しかし、もし収束が十分に力強いものであれば、それはノイズに誘導された遍歴を、システムのアトラクタの無限小の近傍

に留まるように閉じ込めることが可能である。こうして、われわれは重大な結論に達する。シュレディンガーが関心をもった、分子が少数であることによる、ノイズから生まれるゆらぎは、もしアトラクタへと収束する流れが十分な収束力をもつなら、原理的には相殺可能である。ホメオスタシスが熱均衡化を克服できるのである」(Murphy and O'Neill 1995: 106)

と述べる事態である。

田中博は、宇宙の本源的な不均衡について述べる(田中 2002: 128)。物理的な構造形成には二種類の方法が存在する。一つは均衡構造の原理であり、これはエネルギー最小化やエントロピー最大化がシステムの状態を決定し、状態は差異を解消する方向へと向かう。他方は非均衡構造の原理であり、これは根底に非均衡力が働いている場合である。非均衡力は不安定化する力であるから、均質なシステムは破綻してシステムの部分や要素が差異化する方向へとポジティヴ・フィードバックされることが多い。この場合、差異化した秩序こそ安定で、均質な状態は維持することが難しい。これまでは均衡系が基本で、非均衡系は限られた環境のみでなりたつと考えられてきたが、現実にはむしろ非均衡系が基本である。宇宙、地球、生命はすべて非均衡であり、しかも均衡からはるかに離れている。「急激に膨張する宇宙は、非平衡性を生成するすべての源泉である。あるいはもっと強く世界は第一義的に非平衡であり、平衡現象は限局した状況でしか出現しないといってもよい」(同: 157)と田中は述べ、また「非平衡こそ秩序の源泉であり、生命は〈太陽光 - 冷たい宇宙〉の非平衡性の勾配のなかに存在しこれを利用することによって、生命活動を行うとともに、それに伴って不可避に発生するエントロピーを処理する」(同: 90)と述べる。

以上の論述は非線形力学の立場の物理学者の所説にもとづいているが、竹内啓は統計学の見地から偶然性について次のように語っている。長いが偶然性についての重要な洞察なので引用したい。

「宇宙のいろいろな局面において、『エントロピー増大の法則』と『情報量増大の法則』がともに働いていると思う。つまり、宇宙には必然性の枠に入らない偶然性というものが存在し、そうして偶然性には大数の法則を成り立たせるような、極限において完全な一様性をもたらす性質のものと、累積することによって情報として働き、一定の環境の下で新たな秩序を作り出すようなものとの二種類がある。前者の偶然性はエントロピーの増大をもたらすが、後者は情報量の増大をもたらすのである。より詳しくいえば、偶然に作り出された新しい秩序が情報システムによって捉えられることによって、安定し維持されることになるのである。これまで偶然性はもっぱら前者のイメージで理解されていたと思う。それが『エントロピー増大の法則』がすべてであるという考え方を生み出した原因であった。しかし…（中略）…遺伝と進化のメカニズムについての深い理解は、後者の意味の偶然性が重要であることを明らかにしたのである。そのような偶然性の重要性は生物の進化の過程のみに関わるものではなく、宇宙の発生と進化の過程から、人間社会の歴史、あるいは個人の人生に至るまで、不可逆的な時間が流れるすべての局面に現れるのである」（竹内 2010: 74）。

「偶然が本質的な役割を果たすという考え方は、科学にとって革命的なものであり、それが直ちに受け入れられなかったことは怪しむに足りない。確かに、原子や簡単な分子がデタラメに運動してぶつかり合った結果、しだいにたんぱく質を形成し、細胞を作り、そうして数兆もの細胞からなる生物個体が生成されたとは考えがたいことであり、そんなことがまったく偶然に起こるとしたら、数十億年の時間では到底足りないであろう。偶然というものを、サイコロのようなもののイメージで考える限り、それが何億回、何兆回投げられたとしても、そこから精巧な生命体のようなものが生まれると考えられないのは当然である。しかし、偶然の蓄積する様式は、偶然が相互に打ち消し合う加法的な、大数の法則や中心極限定理が成り立つようなものだけではない。…（中略）…偶然の影響が相互に打ち消し合うのではなく、強め合うような、乗法的な場合も存在する。その場合には、偶然の累積によって、変化が特定の方向にどんどん進んでいくこともあるのである」（同：134-135）。

これらの引用文で、竹内は偶然がもつ二つの異なる様相を記述している。確かに彼が述べるように、通常考えられている偶然の概念は、乗法的なそれではなく加法的な偶然概念、すなわち偶然性の効果が相互に打ち消しあい、ランダム性に結果する場合だろう。だが偶然が強化される乗法的な偶然もまた存在し、それが情報の過程なのである。自己組織性とは広い意味での情報現象であると考えることができる。それは抗エントロピーの運動である。竹内は生物進化と偶然性の関係を次のように考える。

「(1) 突然変異は偶然に起こる。(2) 突然変異の起こり方には方向性はないが、自然選択の圧力のもとで、その積み重ねには方向性が生じ、それによって「進化」が起こる。(3) 遺伝子にはいくつかのレベルがあり、ある遺伝子は他の遺伝子の作用の発現をコントロールしている。上位の遺伝子に生じた突然変異は一度に大きな形質変化をもたらす。この三つのことから、進化は必然的であるが、進化の方向は偶然によって定められるということができる」(同：138-139)。ここで述べられているような偶然による方向づけが自己組織性である。

ランダム性としての加法的な偶然概念は、自然を死物とみなす機械論的自然観と調和する。それに対して偶然の結果が強化されていく乗法的な偶然性は、ある結果が、自然法則にもよらず、人間のコントロールにもよらず、自発的に形成される、「なる」過程にほかならない。それゆえ相互に強化する偶然性が、「なる」ことの根源的な基礎であり、その具体的な論理は後述のポジティヴ・フィードバックの概念によって示される。この秩序を生み出す偶然性の考え方は近代科学の枠を超えるものであり、自己組織性の概念の基礎となるものである。

### 3　秩序の非エルゴード性

右に述べた形態形成的な偶然性の概念と並んで本書の中心をなす概念の一つが、秩序の非エルゴード性 non-ergodicity である。この概念は社会学では使われることはないと思われるが、経済学では新古典派経済学の批判として論じられることがある。経済学者のポール・デイヴィッドソンはエルゴード性の概念について、「定義により、エルゴード的確率過程とは、過去の観察から計算された平均は未来の出来事の時間平均と大きくは異ならないということを単に意味する。客観的な確率分布のエルゴード的環境では、確率は不確実性ではなく知識なのである！」（Davidson 1991: 132）と述べる。つまりエルゴード性とは、出来事の確率分布が時間的に変化しないことを意味する。未来は過去の統計的な反映にすぎず、経済行為は無時間的である（*ibid.*: 132）。

このような社会には歴史が存在しない。じっさい、新古典派経済学の建設者であるポール・サミュエルソンはエルゴード仮説を経済学における科学的方法の不可欠の条件として取り入れたが、それは経済学を純粋な歴史の領域から引き離し、科学の領域に維持するためであった（Davidson 1991: 133, North 1999: 2）。現実には無時間的な経済などあり得ないし、歴史がない社会などもあり得ない。新古典派経済学にとって、「科学」とは単に数学的にエレガントな理論を意味しており、そのために歴史と複雑性を捨てたのである。前出のグルベンキアン委員会の考え方からすれば、これはニュートン的方法の化石の典型である。ノーベル経済学賞の受賞者であるダグラス・ノースは経済学者といっても経済史が専門だから、経済のエルゴード性など認めることができるはずがない。彼は『経済変動の過程の理解』の中でエルゴード性の概念を批判する。彼は「エルゴード的経済とは、経済の基本的な基礎構造が不変でそれゆえに無時間的なものである」（North 2005: 16）とし、現在の経済学のすべての理論は静学理論であると述べ（North 1999: 3）、しかし「われわれが住む世界は非エルゴード的である。それはつねに新しい変化が生じる世界である」（*ibid.*: 3）と続ける(3)。無時間的すなわち非歴史的とは過程がつねに反復することである。ノースの考えでは、歴史性がなりたつ非エルゴード世界では、反復がなりたたないのでつねに新たな不確実性と予測不可能性が発生する（*ibid.*: 22）。ノースも指摘している、後述の経路依存性が歴史性を生み出すのである。

社会学においては反復する非歴史的過程など考えることもできない。それゆえ社会秩序は本質的に非エルゴード的だと考えられる。しかし経済学者の非エルゴード性についての議論はやや限定されているように思われる。ノースは、人間は新たな秩序を作るので経済は非エルゴードだという。だが問題はそれほど単純ではない。非エルゴード性については複雑性科学における用法を参照するのがよいだろう。すなわち非エルゴード性は、すべての可能性空間すなわち状態空間における選択に関して定義される。

自己組織化とは、何らかの秩序つまりパタンが自発的に選択されることを意味する。それは言いかえれば、可能性の全体のうちの特定の部分が、他の部分との比較なしに特権的に選択されるという、秩序の可能性の空間の局所化という事態である。空間が局所化されることは、空間に差異が導入されることだから、局所化は空間の構造化でもある。たとえば、再びカウフマンによれば、人間のゲノムが八万個の構造遺伝子をもつとし、それぞれの遺伝子がオン／オフの二値を取るとすると、ゲノムの可能性は2の8万乗であり、それはおよそ10の2万4千乗である（Kauffman 2000: 162）。ビッグバン以来現在までの経過時間は10の17乗秒でしかない。したがってゲノムのすべての可能性をじっさいに実行することは、とうてい不可能である。この自発的な秩序形成は、すでに触れた非エルゴード性という秩序特性と密接に関係している。

エルゴード性とは、秩序の可能性空間すなわち状態空間のすべての位置において出来事が等しい確率で生じることを意味する。だが想像不可能なまでに広大な可能性空間においては、力学系がこの空間のすべての位置を訪れるためには途方もない時間がかかってしまう。限られた時間においては、エルゴード性は実行不可能なのである。だがそれにもかかわらず、秩序はじっさいに存在する。それは秩序形成が非エルゴード性によっているからである。非エルゴード性とは、広大な秩序の可能性空間の一部を、他と比較することなく選択するということを意味している。つまりある特定の領域が、いわばなりゆきで選ばれるのである。生命はそのような仕方で維持されていると考えられる。それゆえ、エルゴード空間を前提としたニュートン的方法は生命圏では使えない（Kauffman 2000）。現在の生命圏とは、広大無辺な可能性空間のごく一部が、合理的な根拠がない形で、言いかえれば非エルゴード的なやり方で、たまたま選択されているのである。言いかえれば、無数の可能なパタンのうちあるものが、他のパタンと比較されることなく実現しているのである。

## 4　アトラクタ

ニュートン的方法に代わって秩序の生成を思考する枠組が、自己組織化の概念である。それは右に述べた、秩序の可能性の空間の全域に要素が等確率的に散在する（エルゴード性）のではなく、自発的にある特定の領域に収斂するという、局所化の過程である。複雑な力学系は、特定の領域へと自発的に引き込まれるのである。この作用を引き込み attraction といい、力学系が引き込まれる領域をアトラクタ attractor という。金子邦彦はアトラクタの概念を「状態が時間発展して、十分時間がたったときに、状態空間のうち、軌道が通る領域、言いかえると、どんなに時間がたった後でも必ずその領域（の任意の近傍）を軌道が通る」（金子 2003: 67）と定義する。アトラクタへの落ち込み方は単純ではなく、複雑な軌道を描く場合が多い（同：68）。つまり、力学系は十分時間が経過するとアトラクタへと落ち着き、そこで通常は安定的に振舞う。あるアトラクタへ引き込まれる状態空間上の領域は、ベイスン basin と呼ばれる。力学系がこのベイスン上にあれば、そのアトラクタへと引き込まれる。社会学者バーンの定義では、「動的なシステムの時間的な展開において、そのシステムの経路が $n+1$（＋1は時間）個の状態空間の可能なすべての領域を動くのではなく、その限定された部分を占めるなら、それはアトラクタである」（Byrne 1998: 168）というものである。

カウフマンは、非エルゴード性の結果、生命圏と宇宙はその可能性の全体の内の小さい一部分へと運動的に捕らえられると述べる（Kauffman 2000: 151）。社会学では多様性の概念が人気だが、もしあまりに多様な可能性が開かれているとしたら、選択は不可能になってしまう。非エルゴード性とは多様性が制限されることで可能性の実現が可能になることを意味している。そしてこの制限は何らかの基準によるのではなく「なる」という形のなりゆきで決まるのである。心と社会をそれぞれ無数の出来事の可能性の空間と考えた場合、すべての可能な出来事が等しい確率で生じるとは到底考えられないだろう。その意味で、心と社会は非エルゴード空間であり、ある特定の可能性が流れの中で選択され強化されると考えられる。

自己組織性とアトラクタについて、ここで身近な例を取ることにしよう。自転車の乗り方を、人はどのようにして習得するのだろうか。自転車に乗る「方法」をあらかじめ知ってから乗る人はいない。自転車に乗れる人に自転車に乗れる方法を聞いてみても、答えられないだろう。あるいはサドルにまたがりハンドルを握り、ペダルをこぐ、という説明をするかもしれない。だが、そんなことは誰でも知っている。自転車に乗れない人は、そのような操作はどのようにして可能なのか、を知りたいのである。そしてそれに答えられる人はいないだろう。つまり自転車を運転する方法についての詳細で明示的な規則や知識は存在しない。

では人はどのようにして自転車に乗れるようになるのだろうか。それはまず、とにかく自転車に乗ってみるのである。最初はうまく走らない。だが、やってみるうちに、多くの人はなんとなく乗れるようになる。この「自転車に乗れるようになる」ということは、どのようなことだろうか。それは人間の身体のダイナミクスの問題である。自転車に乗れるということは、その人の身体があるダイナミクスを習得していて、自転車という機械に適応する動作のみを行うということを意味する。いま、人間の身体が取りうるすべての動作の集合を考えてみよう。それは無限とはいえないまでも、きわめて多くの動作を含む集合であり、それを集合Aと名づけよう。この集合の真部分集合が「自転車に乗れる動作の集合」であり、集合Bとしよう。明らかに、この部分集合Bは全体集合Aに比べてきわめて小さな領域である。

自転車に乗れない人が、最初に「とりあえず乗ってみる」場合、広大な全体集合A上の点としての動作を、ランダムに選択することになる。というのも、この人は自転車の乗り方、すなわち集合Bを知らないからである。すなわち、「とりあえず」ということは選択のランダム性を意味している。「自転車に乗れる」ということは、すべての動作がBに属することを意味する。だがBはAに比べてきわめて小さいと考えられるから、ランダムな試行がたまたまBに入る可能性はきわめて小さい。だから通常は、この試行は失敗するのである。ところが、通常はなんとかやっているうちに乗れるようになるのであり、自転車の乗り方の習得はそれ以外にない。身体は自転車に適応する能力をもっているのである。

これは言いかえると、何度もの試行を通じて、身体動作のダイナミクスが自発的に自転車に乗れる動作の部分集合Bに引き込まれていくことであり、この引き込むBがアトラクタである。これが自己組織化の過程であり、それは特定のパタンとしてのアトラクタへ引き込む力である。適応とは身体が自転車という機械に適したダイナミクスを獲得することである。自転車というものはなんとなく乗れるようになるものであり、言いかえれば自転車に乗れる身体動作の秩序は自発的に形成されるのである。そして一たび自転車に乗れるようになると、以後は無理な運転をしない限りは転倒することはない。言いかえれば、その人のすべての動作が集合Bに引き込まれるのである。これがアトラクタへの引き込みである。通常の「秩序」概念では、秩序を可能にする規則、規範、ディシプリンというものが秩序に先行して存在すると考えられている。だが自転車の例ではそのような明示的規則は存在しない。自己組織性とは規則によらない自発的な秩序形成の過程なのである。

ここで述べた秩序の可能性の空間の非エルゴード性とアトラクタの概念は、心と社会の秩序の理論においても決定的に重要な意義をもつ。これらの概念は自己というものの起源を示しているのである。形、パタンとしての秩序がなりたつためには、過剰な可能性と多様性が制限され、特定の領域のみが有意味な領域として選択されなければならない。それが自己と他者の分離の起源である。重要なことは、この領域の選択が他の領域と比較の上で合理的に行われるのではないということである。秩序の可能性の空間は広大だから、すべての要素を計算する時間が天文学的なもの、あるいはそれ以上になってしまうからである。比較によらずに特定の領域を選択するのが、後述のポジティヴ・フィードバックにほかならない。さらに、アトラクタの概念は動的な安定性の理解を可能にする。社会学で用いられる構造の概念は、規則的・定常的な安定性を含意する。だが社会秩序の多くは動的な安定性を示す。ある秩序領域への引き込みを示すアトラクタの概念は、運動の安定性を示すのである。

## 5　形態形成としての秩序化

点記述による世界描写が、離散体としての点の同一性を措定しそれを主語として述語を組み合わせる方法によるのに対して、場記述ではそれぞれの位置における力のチャージを基本要素とし、このチャージが生成する力の場の運動あるいは波動として世界は記述される。世界は力、運動の分布として記述されるのだが、複雑性科学が対象とする複雑な力学系が描く運動が、自己組織化と呼ばれたのだった。だが、「自己組織性 self-organization」の「自己」とは注意を要する概念である。というのも、「自己」という概念は、とりわけ社会学や哲学の分野では恒常的な自己同一性を意味する場合があるからであり、とりわけデカルト的な「われ」の概念に見られるように、自己の概念は大きな問題をはらんでいる。それに対して、複雑なダイナミクスの本質は、それがまさに力学的な運動であることなのであり、恒常的な同一性とは無縁である。それゆえ自己組織性の「自己」とは「自発性」の意味で理解されなければならない。「自己組織性」とは、「自己」を組織するという意味ではまったくなく、パタンが自発的に創発するという意味なのである。だが社会学や哲学の知識をもつ人は、この「自己」という用語に「秩序の源泉にして原因としての自己」という不適切な意味を読み込んでしまう恐れがある。

蔵本は「非平衡開放系では自発的運動が現れるということが非常に重要であって、これに対しては散逸構造というスタティックな響きをもつ用語はあまり適切ではないかもしれない」（蔵本 2003: 89）と述べているが、確かに「構造」という概念は静的である。同様に、いやそれ以上に、「自己」という概念は静的な同一性の概念と密接な形で理解されてきた。そうした誤解を避けるために、以後の論述では自己組織性の概念に代えて社会学でも使用されているモーフォジェネシス morphogenesis の概念を使用し、同じ意味を表すことにしたい(4)。モーフォジェネシスとは文字通り形態形成あるいは秩序形成を意味している(5)。自己組織性に代えてこの用語を使用するのは、モーフォジェネシスという用語の方が「同一性ではなく生成」という意味合いをよく伝えるからである。モーフォジェネシスとは不断の形態形成の力である。すでに引いたが、カウフマンが「自律的エージェントは永遠に、分子的・形態学的・行動的・組織的な新しさへと押し進む」（Kauffman 2000: 22）と語るイメージが、モーフォジェネシスの概念に反映されている。

モーフォジェネシス、すなわち自発的な形態形成の概念は、パタンとしての「形」に焦点を当てる。形は具体的には運動の形、色彩、音の形など多様である。ここに、ガリレイのテーゼによって主観的とされ、科学の対象から排除された質的な要素が再び科学の視野に入ってくる。たとえば生物の形態、色彩などは、モーフォジェネシス的に形成されると考えられる。発生生物学 developmental biology は一個の受精卵からそれぞれの生物の複雑な成体が生まれる形態形成の過程を研究する分野だが、そこには、モーフォジェネシス場 morphogenetic field の概念がある。ギルバートは、モーフォジェネシス場の概念は実験発生学由来のもっとも興味深いアイデアの一つであると述べ、「その位置と運命が、同一の境界の集合に関して特定されるような細胞集団」と定義している（Gilbert 2003: 67）(6)。

ここに場の概念が使用されているのは、次のような理由による。ギルバートによれば、モーフォジェネシス場とは、細胞の集団が相互作用する場である。その場の秩序は決定されているが、そこにおいて相互作用する個々の細胞の運動は決定されておらず、たとえばある細胞が、失われた他の細胞の代役を勤めることも可能である。またある細胞が別の場に移植された場合、その細胞は新たな場における位置情報を使用してその新たな場におけるプレイヤーとなることもできる（同）。つまり、細胞の集団における相互作用が集合的な秩序を作り出し、個々の細胞はその場の力と相互作用するから、場の概念が使われているのである。初期には同型である細胞集団が、場におけるシグナルによって誘導され分化する（Alberts *et al.* 2002: 1166）。ブライアン・グッドウィンによれば、「生物学において、形態形成を記述するために数十年にわたって使用されてきた場の概念は、明確に定義された物理・化学過程を含む空間の組織化を述べている」（Goodwin 1994: 94）。

また、生物学者のハロルドは、ベロソフ・ジャボチンスキー反応のような物理学的システムが生み出す力学的パタンと細胞のような生物学的システムが生み出すパタンとの共通項を理解するための概念として、場の概念を使用している。彼は、場とは「何らかの性質やエージェントの布置の差異によってコントロールされる、調整された活動を示す領域を指示する」（Harold 2001: 149）としている。物理学では前述の電場、磁場、重力場などがあるが、生物的な場としては濃度勾配や力学的ストレスのパタンなどが考えられる。「細胞レベルの形態とパタンは、その上で何らかのエージェントが調整された仕方でふるまう場の表現である」(*ibid.*: 152)。彼は遺伝子概念を批判的に検討し、それに代えて場の概念を提起する。「全体としての細胞が生み出す、空間的に広がる力学的な場は、遺伝子と形態との必然的な媒介である。その機能は、遺伝子のふるまいを空間的に組織することである。モーフォジェネシス場はエージェントであり、分子的輸送と位置決定の経路を決定し、細胞を形作る力とコンプライアンスが機能する場所を最終的に決めるのである」(*ibid.*: 156)。

こうして、モーフォジェネシスとは、対称性としての無秩序を自発的に破り多様な形を創発する、力学的な力である。「時間的に定常な状態が不安定化して、システムは自発的に振動し始める」(蔵本 2003: 89) ことがその出発点である。田中博は、非均衡的な秩序形成の起動因は不安定化の力であると述べる (田中 2002: 129)。自然界においては均衡状態こそが例外なのであり、部分的な均衡状態はむしろ不安定なのである。モーフォジェネシスはダイナミクスであるから、不断に変化している。その秩序は「確固たる、不動の真理」という西欧的あるいは近代的な秩序概念と異なっている。だが、だからといって不確実性がその特質であるわけでもない。つねに変化するという力学的性質こそが、その本質である。私は確実性としての秩序という概念に対して不確実性という消極的な概念を対置するのではなく、ダイナミクスという積極的な概念を対置する。また、秩序の概念をパタンであると考え、それは確率的に起こりにくい状態が実現している状態として定義する。モーフォジェネシスは、確率的に起こりにくいこととしての秩序(パタン)を不断に創出するダイナミクスであり力である。

## 6　適応と進化

すでに述べたように現在の社会学の複雑性理論ではプリゴジンの散逸構造論やバクの自己組織化臨界などの概念がしばしば言及される。しかしこれらはごく単純な相互作用場であり、社会のように込み入った場を理解するのにあまり役に立たない。なんといっても、それらは進化しない。より複雑な生命についての複雑性科学の理解を参照するべきである。生物学を代表するのは言うまでもなく分子生物学だが、複雑性科学はそれとは異なる生物学を提唱する。物理学の金子邦彦は、通常の分子生物学は分析的アプローチと呼ばれ、それは生物であることの必要条件を解明する、それに対して複雑性科学の観点からの生物学は、生物であるための十分条件を実験的方法で解明する構成的アプローチであると説明する（金子 2001: 136）。要するに、分子生物学はある現象を生命であると前提し、その特質をタンパク質や核酸の構造、代謝や遺伝、免疫などの構造と機能として記述する理論なのである。

記述理論としての分子生物学は、生命がどうして存在するかという問いに答えることはできない。それは説明理論の課題である。というのも、上述のように、生命を説明するためには個々の生物、あるいは地球上の生物の個別性に関わらない抽象化された理論が必要だからである。そのような方法は、物理学的方法である。ニュートン力学の成立に際して、リンゴと地球が質点へと抽象化されたとされるのがその典型である。分子生物学において主役を果たすタンパク質やDNAは抽象的な概念ではない。それらは個別具体的な物質の名称であり、「リンゴ」と同程度に具体的なのである。「リンゴ」との違いといえば、スケールの相違だけである。

こうしてみると、理論的な生物学の方法が物理学的な方法であることが明確になる。それは生命現象についての十分条件に関する理論である。重力の理論が「リンゴ」と「地球」という個別の物体を含まないのと同様に、生命現象についての十分条件に関する理論は、タンパク質や核酸という具体的な名称を含まないのでなければならない。それが抽象化ということの意味である。モーフォジェネシスの理論は生命を、現に地上に存在する生物ではなく、可能世界における生命一般として扱う。それは生命現象を構成する「論理」についての研究であると言ってもよい。こういうわけで、生命という同一の現象に対して二つの異なる、しかし同様に有意味な見方がなりたつ。一方は分子生物学に代表される、生命の必要条件についての記述理論であり、この理論が記述の対象とするものを「生物 organism」と呼ぶことができる。それは具体的な分子的相互作用のシステムである。他方、モーフォジェネシスの理論が説明の対象とするものを「生命 life」と呼ぶことができる。この観点からの研究をカウフマンは「一般生物学」と呼び、金子は「構成的アプローチ、理論生物学」と呼んでいる。こうした方法は博物学的な記述的方法に馴染んだ生物学者には抵抗があるだろう。生物学のレニー・モスはカウフマンの方法を、トップダウン、経験的な具体性から離れた形式主義と呼んで批判している（Moss 2003: 107）。だが、そもそも抽象的な説明理論は、まさに「経験的な具体性から離れた形式主義」であり、トップダウンでなければならないのだ。抽象的な原理についての仮説は、具体例の積み重ねの中からは生まれないのである。

モーフォジェネシスでは生命は分子的な相互作用のダイナミクスだから、本質的に進化するものとして考えられる。現代の進化論の主流がネオ・ダーウィニズムであるとはいっても、漸進的進化のきちんとしたモデルはいまだまったく存在しないといわれる（Behe 1996）。モーフォジェネシスの観点からは、「多様な種類の個別の力学に利用可能な空間を探索するシステムを想定し、進化を、その力学系の形態が次々と変異する過程と見る」（Harold 2001: 198）となる。モーフォジェネシスの理論は本質的に物理学的思考に則ったものであり、生命を形態空間上を遍歴するダイナミクスと見るのである。それゆえ個別の生物の同一性は、遍歴する力学系がたまたまあるアトラクタに滞留している時に示す定常性にほかならず、長期的には自ら変異する。それがダイナミクスであるゆえんである。こうして、この立場では生命は自己、同一性あるいは存在とは異なる観点で見られることになる。この理論は生命についての非自己準拠理論なのである。同時にそれは非機械論である。生命は自発的に形を創発するダイナミクスとして理解されているからである。

生命を対象とする複雑性科学においては、進化が本質的な概念である。進化は社会学でも重要概念であり、しばしば用いられる。だがその場合、進化は適応の概念とともに理解されている。それは古典的な生物学に示唆されてのことだろう。個々の生命体としての生物は特定の環境の下で生息しており、その身体は環境に適応するように形成されている。この認識の上に、ダーウィン主義がなりたつ。それは突然変異と自然選択および自己保存を三つの原理とする理論である。すなわち、生物の遺伝子が主として遺伝情報の複写の失敗によりランダムな変異を起こす。それから生まれた変異体の内、環境により適応できるものが自己保存してゆく、というのである。同様に、社会システムは環境の中にあり、環境に適応する、というのが社会システム論の論理である。なるほど、ダーウィンの進化論それ自身は間違いではない。しかしこの理論で進化の全容を説明できない。

同じ環境であっても無数の生物が存在する。それらの中で「最適」な生物を考えることはできないだろう。なぜこのような多様性があるのだろうか。自己保存と適応の論理はこの多様性を説明しない。そもそも、生命の起源の時点で出現した原初の生命体は現在のバクテリアに類する、もっとも単純な単細胞生物だったと考えられる。バクテリアはおよそあらゆる環境において適応的である。もし原初のバクテリアが自己保存を「目的」としていたなら、現在の地球はバクテリアのみからなる生態系をもっているはずではないか。これは大進化 macro evolution の問題である。ダーウィニズムあるいはネオ・ダーウィニズムの論理は、突然変異に始まる漸進的な変異から現在の生態系の多様性が出現したと考えるのだが、バクテリアから発して変異した生物はやはりバクテリアであるはずである。ダーウィニズムの論理は大進化を説明せず、それゆえに多様性を説明しないのである。バクテリアから出発した生命は、何ゆえ多細胞生物となり、水中に生息していた生命は何ゆえ上陸し、地上の生命は何ゆえ飛翔することになったのか。これらは漸進的な変異ではあり得ない。じっさい、水中生物が陸上生物に変化するためには、生命体の構造の全面的な変化、それもうまく統合された変化が必要である。それが遺伝子のランダムな変異によって引き起こされる確率の分母は、またもや天文学的数字をはるかに超えるものとなるだろう。

非線形力学にもとづく生物理論は、自己保存ではなく進化をその中心に置き、生物進化を宇宙の進化に位置づける。すでに述べたように、宇宙の歴史は元素進化・化学進化・生物進化と、より大きく複雑な形が生み出される歴史である。それゆえに形態形成の力、言いかえれば秩序化する力の存在が仮説されたのである。生物進化をとっても、それはバクテリアのようなごく単純な原核単細胞生物に始まり、その共生によってより複雑な真核単細胞生物が誕生し、さらにその共生によって多細胞生物が出現した。この過程は自己保存や適応ではとうてい説明できない。生物進化の過程は、より高度で複雑な形態すなわち秩序が生み出される、モーフォジェネシスの過程であると考えられるだろう。それが生物ではなく生命というダイナミクスである。個々の生物について見れば適応概念が有意味だが、進化の歴史をマクロに俯瞰すれば、それは多様な形態形成の歴史なのである。後に、私は同じ論理を心的秩序と社会秩序に応用していく。短期的には適応と自己保存の論理が有効であっても、それはすべてを説明しない。長期的な視野では、形態・秩序形成が進化の原理であり、それは心的秩序と社会秩序の原理でもある。

注

（1）モーフォジェネシスの言語はダイナミクスを離散体的な点ではなく、場として記述する。蔵本は非線形力学の発想について、「分類学的な組織化ではない隠喩的・述語的統一的な記述による組織化が有力な可能性として浮かび上がってきた。それは平たく言えば『もの離れ』的な自然描写であるとも言える」（蔵本 2003: 64）と述べている。では「もの離れ」の結果、モーフォジェネシスの言語の主語は何になるのだろうか。それは場であり、力である。

（2）蔵本は近年において物理学がマクロな複雑性の現象を正当な対象とするようになった変化に触れて、このように拡大した学問をしいて物理学と呼ぶ必要もないかもしれない、むしろ自然学と呼ぶのがふさわしいように思えると述べている（同：9）。彼によれば、伝統的な物理学では基本法則はミクロレベルの法則を意味していた。ミクロレベルの秩序については量子力学の完成によってほぼその課題は果たされたが、生命に代表されるようなマクロ現象にも基本法則があるはずではないか、と彼は言う。自己組織性すなわちモーフォジェネシスとは、そのような基本法則に関する仮説なのである。

（3）ノースはエルゴード性を無時間性の意味でのみ理解し、エルゴード空間における構造を認める（North 1999: 2,3）。しかし後述のようにエルゴード性は時間だけでなく空間的な均質性として理解するべきである。

（4）社会学においてモーフォジェネシスの概念を使用して理論を展開したのはバックリーだが、彼のその概念は構造の形成である（Buckley 1998: 69,177）。現代社会学ではアーチャーがバックリーを承けてモーフォジェネシスの概念を使用している（Archer 1995）。彼女のモーフォジェネシスの概念も構造形成である。本書では秩序すなわち構造ではなく、構造化されない過程もまたモーフォジェネシス的でありうる。また、バックリーはモーフォジェネシスを環境における変化に対する適応として定義している（1998: 177）。これに対して本書では場の自律的な進化を意味する。後述するように、進化と環境への適応は別の事柄である。モーフォジェネシスを適応ではなく形態形成として理解する用語法は、発生生物学と同様である。

（5）社会学者のバーンとキャラハンも「あらかじめ存在する複雑なシステムを扱う上で考慮するべきなのは、形態形成

morphosis であり、それはあらゆる変化であり、とりわけシステムの破壊には到らないような根本的な変化としてのメタ形態形成 metamorphosis である」(Byrne and Callaghan 2014: 21) と述べて複雑性理論と形態形成を関係づけている。

(6) ギルバートによれば、モーフォジェネシス場の概念は、二〇世紀初期の発生学 embryology におけるもっとも重要な概念の一つであったが、遺伝子の発見とともに影響力を失った。しかし発生遺伝学によって再発見されたのであるという (Gilbert 2003: 68)。

## 第3節　自律性と共生

### 1　自律的エージェント

モーフォジェネシスは自発的な秩序形成の過程であり、それは安定的な均衡状態を破る過程である。すでに述べたように熱力学的な均衡状態はもっとも安定的な状態であり、いかなる差異も存在しない対称的な無秩序状態である。この安定状態が自発的に破られ、非対称性すなわち秩序としてのパタン・組織が創発する。それが対称性の自発的破れである。このような対称性の破れはどこから来るのだろうか？

川崎恭治は次のように述べている。いま閉鎖系の容器に入った気体が熱力学的均衡状態にあるとする。この場合、気体の状態は気体の量、体積および内部エネルギーを与えれば完全に決定される。じっさいには気体には無数の分子が存在し、分子の数だけの自由度があるのだが、均衡状態ではこの自由度は容器全体の状態に対して影響しないのである。ここで、容器の壁にピストンを取りつけて容器の体積を変化させる。この時、ピストンの動きが無限に遅い極限では、気体の均衡状態は維持される。これは熱力学的な可逆変化である。これに対して、変化の速度が有限であれば、気体の内部には複雑な過程が生じる。「元来体系がもっていた数多くの自由度が表に顔を出し始めるのである」（川崎 2000: 2）。この過程が非均衡物理学の対象である。この過程は千差万別であり、均衡状態が少数の変数で記述できるのとは大違いである。この「元来体系がもっていた数多くの自由度」が、モーフォジェネシスの基盤である。無数のミクロのエージェントの相互作用のもつ自由度が、秩序を生成するのである。このようにふるまいの自由度をもつ要素は、自律的エージェント autonomous agent と呼ばれる(1)。

近代科学の中軸としての物理学の歴史は、より小さくより単純な要素の探求の歴史であった。それゆえ、巨大で複雑な分子は物理学の対象から離れていたのである。これに対して、モーフォジェネシスという観点は相互作用を対象とするから、より大きくより複雑な要素が関心の焦点になる。自然界において最大にしてもっとも複雑な粒子は分子である。じっさい、原子は原子核と電子から構成されるが、原子核の種類は百個程度にすぎず、その運動も単純である。だが分子はタンパク質のように驚くべき複雑な構成とふるまいをもつ。タンパク質の種類も無限に近く存在するだろう。複雑な分子が物質的世界の非均衡的秩序の主役であり、あらゆる差異と秩序を生み出すのである。すなわち、近代における物理学が目指したミクロレベルの相互作用とは異なり、大きな複雑性をもつ大きな分子の相互作用としての化学反応系というマクロ秩序が、非均衡的な秩序の舞台となる。カウフマンに従ってモーフォジェネシスの過程を簡単に要約すると、「反応系の分子的多様性が増大すると臨界閾値に達し、集合的に自己触媒作用を行う自己増殖する化学反応ネットワークが自発的に創発する」(Kauffman 2000: 16) となる。このように、マクロのダイナミクスが特定のアトラクタに集中することで、均衡から離れた far from equilibrium 秩序の場所を形成する、というのがモーフォジェネシスの概念である。

非線形力学が登場するまでは、物理学ではごく単純な要素を考えていたので、要素を内的な自由度をもたないものとして記述してきた(金子・池上 1998: 4-5)。だが複雑な力学系は内的な自由度をもつ。広い意味で、「選択」を行う、と言いかえることもできる。すなわちそれは、自律性 autonomy をもつのである。モーフォジェネシスの根本的な発想は、自然には自律的な秩序形成力が存在するということである。カウフマンによれば、「自律的エージェントは宇宙の存在論的設備品の一部」(*ibid.*: 128) である。自律的エージェントは、「物質、エネルギー、制約の構成、測定、記録、情報そして仕事の何らかの新しい結合を増殖させるような、非均衡系」(*ibid.*: 107) であり、「自律的エージェントは熱力学的均衡から離れて存在しなければならない。ワークサイクルは均衡状態では生じない。したがってエージェントの概念は本来的に非均衡概念なのである」(*ibid.*: 8) という。

このような自律的エージェントはかつての機械論的な自然科学にとっては新しい概念だが、社会科学では馴染みの概念である。だが、社会科学ではほとんどの場合、自律的エージェントは点記述による離散体として記述されている。たとえば同一性を備えた主体の概念は、そのようなものであるし、社会学における戦略的場の理論でも同様である。モーフォジェネシスの観点からは、場記述で自律的エージェントを記述する。すなわち、自律的エージェントは、第一に、それ自身の内的な自由度を与える「内部」は、これも内的な力の場として記述されるのであり、第二にそれは他者との力の場において存在する。このようにして記述される自律的エージェントは離散体ではなく、力の場に存在するチャージである。すなわち、場が空間のようにして存在し、そこで自律的エージェントがふるまうのではない。自律的エージェントは場の一部であり、自律的エージェントの運動が場の運動なのである。

エージェンシー agency という言葉は社会学の日本語では通常、主体性と訳される。しかしエージェンシーには代理・代行という意味もある。自律的エージェントは孤立した存在ではなく、力の場において、力の代理でありその具現化、担い手であり、力のチャージである(2)。たとえば複雑な場としての細胞において高分子としてのタンパク質は自律的エージェントであると考えられる。タンパク質は多様な機能を果たし、それには対象の認識と判断という高度に自律的な機能も含まれている。だがその機能は細胞という場においてのみ生じるのであり、細胞の外部ではタンパク質は触媒の機能を果たさない。それゆえタンパク質それ自体に自律性があるというよりは、細胞という場においてその能力が与えられると考えられる。さらにいえば、タンパク質の運動は細胞という場の運動であるともいえる。この意味において、エージェント、エージェンシーとは場の力の代理である。一般的にいえば主体性とはある個体に固有の能力ではなく、ある特定の場における力の、その個体における顕現である。モーフォジェネシスの概念は相互作用の概念を基礎とするが、その相互作用の担い手が自律的エージェントである。

## 2 並列分散処理と複雑性

自律的エージェントはまず、それ自身の自由度と内部ダイナミクスをもつ。すなわち自律的エージェントはそれ自身再び一個の相互作用場であり、そこでよりミクロの自律的エージェントが相互作用する。たとえば細胞はそれ自身一つの自律的エージェントであるが、同時にタンパク質を中心とする自律的エージェントとしての高分子の相互作用の場でもあり、細胞のふるまいはこれら高分子の相互作用から創発するマクロ秩序である。したがって、自律的エージェントは一個の意思決定中枢をもたない。それは自己を構成する無数のミクロレベルのエージェントの相互作用からなる、並列分散処理 parallel distributed processing によって選択を行うのである。カウフマンは「分子的自律的エージェントたとえば細胞は、並列分散処理をする分子的力学系 dynamical system である」(Kauffman 2000: 160) と述べている。スコット・キャマジンらによる自己組織性の定義も、並列分散性を中心としている。それは「自己組織性とは、あるシステムの大域レベルの秩序が、より下位のレベルの要素間の無数の相互作用からのみ創発する過程である。さらに、システムの要素間の相互作用を特定する規則は、大域的なパタンを参照することなく、局所的な情報のみを使用して実行される」(Camazine *et al.* 2001: 8) というものであり、自己組織性あるいはモーフォジェネシスの概念の要点は秩序形成が中枢によってなされるのではなく、ローカルな要素の相互作用からマクロの秩序がなりたつという考え方にある。

並列分散処理とは、複数のミクロレベルの自律的エージェントの相互作用からマクロ秩序が創発する過程、言いかえれば複数の処理ユニットの相互作用によって全体の処理が決定する方式であり、それに対して直列処理 serial processing とは、たとえばコンピュータのように単独の中央演算ユニットが逐次処理に当たるものである。直列処理では決定中枢が存在するのに対して、並列分散処理ではそのような中心は存在しない。典型的な例は、脳である。脳は無数のニューロン相互のネットワークからなる。脳それ自身は情報中枢であるが、脳における神経ネットワークは典型的な並列分散処理によっており、このネットワークに中枢は存在しない。創発 emergence という概念は、複雑性科学のキーワードの一つである。創発とはマクロ秩序が「なる」ことにほかならない。創発はそれをコントロールしたり作り出したり「する」要素をもたないのである。すなわち、直列処理は「する」過程に、並列分散処理は「なる」過程に対応している。

こうした並列的な方式では予測不可能性の余地があり、そうした予測不可能性を複雑性という。タムシン・ハッギスは、複雑性理論では多様な要素が複雑に相互作用して特定の結果を生み出すのであり、それゆえ原因の探求は放棄されるべきだという（Haggis 2007: 40-41）。確かに古典的なニュートン力学のような決定論的な法則による説明は複雑な対象には当てはまらない。相互連関するダイナミクスの中で、ある要素を他の要素の排他的な原因として特定することは困難である。しかし本章で紹介する諸概念によって、ある出来事が創発したおおまかな流れを知ることができるなら、それには意味があるだろう。

複雑性について、根底に存在する単純な規則が複雑なふるまいを生成するという表現がしばしばなされる。確かに、塩沢由典の言うように、カオスやフラクタルのような初期の研究ではそのような単純な規則を探求した（塩沢 1997: 201）が、それだけで複雑性の問題が解けるわけではない（同：178）。金子邦彦と池上高志によれば、単位に分けることは線形系のような分離可能な系では強力な手段となるが、相互作用の強い非線形系では一般に使えるとは限らない（金子・池上 1998: 21）。並列分散処理の概念は「なる」過程の中心的な概念である。自律的エージェントの間の並列分散的な相互作用からマクロ秩序が創発することが、「なる」ことの論理にほかならない。言いかえれば、秩序は単一の中心から与えられるのではなく、多様なローカルな場から生起して来るという論理である。本書では心的秩序と社会秩序の双方をこの「なる」ことの論理において考察する。本書の今後の論述において、並列分散処理の概念は中心的な役割を演じるだろう。

## 3　クラスター化と共生成

場は自発的に分化し、それはクラスター cluster 化と呼ばれる。金子は、「内部ダイナミクスをもつ要素が相互作用によって自発的に分化を示すという機構は力学系の研究ですでに明らかにされている。たとえば同一のユニットが互いに影響を及ぼしあうだけで、そこにカオスのように小さな差を増幅する運動があると、そのユニットは異なった位相で振動するグループに分かれる場合がある。クラスター化という現象である」（金子 2003: 230）と述べる。また、異なるダイナミクスが場を共有して協働を行うことがある。可塑的な力学系としての自律的エージェントは、他のエージェントと相互作用することで自己と他者を含むマクロな力学系を作り出す。これを金子邦彦は結合力学系と呼ぶ。こうして、自律的エージェントとしての細胞のタイプは、内部ダイナミクスと相互作用すなわち他者とのダイナミクスの両者から決定されるのである（同：243）。たとえば細胞のモデルでは、当初は同期した振動をもっていた複数の細胞のコミュニティに不安定性が生じると、相互作用からダイナミックな変化が生じて安定的な棲み分けへとクラスター化する（金子 2001: 14）というのがそれにあたる。

このような異なるダイナミクスの間の相互作用からマクロのダイナミクスが生じることは、モーフォジェネシスの過程である。異なるダイナミクスが、無数の相互作用を行うことによって、場を共有し、協働するようになる可能性があるのである。これは異なるダイナミクスの相互作用から、よりマクロの秩序が自発的に形成されるモーフォジェネシスの過程である。このような協働過程を、共生成 symbiogenesis と呼ぼう(3)。協働は広くいえば異なる振動子の共振であり引き込みである(4)。共生、共振、共創、協力といろいろな表現があるが、要するにこの協働は、場におけるエージェントが独立した離散体ではなく力のチャージ、力のエージェントであるという性格を物語る。モーフォジェネシスの力をチャージされたエージェントは力の場を生成し、その場に存在する他のエージェントはその力を受け取る。エージェントは可塑的であるから、この力に応じて自己の形を変容させるのである。金子は生命が閉じた系となると、「生物システムは初期にあった柔らかさを失い、しだいに『論理的機械』に近づいてしまうだろう」（金子 2003: 397）という。これに対して金子は開いた系での可塑性の回復を指摘する。それは、異なる過程との干渉による安定性の変化、分化の発生などである。

こうした協働あるいは結合力学系は、点記述ではうまく表現できない。先に挙げた「自転車に乗る」という例なら、点記述の文法では「太郎が自転車に乗る」というように、人間が主語となり自転車は手段として記述されるだろう。自転車が走行することの過程は、人間という離散体的な主体が、同じく自転車という離散体的な機械を駆動するという話法で語られる。この場合、人間が能動的であり自転車は受動的であることになる。しかしじっさいには人間の身体のダイナミクスは自転車という機械に固有のダイナミクスと同調し協働しあるいは共振して、その双方が結合して一個のダイナミクスが出現するのであって、この「人車一体」の状態が、自転車に乗ることの面白さなのである。この人車一体の状態では、車輪やギア、筋肉や骨格が協働して走行という動的な秩序を生み出す。「自転車に乗ること」は、人間と機械の双方のダイナミクスの共生であるということができるだろう[5]。本章の冒頭にクロスリーとメルロ＝ポンティの引用を示したが、そこで彼らがあいまいな言葉で述べていたことは、個人間の相互行為とは共生成による新たな場の創発であると解釈できるだろう。社会秩序の形成は個人の利益追求の場合ももちろんあるが、共生成の場合は、ダイナミクスとしての諸個人の共生・共振である。これまでの社会学理論では、社会秩序の形成はそれに参加する個人の私的利益に還元されていた。しかし共生成の論理は、協働による秩序形成に自発的に参加するという論理を社会学に与えるだろう。

注

(1) エージェントという概念は、社会学では誤解の余地がある概念である。本文で述べたように社会学では agency は主体性と訳され、それは行為と構造、ミクロとマクロの区別において前者を代表する概念である。それゆえ主体性はポスト構造主義の主要な攻撃対象だった。だが複雑性理論でいうエージェントは、そのような強い含意をもっていない。この概念は本文で説明した意味で理解してほしい。

(2) 社会学におけるエージェントの概念については、Emirbayer and Mische（1998）が詳しい。

(3) この協働過程を金子と池上はダイナミクスの共生 symbiosis と呼び、清水博は「動的協力性」と呼ぶ（清水 1999: 12）。

(4) これは古く一七世紀にオランダのホイヘンスが記述したという（蔵本 2003: 115）。

(5) 人間の身体と自転車という機械はそれぞれ固有のダイナミクスをもち、その協働が「自転車に乗る」ことを生み出す。これを「太郎が自転車を運転する」というように人間を主語にして表現するのは言語的な規約であり、それが現実を表現しているわけではない。だが後述するように、人はしばしばこの言語表現に誘導されて個人が主体であると考える。

## 第4節　臨界と相転移

### 1　カオス

複雑性科学においては、不安定性は秩序の源泉である。不安定性をもつ力学系としてカオスが注目されてきた。カオスとはまず、決定論的な関数によって記述される力学系である。したがってカオス系を厳密に観測することができれば、それは決定論的であることから、その系のふるまいは厳密に予測可能である。ならばなぜカオスという言葉が用いられているのだろうか。それはこの関数が、初期値に対する鋭敏な依存性 sensitive dependence on initial conditions と呼ばれる特性をもつからである。カオス的性質をもたない力学系であれば、初期値の微細な差異はそのまま系のふるまいにおける微細な差異として留まるだろう。しかしカオス的な力学系では初期値のわずかの差異が増幅されるのであり、その結果、系の全体としてのふるまいは大幅に異なるものとなる。これがバタフライ効果と呼ばれるものである。たとえば気象現象において、気象力学系が測定限界以下のごく小さな差異に鋭敏に反応するなら、そこには事実上の不確定性・予測不可能性が生じる。もし神の精度で測定が可能なら、カオス軌道を完全に知ることができるわけだが、それは現実には不可能である。現実には必ず測定限界が存在し、それ以下の微細な変化が大きな変化を引き起こす。それゆえにカオスは決定論的であるのに不確定性、軌道不安定性をもつわけである。

金子と津田は、カオスの重要な点は、「秩序対ランダムさ」という対立を破る点であると述べる（金子・津田 1996: 14）。事実、カオスは確固たる秩序ではないが、カオスはストレンジ・アトラクタと呼ばれる特有のアトラクタに収斂するから、ランダムでもないのである。こうしてカオスは非線形力学の中心的なテーマとして注目されてきた。磁性や弾性において観察されるヒステリシス hysteresis の場合も同様である。それは、「ある量 $x$ の変化によって別の量 $y$ が変化する場合、$x$ の変化の履歴によって、同じ $x$ の値に対して $y$ の値が異なること」（吉田 1998: 6）である。ヒステリシスが生じるのは、観察する場合の変数の設定に限界があり、観察を逃れる変数が生じるからである。

カオスの考え方は、電磁気学のマクスウェルと数学者ポアンカレに遡る。しかしそれが普及し物理学の基礎概念として考えられるようになったのは二〇世紀の七〇年代以降のことにすぎない。この世紀の初頭にすでに相対性理論や量子力学を生み出していた物理学がカオスという「力学概念として基本中の基本」（蔵本 2003: 122）に考えが及ばなかったのは、蔵本によればコンピュータが不在だったためである。非線形力学はコンピュータによるシミュレーションと不可分なのである。

だがカオスそのものはモーフォジェネシスの概念の規範となるものではない。複雑な力学系の焦点は進化だが、カオスはなんといっても、進化しないからである。本書ではカオスの概念を上述の定義よりやや広く解釈し、環境に対する鋭敏な反応性と差異の増幅、およびこれによる軌道不安定性という、力学的な不安定性を指すことにしよう。社会では安定性が突然崩壊し、軌道不安定性が出現することがあり、社会変動と呼ばれている。社会変動といっても社会はつねに変動しているが、安定的な枠内にある場合とそうでない場合があり、後者を特に社会変動と呼んでいるのである。この変動期には予測不可能性が出現し、些細な出来事から大きな変化が生じる。カオスの概念はこのような社会秩序の特質を表現するのに適している。自然科学ではカオスは測定しうるものだが、社会学ではこの時点でカオスが発生したとは計量的に特定できず、解釈に依存する。だがこれは学問と対象の性質によると考える（開き直る）のがよいだろう。

## 2　臨界と相転移

複雑なダイナミクスは多数のエージェントの相互作用からなるが、この力学系のエネルギーとは相互作用の量である。非均衡性とは、エネルギーの差異がシステムに存在することであり、この相互作用のエネルギーが場を駆動する。相互作用はある場の特定の構造のもとで反復される。だが相互作用のエネルギーが上昇すると、この構造ではエネルギーを吸収することができなくなる。

複雑な力学系の例ではないが、一定量の水があるとしよう。この水の温度が摂氏〇度以下であるとき、それは氷と呼ばれる固体の相をとっている。温度は線形的・連続的に上昇するが、相はそれに対応しない。マイナス二〇〇度でも〇度でも、水は同じ固体の相としての氷である。氷が零度に近づくにつれて徐々に柔らかくなるようなことはない。温度が上昇するということは水分子の運動エネルギーが上昇することであり、水分子の相互作用のエネルギーがある程度以上に上昇すると、固体という構造ではそれを吸収できなくなる。これが摂氏〇度の状態であり、この状態を臨界状態 critical condition, criticality と呼ぶ。パラメータが臨界状態の手前に留まっているとき、亜臨界 subcriticality と呼ぶ。ここで場のエネルギーが臨界点を超えると、場の相あるいは構造が一挙に変化し、超臨界 supercriticality に達する。この質的な変化は、相転移 phase transition と呼ばれ、非線形力学における重要な概念である。相転移の結果、水分子のマクロ状態は液体という構造を取る。

いま述べたように、相転移で重要なのは、たとえば固体の相にある時、場のエネルギーの一定の範囲の変動では相は変化せず、〇度という臨界点を超えた時に、一気に相が変化するということである。これは摂氏一〇〇度の臨界点でも同様である。すなわち、相転移は二つの変数で記述される。一つは温度のように連続的に変化する変数であり、他方は相のように非連続的に変化する変数である。言いかえれば、相転移は連続性と非連続性を関係づける概念である。連続的に変化する変数の値の変化に応じて、他方の変数の非連続的変化が生じるのである。水の場合は固体から液体へ、液体から気体へと相転移するだけだが、より複雑な力学系の場合は無数の分岐 bifurcation が生じる。分岐のどのルートをたどるかは一義的に決定されておらず、ゆらぎ fluctuation によって偶然決まる。方向性がいったん決定されると、その後は一気に構造が形成される。この流れはカスケード cascade と呼ばれる(1)。

自然界には相転移の現象は無数に存在する。たとえば遺伝子発現においては、シグナル分子の濃度の変化があり、この濃度が臨界点を超えると遺伝子が発現する仕組みである。相転移は対称性の自発的破れを伴うが、この破れは物理法則では決定できない。対称性とは変化の方向性が等確率で複数存在することであり、したがってマクロの過程がどの方向に進むかは物理法則によっては決定できない。それはシステムの自発的な選択なのである。田中博はこの過程を物理学的多義性という言葉で説明している（田中 2002: 129）。物理現象は物理法則に反することはできないが、物理法則はすべてを決定するわけではなく、法則が決定しない自由度の領域が存在する。これが物理学的多義性の領域である。この時、ゆらぎが作用して偶然にあるアトラクタへと運動が引き込まれるのである。ここで説明した臨界と相転移、ゆらぎと分岐は、社会理論でもきわめて重要な概念である。それは場の自発的変化を記述する概念である。

## 3　秩序形成のダイナミクス

二〇世紀のシステム理論に多大の影響を及ぼしたサイバネティックスは、強い恒常性をもつ「自己維持」の理論であり、そこでは「維持」のためのホメオスタシスがキーワードとなった。だがサイバネティックスが妥当する過程は、複雑な力学系の小さな部分でしかない。そこでは一対一のフィードバックを考えたのだが、金子と池上は、生命における安定性は、むしろ不安定な要素が多数ある中で、全体としてはほぼ安定なふるまいをするという、多体関係のものではないか、と述べ、複雑な力学系のそのような特性をホメオカオスと呼ぶ（金子・池上 1998: 280）。複雑な力学系を理解するには、サイバネティクスやシステム理論は単純にすぎるのである。

非線形の力が立ち上がる最初のプロセスはすでに述べた対称性の自発的な破れであり、無秩序状態から秩序が自発的に生成する過程である。この立ち上がりはカオス的な過程であり、ゆらぎという微細な差異の増幅の過程である。ゆらぎは偶然に存在するものだから、この増幅の過程には軌道不安定性が存在する。カオスは均衡を破る力である。だがそれだけでは決定論的カオスのようにストレンジ・アトラクタを迷走することになる。生命のようなより複雑な力学系では、より高度のダイナミクスが働いて、マクロ秩序を堅牢にする。それは第一にポジティヴ・フィードバック positive feedback(2)であり、第二にネガティヴ・フィードバック negative feedback である。一般に、フィードバックとは創発した秩序を安定化するダイナミクスである。サイバネティックスおよびその影響を受けたシステム理論でいうフィードバックの概念は、ここでいうネガティヴ・フィードバックに相当する。以後、ポジティヴ・フィードバックをPFB、ネガティヴ・フィードバックをNFBと略記することにする。

PFBとは、特定のゆらぎを増幅し強化するダイナミクスである。それは引用文で統計学の竹内啓が述べていた、偶然性が相互に強化し合う、乗法的偶然性に対応する概念である。キャマジンらは「自己強化、増幅、促進、自己触媒などはみなポジティヴ・フィードバックを述べるために使用される概念である」と述べている（Camazine *et al.* 2001: 17）。いま、場の相互作用のエネルギーが臨界点を超えたとしよう。そうするとモーフォジェネシスのカスケードが生じる。この形態形成の過程がカオス的であり無数のゆらぎに対して過剰に反応すれば、ダイナミクスが特定の形態へと結晶化することは困難である。ここで、ある特定の局所的なアトラクタへと相互作用を誘導するダイナミクスが必要になる。それがPFBであり、モーフォジェネシスにおいて本質的な役割を演ずる。

PFBはモーフォジェネシスという非エルゴード的流れの核心にある概念である。可能なすべての秩序の空間を状態空間 state space, phase space というが、そこにおけるあらゆる点が等しい確率で実現することができ、かつこの空間上の要素がきわめて多いとすれば、この空間はエルゴード的である。この時、特定の形態へと秩序が結晶化することはきわめて困難になる。生命のような複雑な力学系は、非エルゴード的空間で運動する。非エルゴード的流れとは、可能性の空間のすべての点を探索することなく、特定の領域に集中するダイナミクスである。偶然のゆらぎによってある方向性が少し開けた時に、その方向性を強化するのがPFBである。ダイナミクスが分岐に到達したとき、その分岐のどの道を選択することも可能である。だがすべての選択肢が同じ確率で選択されるとすれば、選択が不可能になってしまう。PFBとは、ある一つの方向性へとダイナミクスを押しやる力であり、微細なゆらぎの増幅と強化の力である。それは言いかえれば、過剰な多様性と自由度の制限である。

この増幅と強化の力は、PFB以外にも存在する。たとえば協働現象 cooperative phenomenon, cooperativity と呼ばれる現象は、ある秩序に多くの要素が参加する状態と、どの要素も参加していない状態のどちらか以外の中間的な状態は自由エネルギーが高くなるので実現されにくい、ということである（猪飼 1996: 46）。言いかえれば、多くの分子からなる状態の変化が、漸進的に進むのではなく分子集団の協働によって一気に生じることをいう。氷が水に変化する相転移はその例である。あるいは、ＤＮＡの二本のポリヌクレオチドの鎖が水素結合によって結合するか否かは、それぞれの対になる塩基対のエネルギーだけでなく、他の塩基対が存在するか否かに依存する。また、アロステリックタンパク質において、基質分子（リガンド）の最初の結合は困難だが、二番目の結合からは容易になる（中村・有坂 1997: 11）ことはアロステリック効果 allosteric effect と呼ばれるが、これも協働現象の例である。協働現象は、ミクロレベルの分子的相互作用が協働してマクロレベルの秩序を生み出す現象である（北原・吉川 1994: 131）。こうした自己組織性は、レーザー光線などにも見られる。また、コミュニティ効果 community effect とは、「発生において、未分化の細胞が集団の協同作用として分化の方向を決めていく」（金子 2001: 4）現象である。たとえば生物の発生の過程で卵細胞が多様な細胞へと分裂するが、この分裂がある程度進むとその細胞は多様性の能力を失い、同一の細胞だけを作るようになる。この分岐点は、周りに存在する細胞の数に依存している。同じ細胞が多くなると、その細胞だけを増やすようになるのである（金子 2003: 32）。

これに続くＮＦＢとは、こうして形成されたマクロ秩序あるいは形を維持する、安定化の過程である。このＮＦＢの過程において、反復、回帰、再帰性、自己準拠などが出現する。複雑な力学系は不断に無数のゆらぎにさらされている。ゆらぎはＰＦＢの過程では分岐を選択する機能を果たすが、ひとたび特定の場が選択されると、その場の安定化のためにノイズとして消去されなければならない。この意味で、ＮＦＢとはノイズ・リダクションの力学である。ゆらぎをノイズとして消去する機能こそが、力学系の安定的な反復を可能にするのである。力学系が安定化して不可逆性が出現したとき、それはロック・インしたという。ＮＦＢによって力学系がある安定状態を維持するとき、その力学系は「自己維持」的であるようにみえることになる。

こうして、複雑な力学系のふるまいは、三つの力学的な過程にもとづいている。まずカオスは軌道不安定性をもたらす過剰な反応性であり、不安定化の力である。次にＰＦＢは方向性を選択し強化する力である(3)。無数の形態が可能な力学的な状態空間において、一点が選択される。このダイナミクスがなければ形は崩壊し、元の対称性へと復帰するほかはないのである。この意味で、ＰＦＢは形態形成においてもっとも重要な役割を果たす。それは構造化、結晶化のダイナミクスであるということもできる。最後の過程はＮＦＢであり、形態維持の過程である。その本質はゆらぎを無効にするノイズ・リダクションにある。

注

（1）相転移の理論は、十九世紀にファン・デル・ワールス J. D. van der Waals によって創始され、第二次大戦後に本格的な研究が始まった。

（2）バックリーは早くも一九六七年にポジティヴ・フィードバックを構造生成の機構として重視していた（Buckley 1967: 58-59）。

（3）シリエルスは、システムがもつ多くの自由度が制限された時に初めてシステムの複雑な行動が可能になると述べる（Cilliers 2005: 264）。自由度の制約は環境や構造によるのだろう。本書の議論はこれとは違い、場における無数の自由度のうち特定の部分が、他と比較されることなしにＰＦＢによって選択される、というものである。

## 第5節　合理性と歴史性

### 1　カオスの縁

本章の第1節で、本書で用いる秩序の概念を提示した。秩序とはパタン・組織であり、パタンが存在するとは、生起する確率が低い状態が、それにもかかわらず実現していることである。この熱力学的な定義は、秩序とは確固とした定常性であるという秩序概念と対立する。この後者の秩序概念は静的だが、力学的な秩序概念は動的である。秩序としてのパタンは存在として固定されているものではなく、モーフォジェネシスの力によって「なる」という形で不断に生成されているのである。この動的な秩序は一方でカオス的な鋭敏性と不安定性を内蔵している。過剰な安定性はダイナミクスを停止させてしまうだろう。だがダイナミクスがゆらぎに対してある程度の安定性を備えていなければ、ダイナミクスは発散してしまうだろう。言いかえれば、モーフォジェネシスのダイナミクスは不安定化し創造する側面と、安定化し維持する側面の二つがバランスしたところにおいてなりたつのである。上述したカオスは不安定化する力であり、NFBは安定化する力である。こうしてダイナミクスは時に安定状態に滞在し、時に自発的に崩壊する。それによってダイナミクスがダイナミクスとして維持されるのである。

この二つの側面がバランスした状態はそれ自身が動的な秩序であるから、静的な均衡状態とは異なる。複雑性科学においてこのような秩序の場所として考えられているのが、「カオスの縁 edge of chaos」という秩序領域である。カオスの縁とは、いわば均衡とカオスの中間の秩序領域であり、半ば安定し半ば不安定な状態であり、この場所がもっとも多くの相互作用と創発を可能にする。それゆえ、カオスの縁において複雑性が増大することになる（田中 2002:

276)。秩序がもっとも多く生産されるという意味で、カオスの縁は情報領域でもある（同：275)。金子と池上は同様の概念を前述のホメオカオスという用語で表現している（金子・池上 1998)。それは大自由度の弱いカオスであり、多様性を安定的に保つことができる。大自由度とは、不安定性を担う多くの変数が関係することであり、弱いとは、不安定性が小さいということである。また、パー・バクの自己組織化臨界 self-organized criticality という概念も、動的安定性をもつダイナミクスは臨界状態へと自発的に移行することを述べるものである（Bak 1997)。

モーフォジェネシスという概念の核心は、モーフォジェネシス的にふるまう非線形的なダイナミクスは、自発的にカオスの縁へとたどり着こうとする、というものである。カウフマンは、「自律的エージェントとそのコミュニティは、カオス領域への相転移近辺の秩序化された体制に落ち着くように進化すると考えるのが妥当である。そのような状況下では、状態空間の流れは穏やかに収斂する、というのがこの直観の主要な理由である」(Kauffman 2000: 173)「あらゆる証拠は、細胞とその集団はカオスの縁の近縁の秩序化された体制に落ち着くように進化したことを示唆している」(*ibid.*: 162) と述べ、「エージェントの集団は過剰に固定的なふるまいと過剰に流動的なふるまいの間の『カオスの縁』へと共進化する」(*ibid.*: 22) ことを作業仮説として提唱している。

非線形的なダイナミクスが臨界状態を超えて超臨界に達すると、相転移が生じ秩序化のカスケードが開始する。だがこの創発の過程がランダムに生じては、ダイナミクスは発散してしまう。それゆえ、カオスの縁は臨界の近傍ではあるが臨界の手前であるような、亜臨界に存在するのである。カウフマンは、「細胞がほとんど確かに超臨界ではなく、統合された全体としての生命圏が明らかに超臨界であるという事実は、個々の細胞が他の細胞からある程度分離していて、個々の細胞は限定された分子的多様性をもつという事実が偶然ではないことを意味している。そうでなければわれわれはここに存在しないだろう」(*ibid.*: 154) と述べている。生命では、細胞が亜臨界にあり、生態系が超臨界にあるという組み合わせによって分子的多様性が調整されているのである。このような動的な秩序は、進化する秩序である。田中博が言うように、「あまりにも厳密に組織化された系は進化できないし、またあまりにもランダムに組織化された系も進化できない」(田中 2002: 25) のである。進化は生態系における相互作用であるから、それは単独の種で生じるよりも共進化 coevolution として生じやすい。カウフマンはこのようなコミュニティを共進化集団 coevolutionary assembly と呼んでいる。進化を焦点にする点で、モーフォジェネシスの理論は古典的なシステム論あるいはオートポイエーシス理論と異なっている。これらの理論では自己保存のダイナミクスがテーマになっているが、それに対してモーフォジェネシスのテーマは進化もしくは変異であり、それは相互作用あるいはコミュニケーションと創発によるのである。ここにいう進化とは、多様性の生産であり、「より優れたもの」の生産を意味しない。

このようなダイナミクスでは、動的な安定性の概念が登場する。経済学におけるような静的な力学的均衡は単純な安定化でありアポロン的な秩序であり、進化することはない。それに対して、動的な力学系の安定性は、不断に運動する系が、それにもかかわらず限定された秩序領域に留まることを意味しており、力学系のロバストネス (robustness, 堅牢性) と呼ばれている。ロバストネスとは、ノイズやゆらぎをつねに生成する力学系の安定性の問題である。これらのゆらぎは不安定化を促進する要素であり、力学系の運動のために不可欠なのだが、その過剰な生成は力学系をエラーへと導いてしまう。要するにカオスの縁に代表される新たな秩序の概念では、安定性、不安定性の概念の両方の意味がこれまでとは異なる意味をもつのである。古典的な均衡概念では不安定性は秩序に対する脅威であったが、ゆらぎやカオスとしての不安定性は、進化の源泉である。それは反応の鋭敏性としての不安定性なのである。

こうして、不安定性を内蔵した力学系は、古典的な秩序概念とは異なり、根本的な「やわらかさ」の上になりたっている。金子邦彦によれば、この「やわらかさ」とは変化のしやすさという意味であり (金子 2003: 126)、彼は内部の状態の変化のしやすさを可塑性 plasticity, 環境に対する反応の多様性を柔軟性 flexibility と使い分けることを考えている (同)。また、モーフォジェネシス的な力学系は、安定化の力であるＮＦＢの働きによって弾性 elasticity を備えることもある。弾性とは、ひずみが加わった時に復元しようとする性質である。ハロルドは細胞について、こう述べる。「情報ネットワークにおける並列分散処理と同様に、冗長性がシステムに組み込まれている。多元的な相互作用が固定的なハイアラーキーに優越し、不可欠なＤＮＡ断片というものは存在しない。こうして線形的な因果性はウェブへと解消するのである」(Harold 2001: 156)。

## 2　カオス的遍歴

複雑なダイナミクスは時間的な運動体であり、その運動の過程を述べる概念が、金子らによる「カオス的遍歴」である。彼はカオス的遍歴を次のように説明している。

「重要なのは、カオス的遍歴は『自己組織化』としてしばしばいわれる少数の秩序変数で記述できる状態への落ち込みとは違って、秩序ができるのと壊れるのが組になっている点である。秩序化が起こり、ある秩序状態に滞在し、系の有効的な自由度があまりに小さくなるとダイナミックな不安定性が強くなり、その結果秩序状態が崩壊してしまう。すると、自由度が高い乱れた状態に至るが、その結果他の秩序状態へのパスが開け、また秩序状態に滞在し、それもまた不安定性を増し、……という遍歴が続いていく。その意味で生成は崩壊を前提しており、崩壊は新しい秩序のための前提なのである」(金子 2003: 82)。

カオス的遍歴は、複雑なダイナミクスの運動を記述する基本概念である。ダイナミクスが分岐に達すると複数の選択肢が開けるが、何らかのゆらぎがＰＦＢによって強化され選択される。それが安定状態に達すると、ダイナミクスはアトラクタ内を運動する。この時、ＮＦＢが働いて過剰なノイズを無効にする。何らかのきっかけでダイナミクスは自発的な崩壊を起こして安定状態を脱し、再び不安定状態つまり過剰な自由度をもつ状態となる。このような過程がカオス的遍歴である。

すでに述べたように新古典派経済学は科学としての体裁を維持するために無時間的な体系を採用し、歴史の概念を捨てた。これは驚くべきことである。歴史のない社会などはあり得ない。新古典派経済学にとっては現実より理論の美しさの方が重要なのである。だがこのような態度は社会科学として健全なものではない。しかし社会学においても、歴史すなわち社会変動は容易に取り扱えるテーマではなかった。本書ではカオス的遍歴の概念を歴史理解の中心に置くだろう。そこで重要なのは今の引用にあるように、ダイナミクスは自発的に形成されるだけでなく、自発的に崩壊するという点である。それゆえに複雑なダイナミクスは変化を内在させており、それゆえに進化するのである。

これまで述べた複雑な力学系は生命に代表される。それは不安定性と安定性の相反する方向性の上になりたつ。だが、われわれは生命の進化を目の当たりにすることはできない。それは地質学的時間のスケールで行われるからであり、人間的な生の時間はそれに対してあまりにも短い。それゆえ、われわれに通常観察可能なのは、安定状態にある形態だけなのである。そのためにわれわれは安定状態とそれを維持する自己保存を生命の秩序であると考えやすい。しかし、複雑なダイナミクスの本性は安定状態にあるのではない。この事情を金子は次のように記す。

「生命をもともとダイナミックに変化するシステムと考える。そして、それが再帰的に増殖しうる状態（状態空間のなかのよどみ）に到達したときに、そうした安定した状態では、その変化が、ある論理的規則が現れると考える。すると、この安定した状態では、一見、最初から論理的な『プログラム』として動いているようにみえる。しかし、この系は設計された論理システムとは異なり、条件が変わって、論理的プログラムとしてはうまくいかない状況になると、もとのダイナミックな性質（可塑性）が姿を現し、別な論理システムへと移行する。『困った』状況になると、可塑性のダイナミクスを通して論理規則をスイッチできるのである」（同：405-406）。

私は、困った状況にならなくても変異するような自発的形態形成を強調するために、上記の金子の命題を少々変更し、さらにまた、「元来体系がもっていた数多くの自由度が表に顔を出し始めるのである」（川崎 2000）という川崎恭治の命題も付加して次のように考え、これを「モーフォジェネシスのテーゼ」と呼ぶことにしたい。このテーゼは以下の論述の一切を要約する原理となるものである。

モーフォジェネシスのテーゼ

「複雑なダイナミクスは本質的に進化する運動だが、アトラクタ上で安定化するときその力学的性質は潜在化し、自己保存するシステムとして現象する。このとき一見それは、論理的なプログラムに従っているように見える。しかしダイナミクスは論理システムとは異なり、何らかの条件に応じて元来の進化する可塑的な力学的性質が自発的に出現し、別のアトラクタへとカオス的に遍歴する。この時、そのダイナミクスが元来もっていた数多くの自由度が再び現れる」。

このテーゼで重要であるのは、複雑なダイナミクスの本質は進化する力学的性質であることと、しかしこの性質は定常状態では潜在化することである。

## 3　ダイナミクスと階層

理論社会学における中心的な問題であったのは個人と社会の関係である。それは個人というミクロレベルの存在と社会というマクロレベルの存在の間の階層的な関係に関する問いである。社会は個人から構成されるようにみえる。言いかえれば、社会の実体的な要素は個人であるように思われる。それでは社会とは個人に還元できるような一個の性質にすぎないのだろうか？　モーフォジェネシスの理論は社会学におけるこの問題に有効な解決策を提供するだろう。モーフォジェネシスはミクロレベルのエージェントの相互作用からマクロレベルの秩序が生み出されることだから、階層の概念と密接に関係している。

階層という概念には存在論的階層概念とスケールの階層概念を区別することができる。個人と社会をめぐる伝統的な社会学理論は、主として存在論的な階層概念を用いてきた。たとえば近代的組織がハイアラーキーであるという場合の階層は存在論的階層である。存在論的階層では下位の階層と上位の階層の要素は、存在論的に区別されなければならない。ある要素が上位の階層と下位の階層に同時に属するということは排除される。これはラッセルのパラドクスの場合に見られることである。ラッセルのパラドクスは「すべての集合の集合」が「集合」に属すると考えることに起因するのであった。存在論的階層の概念は、存在論的な思考と結びつき擬似問題を生じる可能性がある。たとえば社会学における個人と社会の問題がそれである。個人と社会を異なる存在論的階層と考え、個人と社会のそれぞれに存在論的な実体性が与えられると、個人と社会は別個の存在者であるとする社会学主義的な思考がなりたつ。そうなると、個人か、社会かという二分法、あるいは個人と社会の相互作用という構造化理論がなりたつのである。

社会学におけるミクロ・マクロリンクの問題においてしばしば語られる命題は、「全体は部分の総和ではない」というものである。この命題は非線形力学でも重要なものである。だが、蔵本はこの主張を、「部分」「要素」の意味について少し無頓着ではないか、と批判している（蔵本 2003: 44）。彼によれば、物理学が扱う原子は現実の原子集団の中でふるまう一原子ではなく、一個の孤立した仮想的な原子である。現実の原子集団において存在する原子は他の原子と不断に衝突しておりきわめて複雑な運動を行っているので、それを記述するのはほとんど不可能であるという。したがって、「部分の性質を調べても全体の性質がわからない」のではなく、部分の性質を調べようがない、ということであるという。孤立した仮想的な原子とは一つの思考モデルであり概念である。もし全体の中でふるまう要素の具体的な性質を調べられるなら、その性質には全体の性質が含まれているだろう。生物学ではタンパク質のような生体高分子のふるまいを、物理学における原子よりは詳細に理解できる。タンパク質が細胞の内部において他の分子との相互作用において示すふるまいは、それ自身において生命の秩序を体現しているのである。

複雑な力学系について語られる階層とは、存在論的な階層ではなく、スケールとしての階層である。生態系、個体、細胞、分子という系列は、自然を観察する場合のスケールの差異なのであり、存在論的に別の階層なのではない。つまり自然という一つの広大な場は、マクロに見れば宇宙や生態系として記述され、ミクロに見れば細胞や分子として記述され、さらにミクロにはクオークやニュートリノとして記述されるのである。したがってこれらは、自然という同じもののスケール的に異なる描写なのであり、たとえば細胞と分子は別個の存在であるのではない。生体高分子についての記述は、生命についての細部の描写なのである。同一の対象をミクロスケールで記述するのとマクロスケールで記述するのでは異なる描写が行われるのであり、異なる秩序が記述されるのである。還元主義というのは、同一物についての複数のスケールからの描写を点記述的な観点から、特定の存在に真理性を与えるものである。

自然という同一物に対する多様なスケールにおける記述は、場記述である。生命という現象はマクロに見れば生態系であり、ミクロに見れば生体高分子の多様なふるまいなのである。したがってこの場記述では還元主義は無意味であり、なりたたない。マクロ描写はミクロ描写に還元できないのである。それは、この両者は同一物についての異なる描写だからである。生命は個体、細胞、生体高分子、分子などの多様なスケールで記述できる。その総合が、生命についての知なのである。本書では今後、このスケールの階層の概念が個人と社会の関係に応用されることになる。

## 4　合理性と限定合理性

社会学における複雑性理論の文献において議論されることはほとんどないが、複雑性科学のきわめて重要な論点は、近代社会における最大のパラダイムであった合理性の概念を的確に批判し、それに対する代替案を提示することである。ポスト構造主義も合理主義を批判したが、その批判は不明確で代替案も提示しなかった。合理性は十七世紀以来の近代科学における中心的な価値であった。近代的な知において人間の思考の原理とされた理性とは合理的な思考能力にほかならない。だが十九世紀以来、合理性の教義に対する異議申し立てが続いた。ニーチェに始まるその流れについては、第1章で見た通りである。合理性の問題点はさまざまな形で問われてきたが(1)、ここでは経済学の例を取ってみよう。経済学においても長らく、あるいは現在でも、合理性が中心的な概念になっている。それは市場における主体は最適選択を行う、という主張である。合理主義的な経済学は一九五四年のアローとドブルーによる一般均衡の解の存在証明によってその基盤を盤石なものとした。この前の年にはワトソンとクリックによって生物学の分野でDNAが発見されており、二〇世紀の中葉は還元主義的な方法がまだ全盛期を誇っていたのである。

ジェイムス・マーチとハーバート・サイモンは、合理性に関して最適原理と満足原理を区別した（March and Simon 1958）。ある選択肢から最適な元を選ぶためには、その選択肢の集合の元すべてを調べなければならない。たとえばいま、布を縫うための針を必要としているが、針は干草の山の中に散在しているとすると、この干草の山からすべての針を探し出して比較し、最適な針を選択しなければならない。これが最適性という意味の合理性というものだが、われわれの日常生活の感覚からすれば、そのような行動は不合理というべきだろう。最適な針を探すためにはすべての針を探さねばならないが、それには膨大な時間がかかるからである。じっさいには人間はこのような最適原理には従っておらず、ある程度満足のいく針を見つけたらそれを使うだろう。サイモンらはこのような原理を満足原理と呼んだ。彼らのように、合理性の限界に気づいた人は多い。ある人は、満足原理のような限定された合理性を主張する。だが限定的な合理性の概念には問題がある。限定的な合理性とは、可能な選択肢のすべてを知ることは不可能だが、限定された複数の選択肢を知ることは可能であり、その中で最適な選択を行う、ということである。この議論は一見したところではわれわれの日常的な経験に合致し、説得的であると思われる。だが以下の理由によってこの概念は概念として不適切である。

限定的な合理性[2]を満たす行動は、人間だけでなくあらゆる生物が行っていることである。どのような下等生物であっても、限定された複数の選択肢のうちどれがより適切かという判断を行うだろう。人間においては言うまでもない。もし複数の選択肢の中から適切なものを選択できないとしたら、それは知性が損壊しているのである。言いかえれば、高度のそれではなくとも最低限の知性を備えた人間は、可能な限定的な範囲の選択肢からその人にとって最適なものを選ぶはずである。とすれば、限定的な合理性は自明の事実であるということになる。つまり限定的な合理性は「選択」という概念にすでに含意されているのである。それゆえ、この概念の逆、つまり限定的な合理性をもたないという場合は狂気であるしかない。そうなるとこの自明の行動様式をある概念で指示する必要性そのものが有意味には存在しない。すなわち、限定的な合理性という概念は、それに反する場合を、狂気以外には有意味には想定できないために、概念として機能しないのである。言いかえれば、選択の概念がすでに限定的な合理性を含意しているために、「限定的な合理的選択」という概念は冗長であり、単に「選択」としなければならないのである。さらに言いかえれば、あらゆる正常な人間はつねに必ず限定的な意味で合理的であるだろう。そうであればこの概念は概念として機能していないのである。

さらに、限定的な合理性を含めて合理性についての議論は通常、行為者の目的を所与とし、それに対する手段の選択を焦点としている。だが目的も明らかに選択されるのであり、現実には目的と手段の区別も明確ではない。目的の選択に際しては「最適な目的」「よりよい目的」という表現は背理である。それゆえに少なくとも目的の選択に関しては限定的合理性の概念さえも適切でない。選択の問題は別の論理で考えられなければならない。

## 5　合理性と歴史性

　以上から、合理性という「概念」が有意味であるためには、この概念を啓蒙主義のそれ、つまり「すべてを知る」という、古典的な合理性の意味で理解するのが適当である。なんといっても、あらゆる概念の中で合理性は別格の原理、原理中の原理としてモダニティの中心をなしていた。それは「すべてを知る」という啓蒙の原理の表現だったのである。そして、そのような合理性はなりたたないのである。複雑性科学は、この合理性の不可能性をもっとも強力な形で論証する。それについて述べる前に、合理性の条件を明確にしておこう。合理性の定義は様々なものがありうるが、ここでは「合理性とは、行為に際して、可能なすべての選択肢の中から最適な要素を選択することである」と定義することにしよう。このような合理的な選択は、次の二つの条件を満たさなくてはならない。

(1) 選択の可能性のすべての要素についての知識があること。

(2) その知識が十分に具体的であること。

最適な選択肢を選ぶためには、可能なすべての選択肢を知らなければならず、またその知識は確かなものでなければならない、というのである。だがこの二つの条件ともに、一般的にはなりたたない。一般的になりたたないというのは、特殊な条件の下では合理的選択が可能であることを意味している。もし選択の可能性のすべての要素の数が十分に少なく、かつ、その選択肢についての具体的な情報が存在するなら合理的な選択は可能である。しかしそれは一般的には妥当しない。

　複雑性科学の立場から主張されるのは、合理性の最初の条件、すなわち選択のすべての可能性について知ることは一般的には困難であるということである。このことは、最適解が数学的に存在することと、それを現実に計算できることは同じではないという事実にもとづいている。合理性についての従来の議論はもっぱら数学的な議論だったから、計算に必要な時間を考慮していなかった。この計算可能性の問題が、計算理論から提起されたのである。経済学の塩沢由典によれば、効用の最大化を解くために必要な時間は、財の種類を $n$ とすると、2の $n$ 乗に比例する。すなわちいまある市場が存在し、そこに $n$ 個の商品があるとすると、それぞれの商品についての選択は買う・買わないの二通りであり、それが $n$ 回繰り返されるからである。

いま、$n$=10の時に、最適解を求める計算に千分の一秒かかるとすると、$n$ が10では1秒、$n$ が30では17・9分、40では12・7日となり、60では366世紀かかり、$n$ が100に達する前にビッグバン以来の時間を超えてしまうという（塩沢 1990: 221-222）。これは指数関数による計算爆発と呼ばれる事態である。最適解が存在することが数学的に証明されようと、それが計算によって特定できないなら現実的には無意味である。財の種類が100の経済はごく原始的なものであり、それゆえ最適な選択という行動様式は、現在の経済にはとうてい当てはまるものではない。つまり市場における行為者が最適選択を行うという意味で合理的にふるまうことは、数学的には可能だが、事実上不可能なのである。

昼休みに昼食をとるという場合、職場の近辺のすべてのレストランのすべてのメニューを検討してから何を食べるかを決定する人はいないだろう。しかし、真に合理的に決定するためには、可能なあらゆる選択肢の昼食メニューをじっさいに食べてみなければならないのである。そうでなければそれぞれの選択肢についての詳細な情報は手に入らない。だがそのようなことは不可能である。昼食は些細なことだといわれるかもしれない。それでは結婚相手の選択はどうだろうか。これは人生の重大事の選択である。だが、可能な相手はこの地上に数十億人存在するだろう。性別や年齢で絞り、極端に少なく見積もっても百万人はいるだろう。一日に一人とデートしてみるとすると、三千年弱の時間がかかってしまう。これは少々時間がかかりすぎるのではなかろうか。だが「この人が最適だ」というためには、これを実行しなければならない。じっさいには結婚相手の選択は、偶然に与えられたごくわずかな選択肢の中から行われているのである。

次に、合理性に関する上記の二番目の条件も一般的にはなりたたないことを示そう。たとえばある大学生が将来の職業について思い悩むという状況を考えてみよう。彼が最適解を発見して合理的にふるまうためには、彼はその職業についての情報を集めなければならない。じっさいに彼は、可能な限り情報を集めようと努力するだろう。仮に彼が将来研究者になりたいのだとすれば、研究者のあり方について情報を集めるだろう。しかしそれらのどの情報も、決して十分なものではない。研究者といっても千差万別である。彼が真に必要としている情報とは、研究者とは一般にどのようなことをするのか、という情報ではなく、彼という特定の個人が研究者になった場合に、どのような人生が開けるのか、という情報である。だが彼がこの情報を得ることは不可能である。というのも、その事態そのものがまだ生じていないからであり、それに関する情報もあり得ないからである。彼が研究者となってじっさいに生きてみれば、それがどのようなものであるかを詳細に知るだろう。だがその時点ではそれは選択肢ではなく、すでに生きられた歴史であり、選択の対象ではない。

要するに、未来に関する情報を具体的に知ることは原理的に不可能である。それゆえ、未来の事柄についての決定は合理的なものではなく、一種の跳躍であり賭けである。そして未来の事柄についての決定こそが意思決定の本質なのである。こうして、右に述べた合理性に関する二つの条件は、ともに一般的にはなりたたない。それゆえ、人はじっさいには合理的に行動していないのである。それだけではない。合理性の不可能性は人間の存在の条件そのものでもある。これに関して一つの例を考えてみよう。

日記をつけている人は多いだろう。日記とは過去の記録である。仮に読者の目の前に「未来の日記」が存在し、そこには読者の未来の出来事が詳細に記述されており、それは必ず実現するとしたら、どうだろう。その日記を読めば、未来において生ずることの一部始終を詳細に知ることができる。すなわち、自分の未来をその細部にいたるまで詳細に知ることができ、かつ、この予測が外れることがないとしよう。このような書物をあえて読む勇敢な人はいるだろうか。あるいはあえて読まない勇敢な人はいるだろうか。もしその書物を読めば、朝起きた時に、その日に起こることをすべて、詳細に知っているのであり、仮定によって書物に書いてある通りにふるまわなければならないのだ。いつ誰と出会い、いつ死ぬかもわかってしまうのである。これはニーチェの永遠回帰にも匹敵する、いやそれ以上に恐るべき不条理であるだろう。だが、「未来の日記」というものは原理的に存在し得ない。ここでわれわれは「不確定性」ということの意味を知る。未来を確実に知り得ないからこそ、生きることには意味があるのである。逆に、未来を確実な仕方で知ったとすると、その生は無意味な悲劇となるほかはない。こうして、完全な合理性は生を無意味にする。だが幸いにも、そのような合理性は存在しない。完全な合理性とは、近代における神話にすぎないのである。合理性は近代的な知における最高の教義であった。しかしそれは端的に虚偽なのである。

私は合理性批判をポスト構造主義と共有している。だが彼らは合理性を批判するが、それに対する代替案を決して示さない。「脱構築」がその哲学の規範だからである。しかし、経路の方向性を定める何らの機構もないのだとしたら、秩序はランダムネスとしての無秩序に帰着するほかはない。無秩序こそがもっとも安定的な状態だからである。じっさいには、自然は形としての秩序に満ちている。何らかの機構があって、ダイナミクスが無秩序へと発散するのを妨げているのである。それが、複雑なダイナミクスは非エルゴード的流れである、という事実である。複雑な力学系は、偶然に与えられた位置から出発するが、その軌道上には無数の分岐が存在し、分岐における経路選択にはゆらぎが影響するから、その選択は偶然に依存する。偶然に選択された小さな芽が、ＰＦＢによって強化される。合理性がなりたたないから、選択は偶然の条件に依存する。合理性がなりたたないのは、選択の可能性の全体を知ることができないからである。選択の可能性の全体におけるそれぞれの可能性が等しい確率で実現しうるという考え方が、エルゴード性である。だが上記のようにこの広大な可能性を計算するには、ビッグバン以来の時間でさえ足りないのである。モーフォジェネシスは自然における非エルゴード的流れにおいてなりたつ。それは偶然に選択された方向性が強化され維持されるという過程である。複雑なダイナミクスのこの秩序形成的なあり方は、すでに触れた乗法的な偶然性に根ざしている。

非エルゴード的流れにおいては、再度同じ分岐があっても同じ経路をたどる保証はない。それゆえ、複雑な力学系が現在ある状態は、最適性や最大性という原理によっては説明できず、むしろ系が様々な分岐においてたまたまたどってきた履歴を述べるしかないのである。これは経路依存性 path dependence と呼ばれている。これは驚くべき概念である。物理学のただなかに、歴史が持ち込まれたのである。力学系は偶然に与えられた出発点から発して、いくつもの分岐にたどり着く。その分岐のそれぞれの道は未来においてどのような状態へと通じているかを知ることはできない。また、その分岐における可能な選択肢をすべて知ることもできない。このとき、微細なゆらぎがPFBによって増幅され、系はその道をたどる。これがカオス的遍歴の概念である。ここに示されているように、空間の非エルゴード性とPFBが、合理性に取って代わる秩序形成原理なのである。

じっさい、われわれの社会的な生活を考えてみるとそれは経路依存的なカオス的遍歴であることに気づくだろう。結婚や職業の選択のような人生の重大決定においても、原理的に可能なすべての選択肢を検討することなどなく、むしろ様々な偶然の出会いの中からなりゆきで、経路依存的に決めているのである。こうして、合理性に代わって歴史性が、複雑な力学系のふるまいの規範となる。金子と池上は、最適化から相互作用への視点の変換を主張し、フォン・ノイマンに発するゲーム理論は最適性を規範とするが、歴史性を導入することでその枠組を壊す段階に達したと述べる（金子・池上 1998: 280）。そしてゲームから遊びへ、という転換を提唱する。ゲーム理論では外在的なルールと利己的なスコアに縛られているが、遊びにおいてはルールは自発的に生成され、またルールを変化させる動機も働く。そして遊びにおいては、スコア（利益）は至上のものではないからである（同：281）。

## 6　第2章のまとめ

この第2章で、本書の理論の基礎となる理論と概念の説明を終えた。ここで簡単にその理論の内容を要約しよう。本書で提示される理論はその副題にあるように、心的秩序と社会秩序を「なる」ことの論理において理解する。しばしばあいまいに理解される「なる」ことを明晰に理解する可能性を与えるのが、本章で説明された諸概念であり、それは場の概念と複雑性科学の概念から採られている。

最初に場の概念が導入された。これは秩序が観察される対象となるものであり、社会学における社会システムや戦略的場の概念に相当する。本書における場の概念は力の場であり、本質的に運動的なダイナミクスが展開する空間であり、「なる」ことの論理を考える対象である。それに対して社会システムは構造によって決定される静的な空間であるか、存在論的主語である。戦略的場はそこで諸個人が競争する場だから個人からは区別される。本書における場の概念は後述するように、個人と区別されない。それこそが関係性の社会学が追求したテーマである。

次に熱力学的な秩序概念が導入された。もっとも安定的な状態は無秩序であり、それが均衡状態である。秩序とはパタン（非対称性、差異、組織）であり、確率的に生じにくい状態が現になりたっていることである。ここから、確率的になりたちにくい状態をなりたたせる力の概念が、モーフォジェネシスすなわち形態形成の力として定義された。場とは力の場であり、本書で考える場はモーフォジェネシスの力の場である。秩序とはパタンだから、形態形成とは秩序形成に等しい。それゆえモーフォジェネシス場とは、つねに何らかの秩序（パタン、組織）を生み出すように運動する場である。場の基本概念は力のチャージと波動である。場はミクロの自律的エージェントの相互作用からなりたっており、この相互作用からマクロ秩序としてのパタンが創発する。これが「なる」過程であり、その基盤は並列分散処理である。場は非エルゴード的な場であり、すべての可能性の空間のすべての要素のうち、特定の範囲のものが他を考慮することなく選択され実現される。それが自己組織化であり、言いかえればモーフォジェネシスの過程である。この力学的過程は、力がチャージされ、それが臨界状態に達することで相転移が生じることを基本モデルとする。このとき、複数の選択肢をもつ分岐が開けるが、その選択は偶然に依存する。すなわち何らかのゆらぎが偶然に選択され、PFBによって増幅・強化される。それがロック・インすると安定化のダイナミクスであるNFBが働く。場はダイナミクスの場だから完全な安定状態になると場は死滅してしまう。それゆえ場には不安定化する力としてのカオスと安定化のNFBが作用し、全体としてはカオスの縁に留まる時に進化する場となる。カオスとは環境に対する鋭敏な依存性を意味する。場の運動はカオス的遍歴によって記述される。

どのような理論もその理論を代表し象徴する概念がある。構造－機能主義なら機能の概念、構造主義なら構造の概念であり、それらの概念はそれらの理論がもつ世界観を端的に表現している。右に要約した本書における理論を代表させるとしたら、化学反応と磁場という概念が適切だろう。複雑性科学は多様な内容をもち、散逸構造や自己組織化臨界の概念に言及する社会学者も少なくない。しかしそれらの現象は単純なものであり、社会秩序の探求にはあまり参考にならない。それゆえ本書ではより複雑な現象である生命に焦点を置いた理論を主に参照してきた。生命の基盤は化学反応にあり、化学反応は非線形性の典型的な事例である。社会理論において化学反応という概念は比喩である。社会学における複雑性理論は比喩を使いすぎると私は考えているので、本書ではできるだけ比喩を使わない方針である。とはいえ比喩にも利点はあり、それはある意匠を直感的に表現できる点にある(3)。それゆえ本書の後続する部分では、時に化学反応という概念を使おうと思う。

いま比喩だと述べたが、しかしまったくの比喩にすぎないというわけでもない。氷が溶解して水になるような物質の変化は物理変化と呼ばれる。その場合には水の化学的組織は変化しない。化学変化、あるいは化学反応の場合は物質の化学的組織が変化し、反応する物質が変化するのである。

本章の冒頭にクロスリーとメルロ＝ポンティの言葉を引用したが、そこで彼らが述べていたのは個人AとBの相互行為において、AとB自身も変化するということであった。化学反応という言葉はこの点を直感的に理解するのに役立つ。通常の相互行為の理解では、AとBはそれぞれの私的利害に動機づけられているから相互行為において変化しないと考えられる。しかし本書の後続する部分では自然科学の対象としての物質的な化学反応には言及しないので、ここで化学反応とは相互作用する諸要素がその反応において自己を変化させ、両者を含む新たな関係あるいは場が創発することであると定義して使用することにしよう。クロスリーとメルロ＝ポンティが言おうとしたことは、相互行為とは諸個人の間の化学反応であることだといえるだろう。

他方で、本書の基本概念は場の概念だが、社会運動論やブルデューにおける戦略的場の概念との混同を避けるために、磁場という用語を使うこともある。これは比喩だが、本書で使用する場の概念の意味内容を印象的に示している。

そういう次第で、本書における理論は心的秩序と社会的秩序を、化学反応と磁場という観点から記述するものである。

注

（1）盛山和夫（2013）の6章に合理性への様々なタイプの反論が整理されている。ここで述べる複雑性の観点からの批判は、そこには含まれていない。盛山は個人が主観的に最適であると考える解を選択することを弱い合理性と呼び、それが唯一有意味でありうる合理性の概念であるという。だが何らの強制がない状態で「主観的に最適である」解を選ばないとしたら、それは本文で述べたようにクレージーであるほかはない。合理性とは個人に外在する基準である「理」ratio に適合していることを意味しており、単に主観的な原理あるいは事実性ではない。

（2）ギゲレンツァーらは、無限定の合理性モデルでは行為者の完全情報性が前提されているが、限定的合理性の要点は情報の探索に限界があることであるとする（Gigerenzer, Gerd and Reinhard Selten 2001: 5）。彼らのこの著作は限定的な合理性について多様な観点から論じている。

（3）ダニエル・リグニーの『比喩の社会　社会理論への招待』は社会学理論の教科書である（Rigney 2001）。社会学理論の教科書というものは通常はウェーバーなどの社会学の創設者の章に始まり、マルクス主義、フェミニズム、構造－機能理論などの理論をそれぞれの章の表題としている。しかしこの本は社会学を比喩という観点から考え、生命系、機械、戦争、法秩序、市場、ゲーム、劇場、言説の八つの比喩を表題とする章からなりたっており、社会学理論の多様な考え方を鮮明な形で理解できる。リグニーは社会学理論において比喩が不可欠であることを強調する。本書の化学反応と磁場の比喩は上記の八つには含まれていない、新たな比喩であるといえるだろう。

# 第Ⅱ編　心と場

# 第3章　心的秩序への問い

## 第1節　思考と自我

### 1　社会学と個人

社会学において個人とその心は存在論的主語としての自我で済まされ、真剣な考察の対象になることはあまりなかった。バウマンは「社会の構造とは異なり、社会的なものの実存的な様相は、これまで社会学の関心の焦点であったことはほとんどなかった。…（中略）…通常の社会学の実践は、『他者と共にあること』（すなわち他の人間と共に存在すること）に格別の地位あるいは重要性を与えてはいないように思われる。他者は、行為のコンテクスト、行為者の状況あるいは一般的に状況という、より包括的な概念に解消されている」（Bauman 1989: 179）と述べている。またフリグスタインとマカダムは、ほとんどの社会学者はその仕事の基礎となる、行為者の行為についての基礎的な仮説についてほとんど、あるいはまったく語らない。暗黙のうちに、少数の社会学者は行為者の合理性を仮定し、他の大多数は過剰に社会化された人間像を仮定しているという（Fligstein and McAdam 2012: 55）。

これに加えて、ポストモダンの潮流の中で個人や心はデカルト的な主体と同一視されて批判され、個人や心の概念は言説や構造の概念によって置き換えられるようになった。たとえば「構成主義―ポストモダンの思考のより挑戦的な成果の一つ」（Gergen 1994: 242）と自己の理論へのポスト構造主義の影響を自認するガーゲンは、個人の概念を関係 relationship の概念によって置き換え、個人や心の概念を執拗に批判し、「構成主義の観点からは、関係は個人の自己に優越する。自己とは関係の副産物にすぎない」(*ibid.*: 249) とし、記憶も個人的な行為ではなく集合的な行為であり (Gergen 1999: 134)、感情も個人ではなく関係の属性であるとし、「『あなたの喜び』はあなたのものではなく、『われわれのもの』であり、『私の怒り』は『われわれの怒り』である」(*ibid.*: 137)、「自己についての物語は個人的な感情が社会的になったものではなく、社会的な過程が個人的な場に現れたものである」(Gergen 1994: 210) と述べる。このように個人が社会的なものに完全に解消してしまうなら、それは全体主義の様相を見せるのではないだろうか。ガーゲンは、自分が教える大学のあるセミナーで社会構成主義の本をテキストにしたところ学生は大いにショックを受け、しっかりした個人的なアイデンティティの意識がなくて、どうして意思決定などできるのか、と問い、ガーゲンのセミナーは不道徳でニヒリズム的だからカリキュラムから外すべきだと学部長に抗議したというエピソードを自慢げに (?) 述べているが (Gergen 1999: 33)、こうした個人抹殺の理論には不自然さが伴うことは否めない。

ガーゲンが批判する個人とはポスト構造主義が批判する主体であり、それはデカルトのコギトやすでに述べたエリアスが批判するホモ・クローザスのような孤立した独立の個人である。それはガーゲンが「西欧の伝統は自己を独立した、あるいは自己充足的な単位と見る観点に深く関与している」(Gergen 1994: 210) と言うように、西欧の伝統に根差した「する」主体である。問題は、ガーゲン、さらにはポスト構造主義の場合、コギトの概念や「する」主体の概念の批判が、ただちに個人や心の概念の全否定に帰結することである。それは、個人というとどうしても「する」主体しか考えつかないという文化的な背景からくるのだろう。ポスト構造主義者は「する」主体としての個人を否定したが、「する」という発想はそのままなので、今度は「社会」、「構造」、「関係性」あるいは「言説」が「する」主体となり、個人を抑圧する理論を生み出すことになる。「もの」としての存在の概念に引き寄せられる西欧文化では、個人の物象化を避けようとすると社会や言語の物象化になってしまうのである。個人についてのこうしたポスト構造主義的な観点は重大な問題をはらんでいる。社会学における方法論的集合主義、たとえばデュルケムやパーソンズはマクロの観点すなわち構造やシステムから社会秩序を理解しようとしたが、それは個人を否定したわけではない。

デュルケムは個々の自殺ではなく集団の自殺率に着目したが、それは個々の自殺を否定したことにはならない。だがガーゲンのような考え方だと、個人や心は関係(1)のような社会的な要素に解消されてしまう。

私の考えは、個人と心は「なる」ことの論理において考えられるべきである、ということであり、それがこの第Ⅱ編の主題である。以下では心は「なる」という形で形成される力学的な場として記述される。この方法は、「われわれが考える目標は協働する多数性であり、それは意味の関係的な構成に対する好奇心と尊敬を必要とする。われわれはどのような規範的な明確さより、不完全なもの、不確定で不確実なものを評価することを選ぶ」(Gergen and McNamee 1999: 28) と述べるガーゲンらが表現したいと考えていた (と私が想像する) 事態を、より適切に表現できるだろう。ガーゲンは「する」論理の語彙しかもっていないのである。

現代社会学は心や個人の概念を言説の概念に置き換える場合もある。たとえばジョン・キツセとマルコム・スペクターの社会問題についての理論はすべてを言説において理解しようとする (Kitsuse and Spector 1977)。彼らは社会問題を何らかの事態に対してクレイムを申し立てる活動であると定義する。この場合、そのクレイムの真偽への問いや、その事態が問題であるという理解、解釈がどこから来たかという問いは封印される。社会問題は言説のレベルにおいてのみ研究されるのである。これはこれですっきりした理解であるといえるかもしれない。だが言説は公共的な世界へと提示されるものであり、反省的な思考である。言説は他者に向けられるものだから論理的で明証的であることが望ましいだろう。そうなると言説のみに定位する研究は人間を過剰に理性的なものとして描くだろう。ギデンズは言説を生み出す反省的な意識を言説的意識とし、それと無意識の間の領域、行為者がそれを言説化することは困難だがじっさいに行為している際の意識を実践的意識と呼び、それが彼の『社会の構成』という書物の中心的なテーマであるとしている (Giddens 1984: xxiii)。ギデンズは、「能力をもつ行為者はほとんどつねに、自分の行為の意図と理由を言説によって述べることが可能だが、その動機については必ずしもそうではない。無意識の動機づけは人間の行為の重要な特徴である」(同 : 6) と述べているが、確かに言説は反省的な領野であり、それは社会秩序にとって重要だがその一部でしかないと考えるべきである。言説のみに照準する理論は行為の重要な要因を取り逃がすだろう。先述のガーゲンとマクナミーは、ある個人が生きる関係の中には多様な声があるが、それぞれの場面では多くの可能な声は沈黙していると述べる（Gergen and McNamee 1999: 23）。ここで彼らが言う「声」はいまだ言説として語られていない。それはついに語られないかもしれないが、どこかで運動しているのである。以下の研究では、こうした無意識的な要素にも焦点を当てていくだろう。

## 2　方法的懐疑

心についての思惟の歴史においてひときわ強い影響力をもったのは、すでに述べたコギトの思想である。デカルトは自身の省察の方法について、こう述べている。

「わたしは、それまで自分の精神のなかに入っていたすべては、夢の幻想と同じように真ではないと仮定しよう、と決めた。しかしそのすぐ後で、次のことに気がついた。すなわち、このようにすべてを偽と考えようとする間も、そう考えているこのわたしは必然的に何ものかでなければならない、と。そして『わたしは考える、ゆえにわたしは存在する』というこの真理は、懐疑論者たちのどんな途方もない想定といえども揺るがしえないほど堅固で確実なのを認め、この真理を、求めていた哲学の第一原理として、ためらうことなく受け入れられる、と判断した。」つまり、「自分が他のものの真理性を疑おうと考えること自体から、きわめて明証的にきわめて確実に、わたしが存在することが帰結する」（Descartes 1637=1997: 46）。

だがデカルトのこの論法は十分に明証的であるとは言いがたい。むしろかなりの独断であるというべきだろう。徹底的な懐疑であるなら、「私が懐疑している」ということが疑われても当然であるはずだ。というより、「われ」こそは最初に疑われるべきものではないか。しかし、デカルトの懐疑ではそれは疑われないのである。さらに、「われあり」という「存在」もまた懐疑から免れている。「われ」の「存在」こそがデカルトの思考の目標点であったのである。デカルトの思考において、「思う」ことは主語である「われ」の行為として位置づけられ、それは「あり」という存在において完成する。さらに、この議論は心の秩序は確実なものでなければならないという文化的な予断を前提としている。確実性という存在論的述語もまた懐疑からあらかじめ免れているのである。このような議論はおよそまっとうな議論ではあり得ない。

かつてメルロ＝ポンティは「感覚的世界と感覚的意識とがその本源的様相において記述されなければならないということは、現代思想もこころよく認めているのだが、しかし事の成行きからすると、こうした記述も存在や主観性についてのわれわれの定義にまるでなんの影響も及ぼさなかったように思われるし、認識や価値評価といったより高次の形式が検討されることになると、ほとんどの場合、依然として主観は意味付与の純粋な能力、あるいは絶対的俯瞰の能力として定義されている」（Merleau-Ponty 1968=1979: 7）と述べたが、まさにコギトとは絶対的な俯瞰の能力なのである。そして、絶対的な俯瞰者は俯瞰される世界に帰属しない、存在論的主語にほかならない。デカルトは心の秩序を確実性あるいは明証性に求めている。確実性や明証性こそが、彼の徹底的な方法的懐疑が露ほども疑うことがなかった自明性なのである。

フッサールの超越論的現象学は、デカルト的な確実性と明証性の思考をいっそう推し進めて、その極限に到達した思想である。それゆえフッサールの思考において、デカルトが述べたコギトは、より明確で透徹した表現を得ている。

「どんなに徹底した懐疑の場合でも、私がそのように懐疑していることは疑いなく確実である。そしてそれはどのコギタチオにおいても同様である。私がどのように知覚し、表象し、判断し、推論しようとも、またその際に私がそれらの作用の確実性あるいは不確実性、対象性あるいは対象性の不在においていかにふるまおうとも、知覚に関して、私がしかじかのものを知覚していることは絶対的に明瞭かつ確実であり、判断等においても、私がしかじかのものを判断していることは絶対に明瞭で確実である」（Husserl 1986: 30）。

この思考はデカルトの懐疑と同様である。しかしフッサールはデカルトが、懐疑する「われ」、すなわち超越論的な自我を経験的な心と同一視したことを批判する。フッサールによれば、自我は世界の残余ではなく、判断中止によってのみ可能になる絶対的な定立であるのに対して、心とは自明性の世界における、身体の相関者でしかない。心とは私的な私にすぎず、自我論的内在とは異なる心理学的内在にすぎないのだ。それゆえそのような経験的心は現象学的哲学の中に位置をもたない。だが経験的な「われ」ではない自我は、きわめて特異な存在となる。

「判断中止を行う自我は、その対象領域に含まれておらず、むしろ自我が判断中止を真に徹底的かつ普遍的に行う場合には、その領域から原理的に排除されている。自我は判断中止の遂行者として必要なのである。…（中略）…すべてを懐疑する者、いっさいを否定する者としての自我が存在することは絶対的に明証である。普遍的な懐疑は、自己自身を廃棄してしまう。それゆえに、普遍的な判断中止の間にも『自我は存在する』という絶対的に必当然的な明証は私の元に残るのである」（Husserl 2012: 84）。

「自我、すなわち判断中止を遂行する自我は、絶対に懐疑できない唯一のものであり、あらゆる懐疑の可能性を原理的に排除するものである」（*ibid*.: 85）。

すなわち、「われ思う」という事態は「われ」と「思う」に厳密に二分され、現象学的還元の対象は後者のみであり、「われ」はその対象ではなく、「懐疑する『われ』には懐疑が及ばない」となるわけである。しかし、あらかじめ「懐疑」が及ばない場所を設定するような「徹底的な懐疑」は八百長の「懐疑」ではないだろうか。懐疑の対象でない「われ」を、それにもかかわらずフッサールは絶対的に明証であるという。確かにいま目の前にある壁が白いなら、それを疑うのは困難である。それが、彼が言う経験の明証性である。しかし「われ」にはそのような経験的な明証性が存在しない。この「われ」が懐疑の対象でないなら、その「われ」は絶対に確実とはいえないはずである。というのは、確実性は懐疑という検証の結果として得られるはずだからである。この自我は世界に意味を付与する主体であり、それゆえに世界には属さないことになる。

「判断中止によって世界を喪失した私である自我、すなわちその機能する思惟作用において、世界がもちうるすべての存在意味をもつ自我は、世界において主題として登場することが不可能なのであり、すべての世界的なもの、したがって普通の意味における私としての固有の心的存在は、まさにこの自我の機能からその意味を汲み取るのである」(*ibid*.: 89)

「体験を行う自我は、それを別個に取り出して一つの独自の研究対象にすることができるようなものではない。自我の『関係の仕方』や『態度の様式』を別にすれば、自我は本質の構成要素においてはまったくの空虚であり、呈示可能な内容を一切もたず、即自的にも対自的にも記述できない。それは純粋自我であり、それ以上ではないのである」(Husserl 2009a: 179)

「次のことは最初からきわめて明瞭である。すなわち、この還元を遂行した後で、超越論的残余としてなお残存する多様な諸体験の流れの中に、他の諸体験と同様の一つの体験として、他の諸体験と共に生成し消滅するような固有の体験としては、純粋自我に出会うことはない、ということである。…(中略)…純粋自我は、原理的な必然であると思われる。そして、諸体験の現実のあるいは可能な変化に対して絶対的に同一であるので、いかなる意味においても諸体験そのものの実際の一部あるいは要素とは考えられない」(*ibid*.: 123)。

これらの引用でフッサールは、超越論的自我は現象学の対象であるはずの経験あるいはその一部ではなく空虚であり、しかしそれは原理的な必然として存在すると明確に述べている。この概念が経験されないものであり空虚であるなら、どうしてそれが意味を与えるといえるのか。彼は「現象においてじっさいに現出するものを、再解釈せずに、それがみずから与える通りに正しく受け取り、正確に記述する」(*ibid*.: 247) ことが現象学であるというのだが、超越論的自我の概念のみが、この規範の外部にあるのである。哲学者の貫成人はフッサールの現象学の基本的な観点として、「われわれの経験を超えた物自体や実在自体、真理自体を想定することは、そもそも経験不可能な存在者について発話することである以上、経験の解明を目指す現象学としては容認しえない。そのような存在者を前提する『上からの理論』は拒否し、経験構造に『内属』した視点をとらなければならない」（貫 2003: 47）と述べている。フッサールのノエシスや自我の概念はまさしく「経験を超えた」概念であり、「上からの理論」にほかならないのであって、「現象学としては容認しえない」はずではないか。

純粋自我のこの不可思議な性質は、それが誤って場記述に挿入された点記述の主語であると考えれば、氷解するだろう。フッサール現象学は、存在論的背理の上に建設されているのである。すでに述べたように、「台風一号は、昨日は関西にあり、今日は関東にある」という命題は有意味な点記述命題である。フッサールが述べる自我あるいは「われ」とはこのような点記述命題の文法的主語であると考えれば、それが世界に属さず、経験不可能な空虚であることも理解できる。点記述の主語とはまさにそのようなものなのである。それゆえ、これまでの論述で強調したことは、点記述の文法的主語が、台風の具体的な記述である場記述の要素と相互作用を行い、あるいは因果関係をもつことは、論理的＝文法的に不可能であるということである。それは、点記述と場記述は同一の事象に関する異なる記述だから、その間に相互作用やその一部としての因果作用はあり得ないからである。

コギトの思想というものは、点記述の主語と場記述の要素の間の因果的な相互作用を考えることであり、私はそれを存在論的背理と呼んだ。懐疑する「われ」が経験に意味を与える、というのは「台風」が「雨を降らす」のと同様の背理である。それならどのように考えればよいのかという方針は、すでに疑問の余地のなく明瞭に与えられている。それは心の場記述である。台風は具体的には暴風雨であり、それを引き起こすのは台風ではなく重力場のダイナミクスである。それゆえわれわれにとって必要なのは、心を運動する場として考え、そのダイナミクスを探求することである。暴風雨の中にその原因としての台風が存在しないのと同様に、場としての心の中にその原因としての「思うわれ」は存在しないのである。現象学が経験に焦点を当てる哲学であるなら、それは経験のダイナミクスの理論としてのみ、首尾一貫した理論となることができる。フッサールが彼の哲学に、経験にもとづかない、空虚としての「われ」を無理やりもちこんだのは、「われ－思う」という「する」論理の強烈な呪縛によるものだろう。現象学が首尾一貫した理論であるためには、超越論的自我の概念は削除されなければならないのである。

## 3　心の事実

第Ⅰ編で得られた理論をもとにして、われわれはこの第Ⅱ編では心的秩序の探求へと向かう。しかしここで立ち止まらなければならない。学問的な探求には理論的な枠組があらかじめ用意されており、ある対象について思考しようとしても、じっさいにはその対象についての概念や理論について思考することになるのが通例である。たとえばいま見たように、事象そのものへということをスローガンとして現象学と名乗った哲学が対象として思考したのは、じっさいには現象ではなく、超越論的主観性という理論であり概念であった。新古典派経済学が思考の対象としたのは現実の経済ではなく、完全に合理的な主体からなる時間も歴史もない経済モデルであった。これまでの心の哲学や理論のほとんどは、心を「する」主体として表象している。それゆえ不用意に心の探求を始めれば、その試みは「する」主体、存在論的主語の探求へと方向づけられてしまうだろう。それはあらかじめ本質主義的な「私」が存在すると仮定あるいは予断し、すべての動機、欲求、欲望などをこの「私」へと収束させることである。言いかえれば、「私」が行うことはすべて何らかの点で「私」に役立つことである、という自己保存の理論である。

言うまでもなく、あらゆる思考は概念によってなされるのであり、何らかの理論に負荷されている。だが同時に超越論的現象学や新古典派経済学が虚構にもとづいていることもまた明白である。われわれの思考は「なまの現実」をそのまま把握することはできないが、同時にいま挙げた二つの学問があまりに現実離れしているという実感を、まったく無意味であるとして否定することもできないだろう。アドルノは次のように述べ、概念なきものを概念によって開くという困難な途を指示した。

「歴史的な観点からすると、哲学はその真の関心を、ヘーゲルが伝統に沿って無関心を表明したところ、すなわち概念を欠くものへ、個別的で特殊的なものへ、プラトン以来、はかなく重要でないものとして扱われてきて、ヘーゲルが取るに足らないものというレッテルを貼ったものへと向けてきた。哲学の主題は、哲学によって不確実で、無視できる量へと格下げされた質となるかもしれない。概念にとって緊急なのは、概念が触れないもの、概念の抽象化の機構が閉めだすもの、概念の見本にならないものである」(Adorno 1970: 20)

「真理のうちで、概念の抽象的な範囲を超えて、なお概念によって出会われるものにとっての舞台は、概念によって抑圧され、軽蔑され、捨てられたものにおいて以外にはない。認識のユートピアは、概念なきものを概念によって開き発見しつつ、それを概念と同一視しないことにあるだろう」(*ibid*.: 21)。

議論の最初に、なまの事実などは認識不可能であることは百も承知の上で、日常風景における個人を一瞥してみよう。人は本を読み、音楽を聴き、映画を見、他者との会話を楽しむ。それはどうしてだろう。ホモ・クローザスの観点からは、それは「自己」にとって必要であり役に立つからである。あるいは自己がそれを欲するからである。たとえば音楽を聴くことはどうして自己にとって必要なのだろう。音楽を聴かないとしても特に損をすることもないだろう。それなのにどうして音楽を聴きたいという欲望が時に生じるのだろうか。本や音楽、他者の話は、他者の考えからなりたっている。書物は言うまでもなく、音楽も作曲家、作詞家と歌手、すなわち他者の思考の産物である。本を読んだりしたら、他者の思考に影響されてしまうではないか。もし心の秩序が自己を維持することならば、特に必要がない限り読書や音楽や会話は避けるべきなのではないだろうか。だがじっさいには、人はつねに他者の考えに接しているのである。もしある本を読んで大きな感動を覚えたとしたら、どうだろう。自己保存のためには、それは危険な状態である。なにしろ他者の考えに大きく影響されようとしているのである。だが、人はむしろそのような事態を望んでいるのではないだろうか。小説にせよ映画にせよ、そこで描かれている世界は通常は読者とはまったく無関係の世界である。どうして人は自己と無関係の世界に興味をもつのだろうか。いま述べた心の活動は特に珍しいものではなく、誰しもつねに行っていることである。だがこれらを「自己保存」の観点から理解することは難しいだろう。そうなると、心の秩序は「自己」とは別のところにあるのではないか、という疑念が生じる。自己保存という条件は誤りではないが、それは心的な秩序のすべてを統べる原理ではないのではないだろうか。

さらに、いま述べた心の事実は、そのほとんどは確固としたものではない。たとえば通勤途中でふと空を見上げたとする。雨が降ってきたのでないならば、どうしても空を見上げなければならない理由などはないだろう。人が行う多くのことは、このように「なんとなく」行われているのではないだろうか。このようななんとはなしの行為は、デカルトの方法的懐疑に直面すれば、瞬時に否定されてしまうだろう。だがそうだとすれば、方法的懐疑の方に問題があるのである。人がなんとなく様々なことを思うのは、心における事実だからである。それは、心の秩序は不確実である、ということなのだろうか。だがすでに述べたように、不確実性という用語は、相変わらず「確実性」の地盤の上にある。不確実性という用語は、変化しやすいことに対する否定的あるいは消極的な評価を含んでいる。それゆえに、不確実性の概念では十分ではない。

いまひとつの疑問は、次のことである。人は目覚めている限り、つねに何かを感じ、考えている。まったくの空白は無意識である。それゆえ無意識でない、つまり意識がある限り、心はつねに活動状態にあり、何らかの感覚、感情、思考が次から次へと浮かぶ。だがもし心が自己にとっての必要を原理とするならば、どうして心はこのようにつねに動き続けているのだろうか。通常は、思考は何らかの問題の解決のための手段と考えられているだろう。心に生じる思いや感情は手段なのだろうか。なかにはそれもあるだろう。だが思いや感情のすべてが何かを達成するための手段とは考えにくいのではないだろうか。

こうしてわれわれは心的な秩序は計算機のようなものではなく、自律的な流れではないかという考えに導かれる。心にはつねに何らかの思いが浮かぶが、そのほとんどはさして意味がないことではないだろうか。それらはまさに浮かんでは消えるものだろう。それらは手段という明確なものではなく、流れの波のようなものではないだろうか。つまり心とは手段を計算する機械ではなく、途切れることのない運動なのではないだろうか。そして心に浮かぶ個々の思いは、その波動ではないだろうか。そうだとすれば、多様な思いがさしたる理由もなく浮かんでは消えるという流れそのものが、心の秩序の核心なのではないだろうか。

これらの問いは、確固とした私あるいは自己という観点からは答えるのが難しい。そこで私は視点の転換を図りたい。それは現象学的な転換である。だがそれは言うまでもなく超越論的現象学の転換ではなく、むしろ現象学の初心にあったと思われる転換である。すなわち、探求の対象を「私」あるいは自己から、心に浮かぶ感覚、感情、思考など、心に現象するすべてのものに移し、それらの生成と消滅の運動に目を凝らすのである。理性の哲学は、心は理性的であるべきだ、という前提から出発している。これは心をアプリオリの原理によって裁断する思想である。正当な心の哲学は、心に現実に生じる出来事はすべて認めなければならない。心の秩序は、その多くがそこはかとない、変化しやすいものである。心の理論はそれら確実でも明証的でもない、浮かび消えゆく思いのすべてを心の秩序として認めることが必要である。なぜならそれが心においてじっさいに生じていることだからである。どんなにささやかで確実性のかけらもない心の動きであっても、それらを心の理論から排除する資格は誰にもない。

この視点の転換によって見えてくるのは、あらゆる感情や感覚や動機や思考が相互作用し、創発を生み、進化し変容するという、ダイナミクスである。つまりこの視点の転換は、関心の対象を自己から心に浮かぶ現象へと移す。すなわちこの編の探求は心を場として理解し、それを感覚や思考の相互作用から考える見方、つまり心を運動する場と見る理論へと向かう。不確実性という概念に代えて、われわれは複雑性という概念を用いるだろう。複雑性とは予測不可能性であり、不安定性が秩序の源泉であるという思考である。詩人の谷川俊太郎は次のような詩を書いた（谷川 2013: 18-19）。

分からない

ココロは自分が分からない

悲しい嬉しい腹が立つ
そんなコトバで割り切れるなら
なんの苦労もないのだが

ココロはひそかに思っている
コトバにできないグチャグチャに
コトバが追いつけないハチャメチャに
ほんとのおれがかくれている
おれは黒でも白でもない
光と影が動きやまない灰の諧調
凪と嵐を繰り返す大波小波だ（以下略）

これは心の秩序の比喩的な記述だろうか。だが、これからの論述では、心は運動する場の波動として記述される。この詩は第Ⅱ編の簡潔な要約となっている。

注

（1）ガーゲンが考える関係とは、マクロな社会構造やシステムでも、ミクロの個人の主観性でもなく、その中間のミクロな社会的パタンの領域である。彼は、この領域では相互依存的な行為、「あいだ」の領域が中心となると述べ（Gergen 1994: 217）、ゴフマンやエスノメソドロジーを挙げている。それゆえこの関係はマクロな社会領域には直接関係しない。ガーゲンとマクナミー（Gergen and McNamee 1999）は責任を論じているが、その責任論はこのミクロの相互作用領域のみに限定されている。それゆえ彼らは法、規範、システムなどに一切言及しない。このようなやり方では責任の問題を十分に研究することは不可能だろう。

## 第2節　論理と知覚

### 1　思考と論理

以下では、心的な秩序に確実性を求めようとする態度が陥る錯誤を示そう。心の秩序として確実性と明証性を求める西欧の思考において、その探究の基盤として考えられたのは論理と知覚である。この二つが確実性を担保する二本の柱である。まずは論理から考察しよう。論理は合理的思考の原理であり、確実で明証な思考を可能にする。論理的思考とは、前提に含意される命題の演繹的な導出であり、三段論法はその典型である。たとえば、

ソクラテスは人間である。
人間は必ず死ぬ。
したがってソクラテスは死ぬ。

という推論は、ソクラテスを$x$、「すべての人間の集合」を$A$、「すべての死ぬものの集合」を$B$とすると、「$(x \in A) \cap (A \subset B) \Rightarrow x \in B$」という形になる。これは論理的な手続きの適用であり、あらゆる心的過程に妥当するものである。論理的思考は規則の機械的な適用だから機械的な思考であり、機械の時代であった産業社会にふさわしいものである。確かに、論理的思考が強調されたのも、この時代であった。産業社会は法という手続きから形成される社会であり、法の支配はその中心的な価値をなしている。そして法と手続きの担い手が、官僚制である。そして、法と官

僚制は、近代産業社会を支えるディシプリンである。この意味で、論理的思考は思考のディシプリンである。

論理的思考が確実で普遍的な命題について語ることができるのは、なぜか。論理的思考とは、先行する命題の中にすでに含まれていることを引き出すこと、すなわち演繹であり、命題の、真理値に関して等価な変形である。すでに存在する命題を言いかえるだけだから、先行する命題が真であるなら、後続する命題も必然的に真なのである。先の命題では、「ソクラテスは死ぬ」という命題は、「ソクラテスは人間である」という命題と「人間は死ぬ」という命題の連言の中にすでに含まれている。それは明示的に語られていないだけで、すでに潜在的には語られているのである。それが、論理的な含意ということの意味である。論理的な思考というものは、潜在的に含意されている命題を明るみに出す操作なのである。つまり、「ソクラテスは人間である」と「人間は死ぬ」という命題は、「ソクラテスは死ぬ」という命題を必然的に意味しているのであり、最初の二つの命題を承認した人は、誰もこの結論を拒否できないのである。このように論理的思考は絶対的に確実である。

このことは、論理的思考の重要な特質を意味している。すなわち、論理的な演繹というものは新しい思考内容を決して生み出さない、ということである。言いかえれば、論理的思考には創発や創造は存在しない。これが論理的思考の意味にほかならない。同じことの反復だからこそ、論理的思考は確実なのである。しかし、われわれが通常考える「思考」とはこのようなものではないだろう。思考とは何よりも、理念、価値、感情や感性など、新しい知や経験を創造することである。後で見るように、社会や文化は思考の産物である。あらゆるコミュニケーションもまた、思考によって創造される。思考による創造の過程は、それが創造であるために、論理的ではあり得ない。さらに、思考には個人的な差異がある。人それぞれの多様な価値、考え方の差異が、社会がなりたつ上で根本的に重要なのである。だがこうした個人的な差異も、論理的なことがらではない。論理は普遍的な知だから、個人的な差異を認めないのである。先の例でいえば、最初と二番目の命題を承認した人は、老若男女のいかんにかかわらず、誰であれ必然的に最後の命題を承認しなければならない。こうしてみると、論理は思考の本質では決してないことがわかるだろう。論理は思考を支える枠組として重要ではあるが、思考そのものではないし、その本質ともいえないのである。

明証性を求める懐疑的思考は、思考による創造と個人的差異という、思考における根源的な二つの面を排除してしまう。私の前提は、確実性ではなく創造性と個人的な差異こそが心の哲学の基盤である、ということである。理論的な著作を書く場合は論理的に進めることが必要であり、本書もその規則に従っている。しかし論理は思考にとっての、重要だが一つの条件でしかない。それゆえ論理がもたらす確実性は、心的秩序の原理ではあり得ないのである。にもかかわらず論理的な確実性が至高の価値を与えられたのは、真理を至上とする固有の文化に起因するだろう。本書における心的秩序の探求は確実性ではない別の原理の探求へと進む。

## 2　思考と知覚

かつての論理実証主義 logical positivism という哲学の名称は、西欧思想の問題意識を明瞭に物語っている。一方で思考は論理というアルゴリズムの明確な規則に従わなければならない。他方で、思考は客観的な外的実在と一致しなければならない。これが論理と実証であり、その双方において確実性が至高の原理とされた。実証によって真理とみなしうるような確実な知識が得られると考えられたのである。そして実証に関わる課題の中心的なテーマが、知覚という問題であった。知覚は疑いえない確実性をもつと考えられた。西欧思想の至高の達成としての超越論的哲学のテーマは、外的な客観的世界をいかにして認識しうるのか、ということであったが、その場合、もっぱら知覚、とりわけ視覚が特権的に扱われたのであった。ところがカントの哲学は外的世界の実証という課題に、否定的な解決を与えた。外的な世界に「物自体」が存在するとしても、われわれに与えられるのはその現象としての射映でしかない。われわれは射映の複合体として物自体を考えるしかなく、物自体に接近するすべはないのである。たとえばここに机があるとしてわれわれはつねにその一つの側面しか見ることはできない、と言うようにである。

だがこうした超越論哲学の議論はあまり説得的でないと思われる。なるほど、ここにある机のすべての面を同時に見ることはできない。しかし第一に、この特性は視覚に固有のものではないだろうか。たとえば音楽を聴いたとき、われわれはその音楽の一つの側面を聴いているのだろうか。そのようには言えないだろう。もしこのように言えるとしたら、音楽にはいま現在われわれが聴いていない他の側面が存在するのでなければならない。もちろん、ある音楽を聴き、後で再び聴いたとき、前回には気づかなかった旋律に気づく、ということはあるだろう。しかし、それはその旋律に単に気づかなかったというにすぎない。机を正面から見ているとき、その裏側は原理的に見えないのである。音楽に、そのように原理的に聞こえない側面はないのではないか。同じことは触覚、臭覚においてもなりたつだろう。こうして、近代の哲学は視覚を特権的に扱い、その結果視覚の特性を思考の普遍的な特性と同一視するという誤りに陥ったのである。

さらに、日常的な経験において、われわれが机を調べるとしたら、どのようにするだろうか。言うまでもなく、机を様々な角度から観察するだろう。この観察は継起的に行われるのであり、完全な同時性においてなされるのではない。だがそれは十分な短時間の間に行いうる作業である。ならば、われわれは机という物自体を十分観察できるのではないか。この議論に対する反論は、私がまず机の前面を見、次いで背面を見た時に、先ほど観察した前面がそのままである保証はない、ということだろう。だがこれは一種異様な議論である。われわれの日常生活において、ある時点で机の前面が茶色であったとして、次の瞬間に赤色に変化することはあり得ない、と考えてよいのである。それゆえカントの議論は哲学業界のみに通じる異様な議論としか思えないのだが、しかしこの議論を譲ることができない理由は、時間の個々の点は持続ゼロの点時刻である、という考えにある。この「瞬間」の思想はきわめて強い呪縛となっているようにみえる。つまり、カントの議論は、「瞬間的な同時性において」という前提の議論であり、「十分に短い持続」を許すなら、「机そのもの」の観察などはたやすいのである。しかし真に持続ゼロなら、多くの人が指摘するように、知覚もまたなりたたないはずである。

それはともかく、西欧的な思考の中で知覚とりわけ視覚が特権的な地位にあった理由は、フッサールが繰り返し語ったように、知覚は疑いえない確実性を与えてくれるという点にある。なるほど、家の壁が白いとき、それはじつは赤いのではないか？　と疑うことは不可能だろう。ギデンズは「限界なき理性という主張が神の摂理という思考を取り除くのではなく、作り変えたものにすぎないということは、決して驚くべきことではない。一つの型の確実性（神の法）が、他の型のそれ（われわれの感覚と経験的観察の確実性）に置き換えられ、神の摂理は進歩の摂理によってとって代わられたのである」（Giddens 1990: 48）と述べているが、知覚とりわけ視覚が、論理と並んで確実性を担保する条件だったのである。確実性にもとづく心の哲学はこれらの上に築かれてきた。論理が心の本質的な問題とはいえないことを先に述べた。それでは知覚は心においてどの程度の重要性をもつのだろうか。

## 3　心と知覚

いま述べたように、近代の西欧哲学において知覚が特権的な事例とされたのであるが、それは知覚が絶対的な確実性を与えるからである。だが確実性が知の秩序の最上位にあるという考えは、心の探求から得られたものではなくアプリオリとして与えられた文化的な信念である。それゆえそのような探求は誤った結論にいたらざるを得ない。そもそも人間の心を考える場合に知覚に準拠して考えることは妥当ではない。そのことを以下に示そう。いま、様々な意味で「知性」という概念を使うことにしよう。知性について思考する場合に、「知性」の範囲をどのように限定するかという点に関して、複数のアプローチが可能である。

a．もっとも広い意味における知性の原理の探求。この場合にはバクテリアをも含めた生物一般の認識と判断の原理の探求が行われ、さらにウィルスのような通常は無生物とみなされる高分子やソフトウェア、あるいは免疫系のような細胞ネットワークの認識と判断の原理も探求されるだろう。日常的な用語法では、ソフトウェアや免疫系に対して「知性」という用語を使用しない。しかし学問的な探究は日常的な用語法から自由であり、知性という語をこのように広い意味に定義することは可能である。

b．対象を生物に限定し、生物一般の知性の原理の探求を行う。

### c．対象を人間に限定し、人間に固有の知性の原理の探求を行う。

これらはより細分化できるが、ここではその必要はない。重要なことは、上記のaからcまでの探求はそれぞれいずれも有意味であるということである。探求の対象をどのように設定するかは研究の自由である。aにおけるような広義の意味で「知性」という語を使用することにまったく問題はない。今後、人間に固有の知性を「心」という用語で指示することにしよう[1]。西欧近代の哲学的思考は上記のどの選択肢に相当するだろうか。明らかにcであり、西欧近代哲学の対象は人間の知性である。ここにはまったく問題はない。しかし西欧近代の思考は知覚に焦点をおいて人間に固有の心の原理の探求を行ってきたのだが、知覚はその手引きにはなり得ないのである。

理由は、こうだ。人間に固有の知性としての心の探求は、他の生物にはなく、人間の心にだけ存在する能力を中心に行われなければならないはずである。すなわち、対象を人間に限定してその心の性質を考察する場合に主題となるべきなのは、心の十分条件である。十分条件とは、「ある存在がしかじかの条件を満たすなら、それは人間である」という形で語られる条件であり、「人間」を特定する条件である。つまり、人間の心にのみ備わっている条件である。それを心の本質と呼ぶことができる。それに対して必要条件とは、「ある存在が人間であるなら、必ずしかじかの条件を満たす」という形で語られる条件である。この場合、必要条件は人間に固有ではない。

人間の心の必要条件は、犬や猫のような存在にも妥当しうる。そして知覚とはそのようなものである。超越論的哲学は他の動物にも妥当するのである。確かに、カントの言う「物自体」は、人間だけでなく犬にも猫にも到達できない彼方にあるわけである。それゆえわれわれはこのように結論するしかない。心の必要条件でしかない知覚を中心にすえた議論は、人間の心の原理を必ず取り逃がすほかはないのだ、と。したがって、超越論的哲学は心の探求としては的外れなのである。それゆえ、人間の心の特質の探究は、人間の心に固有の性質に焦点を合わせなければならない。それは心の十分条件である。知覚は心であるための十分条件ではなく、心の本質ではない。それゆえに知覚は人間を特定する条件ではないのである。こうして、知覚を素材とする議論は、心の本質的な条件を取り逃がしているのである。では、心の本質的な条件とは何だろうか。私はこの問いに次節で答えるだろう。

だがその前に、知覚についてもう少し述べておこう。知覚とは環境の認識である。人間が生物として生存していくために、知覚は必要不可欠な重要な知性である。だが、人間の心にとって知覚はさほど困難な作業ではない。周囲を見渡し、風景を確認する。それは比較的たやすい作業でしかない。しかも、知覚の能力において、人間は自然界における劣等者でしかない。どの知覚をとっても、人間の知覚能力は他の生物と比べて、大したことはないのである。それでは、より困難な、心ならではの能力とはどのようなものだろうか。詳しくは後の章で述べるが、それは創造である。たとえば社会というものは心の産物であり自然環境ではない。社会とは心によって創造された新たな世界なのである。世界の創造こそが心の真正の課題であり、能力のフルパワーを要求するのである。正確な知覚の能力をもつことは、人間が生物として生きていく上で決定的に重要である。それはまさに生死に関わる。言いかえれば、知覚は人間の生の最低条件である生命の維持に関わる条件である。つまり知覚は、人間の知性の最低限の条件にすぎないのである。だが人間の心は後述するように、より高度の能力を発達させた。人間の心の本質をめぐる議論は、このもっとも高度の能力に照準しなければならない。

さらに、知覚においては確かに主観と客観の区別が明瞭のように思われる。知覚に文化が作用しており、虹の色の数が文化によって異なるようなことはあるだろうが、それは社会的認識に比べれば些細な問題でしかない。私は社会を無数の主観性すなわち心の協働的なモーフォジェネシスとして理解するのだが、このような協働的ダイナミクスにおいて主観と客観の区別はさほど明瞭ではないのである。知覚は確かに確実であると思える。それゆえに知覚は論理とともに西欧における明証性の哲学の主柱であった。だが、もし心の秩序が確実なものでないとしたら、知覚と論理は心についての思考の主要な準拠点ではないことになる。ともあれ、西欧近代の思考がこれほどまでに確実性を求めたのは、思想や科学の方法上の要請というよりは、絶対の秩序を求める文化的な要請というべきである。

注

（1）これは定義であり、したがって動物の心という概念は排除される。このことは、動物には感情のように人間に類似する作用が存在することを排除しようというのではない。そうではなく、考察の主題である人間の思考を簡単に指示するための操作的な定義である。

# 第3節　心の起源

## 1　生物と世界認識

いまや、デカルト的コギトに代わるべき、心のモデルを提示する段階にいたった。それは心の場記述のモデルであり、点記述の主語としての「私」はその心の場記述には登場しない。心の場記述の主語は心的秩序を構成する力の概念であり、この節はその探求である。これまでの論述は、ここから始まるモデル構成のための長い序論である。心を場として考えることは、とりわけ日本ではなんとなく了解されるかもしれない。だが本書で目指すのはそのようなあいまいな理解ではなく、厳密に構成されたモデルである。場とは力の場である。つまり心の場記述は心の本質を運動と考え、その中心に力の概念を置く。言いかえれば心の場記述は力の概念によって定義される。それゆえ、心における力の探求が出発点となる。社会学では力といえば通常は権力 power の概念が使用される。それゆえ権力より広い概念である力 force の概念には違和感があるかもしれない。心的な状態あるいは秩序は不断に変動する。すでに述べたように、変化するものについての理論は、変化を引き起こす駆動因についての仮説をもたなくてはならない。

これまでのところでは、どの理論も「自己」の存在を想定し、変化を生み出す力を自己に内在するものとして理解している。心的秩序については、心的秩序の駆動力は欲望や動機などであり、社会秩序ではたとえば社会システムの適応やオートポイエーシス的自己生産を統べる社会システムの力である。これらの力は基本的に自己保存あるいは自己生産の力として理解され、その力は主体としての個人か社会システムが行使すると考えられている。第Ⅰ編で見たように、個人と社会の双方の「自己」概念に対して二〇世紀に批判が加えられてきた。たとえば個人の心的秩序には不可避的に社会的な要素が含まれるが、ともあれそれはその個人が思ったことなのだとして個人にすべてが帰属させられる。これはいわばどんぶり勘定のようなものである。明治維新のような大変革でも、それは志士がそう思ったから、という単純化がなされ、その社会的な意味が見失われる。これから展開する心の理論はこのような存在論的主語としての自己に拠るのではなく、心を場と考え、自己を前提するのではなく自己がなりたつ所以を問う。それゆえに「自己の力」としての欲望や動機を説明する概念としての力の概念を探求するのである。

私はすでに、西欧における思考の核心にすえられていた知覚と論理は、人間の心の本質的な条件ではないことを示した。私の関心は、生物一般の認識ではなく、人間に固有の認識、あるいはいっそう広く、人間の心的活動を明らかにすることにある。人間に固有の心的な作用とは、ある現象が人間の心であるための十分条件である。私はそれを心の本質と呼んだ(1)。心の本質を突きとめるために、われわれは心が創発する進化的な軌跡をたどることにしよう。あらゆる生物に共通する最広義の知的活動から出発し、より高度の能力の創発を、進化史的に検討しよう。

あらゆる生物は環境を認識する。微生物の、光や化学物質の濃度勾配に対する反応である走性 taxis のようなもっとも単純な行動も環境の刺激に対する反応であり、広義における知性ということができる。こうした認識がなければ行動は不可能であり、自己保存も不可能である。植物は動き回ることはしないが、四季に応じて開花などの身体的な変化を行う。これも行動には違いない。すべての行動の条件は、環境の認識である。哲学者のポール・チャーチランドは「行動を知覚に協働させるには、生物の脳が感覚ベクトルを運動ベクトルに原理にもとづいて変換することが必要である。これが知性の出発点である。脳が原理に従って感覚運動変換を実行する能力、すなわち脳が知覚された状況の中で適切なことを行う能力において、知性は出発する」(Churchland 1995: 95) と述べて、感覚（知覚）と運動（行動）を結びつける能力を、知性の起源とする。

明らかに、心の起源とは、環境の認識とそれにもとづく行動の判断にある。生物のこの能力は、広義の知性である。この広義の知性は、「いま・ここ」としての現前において機能する。すなわちそれは、自己が存在する環境世界の認知にほかならない。知覚は視覚や聴覚から構成される高次の知性であり、動物に固有の世界認識の能力である。動物が行動能力を飛躍的に増大させたのは、知覚の能力に依存している。しかし、知覚もやはり「いま・ここ」に現前する環境世界の認知なのである。それゆえに知覚は人間の心の必要条件でしかない。人間は知覚の能力を他の動物と共有しているからである。それはともかく、生物がもつ最広義、言いかえれば最低限の知的能力は、何らかの形における「いま・ここ」における環境の認識である。これが議論の出発点である。

## 2　非在の世界と原始的想像力

哲学者のデネットは、知性の進化のわかりやすいモデルを提示した（Dennett 1996）。まずは、彼が「ダーウィン型生物」と呼ぶものである。それは突然変異と自然選択を行う。次に、彼が行動主義の心理学者バーラス・スキナーに因んで「スキナー型生物」と呼ぶものは、刺激と反応から学習する、オペラント条件づけによる行動能力をもつ。スキナー型生物がもつ学習能力は、ダーウィン型生物の偶然に依存する突然変異と自然選択より高度の能力である。だが、オペラント条件づけは、じっさいにやってみることが必要であり、現実的なリスクを冒さなくてはならない。哲学者カール・ポパーに因んで名づけられた「ポパー型生物」は、事前選択の能力をもつ。この生物は環境を仮想的にシミュレートする能力をもち、環境は内部環境として構成される。これはスキナー型生物より高度の能力である。行動をじっさいに行う前に、内部的なシミュレーションによってそのリスクを計算することができるからである。さらに心理学者リチャード・グレゴリーに因む「グレゴリー型生物」は、道具や言語のような、他者が開発した要素を自己の内部環境に取り入れて、より高度の知性をもつ生物である。

要するに、外的な環境に対応する内部環境の発達が、知性の進化・高度化なのである。この議論は納得のいくものである。生物の知覚と行動判断は、「いま・ここ」に現前する外的な環境世界の中で行われるものだが、環境が不断に変動することからして、高度な知性には現前を超越する世界に関する認識が含まれる。それは具体的には記憶と予想である。記憶は過去の出来事についての認知であり、予想は未来の出来事についての想像的な認知である。過去と未来は「いま・ここ」に現前する世界においては存在しない。それゆえ、記憶と予想は知覚ではなく、現前における非在の世界の認識である。この、現前における非在の世界の認識は、主観的な内部世界を構築することによって可能になる。これは知覚よりいっそう高度の能力であり、進化の途上で一部の生物が獲得したものである。

　現前における非在の世界を認識する能力とは、想像力である。記憶は過去世界に対する想像であり、予想は未来世界に対する想像である。想像力は行動の選択肢を増大させ、自己保存の可能性を飛躍的に増大させただろう。食物のありかを記憶し、敵の行動を予測することができるようになったからである。これが「ポパー型生物」である。このような想像力を原始的想像力と呼ぼう。原始的想像力の登場は、生物進化における重大な変化であった。知覚が現存する「いま・ここ」の世界の認識であるのに対して、想像力は世界を内部世界として創造する能力なのである。存在しない世界を創造するこの高度の能力は、脳の進化によるものである。ポール・チャーチランドが、神経系の「回帰ネットワークは、たとえ入力層が沈黙しても、完全に自力で活性化ベクトルの複雑な系列を生成できるのである」(Churchland 1995: 101) と言うように、神経系の高度の活動は外界からの情報に依存しないのである。

## 3　心の創発

記憶と予想は想像力による能力であるが、人間に固有の能力ではなく、少なくとも高度に発達した動物がもつ能力である。それでは、それら動物の知性と人間の心の相違は何だろうか？　人間以外の動物において、記憶と予想は、あくまで現前する「いま・ここ」の世界における行動の補助的な手段である。言いかえれば、人間以外の動物においては、想像力は生物としての生存確率を増大させる、自己保存の能力なのである。それゆえ、彼らにおいては、想像力は知覚に対する補助的な手段であり、知覚に従属する能力でしかない。

　ところが、人間においては、想像力は単に記憶と予想に留まらない。あらゆる文化、あらゆる社会制度は、想像力によって創造された世界である。たとえば、貨幣はどこからその価値を引き出すのだろうか。紙幣は単なる紙であり、預金は単なる数字記号でしかない。貨幣の価値は、それが中央銀行によって発行されたことによる、ということができる。ではどうして中央銀行が発行すると価値があるといえるのだろう？　それは法律によって保証されているからだ。だが、どうして法律によって保証されると価値が生まれるのだろう？　このように、問いは遡及していく。最終的に貨幣の価値を担保するのは、多くの人が貨幣に価値があると「考えている」ということなのである。つまり、貨幣の価値は間主観的になりたつ。貨幣とは、人びとが想像的に「思う」ことによって創造されたものなのである。このことはあらゆる文化、あらゆる社会制度に妥当する。

重要なことは、これら人間が創造した世界は、現前する知覚的世界に対する補助的なシミュレーションではないということである。それは知覚される外的世界とは別個の、想像力のみに起因する世界である。われわれ人間が生きる世界の多くの部分は、このように想像力が創造した世界なのである。こうして、われわれは人間に固有の心の本質的な条件、心の十分条件に到達した。それは高度の想像力であり、現前する環境世界とは別個の世界を作り上げる力であり、人間に固有の知性である。それゆえ、すでに述べたように、近代の哲学者のように知覚を心の主題とすることは見当違いなのである。知覚は客観的な環境世界における自己保存のために必要な能力である。近代の哲学は、この自己保存を誤って哲学的思考の焦点としたのである。たとえばアンリ・ベルグソンは「生命の進化によって形づくられてきたわれわれの知性の本質的な機能は、われわれの行動に光を当て、事物に対するわれわれの行為を用意し、ある一定の状況に続いて起こると予想される有利もしくは不利な出来事を予測することにある」（Bergson 1959=2001: 48）と述べるが、これは典型的に上記の誤謬の例である。

フッサールは、現象学では準現前化（自由な想像）が知覚より抜きん出た位置にあるとし（Husserl 2009a: 147）、『虚構』はすべての形相学の生の要素であるのと同様に、現象学のそれを構成するものでもあり、虚構は『永遠の真理』の認識がそこから養分を汲む源泉である」（*ibid.*: 148）と述べているが、この虚構、すなわち想像力による達成を、最終的には知覚に還元してしまう。だが、想像力の核心は、それが知覚に還元されないということなのである。それゆえ、フッサールも心の核心を取り逃したといわなければならない。知覚は想像力と比べれば受動的な能力でしかない。知覚はさほどの能力を必要とすることでもなく、生物世界の中で人間の知覚などはたいしたことはない。それに対して想像とは世界の創造であり、ここに心のもっとも高度な力が発揮されるのである。また、論理も心を定義するような能力ではない。想像力は論理に従うものではないからである。すでに述べたように論理とは潜在的にすでに存在する命題を引き出す操作だが、想像力は存在しない世界を創造することである。それゆえ知覚と論理は心の本質ではない。こうして、心の秩序の探求の方針が明確になった。心の秩序は想像力に照準して探求されるべきである。

想像力を心の秩序の核心と見る観点から、私はデネットのモデルに一つの類型をつけ加えたいと思う。人間以外の高度な生物においては、内部環境あるいは内部世界は、外界の客観的世界を認識するためのシミュレーションであり、知覚の補助的手段であった。それらの生物において、この内部世界は外的な環境において生命を維持するために適切な行動を取るための手段であった。それゆえこれらの内部世界は外部世界と一致するのが理想であり、少なくとも外部世界には存在しないものを作り出したりしてはならない。

これに対して、心において想像力が生み出す内部世界は、知覚対象としての外部世界とは異なる世界を作り出す。そしてこの新たな世界は、知覚される環境世界とは別個の、独自の存在意味をもつ世界なのである。たとえば、文化的世界である。文化は人間が生物として生存する確率を増大させるとはいえない。いや、場合によっては、文化的な想像的な世界を生きることは、生物としての生存確率を少なくとも増大させず、しばしば減少させさえする。たとえば戦争や革命である。人間は生物として生存するためには、文化的世界を必要としない。この意味で、文化的世界は「自己保存」という観点においては過剰でありデカダンスなのである。われわれはこのような想像力を備えるにいたった人間という生物を、象徴派の首領に敬意を表して、「マラルメ型生物」と呼ぶことができるだろう。心とは宇宙におけるデカダンスにほかならない。人間の心のオリジナルな本質は、知覚対象の環境世界とは異なる独自の世界を創造する点にある。人間以外の高等生物においては知覚に従属していた内部世界が、その軛を脱して独自の想像的な、現前における非在の世界を獲得する。これが人間の心の能力なのである。このような想像力を、原始的想像力に対して、今後は単に想像力と呼ぼう。

知覚が文化に依存することはしばしば指摘されてきた。たとえば虹の色の数が文化によって異なる、というように。確かに知覚が文化を負っていることは疑いない。だがそうであっても、知覚はあくまで外界の世界の情報を獲得することだから、外部世界と内部世界の食い違いは最小でなければならないのである。すなわち、知覚においては「正確さ」すなわち真理性が唯一の条件である。言いかえれば、知覚は客観性、確実性、明証性を価値とする。それは知覚に生物体の生死がかかっているという事実に起因する。

それに対して、文化や社会制度は本質的に間主観的であり、明証性とは離れた場所においてなりたつ。私は近代哲学が知覚に準拠したことを批判してきた。心の探求が準拠するべき焦点、心の本質的な条件とは、想像力にほかならない。こうして、心の探求は「確実性」という古典的な基準を捨てなければならない。すでに見たように、古典的な心の哲学の規範としての確実性、正確さは、その特権的な対象としての知覚と論理に不可分に結びついていた。確かに、知覚においては正確さが生命線である。しかし、「正確な知覚」は必要だが、「正確な想像力」というものはあり得ない。「確実な想像力」「論理的な想像力」もまたあり得ないのである。想像力の基盤は、確実性や正確さといった合理性の規範ではないところに求めなければならない。

注

（1）人間に固有の知性を心と定義すると、「人間の心」という言表は冗長な表現である。だが今後、わかりやすさのために、このような冗長な表現を使用することもある。

# 第4節　思考と世界

## 1　世界と間主観性

前節の結論として、われわれは人間の知性を特定する十分条件、すなわち人間に固有の心の本質を、想像力と考えた。人間以外の高等生物もまた原始的な想像力を備えている。だが彼らにおいては、記憶と予想として現れる想像力は、生存可能性、自己保存という原理に従属している。それに対して人間的な想像力はこの制約を脱して、自己保存とは無関係の独自の世界を創造するのである。この意味で、人間的な想像力、したがって心は、生命的世界におけるデカダンスなのである。本節ではこの事情をより詳しく説明しよう。

通常、「世界」という語は、しばしば物質的な世界を意味するだろう。確かに、物質的な世界は生物としてのわれわれにとっての環境世界である。そこでは知覚が、われわれと世界の主要な媒介である。すでに繰り返し述べたように、フッサールの現象学は、近代哲学の流儀にならって知覚を焦点に心的過程を分析したものである。だが、他のあらゆる重要な思想と同様に、現象学という複雑な運動には相互に相反する思考が含まれていた。現象学は客観的な物質的世界とは別に主観的な理解によって達成される意味的な世界を強調した。それは人間が意味として構成する世界である。「生きられる世界」という概念はこの事情を強調する。生きられる世界、意味的世界とは、要するに外的世界に対する内的世界、心的経験の世界である。それゆえに生きられる世界は知覚的世界ではなく、想像された世界、言いかえれば心的な世界である。想像力による世界の創造とは、心的世界という一個の世界の創造なのである。

いま述べたように、偉大な思考の例に洩れず、フッサールの思考そのものが多様な、時に相反する内容を含んでいる。たとえば、彼の考えでは、イデア的なものは実在するものであり、単に表象されるものではない。フッサールは数を例に挙げている。数は、われわれがそれを表象しようがしまいが、それにかかわりなく存在するものである。すなわち数表象は数そのものとは別物である。したがって数そのものを心理的に形成されたものと言い表すのは、背理なのである（Husserl 2009a: 49）。それゆえ、世界の心的な構成という考え方は、フッサールのイデアに関する思想と相容れない。とはいえ、こうした多様性は、挑戦的な思想に必ず付随してしまうものなのである。フッサールの意図とは裏腹に、現象学は知覚的な客観世界とは異なる心的世界を発見したといえるだろう。

多くの場合、知覚の対象は人間が創造するものではないが、文化や社会制度は人間の心の想像力の産物である。仮に人類が一瞬のうちに死滅したとすると、知覚対象のたとえば自然はそのまま残っているが、法や貨幣などの社会制度は存在せず、社会も存在しない。人類の死後にも、都市における建物は残っているが、建築やデザインという「考え」はもはや存在しない。CDという物体は残るが音楽は存在しない。絵画や書物は残るが、それはすでに絵画や小説ではない。これら社会制度や文化は、心的に把持されている限りにおいて存在するのである。

すでに貨幣の例を挙げたので、別の例を挙げよう。ここにAという大学があるとする。A大学というものは知覚可能なのだろうか？　確かに、われわれはA大学を訪問することができ、記念写真を撮ることもできる。その写真に収められているのは、確かにA大学の風景である。A大学には様々な象徴的な建物などがあって、それがA大学の風景を作り出している。ここで、A大学がある年の一月一日をもって他の場所に移転するとしよう。この移転に際して、建物その他は一切残されるとしよう。これは非現実的な仮定とはいえない。さて、この場合、その前日の一二月三一日までは、A大学は確かにもとの場所に存在する。しかしその翌日には、この場所は建物もすべて含めて、A大学ではないのである。何が移転したのだろうか？　教職員や学生は移転した。ではこれら教職員や学生が「A大学」そのものなのだろうか。しかしこれらの人びとはつねに入れ替わっているが、この変化はA大学を変化させはしない。それゆえに「A大学の移転」ということは、人員の移転そのものではないのである。では何が生じたのだろうか？

それは、社会の全員でなくとも、多くの人びとが一致して、「A大学は移転した」と「想像する、思う」ということとなのである。同様に、貨幣の価値は、多くの人びとが一致して「この紙には価値がある」と「想像する」ことによってなりたつのであった。それと同様に、ある場所や建物は、多くの人びとが一致して、すなわち間主観的に「A大学であると思う（想像する）」ことによって、「A大学である」ことになるのである。いま述べたように、これは間主観的になりたつことだから、誰か一人が「ここはA大学ではない」と思ってもだめなのである。すべての人がそう思う必要はないが、多くの人がそう思うのでなければ間主観性はなりたたない。貨幣なら、「一人がその価値を疑う」ことによって貨幣の価値は変化しないが、「かなりの数の人びとがその価値を疑う」ことになると、その貨幣の信用は低下するし、「ほとんどの人びとがその価値を認めない」ことになると、その貨幣の価値はじっさいになくなるのである。

　こうした意味で、じつはA大学というものは知覚可能なものではなく、思考可能あるいは想像可能なものなのである。それは客観的な存在ではなく、間主観的な存在である[1]。それゆえ、犬や猫は大学の建物を知覚することはできるが、大学という制度や組織を経験することはできないのである。それでは、「A大学の写真」とは何だろうか。それは、それを見る人が「これはA大学の写真だ」と思うことによって、A大学の写真であることになるのである。同様に、社会制度もまた知覚可能ではなく、思考可能、想像可能なものなのである。このように、多くの人びとが想像的にそう「思う」ことによって間主観的になりたつことが、社会秩序の特質である。ここで、「思う」ことは知覚に依存しない。それは想像力の機能である。すなわち、社会とは想像的な世界である。

## 2　想像力と世界

　それでは、こうした想像的世界、あるいは思考的世界はどのようにしてなりたつのだろうか。われわれ人間は生物であり、生物としての存続を果たさなくてはならない。そして生物として生き延びるためのもっとも重要な条件の一つは、自己の環境を正しく知覚できることである。この意味で、われわれは確かに知覚的世界とつながっている。だがそれは生物としての最低限の条件である。生物としての最低限の必要を満たす世界を、生活世界と呼ぶことにしよう。生活世界とは、飲食や休息など、生物としての必須条件に関わる世界である。だが、生物として存続するだけなら、われわれは文化を必要としないし、社会制度も単純なもので済むだろう。ではどうして文化や複雑な社会制度が出現したのだろうか。

ここで「食」を例にとってみよう。言うまでもなく、食事をすることは生物として欠くことができないことである。それは生命の再生産に不可欠である。だが、世の中には多様な食事が存在する。一方で家庭料理があり、他方では高級レストランで供される高価な食事もある。この後者の食事は、何のために存在するのだろうか。生命の再生産のためには、それはまったく不要である。いやむしろ、高価な食事というものはたいていは栄養が偏っているから、体にはよくないのが普通だろう。出発点は、生活世界における家庭料理である。家庭料理においてもっとも重要な条件は、栄養への配慮だろう。栄養こそは生命の再生産のための条件であり、自己保存のための不可欠の条件である。家庭料理は生活世界における基本的な食なのである。

人間の想像力は、生活世界における食を超越する食文化を構築してきた。高級料理においては、自己保存の基盤である栄養は軽視され、あるいは無視される。だから高級料理を毎日食べれば、成人病になる危険があるわけである。高級とされる料理では、味覚が重要であることは当然だが、味覚がいっそう深く追求され、舌触りや喉越しなどに配慮する。さらに、盛りつけや店内のインテリアのような視覚的要因も重要になる。そのほかに聴覚的要因も重要だろう。これら味覚・視覚・聴覚的な要因は、栄養と無関係であり、生命の再生産という意味における自己保存とも無関係なのである。高級料理においては、これら複雑な感覚を統合した、複雑な料理の形が目指される。つまり、高級料理とは、生活世界における必須条件としての栄養摂取としての食から出発し、より高度の秩序すなわち食のモーフォジェネシスの追求と創造であるといえるだろう。それは味覚・触覚・視覚あるいは聴覚の創造である。このような食の高度の秩序は、生物としての自己保存には不要な過剰であり、デカダンスである。言いかえればそれは食の文化であり、想像力によって創造されたものなのである。生存の根本条件としての栄養は、想像力や文化とは無関係である。

食と同様に、音楽は、生活世界における音の経験を基盤として創発する形の秩序である。聴覚は自己保存のために必要な機能である。音楽とは、この聴覚的な経験を純粋に取り出して多様な音の秩序としての形を作ることである。だからそれはそもそも生活世界とは乖離しており、音楽は自己保存とは無縁の場所で文化として展開する。音そのものは、知覚である。音楽は音を生活から切り離して、音の形すなわち秩序を想像力によって作り出すことである。このような食の世界や音楽の世界はシュッツの言葉でいえば多元的なリアリティであり、生活世界から創発したが、生活世界とは異なる、独立した文化的世界である。すなわち、想像力によって創造された、「音楽的世界」という独自の形と秩序の世界がなりたっているのである。

「なぜ音楽を聴くのか」という問いは、「なぜ生きるのか」と同様に深く、同様に無意味な問いである。音楽的世界という独自の世界が開けているからである。生きることに理由がないなら、同様に音楽を聴くことにも理由はない。もし生きることに理由があるとすれば、生はその理由すなわち根拠によってなりたつことになる。だがそのような根拠は存在しない。すなわち、生とは端的な事実性である。同様に音楽もまた、音楽的世界における端的な事実性なのである。一般化していえば、生活世界においては自己保存のための必須条件が目指されるのだが、これらの条件を基盤として、自己保存とは無関係の秩序がなりたってくる。それが文化である。音楽、絵画、映像、文学、これらは自己保存とは無縁のデカダンスであり、想像力によって新たに創造された世界なのである。さらに後で詳しく見るように、すべての社会制度も想像力の産物である。

### 3　想像的世界の存在論

こうして、文化的世界、社会制度の世界は、想像力によって創造される多様な形態の世界である(2)。この世界は多くの人びとがそう「思う」ことによってなりたっている。それでは、社会的世界とは一個の「幻想」なのだろうか？だが、幻想という言い方は、知覚によって経験される世界を唯一の真理基準とする見方でしかない。間主観的世界は幻想ではなく、知覚ではなく思考によってのみアクセス可能な、一個の経験的世界なのである。制度について述べたように、これら間主観的世界は、個々の個人の自由によって否定できるものではない。この意味で、それはある程度の客観性をもつということができる。もっとも、客観性とは周知のようにきわめて困難な概念である。ここでは所与性、あるいは間主観的妥当性という意味で理解しよう。貨幣や法は明らかに間主観的な妥当性をもち、さしあたっては所与性をもつ。アドルノは、「主観は客観を創り出すことはない」(Adorno 1970: 189) と述べたが、じっさいには想像力という主観性が社会的なリアリティという客観性を創り出すのである。こうして、社会とは想像力による間主観的な構成である。社会は不断に変動する現実であるが、その枠組としての制度は相対的に不変で安定性をもたなければならない。間主観的な妥当性は、社会という場のもつロバストネス (robustness 堅牢性) なのである。

言うまでもなく、間主観的世界は解釈に対して開かれている。だがこの点は、知覚される世界も同様である。たとえば、いま教室の風景が見えるとしよう。そこには黒板があり、机があり、壁がある。それらの知覚は疑う余地のない客観であるように見える。しかし、まずこれらの風景は、人間の知覚的スケールでしか観察できない。仮にバクテリアに視覚があったとしても、バクテリアとはスケールが異なる教室の風景は知覚可能ではない。では、バクテリアにとって、教室や黒板は「存在する」といえるのだろうか? それは、「存在」という概念の定義、使用法によるだろう。存在とは何らかの仕方で経験されるものでなければならない。バクテリアにとって、「教室」というものが経験不可能である以上、それは存在するとはいえないだろう。あるいは少なくとも、バクテリアにとって教室や黒板が存在するという命題は、誤りではなくとも無意味である。そういうわけで、教室の知覚風景が客観的に存在するのは、人間にとってのことでしかない。

別の観点からすれば、教室の風景は運動する分子の集まりであり、机も黒板も分子的世界に解消するともいえるのである。このように、世界は必然的に「生きる」ことの相関者として与えられている。だからあらゆる存在に妥当する客観的世界というものを考えることは無意味なのである。この意味で、知覚的世界の客観性と想像的世界の客観性は多少の相違はあっても、その差異は五十歩百歩の類である。芸術作品は、作者が自由に変更できるものではない。

後で見るように、作品にはそれ自身の秩序があるのである。知覚は受動的な機能だが、想像力はより能動的な機能である。想像力を心の本質とすることにより、心は能動的な力の概念によって定義されることになるのである。

デランダはこれまでの哲学における存在論をおおまかに三つに分類する。一番目は、現実はそれを知覚する人間の心と独立には存在しないとする立場であり、その存在論は心的な事象からなる。二番目は、心と独立の事物の存在を承認するが、理論的な事象がそのような存在論的な自立性をもつとは考えない立場。三番目は、現実は人間の心と独立に存在すると考える立場である（DeLanda 2002: xii）。この最後の立場はアーチャーの批判的実在論および分析的二元論の立場である。すでに述べたように社会秩序は人間が「思う」ことによってなりたつ間主観的な秩序である。それゆえそれは人間の認識から独立ではないが、個々の個人の認識に対しては独立性をもっている。たとえば貨幣や国家は間主観的秩序だが、個々の個人にとっては、それはほとんど客観的な存在として現れる。だからといってそれらを客観的に存在する「存在」であると考えるわけにはいかない。デランダは、「本質主義は実在論の拒否を正当化するために多くの社会科学者によって提出された主要な論拠である。持続し、心とは独立な同一性をもつ社会的要素を仮定することは、その同一性を定義する本質が存在することを意味する、とこれらの批評家は述べるだろう」（DeLanda 2006: 26）と述べる。間主観的秩序としての社会秩序はこのような意味での独立性をもたないし存在でもない。だが同時にそれは個人が自由に「構築」できるようなものでもない。

注

（1）ガーゲンは、間主観性という概念は独立した個人の心を前提とするとして批判している（Gergen 1994）。なるほど、そのように立論された間主観性の理論もあるだろう。しかし、ここで述べている間主観性の概念は独立の個人を前提したものではない。本書で使用する間主観性の意味は、ある秩序が十分な数の人びとがそう「思うこと」によってなりたっているという事態を指す。それは現象学的社会学や盛山和夫（2011）が述べる、社会秩序の意味的な存在と考えてよい。だがすでに述べたように「意味」の概念は静的な枠組を指すために、動学的な理解を目指す本書ではあまり重要な役割を担わない。

(2) 本書では存在論に深入りすることはできない。ここで批判的実在論に触れるべきかもしれないが、詳細に論じる余地はないし、本書の理論とは直接の関係がないために、その必要もないと思われる。批判的実在論は経験科学への批判だが、経験科学を狭く限定して理解している。たとえばその生成メカニズムの概念は、経験科学における法則概念と大差があるとは思えない。

# 第4章　心と場

## 第1節　心的秩序の原理

### 1　思考の秩序へのアプローチ

これまでの論述を基盤として、心の理論の構築を進めていこう。すでに述べたように、「私が考える」という表現は心についての点記述としてのみ有意味である。だが近代の心の哲学では、この命題は「私」というものが存在し、それが思考の原因であり源泉であると解釈されてきた。そうなると考察の主題は個々の思考ではなく、その原因としての「私」であることになる。このような考え方を私は存在論的背理と呼んだ。「私」とは点記述の主語であり、それは文法的にのみ有意味である。ここにAという個人がいるとして、生まれたてのAと高校生のA、さらには壮年、老年になったAは見かけも中身も異なるが、同一のAという人物であるとされる。ここで具体的な状態といえるのは幼児、青年などのAの具体的な姿であり、幼児期から老年まで同一不変の文法的主語としてのAそのものは観察可能ではない。幼児でも青年でも老人でもないAという人物は、思い浮かべることさえできない。このAという点記述の主語は観察の対象ではなく、また抽象化でもなく、思考の対象なのである。Aという同一性にもとづくこの記述が点記述であり、Aという主語は点記述の文法的主語である。点記述の主語としての「私」は心的な現象の原因や源泉ではないのである。それは点記述の主語としての台風が風雨の原因ではないのと同様である。

台風の場記述の中に、台風は登場しない。場記述の内部に台風が描かれているとしたらそれは背理であり、除去されなければならない。同様に、心の場記述の中に「私」という主体は存在してはならないのである。それは経験的事実ではなく論理的＝文法的な要請である。台風における風や雨の原因は、台風ではない。台風とはすなわち風や雨のことであり、それゆえ両者の間に相互作用は存在せず、したがって因果関係で結ばれてはならないのである。因果関係を構成するには、二つの項目が異なるものでなければならないからである。風雨の原因は、気圧の、さらにいえば重力場のダイナミクスなのである。同様に、主体としての「私」が、私の心の原因や作動因であるのではない。言いかえれば、主体としての「私」が存在し、それが私の意志や思考や感情を引き起こすのではない。「われ思う」という表現は点記述としては適切だが、だからといって「われ」が「思う」を引き起こす原因ではない。そういう見方は事実に反するのではなく、論理的＝文法的な背理なのである。こうしてわれわれは、「われ思う」という表現において「われ」と「思う」の二つが異なる論理的＝文法的な起源をもつことを知る。「われ」とは点記述の文法的な主語であり、現実においては空虚な点であり、それに対して「思う」ことは具体的な出来事である。

「私が考える」という命題において「私」が存在とみなされ、さらには「考える」ことの原因とみなされる理由の一つは、いま述べた存在論的背理という思考の錯誤によると思われるが、ほかにも理由がある。それは個人の身体が明らかに知覚可能であるために、身体が個人と同一視され、その結果、個人のみが存在すると考えられやすいことである。ソウヤーは、ほとんどの社会学者は、存在するのは個人だが、その相互作用から生まれる創発は個人に還元できないと考えていると述べている（Sawyer 2005: 63,66）。そのような観点の典型は、「適応とは諸個人に付随するのであり、個人より大きないかなる社会的単位にも付随するものではない。社会集団や社会は適応の単位とはなり得ない。それらは単なる抽象だからである。具体的で生身の個人のみが適応単位となることができる。彼らのみが必要や欲望をもつからである」（Sanderson 1995: 10-11）と述べるステファン・サンダーソンの見解だろう。バックリーは、ある哲学者が、個人だけが実在する、なぜなら個人だけが知覚可能だからと述べた事例を正当に批判し、知覚可能な個人とは生物学的な有機体だけであり、人間は社会的・文化的に定義されねばならず、それは直接には知覚可能ではないと述べている（Buckley 1998: 18）。バックリーが言うように、社会学で考える個人は思考の対象であり、知覚可能ではないのである。

個人のみが実在であるという観点が生じるのは、社会学者といえども日常世界における生活者であり、知覚の圧倒的なリアリティの下に生きているからだと思われるが、社会学理論という抽象的な作業ではそのようなリアリティからは身を離さなければならない。ニュートンはリンゴが大地に落下するのを見て重力の概念を発案したと伝えられる。知覚可能な対象を理論の中心にすえるべきなら、物理学はリンゴと大地という概念によって理論を構築しなければならない。重力や場は知覚可能でない。知覚可能な個人を「存在」として理論の唯一の基礎とするような社会学理論は、リンゴと大地の概念からなる物理学と同様の不思議なものとなるだろう。学問という営為は抽象化によってなりたつ。社会学理論の多くはいまだに理論以前の段階にあるようである。

この考察から、心の理論を構築する方針は明確に定まる。台風の具体的な理論がその場記述であるのと同様に、心的秩序の理論は心の場記述としてなりたつのである。人は思考、感覚、感情など様々な心的秩序を経験する。以下では簡単にするために、これらの心的秩序を「思考」という用語で代表させることにしよう。こうして、心を場として考える理論の端緒となるもっとも基本的な概念は、離散体的な個人ではなく、思考そのもの、そして思考を生み出す想像力である。本書における以後の理論的展開は、想像力と思考という概念から始まる。社会秩序とは思考された秩序、特に思考の本質としての想像力によって想像され、創造された秩序である。文化や社会といった社会学の対象領域は、このように思考によって間主観的に創造された世界である。それゆえに、思考こそが原初的な秩序の領域なのである。だが、思考という基本的であると同時に複雑な現象を、どのように扱うべきだろうか。それに必要なのは抽象化である。

これもまたすでに述べたことだが、およそ理論であるためには何らかの抽象化を経なければならない。世界の単なる記述は、われわれが生活者として不断に遂行している、日常茶飯事である。それゆえ、記述に徹するというやり方は理論と方法の放棄でしかない。では抽象化とはいかなる操作なのだろうか。リンゴと大地はまったく異なる二つの物体であり、リンゴが大地へと落下することは何の不思議もない平凡な事実である。日常生活においては、リンゴと大地は似ても似つかない別物である。ニュートンの独創は、リンゴと大地というまったく異なる二つの物体を、質量として同一視した点にある。このことから、「落下」という経験的事実は、リンゴと大地が互いに重力を及ぼすという理論的事実へと変換されたのである。この後者の命題は、われわれの日常的な感覚からかけ離れている。だが、日常的な感覚では及ばない知見を提供するからこそ、学問の有用性があるのである。リンゴと大地は質量へと抽象され、さらにその物体性も抽象されて「重力」という力として理解され、さらに重力場の理論へと発展した。

ここで重要なことは、抽象化は還元や一般化とは異なるということである。社会学では抽象化より還元や一般化が通常であった。還元とはある対象の独自性を否定して他のものによって置き換えることである。一般化はある対象の独自性を同じく否定して、それをより高次の枠組に位置づけることである。他方、抽象化とは対象を置き換えることではなく、その対象を、理論にとって有意味な特定の観点から観察し記述することである。すなわち、リンゴという物体には色彩や味など多様な属性があるが、そのうちの質量という属性に焦点を当てる、というのが抽象である。それゆえ、リンゴと大地の個別性あるいは固有性はニュートンによって否定されたわけではないのである。

抽象化といっても多様である。われわれが心の理論の出発点において出会うのは、諸個人の思考は千差万別である、という事実である。経済学では、人間の多様な欲求から、一人の個人がもつ欲求の間に順序づけが可能であるという、選好の順序性を抽象している。あるいは複雑性科学にもとづく理論生物学は、生物という千差万別の固有性を、生命という力へと抽象する。このように、抽象化は特定の理論にとっての有意味性を基準として行われる。人間の思考は千差万別であるから抽象化できない、というのは正しくない。むしろ、千差万別であるからこそ、抽象化が必要なのである。社会システム論も含めて、社会学においては個人とその思考に関する抽象化は存在しないと言ってよいと思われる。社会学が個人について語る語り方は、日常的な語り方を出るものではない。これでは社会秩序に対する新しい観点を提供する望みはないといわなければならない。

## 2　思考と力

以上の考察からすれば、心的秩序の探求の最初になされなければならないのは、「私」という主体あるいは自己あるいは存在の概念の、現象学の用語では判断中止である。これから展開される理論の対象は「私」ではなく、本編の冒頭で述べた心の事実である。それゆえこの理論はフッサールの初心に忠実に、現象的世界に還帰する現象学であるといえるだろう。コギトの考え方では、心的秩序はコギトがもつ目的に対する手段によって説明される。だがじっさいには心はそのような合理的判断をしているだけではない。近代の理性の哲学は感情を心的秩序から排除したが、現に感情や感覚が心に生じている以上、それらを考察の対象外とすることはまったく恣意的である。心には感覚、感情などが浮かんでは消える。どうしてそんな気分になったかと説明することも多くの場合はできない。理性の哲学は心的秩序に幾何学的な枠をはめてしまう。だがじっさいには心的秩序は様々な思考が浮かんでは消える、生々流転の流れである。それゆえ心的秩序は動的なダイナミクスとして理解されなければならない。理性の哲学が排除しようとしたのは、まさにこのような動的な心的秩序だったのである。心に浮かぶ気分や感情や思考や感覚は互いに相互作用し新たな要素を生む。それゆえ心的秩序は一次元の線的なものではなく、広がりをもつ空間性において理解されるべきである。すなわち、心的秩序は場として理解されなければならない。言いかえれば、心的秩序は運動、波動として理解されることになる。

今から展開されるのは、心についての場記述である。場の概念における基本概念は、力 force である。すでに述べたように、社会学では権力 power の概念は使用されるが、力の概念は馴染みがない。だが変化する過程についての理論は、その変化を引き起こす力についての仮説をもたなくてはなりたたない。これまでの社会理論は暗黙裡に力の仮説をもっていたのである。これもすでに述べたように、場という概念は様々な意味をもち、ほとんどの場合、あいまいな意味において使用されている。私が使用する「場」の概念は、第Ⅰ編の第２章で説明されたものである。物理学における場とは力の場にほかならないから、力の概念がその端緒として考えられなければならない。それゆえ、私は思考を力として抽象化しようと思うのである。社会学における複雑性理論の開拓者であるバックリーは、力学系の理論を社会的文化的な分析に応用しようとする場合、情報過程の概念とならんでエネルギーの流れを適切な仕方で理解することが困難な点であると述べた（Buchkey 1998: 175）。これは先駆的な卓見である。本書の理論では情報過程の概念は確率的に定義された秩序概念として示され、エネルギー過程は場の力の概念で示される。

そもそも力とは何だろうか。しかし力は場の理論の基本概念であるから、厳密には定義できないものである。というのも、定義とはある概念を他のより基本的な概念で置き換える操作にほかならず、それゆえ基本概念を定義するというのは背理だからである。なぜなら、基本概念がより基礎的な概念で定義されるとすれば、定義された当の概念は基本概念ではないことになるからである。いかなる理論も、他の概念を定義するがそれ自身は定義されない基本概念を含まなくてはなりたたない。たとえば「点」や「線」のようなものである。力という概念はそのような基本概念なのである。とはいえ、点や線が厳密には定義されないとしても、おおまかなイメージがなくてはそもそも理論の理解が不可能になってしまう。力とは、おおまかにいえば、何らかの運動状態を変化させる作用であるといえよう。重力や電気力はそうしたものである。言いかえれば、何も力が加わらなければ、状態の変化は生じない。状態を変化させることは新たな状態を作り出すことであり、より一般的にいえば秩序を作り出すことである。力とは、何らかの秩序を生成する原因なのであり、遡及不可能という意味で、第一原因なのである。

心の場記述における文法的主語は想像力およびその結果である思考であり、これは思考を力として理解することを意味する。それでは、思考が力であるとは、どのようなことだろうか。すでに述べたように、通常は思考は「自己」あるいは「個人」の能力としての力であると考えられ、自己や個人という「存在」すなわち「する」主体に帰属させられている。だが本書の理論では思考が第一原因なのである。私は心の現象に関するもっとも一般的な語彙として、さしあたり「思考」という語を使用すると規約した。さらに、心の、したがって思考の本質的な秩序として想像力を見出した。想像力とは、現前における世界認識である知覚とは異なって、思考を生み出す力である。世界は間主観的世界であり思考されることによってなりたつ世界である。それゆえに思考を生み出す想像力は世界を生み出し、変化させる力である。この意味で、想像力は、心において作用する能動的な力であると考えることができる。これに対して知覚は現前の対象の受動的な認識にすぎない。こうして、想像力が心の場記述における力として定義される。

人間は想像力によって思考を生産し、間主観的な社会秩序を創造してきたのであり、また現に創造しつつある。これは現象学が達成した認識であり、現代社会学において広範に受け入れられている考えであるといえるだろう。しかしすでに述べたように現象学においては、世界の構成とはいっても、その基本的な観点は意味付与であった。意味付与とはすでに存在するものの解釈であり理解である。したがって、意味付与という意味での「構成」あるいは「構築」は、世界の創造という観点がまだ弱い。私が強調するのは単なる意味付与ではなく、間主観的世界そのものの創造であり、それを可能にする想像力という力なのである。現代社会におけるあらゆる文化、あらゆる制度は、それが創造される以前には影も形もなかったのであり、意味付与によってなりたったのではなく、想像力によって創造されたのである。本書における根本概念は、意味ではなく力である。それゆえに場の概念が使用されるのである。

こうして、心あるいは思考について考える際の準拠点が根本的に変更される。確実性という要請に由来する知覚と論理から、思考を生み出す想像力のダイナミクスへの変更である。それは言いかえれば、心の受動性から能動性への変更である。事実、知覚だけでなく論理においても、心は受動的である。じっさい、論理や理性は不動の規範であって、心はただそれに従う以外のことは許されない。それに対して想像力は心的さらに間主観的に創造された世界に、明らかに作用を及ぼす力である。それゆえに、すでに述べたように「正確な想像力、確実な想像力」というものはあり得ず、想像力はつねに不確定性とともにある。

したがって、心の場記述は理性の哲学が排除した感情を重視する。感情とは、単に世界に対する情動的な「反応」に留まらず、世界を感情的な世界として想像し創造する思考の一つである。感情的な思考によって、世界は情感に満ちたものとして創造される。理性の哲学が考えたように世界は単に散文的な客観世界として構成されるのではなく、大森荘蔵が強調したように、楽しい、悲しい、恐ろしいなどの情感に満ちた世界として創造されるのである。このような創造が想像力の産物であることは明らかだろう。この意味で、感情は知覚より高度の想像力を必要としているのである。「いま・ここ」の現前世界の認識である知覚と異なって、感情は非在の世界にもっぱら関係するといえるだろう。たとえば悲しみは求められるものの不在の感覚であろう。恐怖にしても怒りにしても、また愉悦にしても、現前する世界を、想像された可能的世界と比較して始めて可能になる感覚である。この意味で感情は現前の超越であり、想像的に思考された超越的世界と比較しつつ現前する世界を思考する。それゆえに感情は知覚より高度の想像力の産物である。

## 3　心的秩序の原理

場として考えられた心を、心的場と呼ぶことにしよう。心的場における秩序とは、すでに述べた確率論的な秩序である。議論の出発点は無秩序であり、それは最大の確率をもって生じる、もっとも安定的な状態である。無秩序とは対称性でありすべてがランダムに生起する状態である。秩序とはこの対称性を破る非対称性であり、差異、パタン、組織あるいは形である。心的場の概念は心を運動する場として考える。そこにおける秩序すなわちパタンとは、様々な思考であると考えられる。すなわち、思考を、心的場がその都度示す形あるいは波動であると考えるのである。それゆえ、秩序が存在するとは、何らかの形の思考が存在することである。思考は静的なパタンではなく運動過程において生成し消滅するパタンである。だが無秩序がもっとも安定的であることから、これらの秩序としての思考はつねに消滅への傾向にさらされている。つまり心的場は無秩序へとつねに駆動されている。それにもかかわらず思考が存在するからには、心的場のダイナミクスの原理として形を生み出す力すなわちモーフォジェネシス（形態形成）の存在を仮定する必要がある。心的場は、不断に何らかの思考を生み出すモーフォジェネシス場として理論化されるのである。心的場における秩序は確固として存在するものではなく、運動の流れの中でその都度つねに新たに生成される。この流れを駆動する力は想像力である。想像力とはまさに多様な思考の形を生み出す力にほかならない。

心的場では多様な思考が相互作用し反応し、新たな思考を創発する、そのような思考の相互作用のダイナミクスが働く。それゆえに心的場の基本的な運動は、思考と思考の化学反応なのである。近代の哲学や社会学が「自己」を主体とし、思考は自己が原因となって制作されると考えたのに対して、本書の理論は思考を主語とし、心という場は思考を不断に生み出す運動体であると考える。理性の哲学が理性という確固たる枠組を心の原理とするのに対して、心的場の理論は思考の化学反応とそこからの創発を原理とする。心的場において多様な思考を継起的に生み出すような力が働いており、この力が心を無秩序あるいは均衡状態からつねに遠ざける。これが心における思考の形態形成の力、モーフォジェネシスである。生物は無数の分子の化学反応からなりたっている。同様に心は無数の思考の化学反応からなりたっている。この考え方を、「心はモーフォジェネシスによって動機づけられる」という仮説として表現することができる。これを「心のモーフォジェネシス仮説」と呼ぶことにしよう。

いま述べたことは、要するに、心的場は運動であり、その個々の運動すなわち波動が思考である、ということである。それゆえ心の原理は、運動としての心的場はつねに何らかの思考という波動を生み出しつつ経過するということである。個人は何らかの必要に応じて思考するというよりは、多様な思考や感情をつねに生み出すことが、生きることの事実性なのである。私は心的場の秩序の原理を思考のモーフォジェネシスとして抽象化し、理解する(1)。経済学は心的秩序を選好順序の存在として抽象化したが、本書では心的秩序を多様な形の思考の継起的な創出として抽象化する。運動としての心的場において、確実性は原理的な地位をもたない。心に生起する微かで揺れ動く感覚や感情は、デカルトの方法的懐疑の一撃によって雲散霧消してしまう。だがそれら微小なものも、確かに思考の形には違いない。今後、心は無数の思考を生み出す力学系として記述されていくが、これら小さな思考は、心的場の波動や振動としての運動と考えれば無理なく理解できる。再びいうが、これら繊細な思考のどれ一つも心から除外されない。それらは形態形成による心の形として抽象化される。この意味で抽象化は還元や一般化と異なるのである。

思考を継続的に生み出すのは思考の形態形成の力、すなわち想像力なのであり、自己や自我ではない。自己や自我の概念は、心の場記述において主語としては使用されないからである。上記の仮説は、すでに引用したカウフマンの

「自律的エージェントは永遠に、分子的・形態学的・行動的・組織的な新しさへと押し進む」（Kauffman 2000: 22）という命題を承けたものである。先に述べたように、心のモーフォジェネシス仮説が意味しているのは、心は多様な思考を生み出すように運動する場である、ということである。心が生み出す世界の「形態」とは、様々な思考の形であり、音や色彩の形であり、社会的な関係や組織の形である。これまで述べてきたように、心についての通常の理解は「自己」という離散体的な個体性を焦点にして、その維持を中心に考えている。その場合は、思考は自己維持のための手段として位置づけられる。だが今後詳細に検討するように、自己保存は心の機能の一部でしかない。心がしばしば自己保存的であるのは事実だが、それは心を説明する普遍的な原理ではなく、心の運動の一部でしかないのである。今後考察するように、自己保存が普遍的な原理とみえるのは、心と社会を離散的にのみ記述する場合である。だが、心と社会をその具体的なダイナミクスにおいて理解しようとするなら、われわれに必要なのは場記述なのである。

すでに述べたように、人は目覚めている限り、つねに何かを考え、思い、感じている。一人思考する時だけでなく、読書したり音楽を聴いたりする場合も含めてである。もし思考が自己保存のためにあるなら、自己保存が当面達成された場合には思考は停止するべきである。だがそれは非現実的ではないか。心の場記述の観点からは、個人は生きるために思考するのではなく、思考することが生きることなのである。生きるということは思考と別のことではない。それは無数の思考の継起的な産出であり、そのダイナミクスである。そして、その思考を生み出す主語は、点記述では「私」であり、場記述では想像力と、その具体的な働きとしての思考のダイナミクスなのである。したがって、つねに思考することに理由はない。それは心の事実性である。つねに思考を生み出し、心的な無秩序としての均衡状態からつねに遠ざかることが、心の第一原理である。そして思考の連続が場の波動と振動となる。

それゆえ、心の原理としてのモーフォジェネシスとは、無数の思考の形態の創造と進化である。この命題において、あらゆる心的活動は、何らかの思考の形を生み出すこととして抽象化されている。この抽象が、自己保存という抽象と対立するのである。心のモーフォジェネシス仮説は、心を、自己保存を唯一の目的とするエゴイストとしてではなく、様々な領域における形態学的な挑戦者として描き出すだろう。これは抽象的な仮説であるから、この言明そのものに関してその妥当性が吟味されるのではなく、この言明から引き出される経験的な命題の妥当性によって、上記の命題の妥当性が検証される。したがって、本書における議論はニュートンの古典力学の議論の組み立てと同一の、仮説演繹的なものである。すでに述べたように、近代科学に対する疑念が提示されて以来、科学的理論について多くの議論が行われた。かつては古典力学の理論があらゆる科学の唯一の規範とされたのだが、現在では科学的理論の多様性が認められていると言ってよい。このことを認めた上で、私は仮説演繹的な理論構成を採用する。それは何らかの価値観によるのではなく、説明の便宜という機能的理由によるものである。本編の今後の論述は、この仮説が含意する経験的な命題を引き出すことにある。心のモーフォジェネシス仮説は、心がダイナミクスであり、そのダイナミクスのふるまいはモーフォジェネシスのテーゼにしたがうことを意味する。すなわち、「複雑なダイナミクスは本質的に進化する運動だが、アトラクタ上で安定化するときその力学的性質は潜在化し、自己保存するシステムとして現象する。このとき一見それは、論理的なプログラムに従っているように見える。しかしダイナミクスは論理システムとは異なり、何らかの条件に応じて元来の進化する可塑的な力学的性質が自発的に出現し、別のアトラクタへとカオス的に遍歴する。このとき、そのダイナミクスが元来もっていた数多くの自由度が再び現れる」という過程が心の運動原理として考えられるのである。

注

（1）このことを社会学の伝統と調和させようとすれば、心の原理は思考による意味創造であるということになるだろう。現象学的社会学はそれを主張してきたし、組織論と社会運動論のフリグシュタインとマカダムは、人間の心の原理を自己保存だけでなく協働的な意味創造に求めており、この観点が一つの社会学的伝統であるという（Fligstein and McAdam 2012: 40）。

## 第2節　心的場と思い

### 1　場としての心

本書の目的は、心と社会の場記述の理論を提示することである。これまでの論述で、思考という概念を心の機能のすべてを包括するもっとも広義の概念として定義した。したがって心の本質として想像力を取り出した。さらに、思考の本質、したがって心の本質として想像力を取り出した。さらに、人間にとって有意味な世界を、思考から構成される、言いかえれば「思われる」ことによってなりたつ間主観的な世界として定義し、想像力を、思考を生み出す力として定義したのであった。通常は「する」主体としての「私」が思考の原因・源泉とされるが、本書では「私」ではなくこの形態形成の力を心的秩序の本質としたのである。こうして力の概念が得られたことによって、心を「なる」論理にもとづいて、場として記述する可能性が開ける。

心的場とは思考の間の相互作用あるいは化学反応から新たな思考が、「なる」形で創発する、そのようなダイナミクスの場である。第I編で物理学の場の概念を紹介したが、心的場の概念はその概念に示唆されている。心的場の概念では心を場と見て、そのいたるところに想像力がチャージされ、そこにおける場の運動が波動となり、それが思考であると考える。思考と思考の相互作用から新たな思考が創発する。それが思考のダイナミクスであり、想像力は具体的には思考のダイナミクスとして働く。心的場の概念では、思考を意味という枠組よりは、他の思考に影響を与える力の観点で考えるのである。それぞれの思考が固有の場を生成し、他の思考はこの場と相互作用する。そしてそれら個々の場の総体が心的場である。物理的場の概念とは異なり、心的場の概念では、それが直接観察できないことから、位置の概念は適切には使えない。しかしそれが何らかの支障となるわけではない。このような心的場の概念からすると、どのようにささやかな感覚も、波動として理解できる。心とはそのような不断に振動する運動である。

たとえば、ある人がニーチェの本を読んで、その「ディオニュソス的なもの」という思考に衝撃を受けたとしよう。いまやこの人の心の一角に、「ディオニュソス的なもの」という思考がチャージされている。この思考はこの人の他の思考に何らかの影響を及ぼすだろう。それが「ディオニュソス的なもの」という思考の場であり波動である。影響を受けたといっても、当初はそれがどのような影響だかよくわからないだろう。わかるのは、心に何らかの波動が生じているということだけである。私は「ディオニュソス的なもの」という思考によってかくかくしかじかの影響を受けた、と明示的にその意味を語れるとしたら、その時点では「ディオニュソス的なもの」という思考はすでにニーチェが言う「概念のミイラ」になっているのである。さらに、音楽を聴いたりダンスを見たりする場合、心に何らかの反応が生じるが、それを意味として特定し説明することは困難である。明らかなのは、その音楽によって心の一部が歪み、その音楽がそれ自身の波動的に運動する場を心において生成し、私の他の思考がそれによって影響を受けているということである。この事情を表現するには、思考の化学反応という比喩的表現が適切である。あるいは「ディオニュソス」の磁場とか、ある音楽の磁場という表現も理解可能だろう。心的場という概念はこのような事実を表現する。この理論の出発点は、心は理性の哲学が考えたような合理的なものではないということである。心には不断に何らかの印象や感情、感覚や思考が浮かんでは消え、当の本人でさえいちいちその理由を説明することはできない。心的場の概念はこの事情をうまく表現できる。場はダイナミクスだからつねに何らかの運動すなわち思考を生み出さなければならない。ちょっとした気分、印象、感覚は心的場の波動、振動なのである。

決定的に重要なことは、繰り返し述べたように、場記述による心の概念には、主語あるいは主体としての個人あるいは「私」が登場しないということである。これは一見不思議に思えるかもしれないが、場の概念の当然の帰結である。それは、台風の場記述において台風は主語として登場しないのと同じ理由による。場記述の主語は力あるいはダイナミクスなのである。心の場記述において、主語は力としての想像力あるいはその産物である思考であり、それが思考のダイナミクス、すなわち思考の間の化学反応を生み出す。このダイナミクスにおいて個人や主体という概念は登場しないのであり、思考に対する主語にはなり得ないのである。「私」というものはこの心的場を点記述する場合に主語として登場するものである。

こうしてわれわれは伝統的な近代の心の哲学と袂を分かつ。近代の哲学が陥ったアポリアは、心的な作用の主体として自我のような作用主、「する」主体を考える点にあり、われわれはこれを存在論的背理と呼んだ。たとえばフッサールの自我の概念がそれに当たる。フッサールは、「『目覚めた』自我を、自己の体験流の内部で、コギトという特定の形式において、意識を連続的に遂行するものとして定義できる」(Husserl 2009a: 73) と述べているが、ここでは明確に自我が意識を遂行する、「する」主体である。心的な作用の極としてのフッサールの自我の概念は典型的なコギト概念であり、それはまさに心的過程に内在し、経験に作用を及ぼすとされる。この考え方はこれまた典型的な存在論的背理へといたるだろう。純粋作用として考えられたコギト的自我は透明な極であり、経験の多様性に対して反復する同一性をもっている。このような主体をギルバート・ライルは「機械の中の幽霊」と呼んだのだったが、フッサールの自我はもっとも洗練された幽霊なのである。

心的場の概念には、このような自我の概念は存在しない。それゆえ、主体としての私もまた存在しないのである。だがこのことは「私は考える」という命題が無意味であるとか誤っていることを意味しない。この命題は思考についての点記述として、正しいのである。「私」についての点記述は社会生活で必須の役割を果たしている。「私はしかじかの年に生まれ、かくかくしかじかの経歴をたどった」という命題が有意味に理解されるのは、「私」が抽象的な一個の点と理解されているからである。これは「私」の点記述である。だが、台風の場合と同様に、ダイナミクスのふるまいの詳細で具体的な記述は場記述によるのでなければならず、その主語は力なのである。こうして、一体不可分とも思える「われ思う」という命題の「われ」と「思う」が分離され、「われ」は点記述の主語、「思う」は場記述の主語へと割り当てられることになる。

心の場記述では思考同士が相互作用し、新たな思考を生み出す。それが思考のダイナミクスである。「われ」が因果的に「思う」を生み出すのではない。それはすでに述べた、存在論的背理である。すなわちその考えは、点記述の主語としての「われ」を場記述に使用するという、事実上ではなく論理的＝文法的な背理なのである。「われ」は点記述の主語としての空虚な点であり、「する」主体ではない。心は後述するように「なる」という形で運動する場である。それゆえに「われ」と「思う」の間には相互作用も因果関係もないのである。しかし「われ思う」という点記述は有意味に理解できる。

すでに紹介した社会学における戦略的場の概念では、場は競技場や市場のイメージで理解され、そこでプレイヤーが相互作用する空間である。そのような理論では場とプレイヤーは別であり、たとえば野球において重要なのは選手であって野球場ではないのと同様に、場そのものには焦点は置かれない。心的場の概念はそのようなものではない。この概念では、心的場と思考は別のものではない。心的場は不断に運動するのであり、思考はその運動のその都度の波動である。それゆえ、思考とは運動なのである。逆に、運動が思考という形を取って進むのである。そして心的場の運動は、様々な思考の波動の相互作用とそこからの創発として理解される。この運動はあらかじめ存在する心や私によって生み出されるのではなく、運動のダイナミクスによって駆動される。それゆえ、多様な思考の創発とそれらの間の相互作用という思考の運動が、心的秩序の本質である。

かつて「主体の消去」ということはポストモダンの思想の流行の言葉であった。個人に代わって主体の地位には言説、構造、関係性などが就くことになった。だがこの変化は「する」主体の思考の基盤の上の変化であると思われる。「する」主体としての個人の代わりに「する」主体としての言説や構造が主役となったのである。それに対して本書では、個人と社会の双方を「なる」という形で運動する場として理解する。

## 2　主語としての思考

こうして、心的場の秩序は、力としての想像力が生み出す思考そのもののダイナミクスである。すでに述べたように、心の場記述では、デカルトの「われ思う、ゆえにわれあり」という言明から、まず「われ」が除去され、それに伴って、反復的な同一性としての存在を意味する「あり」も取り除かれる。こうして、「思う」だけが残り、心は「思う」ことのダイナミクスとして記述されるのである。すなわち心のダイナミクスの主語は想像力という力であり、その産物としての思考である。

　哲学者の貫成人はフッサールの現象学を評して、「フッサールがとったやり方は、多様な現れが構造化される仕方を分析することだった」（貫 2003: 5）と述べている。さらに彼はフッサールがよく使用する「…が構成される sich konstituieren」という表現に注目し、フッサールの考えでは「志向的相関の機構が自己展開する中で諸契機は自ずと形をなし、事物や世界、感覚内容、体験流、自我、他我が『構成される』のであり、このプロセスを超越した母体・主体・基盤は存在せず、すべてはプロセスの進行の中で自己生成する」のであるという（同：57）。私は貫のこの解釈が正しいか否かを判断する能力をもたない。だが明らかなことは、もし貫の解釈が正しいなら、フッサールは肝心要の超越論的主観性の概念をじっさいには使用していなかったということになってしまう、ということである。というのも、もし「多様な現れが構造化される仕方」が、「諸契機は自ずと形をなし」、「このプロセスを超越した母体・主体・基盤は存在せず、すべてはプロセスの進行の中で自己生成する」というものであるなら、超越論的現象学の核心であるはずの反省的な自我の出番はないからである。フッサール現象学では反省的な自我あるいは超越論的主観性がすべての心的現象を構成するのであり、体験が自己生成するなど許されるはずがない。そして貫が解釈する「フッサール現象学」こそは、私が本書で主張している当の理論そのものなのである。すなわち本書の主張とは「多様な現れはおのずから構造化される」ということにほかならないからである。言いかえれば心的秩序を「する」主体ではなく「なる」場において考察するのである。もしこれを認めるなら、超越論的主観性の概念を捨て、それに代わって「現れがおのずから構造化される」あるいは「すべてはプロセスの中で自己生成する」、その過程のダイナミクスに注目することになるのである。それが自発的な形態形成としてのモーフォジェネシスにほかならない。

この編の最初の部分で述べたように、フッサールの現象学では、超越論的主観性あるいは反省的自我がその理論において余計な部分、空虚な部分となっていた。そのような概念は捨て去ればよいのである。そうなると残るのは経験のみとなり、経験は変化することから経験のダイナミクスという概念が必然的に求められることになる。それが、本書が行っていることである。すでに引いた文章で、フッサールはこう語っていた。「人は先入観のために、自分の直観領野において所有するものを、判断領野にもたらすことができなくなっている。じっさいには、誰もが、いわばつねに、『理念』や『本質』を見ているのであり、思考においてこれらを操作し、本質判断をも遂行しているのである——ただ、人はそれらを自分の認識論的な『立場』から解釈的に引き去っているのである」(Husserl 2009a: 48)。貫の解釈が正しいとすれば、超越論的自我、さらには「理念」や「本質」とはフッサールの先入観であり、彼の「直観領野」では思考のモーフォジェネシスを見ていたのかもしれない。しかし彼はこの思考のモーフォジェネシス的な自己展開を、自分の認識論的な「立場」から解釈的に引き去ってしまったのかもしれない。

別の例を挙げよう。シュッツは次のように述べている。

「じっさいには、二つの可能性の間の選択は、次のように行われる。自我は一連の『状態(etats psychiques)』を継起的に走り抜けるが、そのそれぞれの状態において自我は『拡張し、豊かになり、変化する(grossit, s'enrichitet change)』。そしてついに『自由な行為が熟しすぎた果物のように私から離れてゆく』のである。われわれが継起的な意識過程の豊かさの内に併存するものとして読み取ったつもりでいる二つの『可能性』、『方向性』あるいは『傾向』は、じっさいにはその行為がなされる以前には決して存在しない。存在するのは一つの自我のみであり、それがその動機とともに、不断のなることにおいて了解されるのである」(Schütz 1981: 89-90)(1)。

ここでシュッツはぎこちない用語を使いながら、自我あるいは私 Ich が「なる Werden」という過程を経ると考え、まさに「する」主体を否定し、自我を運動する「なる」過程として理解している。この引用文における「自我」は、明らかに「する」主体ではなく「なる」場として表象されている。この発想を徹底すれば彼が使っている「自我」が除去され、心的場の概念になる。しかしシュッツの理論は「する」主体のそれだったから、彼のこの直観を生かす方法がなかったのである。シュッツのこの引用部分を、エミルベイヤーとアン・ミシュは、「未来を志向する行為者は、じっさいには選択を可能性の、流動的で変化する場から行う construct choices out of fluid and shifting fields of possibilities」と説明している（Emirbayer and Misch 1998: 987）。この説明では自我は場において選択するとなっており、自我と場は分離され、自我は「する」主体として復活している。「する」言語の文化において「なる」ことを理解するのがいかに困難であるかを示す例といえるだろう。本書の理論が主張するのは、個人が場において考え、行為するのではなく、個人の心そのものが運動する場であると考えるということである。

「思考」が心的場の主語であるということは、思考が心的場における自律的エージェントであることを意味している。それは異様な考え方のように思われるかもしれない。だがそうだとしたら、その考え方は近代の、とりわけ西欧哲学的な知に汚染されたものであると主張したい。大森荘蔵の流儀にならって日常世界に立ち返るなら、私が述べた考え方は、少なくとも日本語における通常の発想であったということがわかる。ここで日本語の日常的な用法について見てみよう。思考という言葉はいかめしい学問用語であり、日常的な日本語ではほとんど使用しない。その代わり、通常は心的な秩序を指示するのに「気」や「思い」という語を使う。「気」といっても、朱子学の概念としての「気」ではなく、「元気」「気分」のような日常的な言葉である。いくつかその用例を挙げてみよう。

気を静める。気が滅入る。気が狂う。気が散る。気が多い。気が短い。気がいい。する気になる。気がある。気が尽きた。気をもむ。気に病む。気をそそる。気を悪くする。気を回す。気が詰まる。気が合う。気が大きい。気が重い。気が利く。気が進まない。気がつく。気がとがめる。気が抜ける。気が晴れる。気が引ける。

このように、「気」を主語として使用する例が多いといえるだろう。もちろん「気を使う」「気を利かせる」のように人間を主語とする場合もあることは言うまでもない。「気」に関する用例からわかることは、「気」とは心的な状態にほかならないが、それはその当人が自由にコントロールできるものではない、ということである。「人が気を使う」と言うように人間が主語となる場合は気を制御しているわけだが、「気」が主語になる場合には、基本的に当人であってさえ自由にならない心的状態を意味している。こうして、「気」という概念において、日本語では思考そのものを主語として扱ってきたのである。

次に、「思い」という語ではどうだろうか。この場合も、「思い」は多くの場合、「おのずから」浮かんでくるものである。「気」の概念が、心の、より変化しやすい動的なダイナミクスを表すのに対して、「思い」はより持続的なダイナミクスを指示すると考えられる。「思考」という用語は、その起源はともかく、近代日本において西欧的な思惟を導入する翻訳語群において中心的な役割を果たしてきた。それゆえ、「思考」という語には理性的なニュアンスがあり、理路整然とした理屈を示唆し、感情や感性と対立する印象があるだろう。ささやかな感覚を思考と考えることはどうにも無理がある。しかも、「思考」という語は、思考する「主体」の存在をどうしても暗示するように思われる。「思考」が主体である、ということは考えにくいのではないだろうか。つまり、「思考」はどうしても「われ」を前提し、「われ」に吸収される印象を与えるのではないだろうか。

それに対して、古来の日本語の「思い」においては、その「思い」の主体より「思い」そのもののダイナミクスに焦点が当てられるように思われる。そして「思い」はおのずから湧き出てきて、「われ」に到来するものである。つまり、「思い」とは「する」主体が原因となって引き起こすものではなく、「なる」ものである。「思考」とは異なり、「思い」には理性至上主義の含意はない。「うれしいと思う」という表現が有意味であるように、「思い」は感情や感覚を含んでいる。さらに、「思考」はその結果の正確さを暗示するように思われる。少なくとも、思考それ自身が自己目的である、という感覚は普通ではないのではなかろうか。この意味で、「思考」という語には手段的な含意があるように思われる。「思考」は「主体」がよりよい目標を達成するための手段であると思われる。それに対して、「思い」にはそのような手段的な含意はないだろう。むしろ、「思い」にはある思いが新たな思いを生み出し、別の思いを呼び寄せるというように、自ら運動する自律的エージェントの含意があるのではないだろうか。

そうだとすれば、心的なダイナミクスの記述においては、「思い」という語は「思考」よりいっそう適切であり正確である。それゆえ、今後は心的場のダイナミクスを記述する基本用語として「思考」に代えて「思い」を使用することにしたい。思いの原因は「私」ではなく、思いの相互作用のダイナミクス、あるいは同じことだが想像力であるとすれば思いは「私」にとっての他者性をもっている。私の思いは私の所有ではない。この意味で、「思い」と同じ意味で「声」という概念も使うことにしたい。たとえば「クライアントたちは、以前の関係の中で生まれ、現在の彼らの存在に住んでいる声たちを様々な方法で探求するように求められる」(Gergen and McNamee 1999: 31) というガーゲンとマクナミーの「声」という表現は、思いを主語とするイメージを伝えている。いま述べたように、「思い」は理性的な判断のみならず、感情や感覚を含んでいる。その意味で、心的な活動に関する一般概念としてふさわしいものといえるだろう。これに対して「思考」は感情や感覚を含まないために、心的活動のすべてを指示する一般的な概念として使用しにくいのである。たとえば英語では、心的活動のすべてを指示する言葉は存在しない。日本語に「思い」という語があるのは、僥倖というべきである。関係性の社会学者が言う関係性は、個人でも社会でもないものとして考えられている。そうなら彼らは論述の主語として個人と社会システムや構造概念は使えない。思いの概念は関係性を記述する主語として適切だろう。この詳細は第Ⅲ編で述べられる。

## 3　自律的エージェントとしての「思い」

こうして、私は心についての議論に根源的な転換を図りたいと思う。「私」あるいは「自己」という離散体的で自己保存的な「主体」あるいは「存在」に準拠する理論から、「思い」という、想像力によって心的場に生成し創発し、そこで他の思いと相互作用する力に照準する理論への転換である。この理論では思いが自律的エージェントである。人は、思いが自律的なのではなく、私が自律的なのだ、というかもしれない。しかし、「思いの自律性」と「私の自律性」は矛盾しない。前者は場記述であり、後者は点記述なのである。心の点記述では「私」が自律的エージェントであるが、場記述ではその「私」は消去され、代わって「思い」が自律的エージェントとなるのである。点記述において私が自律的であるということは、すなわち場記述において思いが自律的であることを意味するのである。だが自律的エージェントの自律性とは、「する」主体であることを意味しない。それは他の思いと相互作用し、創発を生み出す、「なる」過程における自律性である。エージェントは独立した存在ではなく、第I編の第2章で述べたように、場の力のチャージでありその体現である。また、「私が自律的だから、私の思いは自律的である」「私が思うから、私の心に思いが生じる」という表現は論理的な背理である。すでに述べたように、点記述の主語（私）と場記述の主語（思い）は同じ対象に対する異なる表現なのであり、それゆえ相互作用することはあり得ず、この文章のように因果関係で結ぶことは背理なのである。

本書は複雑性理論を心と社会秩序に応用することを目指す。私や自己ではなく、思いが心的秩序の主語であるという表現は、複雑性理論の内容をそのまま表している。複雑性理論の核心の一つは、場における秩序は全体を統合する中心から来るのではなく、それぞれのローカルな場所の相互作用からの創発としてなりたつとする点にある。「私」や自己の概念はまさに全体を統合する中心であるのに対して、思いは場におけるローカルな波動である。

細胞は自律的エージェントだが、細胞の内部秩序の記述においてはタンパク質や核酸のような高分子が自律的エージェントであり、細胞の内部秩序にその細胞そのものは登場しない。ここで提示された心的場のモデルは、細胞のモデルと同様に考えることができる。心の内部秩序においては、多様な思いが相互作用し、新たな思いを創発するのである。思いを生み出す力が想像力であり、思いとは想像力という力が取る形、組織あるいは秩序である。生物進化の結果として登場した多細胞生物は一個の個体だが、同時に細胞の都市でもあり、また分子の都市でもある。同様に、私の心は一つの心だが、同時に無数の思いが生息する場であり都市でもあるのである。

すでに示したように、「思い」を主語とする考え方あるいは記述法は、日本語としてはごく普通であり何らの違和感もないはずである。違和感があるとすればそれは明治以来導入された西欧語的な思考に起因するだろう。ここでは異なる観点から、思いを主語とすることの正当性を主張してみたい。点記述で「われ思う」ということは正しいが、だがこの表現は「私」が「私」の心に生じるすべての思いの創造者であり責任者である、という見解へと誘う。だが明らかにそのようなことがあるはずがない。あらゆる個人はその人が生まれた時代と社会において教育され社会化される。また、人は不断に様々なメディアを介してあらゆる情報を取り入れている。だからわれわれの心にある無数の思いの多くは、個人が独自に創造したものではあり得ないのである。むしろ、個人は社会から無数の思いを取り込んで、自らの心的場を形成している。この意味では、「われ思う」という点記述より、「思い」を主語とする場記述がより正確な描像を与えるのである。

生物は無数の分子の組織された運動体である。それと同様に、心とは無数の思いの組織された運動体である。生命の基盤である細胞は、外部から取り込まれた分子の間の化学反応の場である。心も同様に、外部から取り込まれた多様な思いの化学反応の場なのである。本編の冒頭で述べたように、われわれがつねに他者と話し、メディアに接し、音楽を聴くのはそうした理由からである。われわれがそうするのは、必ずしも必要な情報を知る、という目的に留まらない。むしろ、心を運動体として維持するために、心はつねに新たな思いによってチャージされなければならないのである。こうして、人間は不断に新たな経験をチャージする。私の心の外部から導入された思いは他者の思いだが、私の心的場においてすでにある思いと相互作用することで新たな反応を生じ、新たな思いを創発する。

「思い」という語を使用すると、前節で挙げた「心のモーフォジェネシス仮説」は、次のように考えることができる。それは、心の根源的な動機づけとは、様々な思いを創造することである、ということである。日本語はあいまいであるとしばしばいわれる。だがその場合の判断基準は「する」言語的な観点であると思われる。たとえば、

「心に思いがおのずから浮かぶ。」

という表現をとってみよう。この表現は典型的に日本語的な表現であると感じられるのではないだろうか。そして同時に典型的にあいまいな、言いかえれば非論理的な表現のように思われるのではないだろうか。だが、場と複雑性科学

の用語を使用することで、この表現を論理的に理解することができる。まず、「心に」という部分における助詞「に」は場所を指示する助詞である。それゆえ、「心に」という表現はこの命題が心に関する場記述であることを意味している。次に、「思いが」という表現は、心の場記述においては「私」ではなく「思い」が文法的な主語であることを意味している。最後に「おのずから浮かぶ」とは、まさに「創発」を意味している。こう考えると、「心に思いがおのずから浮かぶ」という命題は厳密に論理的な表現であると理解できる。その内容は、心のモーフォジェネシス的なダイナミクスを意味しているのである。もし「おのずから浮かぶ」ことのメカニズムを問われるなら、われわれは第I編で述べた概念群によって答えることができる。それについては後述するだろう。

ともあれ、「思考」という用語と「思い」という用語の差異は歴然としているのではないだろうか。「思考が浮かぶ」という表現はやはり奇異であり、思考はその主体としての個人を必然的に要請する。それに対して「思いが浮かぶ」という表現は日本語表現としてごく自然である。西欧的な思考のスタイルを導入することに貢献した「思考」という言葉は、「する」言語の一部であり、それに対して「思い」は「なる」言語の一部である。そして点記述が「する」という記述法であるのに対して、場記述は「なる」記述法である。心的場における思いのダイナミクスは、「なる」過程なのである。

以下では「思い」を一切の心的活動を意味する一般概念として使用する。近代的な思考は「精神」と「身体」を分離してきた。だが「思い」という概念に身体的な感覚のすべてを含めることにしよう。身体が感じ取るが言葉にはならないあらゆる感覚も、とにかく「感じられる」ものであるから、「思い」なのである。このような語法は通常の言葉の使用法とは少々ずれているかもしれないが、大幅には異ならないだろう。「悲しさという思い」という表現はなんら奇異ではないから、思いは感情を表現することができる。「心に思いがおのずから浮かぶ」という表現は、すでに述べた心のモーフォジェネシス仮説、すなわち「心はモーフォジェネシスによって動機づけられる」という命題と同義である。デカルトの「われ思う、ゆえにわれあり」は点記述の観点からの心の原理であった。「心におのずから思いが浮かぶ」という命題は、場記述による心の原理の言明なのである。そして、ここでいわれる「おのずから」という過程を理論的に特定するのが、複雑性科学の諸概念である。心の秩序とは、思いがおのずから浮かぶ、という形で生み出されるのである。ドゥルーズと複雑性科学に深く影響を受けた哲学者のマーク・テイラーは次のように述べる。

「思考は、イメージ、概念、図式が互いに適応するためにつねに努めている複雑な過程であるから、パズルのピースは特定の時間あるいは空間における変化がその中を波打つような関係のネットワークを形成する。波紋が波動となると、ウェブはますます不安定になる。経験と観念の数が増大してもはや適切に処理できなくなると思考は均衡から遠く離れた場所に押しやられ、臨界点 the tipping point に接近する。このとき、危機と好機が交錯する。カオスの縁に駆り立てられ、混乱の中に沈み込み、思考は狂気へと解体するか、あるいは予期せぬ仕方で変容する。臨界点は、沸騰しつつある観念が最大の乱流に到達し、変化が生じ、新たなパタンが生じてそれ自身を自発的に組織するような沸騰点である。思考が生じるこの瞬間に、私は書くというより書かれるのであり、創造性と破壊が書くことの情熱の中で衝突する。破壊は必ずしもつねに創造的ではないが、創造は必然的に破壊的である」(Taylor 2001: 198)。

これは本書の理論と合致している。しかし彼の用語法はきわめて比喩的である。本書ではテイラーが語ろうとした内容をより理論的に表現することを目指している。

注

(1)「不断のなること」は原文では einem fortwährenden Werden であり、英語訳では an unbroken becoming (Schütz 1976: 67) となっている。

## 第3節　思いのダイナミクス

### 1　創発する思い

思いは心的場における想像力による、多様な思いの相互作用からの創発として生み出される。今後述べるように、心的場は時間的場であるから、それは過去・現在・未来の出来事についての多様な思いが同時存在する場である。その意味で、心的場とは多様な思いのいわば生態系である。思いは私が意図的に作り上げるのではなく、心に到来する。この意味で、思いは主体による能動的な処理過程ではないのである。思いの過程が有意味であるためには、その結果は思いを開始した時点では未知であるのでなければならない。あらかじめ結果がわかっているなら、思うことは不要である。

思いは機械を組み立てることとは異なっている。機械の場合は完成形のイメージが先にある。だが思いには思いに先立ち、その過程をコントロールするようなイメージは存在しない。私が自分の心の主人公だとするなら、私が悲しいとき、私は悲しむことを決定したのだろうか。ある時点Bで私が悲しいとして、それに先行する時点Aにおいてそのような決定がなされたのだろうか。だが、この意思決定がなされる時点Aにおいては、私は悲しくないはずである。なぜならば、この主体の悲しみは主体による意思決定の結果として生じるはずだから、その意思決定の際にはまだ悲しみは存在しないのでなければならない。これは奇妙な話ではないか。私は悲しくないのに、悲しもうと意思決定したりするのだろうか。じっさいには、言うまでもなく、悲しみは私において生まれてくるのである。私は自分を悲しくするのではない。そのようなことは不可能である。私は時に、悲しくなるのである。そして悲しみは私の意思決定から来るのではなく、私の心に存在する様々な思いの相互作用から創発する。感情以外のあらゆる思いにおいても事情は同じである。

それゆえ、思いとは創発であり、「なる」ものとしての生成である。あるいは、思いとはダイナミックな過程そのものである。したがって、「私」は「思い」の所有者や支配者あるいは原因ではない。それは言いかえれば、思考の秩序は「私」から来るのではない、ということである。「私」が「私」の心の主人公である、という考え方を、心の私的所有と呼んだ。それは「する」主体の理論である。心の私的所有の理論は、私を私の部屋の主人公のように考える。私は私の部屋を自由にアレンジし、不要なものを外に捨てることができる。だが私は私の心を自由に変更したり、そこにある不要な思い、憎悪、悔恨、悲しみなどを捨て去ることは容易ではない。心を操作することが容易であるなら、誰の心も寛大で幸福な思いで満ちているはずだ。だが、じっさいにはそれは困難である。心は私の部屋のような場所ではなく、思いは私の自由になる部屋の備品のようなものではない。思いの秩序の源泉は、モーフォジェネシスという力学的な原理、思いのダイナミクスなのである。

主体の概念をダイナミクスの概念によって置き換える考え方は、いわば力学的心観というべきものである。心的な場は過去・現在・未来の無数の思いの生態系であり、それら思いは中心的な秩序によって統合されることはない、並列分散的なありさまにある。新たな思いのチャージは他の思いに力を及ぼし、それによって新たな思いが創発する。こうした無数の波動の集積が、心的場のダイナミクスとなるのである。こうして、心的場とは、無数の思いのチャージの連続的分布として考えられるのである。

## 2　心の複数性

いま述べたように、心的場のダイナミクスの運動の原理がモーフォジェネシスであることから、心的場の運動は、分散する多様な思いのチャージの間の相互作用による、並列分散処理によって生じることになる。並列分散処理とは

第2章で説明した秩序形成方式であり、分散的に存在する無数の自律的エージェントの相互作用からマクロ秩序が自発的に生成するという、「なる」過程の基本原理である。典型的には、脳がそうである。脳は千億程度の神経細胞が相互作用して思考という秩序を生成するのだが、これらの相互作用を統括する中心は存在しない。心は脳の産物であるから、脳の秩序が並列分散処理によるなら、心も同様であると考えるのが自然である。それゆえ心においても、場において分散する思いのチャージの相互作用から新たな思いが生成されるのであり、そこに全体を統合する主体は存在しない。並列分散処理は、統一する主体を必要としない秩序形成であり、「する」主体に代わる「なる」ダイナミクスの基盤である。これに対して、コギトという概念が並列分散処理と対立するいまひとつの様式、すなわち直列処理の考え方、「する」タイプの処理方法であることは明白であろう。すでに説明したように、直列処理とはコンピュータのCPUのように、中央に存在する単一の処理ユニットが逐次的に情報処理を行うような方法である。これはまさにコギトの考え方と同じ発想である。

並列分散処理という秩序形成は神経系の秩序に由来するから、人間の心に固有ではない。チャーチランドは、知能は一次元ではなく、高次元ベクトルであると述べている（Churchland 1995: 255）。彼は、「人間と動物の認知における主要な特徴のほとんどは、われわれが走らせているプログラムのために生じるのではない。それは、神経系の特異的な物理的組織化のために、また情報が物理的にコード化される特異的な方法のために、さらにその情報が変換される物理的に分散した手段のために生じるのである」（*ibid.*: 251）と述べる。彼によれば、並列分散処理は規則やプログラムによって作動するのではない。彼は生成文法と並列的なネットワークの相違について、生成文法では言語は規則の集合から生成されると考えるが、神経系の回帰ネットワークにはプロトタイプ的な行動系列があり、これを変形・調整するのだという。彼は「人の科学的な理解力は主に構造的・力学的なプロトタイプの学習によって得られた階層に存在するのであり、言語的表現の集合に存在するのではない。これと同様に、言語についての知識は従うべき特定の規則の集合ではなく、多様な事例と無限に多くの結合を許容する、言語列のプロトタイプ階層によって具体化できるだろう」（*ibid.*: 143）と述べる。ところが、デネットは、意識を脳という並列構造に実装されるノイマン型のヴァーチャル直列機械に還元してしまう（Dennett 1991: 250）。それゆえデネットの心の理論はデカルト的思考の延長上にある。また、マーヴィン・ミンスキーは「それぞれの心は多数のより小さな過程からなるという理論を『心の社会』と呼ぶ」（Minsky 1985: 17）と述べた。また彼は推論と並んで知識の組織のされ方が重要であると考え、それをパパートの原理 Papert's principle と呼んだ（*ibid.*: 102）。こうした考え方はヒュームの観念連合説 associationism にまで遡れるのかもしれない。しかしこれらの理論は力学的なものではない。たとえばミンスキーは脳を含む自然の全過程は、決定論的過程か、ランダムな確率過程のいずれでしかあり得ない、と古典的な態度を取る（*ibid.*: 306）。そうであるなら、せっかくの「心の社会」の概念も古典的な決定論と偶然性の考え方に吸収されてしまう。

心の並列分散処理という秩序原理は、心の理論にとって根本的な示唆を与える。心は統合的な中枢をもたないから、単一の心を考えるより、心の複数性が現実なのである。つまり、ある個人の心的場には複数の異なる思いあるいは声が分散しており、それらの相互作用が新たな思いを創発していると考える。こうして、分散する思いの並列分散処理こそが、「われ思う」に代わる心的秩序の原理である。心的場において無数の思いが創発し、それらが相互作用し、その中から新たな思いが創発するのである。言いかえれば、心的場では複数の多様な声が語り、その相互作用から新たな声が生まれ、私はいわばそれを聞くのである。それぞれの声は「私」の声であるというよりは、それぞれの思いの声なのである。

## 3　思いのダイナミクス

われわれの日常的な感覚からすると、思いの自律性はごく自然な見方なのではないだろうか。われわれは自身の心における様々な思いの運動を日々経験しているのではないだろうか。われわれの日々の現実の経験において、思いが生じ、勝手に自己展開し、これまた勝手に他の思いに影響してしまうのではないだろうか。つまり思いは生物のように他の思いと相互作用し、変容し、進化する。思いの自律性とはそのようなことを意味している。心的場における思いの集団は統合されているのではなく、相異なる矛盾した思いの共存さえまれではない。心は競合することもある無数の思いの生態系である。心的秩序の記述には統合された理性や自我より、化学反応の比喩が適切に当てはまる。この見方は、要するに、「われ思う」という点記述を場記述に変換したものであるにすぎないのである。

ここから導かれる結論が、すでに述べた心の複数性という事実である。「私」という一個の主体、あるいは超越論的自我が思考を導くのではなく、心という一個の場の運動、波動があるのであり、この波動という運動がすなわち思いなのである。フッサールの考えでは意味付与する自我は多元的であり得ないが、自我を作用と考えれば当然そうなるだろう。心を秩序づける中心としてのコギト的自我が多元的であっては、それは狂気であるほかはない。だが、心を力学的観点で考えれば、心の多様性・複数性がなりたつのである。一人の個人の心的場には多様な思いが存在し、それらは完全に統合されているのではない。これが心の複数性の意味であり、これはまた心の生態系[1]の概念と等価である。さらにまた、心の複数性の概念は、心の並列分散処理の概念とも等価である。

私は今後、心の場記述をより詳細に行っていく。それはモーフォジェネシスのテーゼを、心に関して詳細に述べることにほかならず、心的場における思いの化学反応の過程を示すことである。心的場の力学的な運動は、これまで述べてきた複雑性理論の諸概念によって記述されることになる。まず無秩序としての対称性が自発的に破られる。場は様々な局所的なクラスターへと自発的に分化する。この過程で、思いのチャージが高進すると臨界状態に達し、分岐が現れる。場が臨界状態を越えると、相転移によって分岐のいずれかの方向が偶然に選択され、マクロ秩序が創発する。心的な力学系は、ポジティヴ・フィードバック（ＰＦＢ）、安定化、そして不安定化のダイナミクスのバランスによって維持される。ここで安定化のダイナミクスとはネガティヴ・フィードバック（ＮＦＢ）であり、不安定化のダイナミクスとは、カオスあるいは場の自発的な崩壊である。こうして、心的なダイナミクスの力学的なバランスはＰＦＢ、ＮＦＢ、自発的崩壊の三種のダイナミクスの相互関係で決まるのである。今後詳しく述べるが、ＰＦＢは選択と強化のダイナミクスだから、今後これをコミットメント commitment とも呼ぶ。ＮＦＢは安定化と維持のダイナミクスだから、これをアタッチメント attachment と呼ぶ。自発的崩壊は不安定化し逸脱するダイナミクスゆえに、これをデタッチメント（脱自）detachmentとも呼ぶことにしよう。そうなると、心の基本的な力学は、コミットメント、アタッチメント、デタッチメントの三つのダイナミクスの関係によって決まるのである。

力学系の運動の基本的な構図は、カオス的遍歴の概念を中心とした「モーフォジェネシスのテーゼ」（第2章）によって与えられる。カオス的遍歴の概念を採用することは、心的な合理性を否定することにほかならない。心的な運動には様々な分岐が存在するが、心的場に存在するゆらぎによってこの分岐は偶然性に支配されつつ選択される。この心的ダイナミクスは、可塑性と柔軟性を備えた、複雑な力学系である。このようなカオス的遍歴の過程は、心の進化の過程にほかならない。より詳細な議論に入る前に、一つの例を挙げておこう。小説作品を生み出す過程について、小説家の安部公房は次のように述べている。

「一つの作品が誕生するプロセスは、作家自身にもそうはっきりとは自覚できないものだ。主題や、登場人物などについて、あれこれ考えたり感じたりしているだけではまだ駄目なのである。そうした意識的努力を重ねるうち、やがて自分の思考が濃縮され、過飽和溶液の状態になる。次に思いがけない飛躍の瞬間がやってくる。ちょっとした印象の破片がその溶液の中に落ちて核になり、結晶作用がはじまるのだ。

たとえば『方舟さくら丸』の場合だと、その核の役割をしてくれたのは、単に水洗便所に落ちて片足を吸い込まれてしまったナンセンスな夢だった。それまで準備したメモやノートが、とつぜんその夢の周囲に結晶し、構造を持ちはじめたのである。そこから先の展開は急激で、しかし論理的なものではなかった。はやりの言いまわしを使えば、きわめてアナログ的なのだ。創作は『まつ』ことだというのは嘘ではない。あとは計算を越えた直感が自由気ままに自己増殖してくれる」（安部 1986: 36-37）。

小説を書くことは言うまでもなく思考であり、しかもとりわけ複雑な思考である。安部公房のこの文章はその過程を記述しているのだが、使用されている表現はあくまで比喩にすぎない。しかし上記の引用文を、複雑性理論の用語で書き直すことは容易である。まず最初に、「主題や、登場人物などについて、あれこれ考えたり感じたり」する「意識的努力」の過程がある。「まだ駄目だ」というのは、もちろんこのような努力が不要であるということではない。当然にも逆に、作者はこの「意識的努力」を十分に行わなくてはならないのである。

この過程を表現するには、「充塡すること」を意味する何らかの用語が必要である。私は「チャージ」という場の基本概念が適切であると考える。すなわち、作者は無数の思いをチャージすることから始めなくてはならないのだ。だがそれだけでは十分ではない、それが安部の言いたいことである。このチャージの過程で作者がこれまで経験した無数の思いが相互作用するのである。やがてこの場における相互作用は「濃縮され」なければならないが、それは思いの相互作用が十分にチャージされることであるといえるだろう。無数の思いの相互作用によって十分にチャージされた心的場は「過飽和溶液の状態」、すなわち臨界状態に達する。次に、「思いがけない飛躍の瞬間」すなわち相転移がやってくる。「ちょっとした印象の破片」すなわちゆらぎが核となり、「結晶作用」であるポジティヴ・フィードバックが始まるのである。「構造を持ち始める」ことは形態形成すなわちモーフォジェネシスにほかならない。この過程は確かに「論理的」なものではない。安部は「アナログ的」という言葉を使っているが、これは適切ではないだろう。正しくは「力学的」というべきなのである。こうして、小説を書くことの基盤にあるのは「計算を越えた直感の自由気ままな自己増殖」なのだが、このことを私は「思いのダイナミクス」として厳密に定式化しようと思うのである。

注

（1）心の生態系という概念はベイトソンの著書の題名 *Steps to an Ecology of Mind*（Bateson 1972）を想起させると思うが、ベイトソンの概念と本書のそれは直接の関係はない。ベイトソンの概念はこの著書のタイトルであり、その本の中で使用されているわけではない。

# 第5章　心と自我

## 第1節　心と自我

### 1　抽象絵画の誕生

近代哲学のコギトおよび超越論的主観性は、心の全体をすべて知ることができるとする啓蒙主義的な概念である。フロイトの心理学は無意識の存在を主張することでこの近代的な心の概念を批判し、ポストモダンの思想の一つの源流となった。だがリビドーを原理とするその理論は、そのままではとうてい信用できるものではない。にもかかわらず、私は私の心で生じていることのすべてを知らないということは真理であると思われる。そこでこの節では心的場における意識的な要素と無意識の要素について考察する。

モンドリアンと並んで抽象絵画の創始者とされるロシアの画家ワシリー・カンディンスキーは、「抽象」という概念に開眼した際の様子について自伝のなかで次のように語っている。

「私はあるとき、私のアトリエの中の、ある予期せぬ光景に魅惑された。それは夕暮れが訪れつつある時だった。私は、一枚のスケッチを終えた後で、絵具箱をもって帰宅した。私はまだ夢見心地で、仕上げた制作に没頭していた。そのとき突然に、私は言葉で表せないほどに美しく、内面的な灼熱に浸された絵画を見たのである。

私は最初に立ちすくみ、それからこの謎の絵画の方へ急いで歩み寄った。その画面には形と色彩以外は何も見えず、絵の内容はわからなかった。私はすぐにその謎を解く鍵を見つけた。その絵画は私自身が描いた絵で、画面を横にして壁に立てかけてあったのだ。私は翌日、昼の光の下で昨日の印象をこの絵画から得ようと試みたが、半分しか成功しなかった。横に置かれた画面から、私は様々な対象が絶えず認識できたし、夕暮れという、繊細な透明塗料が欠けていた。まさにそのとき、私は対象が私の絵画を損なうのだ、と知ったのである」(Kandinsky 1955: 20-21)。

ここで彼が言う「対象」とは、人物や風景のような、絵画の対象である。この引用文で示されている経験は、非常に興味深いものだ。

a. まず、彼はこの経験をする以前から、「形態と色彩」を描きたかった。
b. そして彼は「形態と色彩」をじっさいに絵に描き込んでいた。
c. だが、彼は自ら描いた形態と色彩を見ることができなかった。つまり、彼は自分が何を描いているのか知らなかった。

偶然の事情の助けによって初めて、彼は自分が描いた形態と色彩を、すなわち自分がすでに行っていたことを認識できたのである。その偶然とは、彼がそれを自分が描いた絵画であると認識しなかった、ということなのである。画面を横にして立てかけてあったことと黄昏のために、彼がアトリエに入った瞬間には、彼はその絵を自分が描いた絵画であると認識しなかった。それゆえに、彼は自分が描いた形態と色彩をじかに見たのである。ところが翌日には再びそれらの形態と色彩は見えなくなってしまった。つまり、何かが、彼が自分が描いた形態と色彩を見ることを妨げていたのである。この何かは、彼がアトリエに入った瞬間には偶然にも機能しなかったのである。それはその瞬間に彼は自分が見たものが自分の絵だと認識しなかったからである。しかし翌朝になって、その絵をこれは自分が描いた絵だと思って見た時には、この妨げが再び復活したのだ。

この妨げる「何か」は外部にある何かではなく、彼の心中にある何かである。ここには、心の二つの異なる様相が示されている。形態と色彩を、対象を通してではなくじかに見、描くカンディンスキーと、自分自身のそのようなあり方を認識できないカンディンスキーである。フッサールもすでに引用した文章で似たようなことを記述していた。「人は先入観のために、自分の直観領野において所有するものを、判断領野にもたらすことができなくなっている。じっさいには、誰もが、いわばつねに、『理念』や『本質』を見ているのであり、思考においてこれらを操作し、本質判断をも遂行しているのである――ただ、人はそれらを自分の認識論的な『立場』から解釈的に引き去っているのである」(Husserl 2009a: 48)。

確かに、カンディンスキーは先入観のために、自分の直観領野に所有する形態と色彩を、判断領野にもたらすことができなくなっていた。じっさいには、彼は、いわばつねに、「形態と色彩」を見ていたのである。では、カンディンスキーにとっての先入観とは何か。それは彼自身が語るように、「対象」にほかならない。すなわち、絵画とは人物や風景のような外的世界の対象を写すものである、という絵画の意味の枠組であり制度である。それは当時の絵画世界を構成する規範である。言いかえれば、彼を形態と色彩から遠ざけたのは、当時の絵画世界の自明性なのである。それゆえ、フッサールの言葉を借りれば、カンディンスキーは自分が描いた形態と色彩を見ていたのだが、自分の認識論的な「立場」から、それらを解釈によって視野の外へと引き去っていたのである。その認識論的な立場とは、絵画とは対象を描くものであるという立場だった。しかし彼がアトリエに入った瞬間には、この認識論的立場は、いわば隙を突かれる形で、機能しなかったのである。抽象絵画とはこのような絵画制度に対する革新であった。

## 2　自明性と自我

では、自明性はモーフォジェネシスの理論的枠組ではどのような位置にあると考えられるだろうか。心のダイナミクスはカオスと均衡を両極とする軸上を運動する。カオスは不安定性、均衡は安定性を意味する。その中間の領域がカオスの縁である。心的なダイナミクスを適切に維持するにはその安定性と不安定性の両者が不可欠である。安定性が欠ければ心的ダイナミクスは過剰に不安定になり、思いの形は結晶化せずつねに散乱してしまうだろう。不安定性が著しく欠ければ、心的ダイナミクスは運動を停止し、ダイナミクスであることをやめるだろう。それゆえ、この軸上に反対方向に働く二つの異なる力が存在するのでなければならない。一つは心的ダイナミクスを安定化する力であり、アタッチメントである。他方は心的ダイナミクスを不安定化する力であり、デタッチメントである。この二つの力は反対方向に働くから、心には、あたかもアポロンとディオニュソスのように、相克する二つの力が存在するのである。だがこの二つの力は弁証法的な関係にあるのではない。というのも、この二つの力を統合する「総合」は存在しないからである。それゆえ、心はつねにこの二つの極の間を揺れ動く。

自明性は世界の同一性を維持する意味の枠組である。この観点からすれば、自明性とは心的場の安定化のダイナミクス、すなわちアタッチメントの力学であると考えることができる。自明性は心的ダイナミクスを特定の安定的なアトラクタ上に維持することに寄与するのである。生における自明性とは、世界が安定的で確実な仕方で存在するはずだという信憑である。ダイナミクスにとって安定化は必要だから、自明性は必要な力学である。世界にまったく自明性が感じられないとしたら、その時世界はカオスとして経験されることになる。これは病理的な事態である。今日の世界は基本的に昨日の世界と同一であり、今日の私は昨日の私と同一である。このような信憑なしに生活がなりたつことはきわめて困難である。自明性はギデンズが言う存在論的安全性 ontological security を確保してくれる（Giddens 1990）。こうして、自明性は私の心の安定性を支える機構であると考えることができる。

この心的ダイナミクスの安定性を確保するアタッチメントの力学を、自我と呼ぼう。それは心的ダイナミクスの全体ではなくその部分的な作用である。自我は通常、同一性と関係づけられているから、この用語法は妥当であろう。自我は「する」主体ではなく、安定化への運動である。すると自明性は自我という運動がもたらす効果あるいは機能であると考えられる。カンディンスキーは当時の絵画世界で生きていたのであり、その「業界の常識」、フッサールの言う「認識論的立場」を無視して生きることは困難だっただろう。その「常識」が「絵画とは対象を描くものである」という自明性であったわけである。彼が画家として社会の中で無事に生を送ることができるためには、社会に適応しなければならない。そのためには、自己の生を長期的にわたって安定させることが必要になるのである。フロイトは社会的な超自我と個人的な自我を区別したが、この両者の明確な区別はできない。社会で生きる人間にとって、長期的な安定化と統合が必要だから、自我は必然的に社会に適応的であり、それゆえに超自我を含むのである。誰しもさしあたり、とりあえずの「いま・ここ」の現前を首尾よく生きなければならない。自我は総合的で冷静な判断力であり、リスクを避ける力である。

それでは、自我はどのようにして心的ダイナミクスの安定化を与えるのだろうか。すでに述べたように、ダイナミクスの安定化はネガティヴ・フィードバック（NFB）の役割である。NFBとは、ノイズの縮減であった。ダイナミクスはカオスの力を含んでいる。カオスとは環境に対する鋭敏な反応性であり、それは不断にノイズとしてのゆらぎを生成する。ポジティヴ・フィードバック（PFB）はこの微細なゆらぎを増幅する力である。それとは逆にNFBはゆらぎの縮減の力学である。そういうわけで、自我は心的ダイナミクスにおけるNFBにほかならず、それは心的ダイナミクスに生じるゆらぎやノイズを縮減することで、安定化を果たすのである。これは重要なことを意味している。つまり、自我は心の鋭敏性を殺すことによって、その安定化を果たすのである。心的ダイナミクスが全体としてカオスの縁にあることが理想であるとすれば、自我はカオスと対抗することによってこの理想に寄与する。確かに、鈍感であることは人に安定した生活を与えるだろう。逆に、鋭敏すぎる人は多くのことを感じすぎてしまい、その心の運動はつねに不安定だろう。自我によって心は安定したアトラクタに滞留することが可能になるのである。

個人は何らかの社会において生活している以上、心の安定性は社会的な安定性を必須の条件としている。それは社会的な適応である。社会的な適応を果たすために、自我は自己のあり方を反省的に観察する能力でもある。人は自己をある程度はコントロールすることができる。自我とはその自己コントロールの力である。言いかえれば自我は心のダイナミクスにおける意識的な要素である。このように、社会生活において、自我は必要な心的機能であり、自己保存の機能である。心の原理を自己保存に求める理論は、自我を不当に一般化したのである。だが自我は、われわれが生きるということの、一つの条件にすぎない。画家の鴻池朋子は次のように語っている。

「この仕事は作品に弱点やネガティヴな要素をも詰め込み、いったんそれをクールダウンし、批評的な眼で見て、さらに自分を乗り越えた先で完成に至るように思うんですね。もちろん自覚的に、です。でも、そこまで行かずに、乗り越える手前の、のめり込んでしまうというところで止まってしまってもいいかなってふと思うんです。乗り越えて視るということは、社会と折り合いをつけ、仕事＝アートとして成立していく上で重要なことであり、すごくまっとうな見方ですよ。でも、それには自分の中のほんの一部がきちんとやってくれればいい。じつはそこにあまり期待してないんです。それよりも、のめり込んで、作品が破綻をきたし、壊れて、めちゃめちゃになって彷徨って、何にもならないかもしれないけれども、オリジナルとかいうものを捜すより、ここで日が暮れるまで遊んでいたい、っていうのがすごく強いですね」（鴻池 2005: 25）。

この文章は自我の明確な像を与えてくれる。自分を乗り越えて視る、というのは自我による反省的思考と考えてよい。それは社会と折り合いをつけ、アートを仕事としてなりたたせるために不可欠なのであり、しごく「まっとう」なのである。自我とは心の軌道安定化の運動である。「私」は「いま・ここ」の瞬間を生きると同時に、長期的な生をも生きるのであり、しかも社会の中で生きるのである。自我は心の鋭敏な反応性を抑制し、長期的な生を可能にしてくれる、まっとうな運動なのである。しかし、彼女はその仕事は自分の中のほんの一部がやってくれればいい、という。自我は作品を生み出すものではないのである。

## 3　自我の逆説

しばしば、自我が心の本質と考えられてきた。反省的意識とは、確かに自我のことを意味している。反省的意識は先のフッサールの言葉では「判断領野」であり、俯瞰的で統合的かつ客観的な認識である。反省的思考は再帰的思考であり、自己準拠的思考であり、自己の同一性にもとづく思考でもある。西欧近代哲学の中心としての反省哲学で、どうして自我が心の核心とされたのだろうか。その理由の一つは、この哲学が離散体的世界観にもとづくものである、という点にあるだろう。コギトに代表される存在論的主語は世界において孤立した点として表象される。この抽象的な点的な存在は、存在として、変化せずに反復する同一性である。それゆえに同一性の維持が至高の課題となるのである。また、西欧思想が依拠してきた秩序の概念が、確実性すなわち安定的で変化しない性質を意味していたことも関係するだろう。それは真理の概念に表れている。

いま一つの理由は、心的ダイナミクスの本質を安定化の運動である自我とする見方は、経験的に支持されやすいということである。モーフォジェネシスのテーゼによれば、力学系は安定的な状態ではその本来の力学的性質を潜在化させ、一見論理的なプログラムに従っているように見える。金子邦彦はすでに引用した文章で、生命が閉じた系となると、初期にあった柔らかさを失い、次第に「論理的機械」に近づくだろう、と述べている。同様に、心的なダイナミクスも、安定的な状態では本来の力学的な性質が見えなくなり、一見「論理機械」と見えるのである。論理機械は安定的な動作を反復する機械であり、同一性の基盤である。自我が心のダイナミクスをつねに特定のアトラクタへと引き込み、アトラクタの内部で心のダイナミクスは安定的な動作を反復する。自我の機能はこの論理機械といえるものである。安定的な状態では心のダイナミクスの本質的な力学的条件が潜在化するから、自我が際立つのである。確かに、西欧形而上学の規範である理性的人間とは、まさに「論理機械」そのものであったし、この機械の運転者と目されたのが、自我であった。日常的な生活においても、安定的な状態にある時には、自己同一性の信憑が高まる。こういう次第で、安定的な状態を見れば、人は心と自我を同一視する考えに誘われる。ところが、モーフォジェネシスのテーゼが述べるように、そのような安定的な状態は力学系の一つの側面にすぎず、しかも本質的な側面ではないのである。

モーフォジェネシスのテーゼに示されるように、心的なダイナミクスはカオス的に遍歴する力学系である。このダイナミクスの運動は、カオス的な鋭敏性、PFBによる差異の増幅、NFBによる安定化・反復を柱とするものであった。そうであるなら、安定化の機能としての自我は心的ダイナミクスの部分的な機能でしかないことになる。自我は心のダイナミクスの全体をコントロールする力ではなく、それを安定化させる、きわめて重要ではあるが一部の機構にすぎないのである。先の引用文で鴻池がいみじくも述べているように、自我は「自分の中のほんの一部」なのである。さらに、私はこれまでの論述の中で、心の本質を想像力としたのだが、想像力は「いま・ここ」の現前の超越である。それゆえ想像力は鋭敏性に依存する。あるいは想像力とは微細な直観の増幅である。先に挙げた引用におけるフッサールの言葉でいえば、想像力の場所は「判断領野」ではなく「直観領野」なのである。ところが、再帰的な機能としての自我はこの心の本質を支える鋭敏性を抑圧する。ここに自我の逆説がある。自我によって消去されてしまうようなノイズこそが想像力にとっての糧なのであり、それこそが心の本質的な部分なのである。カンディンスキーは偶然の助けによって、自らの自我の統制を一瞬逃れ、自己の鋭敏な直観と出会ったのだ。フロイトの精神分析では、自我に隠された領野は無意識の領野であり、リビドーの領野である。それはエディプス・コンプレックスという、近親相姦と父殺しの悲劇的な欲望の領野である。人はフロイトのこの無意識概念の暗澹たる物語に驚くだろう。われわれはここでも、「罪びと」の物語に出会う。フロイトの物語では、人間の本質としての無意識はエディプス・コンプレックスとリビドーに象徴される「罪」の領野であり、社会を代表する超自我はそれに対して罰をもって臨む。それはキリスト教の物語の再演である。

こうして、自我は心の本質を抑圧する力である。しかし同時にそれは、生にとって不可欠な力でもある。想像力が心的ダイナミクスのアクセルであるとすれば、自我はブレーキであるといえよう。そして自動車にとってブレーキは安全のために不可欠なのである。ブレーキが故障した自動車に乗ることは自殺行為である。だが同時に、運転の楽しみはブレーキによって減速するよりは、アクセルを踏んで加速することにあるだろう。安全第一の思想で作られた自動車は、たとえばバスのようなものだろう。バスは安全のためにそのふるまいが鈍くなければならないのだ。自動車が好きな人で、バスが好きだという人は少ないだろう。運転が好きな人は、スポーツカーが好きなのである。スポーツカーの魅力とは何だろうか。スピードだろうか。もしそうなら、新幹線や旅客機はスポーツカーよりはるかにスリリングだということになるだろう。もちろん、そのようなことはない。スポーツカーの条件とは、絶対的なスピードではなく鋭敏な反応性にほかならず、その車のあらゆる細部が鋭敏性へ向かって仕上げられなければならないのである。そして同時に、スポーツカーは危険な自動車である。

## 4　デタッチメント

選択と強化のダイナミクスとしてのＰＦＢ、言いかえればコミットメントは通常、自己ではない何らかの対象へのコミットメントである。それゆえ、コミットメントは二つの力学からなりたっている。一つはこの対象に惹かれることであり、それをアタッチメントと呼んだ。今一つは、自己の思いを自己から切り離すデタッチメントの力学である。コミットメントは他なるものへ惹かれていくことだから、まずは自己への自己準拠的な回帰を断ち切る必要があるのである。デタッチメントは、思いのダイナミクスを自発的に不安定化する力である。それによって思いのダイナミクスはそれまでそれが滞留していたアトラクタから脱出することが可能になる。ニーチェが好んだディオニュソス的なものとは、このような力であると理解できるだろう。それは、すでに引いた文章でニーチェが「個体化の原理が崩壊する際に、人間の、まさに自然のもっとも内なる根底から湧き上がる歓喜に満ちた陶酔」（Nietzsche 1872a: 4）と語る、自己の自発的な崩壊を促す力である。このディオニュソス的な力は、強度あるデタッチメントである。ディオニュソス的な力は、その激情によって現在の自己を越えてひときわ遠くへと向かうことを可能にする。それに対して、ニーチェがディオニュソスの敵手と見たアポロン的なものは諸力のバランスの象徴だから、安定化の力であり、アタッチメントである。

しばしば自己は自我と同一視され、自己とはその同一性を維持する、固定的な存在と考えられてきた。そのような考え方がエリアスの言う「ホモ・クローザス」である。それに対して本書が提出しようとする人間とその心の描像は、心を多様な力からなる運動体、あるいは思いの波動として理解する。それぞれの思いは意味によって理解されるだけでなく、より動的な側面すなわちその思いの場をもつ。それは意味に還元できず言葉では表現できないような感覚、印象などである。この場の運動がその思いの波動である。ホモ・クローザスのような閉鎖的な心はその波動を失ってしまうことになる。点としての同一性ではなくダイナミクスとしての心は、思いを不断に生成し、それによって自己をつねに波動として維持しなければならない。そのためには心は外部に対して開いていなければならない。一方で心は過剰なカオスから守られなければならないが、他方で過剰な安定性からも隔てられなければならないのだ。

心を力学的な波動と見る観点からすると、心にはその安定性を自発的に攪乱するカオスの力学が備わっていると考えられる。この力学なしには波動は停止し、力学系は死を迎えることになる。心におけるこの自発的な不安定化の力が、デタッチメント（脱自）である。これによって心は不断に振動し運動する波動として維持されるのである。通常は「維持」とは同じ状態、あるいは同一性の維持という意味で理解されるだろう。しかしダイナミクスの場合はその維持とは、変化することの維持なのである。第2章で引用したように、金子邦彦はカオス的遍歴においては秩序の自発的な生成とこれまた自発的な崩壊がセットになっていると述べていた（金子 2003: 82）。秩序すなわち形の自発的な生成は、その自発的な崩壊を伴うのである。通常はある安定状態の崩壊は、何らかの外的な力が加わったためであると考えるだろう。その場合は、秩序は安定状態と等価であると理解されている。力学系にとって過剰な安定性が不都合である理由は、複雑な力学系は進化する力学系である、という点にある。安定性とは自由度を小さくすることにほかならない。それゆえに進化する能力をもつ力学系としての心は、それ自身の内に、自己の自由度を回復するダイナミクスを備える。つまり、心は自発的に自らを不安定化する。それがデタッチメントである。

実存主義の哲学は、自由の条件は不安であると述べた。これは現在でも妥当する心の命題である。脱自とは安定状態からの自己の自発的な引き離しであり、その際の感覚が不安である。それゆえに、心は時に自ら自発的に不安を求めるのである。自己を安定した世界から引き離す動機づけが心に内在している。アタッチメントとしての自我が心の存在論的安全性と関係するのに対して、デタッチメントは心の実存的不安と関係する。デタッチメントは内在的な自己否定であり自己超越である。自己否定が波動性の条件なのである。存在論的安全性と実存的不安は相反する概念であるが、心の秩序はこの二つの上になりたつ。

ニーチェの構図を使用するなら、先に述べたように、アタッチメントとしての自我はアポロン的な力である。それに対してデタッチメントはディオニュソス的力であり、カオス的力である。ディオニュソス的な力は破壊と陶酔と狂気の力である。それは非日常的な動機づけであり、日常的に安定した生活を送る際には潜在化している。このようなデタッチメントの力を、非合理的と呼びたくなるかもしれない。しかしそれは安定した均衡状態を合理的な秩序と考える、恣意的な観点からのものでしかない。

心的ダイナミクスが運動する軸はカオスと均衡をその両極とする。デタッチメントの動機づけは、心をカオスの不安定化の方向へと差し向ける。このとき、心的ダイナミクスには何が生じるのだろうか。カオスは複雑性科学のトレードマークというべき概念だが、本書では第2章で定義したように、物理学におけるより広く、「環境に対する鋭敏な反応性と差異の増幅、これによる軌道不安定性という、力学的な不安定性」を意味しており、カオスの本質とは反応の鋭敏性と差異の増幅にある。それゆえに心的カオスとは心の鋭敏な反応力であり、それは心的な軌道不安定性に結果するのである。上記の鴻池の言葉でいえば、「のめり込んで、作品が破綻をきたし、壊れて、めちゃめちゃになって彷徨って、何にもならないかもしれないけれども、オリジナルとかいうものを捜すより、ここで日が暮れるまで遊んでいたい」というのが心的カオスのイメージを伝えてくれるだろう。つまり、デタッチメントは心の鋭敏性を回復するのである。人間は自分が住まう世界のすべてを観察しているわけではない。安定した生活に必要でない部分は自我の機能が見えなくする。心的なカオスへの方向づけとは、自我からの引き離しであり、世界への鋭敏な反応の回復なのである。

じっさい、人びとはつねに珍しいもの、未知のもの、新しいものに関心を抱く。こうしたことが生の安定化に役立つとは考えにくい。真に安定的な生とは、反復であり均衡だからである。新しいものはこの安定性に対する撹乱でありノイズである。たとえば、多くの人は旅を好む。どうして人は旅に出るのだろうか。旅の過程でわれわれは多くの人と出会い、多くの経験をするが、そうしたものはわれわれの生を安定化し、直接的に役に立つものを与えてくれるのだろうか。もしそうなら、それは旅というより仕事の出張に類するものだろう。旅で得た情報は、通常は特に役に立たないものである。ならば人はどうして旅に出るのだろうか。それは生における不安定性を求めるからである。

旅において、心の「元来の可塑的な力学的性質」が現れる。川崎恭治の言葉では、「元来体系がもっていた数多くの自由度が表に顔を出し始める」のである。多くの自由度があらわになれば、旅する人の心的な軌道は不安定になる。不安定化とはそういう意味である。旅は心の「初期にあった柔らかさ」（金子）を回復する試みなのである。われわれは旅において新しい経験をし、新たな出会いを体験し、そこから思わぬ展開が起こるのを待ち受けているに違いない。じっさい、「思わぬ展開」が決して起こらないことが保証された旅に出ようとする人がいるだろうか。「思わぬ展開」はゆらぎとPFBであり、何らかの偶然の出来事がきっかけとなる。こうした状況が、心的カオスである。それゆえに決められたパック旅行よりあてどのない冒険旅行の方が人をわくわくさせ、より「優れた」旅とされるのである。旅において、人は名所旧跡を訪ねるだろう。しかしガイドブックに記載されているそうした目的地への途上で、ふと道を外れてみる。そのような逸脱こそは真正の旅であるというべきだろう。鋭敏性の回復は、不安の意識とともに達成される。思いの生成の自由度、鋭敏性、実存的不安は、こうしてセットになっているのである。人は旅において実存的不安を自発的に求める。旅から戻り、自宅に帰るとほっとするだろう。自宅および住み慣れた環境では、日常的生活のルーティーンに従う。それが存在論的安全性を与えてくれる。住み慣れた環境において人は過剰なカオスから守られてアトラクタの内部に滞留する。こうして、生とは存在論的安全性という安定的な極と、実存的不安という不安定性の極を振り子のように運動する過程である。一方でカオス的な不安定性が心的な波動を生み出し、安定性がこの波動があまり破壊的でないように抑制する。しかし人によってはよりディオニュソス的な心と、よりアポロン的な心がありうるわけである。

自我が日常性における反復を支えるのに対して、心的カオスは非日常性に関係する。社会学における重要な主題の一つである遊びは、その一例である。これまで通常の場合、社会学は日常世界における人間に焦点を合わせてきた。しかし心的カオスの関係する広大な社会的領野が広がっているのである。文化という概念を広義に理解すれば、それは思いのダイナミクスの基盤をなしている。思想や音楽などの文化的活動を狭義の文化とすれば、この狭義の文化は基本的にいま述べた心的カオスに関係する領野であると言ってよいだろう。大雑把に、自我と心的カオスの関係は、社会制度と狭義の文化の関係に相当するということができる。社会制度は人間の生にとって必要不可欠だが、文化的な活動はそれがないと生きていけないこともない。社会制度は人間にとって必然的だが、文化は自由の領域にあるのである。文化に接しなくとも人は生物として生きていくことができる。それゆえに、自我が誤って心の本質と考えられたことにも理由がないわけではないのである。しかし自我に準拠して心を定義すれば、人間をその最低のレベルで描き出すことになってしまうのだ。

文化は本質的に想像力の産物であり、文化的な領域では安定性ということの比重は比較的小さくなる。人間の想像力は思いを創造する力である。この思いの創造は自己保存という生の最低限のレベルを超えたところを目指す。すでに挙げた例では、食事は自己保存のために必須だが、自己保存のための食事の機能は身体に栄養を提供することにある。だが美食という食文化では栄養は重要な条件ではない。食文化は味覚を中心とする美の追求であり、それはいうなれば遊びである。文化的活動は遊びと関係しているし、文化は遊びであるといっても過言ではない。遊びは自我が支配する日常世界からの自己の自発的な引き離しである。

さらにデタッチメントは他者や他者とのコミュニケーションと深く関わっている。コミュニケーションについては後で述べるが、他者を自己にとっての効用の源泉と見るなら、他者への関心は自我から説明できる。それは社会契約的な説明になるだろう。だが私にとっての他者とはそれに尽きるものではない。旅に出るのと同様のデタッチメントの動機づけによって、心は他者へと開かれるのである。他者との関係が開始するとき、心は不安の感覚を抱く。だがそれは同時にわくわくする感覚でもあり、それは固定した自己からの解放の感覚でもある。

以上の論述をまとめよう。私は心のダイナミクスを記述する概念として、アタッチメント、デタッチメント、コミットメントの三つを挙げた。アタッチメントは心のダイナミクスの安定化であり、自我の機能である。そのもっとも安定した状態は、均衡状態である。これに対応する感覚は存在論的安全性であり、安心感である。デタッチメントは安定状態からの引き離しであり、心的なカオスへといたる動機づけである。それに付随する感覚は実存的不安であり、固定した自己からの自由の感覚であり、それが想像力の源泉である。このとき、人は安定状態では潜在化していた、自己の心の自由度を獲得する。コミットメントはこれら二つの条件の上になりたつ。それは脱自的なアタッチメント detached attachment である。いま、心が安定状態にあるとしよう。デタッチメントはこの安定状態から自発的に心を引き離す運動である。だがデタッチメントの運動は特定の目標を目指すものではない。それはゆらぎに満ちたカオス的世界への出発なのである。それゆえ、デタッチメントだけでは心の秩序はなりたたず、心はカオス的に発散してしまうだろう。コミットメントは心を特定の対象に関係させる力学である。ＰＦＢによって強化された対象へのコミットメントは、自我のＮＦＢによって保存され、維持される。このコミットメントが過剰に安定化されると、均衡状態となり、心的ダイナミクスはその柔軟性と力学的な性質を喪失するのである。これがエゴイズムである。それゆえに、エゴイズムは心の本質的な条件ではなく、上記の力学的な過程で生じうる、一個の心的状態なのである。

## 第2節　作者と作品

### 1　作品の創作

こうして心のダイナミクスはアタッチメント、デタッチメント、コミットメントの三つの力学的過程からなりたっている。人間は誰しも生きていかなくてはならない。アタッチメントとしての自己保存は心のダイナミクスの最低限の条件である。「生活」とは、このような人間の安定条件に関わっている。それゆえ生活世界では自我の側面が顕在的になりやすいのである。だが、生活世界は人間の生の一部でしかない。音楽、絵画、文学、ダンスなど、一般的にいって芸術と文化の領域は、どちらかといえばこの最低限の条件に拘束されない世界である。この世界の基本である表現行為においては、それゆえ、自我の機能はより後退し、心の本質的なダイナミクスがより前面に出てくる。

人はたとえば音楽を創作し、演奏し、聴取する。どうして人は音楽を創るのだろうか、また演奏し、聴くのだろうか。音楽は生命の再生産のために行われる活動ではない。生物として最低限生きていくためには、あるいは自己保存のためには、音楽など必要ではない。そもそも芸術的な活動は、自己を守るために行われるのではない。それゆえに芸術と自我の結びつきは希薄なのである。それでは、表現行為とはどのような行為なのだろうか。言いかえれば、芸術的な作品とは、どのような過程によって生み出されるのだろうか。

前節で取り上げたカンディンスキーは、同じ自伝の中で、自身の創作過程について、次のように述べている。

「私は、感情ではなく論理によって私に生まれた形を使用する気にはなれなかった。私は形を考え出すなどということはできなかったし、そのような形を見ると気分が悪くなったものだ。私がこれまでに使ったすべての形は『おのずから von selbst』やって来て、私の目の前に完成した姿で立ち、私に残されているのは単にそれをコピーするだけだった。あるいはそれらの形は、私が制作している間に、しばしば私自身も予想しないうちに、早くも創発したのだった」(Kandinsky 1955: 21)。

人はこの文章を読んで意外の感をもつのではないだろうか。カンディンスキーは絵画の形態を「考え出す」ことを嫌悪しているのである。だが、絵画の形態とは、「考えて創られる」ものではないのだろうか?　しかし、小林秀雄も同様のことを述べている。

「俺はよく考える。俺達は皆めいめいの生ま生ましい経験の頂に奇怪に不器用な言葉を持っているのではないのだろうか、と。ただそういう言葉は当然交換価値に乏しいから手もなく置き忘れられているに過ぎない。若しそういう言葉を取り集めてはっきり眺め入る事が出来るとすれば、俺達は皆言葉というものが人間の表現のうちで一番高級なものだと合点する様になるのではないだろうか。とまれ小説を書こうと思って書かれた小説や、詩を書こうと思って書かれた詩の氾濫に一切の興味を失って了った今、俺は他人のそういう言葉が、俺の心に衝突してくれる極めて稀れな機会だけを望んでいると言っていい」(小林 1932: 80-81)。

カンディンスキーの「悪い気分」の対象は、したがって、「絵を描こうと思って描かれた絵」ということになるだろう。しかし、再び、「小説を書こうと思って書かれた小説や、詩を書こうと思って書かれた詩」のどこがいけないというのだろうか。小説や詩は、「書こうと思って書く」ものではないのだろうか。小林は、そのような作品は心に衝突しないという。カンディンスキーでいえば、「論理的に考え出された形態」のどこが悪いのかといえば、そうした絵画は「心に衝突し」ないからだろう。あるいは、そのような絵画は「めいめいの生ま生ましい経験の頂」にはいまだ到達しない地点から描かれているからに違いない。それでは逆に、「心に衝突する」とは、どのようなことだろうか。たとえば、「詩を書こうと思って書かれた」のではない詩とは、どのようなものだろうか。詩人の大岡信は、次のように述べている。

「僕は言葉の宇宙のうちに、そのような、エネルギー恒存原理にも比すべき原理の貫流を見るのである。言葉の世界を貫いているそのような原理によって鼓舞されるとき、人は、自己の消滅にむかっての涯しない過程が、そのまま、世界へ向けての自己の涯しない拡大の過程でありうるような、ある均衡の存在を感じとるのである。その一点を乗りこえて、むこう側に転げこむとき、人は、みずから言葉を発する状態から、一転して、言葉によっておのれ自身を発せられる状態に入ってゆくのである。人間は言葉をおのれ自身に属するものとして、つまりひとつの道具として扱うことに慣れてきたが、実際にはつねに言葉に属する存在でしかなかった。そのことに気付くとき、人は『詩』というものが、直下に、かつどこにでもあるものだということに同時に気付くのである。なぜなら、詩とは、言葉によってある人間が生み出されてゆく状態そのものだからである。

人が詩を書くのではなく、詩によって人が書かれているとしか思えないような作品がある。それこそ、ほんとうの意味での、至福の詩であろう」（大岡 1975: 276-277）。

大岡は、詩人の天沢退二郎の次の言葉を引用し、それは大岡の右の引用と同じことを述べていると言う。

「私が詩を書くとき私は詩人ではない。私が語るとき、私は宙に浮いて詩の言葉を発している唇、人格をもたないひとつの口であり、その口は単にその言葉を発するためだけのもので、他のすべては詩に捧げられた死せる花々となって空を降りこめる。詩を書くことの同時存在としては詩人は存在しないのだ。……

真の詩は彼方にあって到達しようとしてもとうてい到達できないもの、やってくるもの、起こるもの、不意打

ちの律動的なハプニングである。そうだ、詩は起こるものだ」(同：277-278)

歌手でダンサーのマイケル・ジャクソンはこう語る。「みな、私がどんなふうに音楽を作っているか聞きます。私の答えは、単にその中に入って行くんだ、というものです。それはまるで川の中に入って流れに加わるようなものです。川の中のどの瞬間にも歌がある。それで私はそこで聴くのです」(Jackson 1992: 70)。だが音楽は彼が創作するはずである。どうして彼は「聴く」と言うのだろうか。彼はまた、「意識は創造を通して自己を表現する。われわれが住んでいるこの世界は、創造者のダンスです。ダンサーは瞬時のうちにやってきて、そして去っていく。でもダンスは生き続ける」(*ibid.*: 1) とも語っている。彼は音楽の制作について、次のように語っている。

質問：Invincibleを制作した時には一つのテーマが心にあったのですか。

MＪ：私はテーマについて考えたりしません。音楽が自己を創造するに任せるのです。私は音楽があらゆる音、色彩の集まりになってほしい。誰もが楽しめるものに。

質問：音楽を作るのはだんだん容易になってきましたか。

MＪ：それはまったくたやすいことです。何もする必要がないから。こういう言い方は好きじゃないけれど、でもそれが本当です。天国がまるごとやってくるのです。本当に貴重なものはそうやって到来します。…(中略)…私はすべてを完成した姿で聴きます。ギターはどう弾けばいいか、ベースはどう弾けばいいか、ピアノはどうか…すべてです (*ibid.*: 1. MＪはマイケル・ジャクソン)。

これらの表現で彼が語る、「音楽の川に入る」「音楽が自己を創造するに任せる」「音楽がやってくる」という表現は、「する」論理からは理解不可能である。これらは想像力のモーフォジェネシスの運動の記述であると考えられるだろう。すべてが一挙に与えられる、という彼の表現は先に引いたカンディンスキーの証言と一致している。点記述では音楽家が作曲「する」のだが、場記述ではそれは「なる」創発として与えられるのである。それをジャクソンは「聴く」ことだという。

哲学者のメルロ＝ポンティは、やや古典的な言い回しで同じことを述べている。

「音楽的ないし感覚的な諸理念は、まさにそれらが否定性ないし限定された不在であるが故に、われわれがそれらを所有するのではなく、その諸理念がわれわれを所有するのである。ソナタを作ったり再生したりするのは、もはや演奏者ではない。彼は、自分がソナタに奉仕しているのを感じ、他の人たちは彼がソナタに奉仕しているのを感じるのであり、まさにソナタが彼を通して歌い、あるいは演奏家がそれについていくために『急いで弓を握りしめ』なければならないほど突然ソナタが叫び声をあげるのだ。そして、音響的世界の中に開かれたこれらの渦巻きは、最後には、諸理念が互いに順応し合うただ一つの渦巻きにすぎなくなる」(Merleau-Ponty 1964=1989: 210)。

前述したマーク・C・テイラーは、こう述べる。

「私、マーク・C・テイラーがこの本を書いているのではない。しかしこの本は書かれつつある。それはあたかも、私はスクリーンであり、他者たちの言葉がそれを通して流れ、提示されるかのようである。言葉、嗜好、アイデアは厳密には私自身のものではない。それらはつねに、所有されるものではなく借りられるものである。私は、いわばそれらの乗り物である。言語、象徴やイメージを使用しているように思えるが、それら自身の流通を促進し、その生命を拡張するために、それらが私を使用しているのである。私の身体と心（私はどこで心が終わり身体が始まるのか、確信がない）を勢いよく流れ去る情報の流れは、私の誕生以前も存在したし、私の死後も流れ続けるだろう。『私の』思考、じっさい『私の』自己は、その川岸がよく見えない川の中のつかの間

の渦であるようにみえる」(Taylor 2001: 196)

これも同様の事情を表現しようとしているのだろうと思われる。彼は「考えることが生じるこの瞬間に、私が書いているというより私が書かれている」(*ibid*.: 198) と、大岡と同様のことを述べている。だが言うまでもなく、「私が書かれる」というのはあまりうまくない比喩である。この受動性の感覚は、心的場において思いのダイナミクスが「なる」形で生成する時の、意識的な自我の受動性を意味すると考えればよいだろう。

## 2　創作とモーフォジェネシス

すでに引用した文で安部公房は、「一つの作品が誕生するプロセスは、作家自身にもそうはっきりとは自覚できないものだ。主題や、登場人物などについて、あれこれ考えたり感じたりしているだけではまだ駄目なのである。そうした意識的努力を重ねるうち、やがて自分の思考が濃縮され、過飽和溶液の状態になる。次に思いがけない飛躍の瞬間がやってくる。ちょっとした印象の破片がその溶液の中に落ちて核になり、結晶作用がはじまるのだ」(安部 1986: 36-37) と述べていた。これらの断片的な引用から、カンディンスキーが考えていた内容がわかってくる。彼が嫌悪したのは、「主題や、登場人物などについて、あれこれ考えたり感じたり」しただけで書かれた作品なのである。つまりそれは、自我による「意識的努力」の産物でしかないのだ。自我は意識的な能力だから、作品をとりあえずは仕上げることができる。しかし自我が心の核心的な力ではないことから、自我によって意識的に作られた作品は、心のダイナミクスの全体から湧き上がった作品がもつ力の強度を欠くのである。それがカンディンスキーの言う「論理的に考えられた」作品であり、小林秀雄の言う「詩を書かうと思って書かれた詩」であるに違いない。そうした作品は「心に衝突」するような力を欠くのである。ポストモダンの流儀は、真正なものと贋物の差異を否定することだった。だが、この差異は明らかに存在する。

こうしてみると、「真正の作品」の条件について語ることができる。安部公房が言うように、生における無数の、あらゆる種類の思いがチャージされ、それが臨界状態に達したとき、そこに明確な形が生まれてくる可能性が開ける。チャージされた思いが臨界に達し、それが相転移によって形をとって溢れ出る。それが力のある作品である。すなわち優れた作品は自我による「する」意識的努力でなしうるものではなく、心的ダイナミクスの全体からの「なる」としての創発である。作品の創作過程の秩序とは、モーフォジェネシスの力学そのものなのである。上記のいくつかの証言はまさにそのことを語っている。このモーフォジェネシスの過程は自己組織的な過程だから、作者と作品の関係は、一見奇妙なものとなる。作品はまさに作者が生み出したものにほかならないのに、それが真正の作品であるとき、作者はいわばそれを受け取ったり発見したりしたかのように感じるのである。言いかえれば、「われ思う」というコギト的主体性が消失するのである。

こう考えると、すでに引用した大岡の謎めいた言葉の意味が理解できる。「自己の消滅にむかっての涯しない過程」において消滅する「自己」とは、意識的な自我である。自我が消滅に向かうとき、「世界へ向けての自己の涯しない拡大」が生じるのだが、この「自己」とは、モーフォジェネシスのテーゼに述べられている心の潜在的な力学的性質がデタッチメントによって喚起された状態であると考えればよい。「むこう側」とは自我のむこう側であり、デタッチメントの不安定化の力に導かれたカオス的な場所である。その時に人は「言葉によっておのれ自身を発せられる状態」になるという。これは潜在的な力学的性質が顕在化し、心的ダイナミクスが十分に発揮された状態であるといえるだろう。このとき、自我としての作者は受動的な存在と化す。それが「人が詩を書くのではなく、詩によって人が書かれている」という状態だろう。このとき、人は言葉のダイナミクスに身を委ねるのである。それゆえに安部公房も「創作は『まつ』ことだというのは嘘ではない」と述べたのだし、カンディンスキーやマイケル・ジャクソンも作品はおのずから現れたと語るのである。自分が書くというより、書かずにはいられない。そういう作品に力があるのである。ジャズ・ピアニストの上原ひろみは、デビューの提案を一度断った理由を、「世の衝撃的なデビューアルバムの数々を聴いてきて、それらは音楽家が発信したくてたまらない気持ちが、風船がはじけるみたいにして生まれるんだと感じてきたから、そんな状況にならないとデビュー作は作っちゃいけないと思ったのです」（朝日新聞二〇一〇年一月三〇日）と説明しているが、これもチャージ・臨界・相転移の典型的な表現である。問題は、そのような状態は「なる」ものであり、意識的に「する」ことはできない、ということである。

土芳が『赤冊子』に伝える松尾芭蕉は、俳句についていま述べた内容を次のように述べている。

「松の事は松に習へ、竹の事は竹に習へと、師の詞のおりしも私意をはなれよといふ事也。この習へという所をおのがまゝにとりて終に習はざる也。習へと云は、物に入てその微の顕て情感るや、句となる所也。たとへ物あらはに云出ても、そのものより自然に出る情にあらざれば、物と我二ッになりて、其情誠にいたらず。私意のなす作意也」（潁原 1939: 101-102）

「句作になると、するとあり。内をつねに勤て物に應ずれば、その心のいろ句となる。内をつね勤ざるものは、ならざる故に私意にかけてする也」（同：104）

ここで芭蕉が述べていることは、カンディンスキーが述べていることとまったく同じであると思われる。真正の句は「する」ものではなく「なる」ものだというのだ。それは「内をつねに勤め」るような、思いにチャージされた心に到来する力学である。芭蕉が言う「私意」とは意識的な自我の機能だろう。同じ見解を、ジャンルも時代もまったく異なるロックのケヴィン・シールズは、演奏を「意識してやろうとすればうまくいかない。…（中略）…うまくやるためには、ぼくがギターを弾いているのではなくて、ぼくが音楽の一部になってなければだめだ」と述べている(1)。つまりは、「する」ではなく「なる」である。詩人の谷川俊太郎の言葉では、「そういう詩の生まれ方を見ていると、少なくともぼくの場合、自分が主体となって創造したものだというふうにはどうしても思えなくて、やはりどこかから、なにかから与えられたものだというふうに思わざるをえないのです」（大江・河合・谷川 1996: 104）ということになる。この与えられるという表現は、真正の作品は自我が「する」ものではなく、思いのダイナミクスからの創発として作者が出会うものである、あるいは作者の心的場に生まれるものであるという事情を意味すると思われる。

### 3　作品の「生命」

「作品の生命」という表現がされることがあり、また「作品は生きている」といわれることもある。これはもちろん比喩的な表現である。だが同時に、この表現が比喩に留まらないリアリティをもつこともある。この表現が比喩であるとは、どのような意味においてだろうか。というのも、比喩として「生命」が選択されるには相応の理由があると思われるからである。第Ⅰ編で述べたように、生物を対象とする分子生物学に対して、生物を生み出す力としての生命に焦点を合わせるのが複雑性科学による理論生物学である。この観点からは生命は多様な生物の形を生み出すモーフォジェネシスの力と考えられる。作品は生物だろうか？　もちろん、そうではない。だがモーフォジェネシスという抽象化された原理がこの両者の基盤にある。これまでに見たように優れた作品は心的なモーフォジェネシスの過程で生み出される。音楽は音のモーフォジェネシスであり、絵画は色彩と形態のモーフォジェネシスである。小説と詩は言葉のモーフォジェネシスである。この意味で、広い意味で「作品」が「生きている」ということは比喩に留まらないのである。ダイナミクスの自律性という意味で、優れた作品は自律的に運動するのであり、それが「作品の生命」という表現の比喩的な意味なのである。

たとえば小説は、言葉の単なる組み合わせではない。そこで多様な言葉が相互作用しているのであり、作品は固有のダイナミクスをもっている。小説を読むということは、小説のダイナミクスが読者の心的ダイナミクスと相互作用することにほかならない。小説のダイナミクスと読者の心的ダイナミクスの相互作用によって、読者の心的ダイナミクスに変容が生じるのである。それゆえ、小説の固有のダイナミクスがうまく運動していなければならない。そしてこの運動する小説は、作者のチャージから生み出される。この意味で優れた小説は高度にモーフォジェネシス的であり、広い意味で「生きている」のである。作品は単なる「テキスト」ではない。それは形態形成的な運動体である。

ただしこの運動体は、読者の心という場においてのみ運動することができる。

作品がモーフォジェネシス的であるということは、読者の心的場において作品が自律性をもつということである。優れた作品は強い自律性をもつから、「われ書く」という作者の主体性が存在しないような感覚を作者は抱くのである。言いかえれば作品がおのずから生まれた創発であるような印象をもつのである。ところがじっさいは、創作は作者の高度の心的ダイナミクスの所産なのであり、これは逆説的な事態であるといえよう。もし作者が「われ創る」というようなコギト的主体性のもとにあるなら、カンディンスキーや小林秀雄が拒否するような作品を生み出すだろう。もっとも高度な「われ創る」のダイナミクスからは、「われ」が消去されなければならないのだ。そのとき作者は想像力という力を体現する存在となる。

作品とは、想像力によって生み出された、新たな一個の世界である。言いかえれば、優れた作品とは運動体であると同時に一個の場でもあって、読んだり聴いたりする行為は読者がその場に参入することであり、その場における思いにチャージされることである。すでに述べたように、世界とは客観的な外的世界ではなく、人間がその想像力によって生み出す多様な想像的世界である。そしてどのような作品も、そうした想像的世界の一部なのである。小説のような作品はフィクションといわれる。それは誤りではないが、同時にそれはもう一つのリアリティという世界の創造なのである。この意味で、フィクションは同時に、一個の作品という独自の世界における諸々の出来事のドキュメンタリーである。作者とは、ある作品という世界の最初の目撃者であるといえよう。おそらく、優れた作家の創作活動は、「われ創る」という主体の意識より、未知の世界の探検という印象とともにあるのではないだろうか。優れた作品の執筆の過程では、作者は登場人物を考え出すというより、彼らと出会うに違いない。というのも、それらは著作という力学的な過程における創発だからである。そして登場人物のふるまいと出来事の思わぬなりゆきに作者自身が驚くのでなければ、優れた作品の創作とはいえないだろう。かつて、「作者の死」が唱えられたことがあった。だがそれは正しくない。作品が自律的に、つまり作者とは独立の生命体であるかのように、「なる」という形で創発することが、優れた作者であるという事実なのである。

そして作品を読むことは、作品という世界を生きることである。音楽を作曲することと演奏することは言うまでもなく創造活動だが、音楽を聴くこともまた創造活動である。というのも、聴取された音楽のダイナミクスが聴き手の心的ダイナミクスと相互作用して、聴き手に固有の音楽的世界が開かれるのであり、この意味で音楽の聴取もまた創造である。表現行為とは、単なる「自己」表現ではない。単なる自己表現は自我による作為でしかない。真正の表現行為とは、作者にチャージされたモーフォジェネシスの力が溢れ出る放電作用なのであり、作者の心的な波動が形となったものなのである。優れた作者とは、時代の無数の思いによってチャージされた魂であり、作品がこれら思いの重量を担った波動である時に、それは優れた作品となる。この節の冒頭に述べたように、芸術的な表現行為にあっては、自我の機能はほとんど不要である。自我に代わって表現行為のダイナミクスを主導するのは、安定的な生活世界では潜在化する心的ダイナミクスの力学的性質である。

注

（1）http://thequietus.com/articles/08745-kevin-shields-interview-mbv-my-bloody-valentine

## 第3節　「好き」の力学

### 1　心的秩序と合理性

私はつねに現在において生きており、私の思いの可能性は未来に向かって開かれている。私の「いま・ここ」には分岐としての選択肢があり、私はそのどれかを選ばなければならない。生の過程はこのような選択の連続である。近代の哲学でこの選択の原理として考えられてきたのが、合理性にほかならない。だが、第2章において、複雑性理論の観点からは合理性はなりたたないことを示した。その要点は、第一に可能な選択肢の数は膨大であり、限られた時間においてそのすべてを検討することは事実上不可能であることであり、第二に選択は通常は未来に生ずる出来事の選択だが、未来における出来事を知ることは不可能である、ということであった。

それゆえ、合理的な選択というものは現実的ではない。じっさいに合理的に選択している人間はいないのである。それだけではない。右に述べた節で指摘したように、合理性は生という事実と相反する行動様式なのである。もし未来に自己に生起することが詳細にわかり、それが外れることがないとしたら、人生を生きることはまったくの無意味となる。そのことを「未来の日記」という例で述べたのであった。それゆえに、人がそれなりに有意味な人生を生きているとしたら、それは合理的にふるまっていないからなのである。もっとも、合理的にふるまうということが不可能なのではあるが。さらに、合理性の条件を緩和して限定的な合理性を考えることも無意味であることを、すでに述べた。

人は自己が選択しようとしている選択肢がどのような結果を引き起こすかを知ることなく、その選択肢を選んでいる。あらゆる意思決定は、本質的に非合理的であらざるを得ないのである。私はこの結論を実存主義と共有する。だが実存主義の哲学は、ここで終わりとなる。人生は不条理である。それが結論である。この命題は誤りではない。だが私はさらに先に進みたいと思う。人は合理的に選択できないが、しかし現に選択を行っている。それゆえに、選択は単に不条理であるのではなく、合理性とは別の、選択の過程を律する秩序が存在するはずである。すでに述べたように、それは心的場の非エルゴード性にほかならない。エルゴード的な空間では、すべての事象が等確率で生起する。その場合、人間は決定不可能な状態に陥ってしまう。それゆえ、行為の選択がじっさいに可能であるためには、特定の狭い範囲の事象のみが高い確率で生起するのでなければならない。それが非エルゴード空間である。

非エルゴード性とは、可能な選択肢の集合のすべての要素が、等しい確率で選択されるのではない、ということを意味する。言いかえれば、可能な選択肢の全体の集合に確率的な差異があることを意味する。この集合のある局所的な部分が高い確率を示すのである。非線形的な秩序は、あまりに広大な選択肢をもつ。その全体を調べることは限られた時間では不可能である。したがって、あるきっかけが与えられた時に、特定の方向性へと一気に向かう力が生じるのでなければならない。それがＰＦＢすなわちコミットメントの概念である。生における選択を可能にしているのは、コミットメントである。コミットメントの概念が、合理性の概念を置き換えるのである。

コミットメントは心的な秩序形成の最初の過程であり、対称性が自発的に破れる過程である。いま心的な力学系がある分岐にあって、そこに複数の選択肢があるとしよう。選択肢のそれぞれを選択した場合、どのような結果がもたらされるかということが不確定だから、合理的選択が不可能なのである。このとき、分岐の周辺に存在する何らかのゆらぎが増幅され、特定の選択が強化される。こうして、人は見知らぬ未来へと歩みを進める。これがＰＦＢであり、コミットメントである。この過程をより具体的に見ることにしよう。

## 2　欲望と「好き」

心の動機づけについて語る場合には、欲望、欲求、意志などの概念が当然のように使用される。だがこれらの概念はそれに先立つ「する」主体としての「私」の存在を前提する概念である。それゆえにこれらの概念は心の場記述に暗黙の裡に点記述を忍び込ませ、その結果存在論的背理を生み出しやすい。さらに、これらの語彙は明治期における西欧文化の輸入に際して使用された翻訳語ないしそれに類縁の漢字二字からなる熟語である。言葉は思考内容に影響し、思考の文脈を決定する。

「欲望」という語そのものは必ずしも翻訳語ではないが、日本の近代においては西欧的思考の移植において重要な意味をもった言葉である。それは西欧文化の基盤にある離散体的な世界観、点記述をもっぱらとする見方と密接に結びついている。人間は孤立した独立の存在であるとするこの世界観から導かれる動機づけの原理は、自己保存である。そして自己保存を支える原理は、所有と権力（支配）である。こうして、欲望・所有・権力の三つの概念は三位一体をなしており、人間は自己保存のみを追求するエゴイストであるという、点記述にもとづくホモ・クローザスとしての離散体的人間観をもたらすのである。「欲望」という語は、このような西欧的思考を正確に伝えるという意味では、きわめてよくできた語であるというべきだろう。欲望という語彙を使用することで、人は無意識の内に離散体的世界観へと誘導される。欲望という概念には、離散体的な世界観が、いわば宿っているのである。欲望という概念は、学術的な文献では普通に使用されるが、日常的な日本語の、非学術的使用においては滅多に登場することのない言葉である。ここで再び大森荘蔵にならい、日常の言葉へと降り立ってみよう。日常の日本語の用法において、動機づけに関して使用される基本的な語彙は何だろうか。おそらくそれは、「好き」という言葉ではないだろうか。明らかに、われわれは「好き」なことをするように動機づけられる。

では、「好き」であるとはどういうことだろうか。序論で触れた柳父章が述べるように、明治以来の日本における理論的思考は主として漢字二字からなる翻訳語を使うことに慣れ親しんできたので、「好き」という語彙を理論的な文脈で使用することはいかにも座りが悪い。これを避けるために、私は、「好き」という日常語の意味内容を、「コミットメント」という語でも表現しようと思う。何かが「好き」になるということは、その対象に「コミットする」ことである。以下では「好き」という語の意味する内容に論理的な表現を与えることにしよう。まず参考のために、『岩波古語辞典』の「好き」の定義を見ることにしよう。

【四段】①気に入ったものにむかって、ひたすら心が走る。一途になる。熱中する。②恋に走る。色恋に熱中する。③（趣味・芸道などに）徹する。身を打ち込む。④趣向をこらす。凝る。⑤気に入る。心をひかれる。
【名】（好き・数寄）①恋の道。②芸道に徹すること。風流の道に身を投じること。③片寄った好みを持つこと。僻愛。④特に、茶の湯。

「気に入ったものにむかって、ひたすら心が走る」という説明は、「欲望」という言葉が与える印象とは大きく異なるように思われる。それは明らかに何らかの対象へのコミットメントを意味している。「好き」とは異なり、「欲望」は対象へのコミットメントを意味しない。「欲望」において、その対象は自己の目的を達成するための手段でしかない。「好き」が対象へのコミットメントであるのに対して、「欲望」とは自己へのアタッチメントである。重要な差異は、「欲望」が対象を自己へと引き寄せる、自己中心的な意味をもつのに対して、対象へと向かっていく「好き」は自己超越にもとづくということである。言いかえれば、「欲望・所有・支配」の三位一体の一角としての「欲望」は対象を自己の所有とする、あるいは自己の支配下に置こうとするという意味で求心的であるのに対して、「好き」は自己から遠ざかるという意味で遠心的である。コミットメントは通常は自己以外の何ものかへのコミットメントだからである。

もちろん、中には自分が好きという人もいるだろう。確かにある程度はそうでなくては困るともいえる。しかし一般的には、好きの対象は自分とは別の何ものかなのである。人に「あなたは何が好きですか？」と聞いたとき、その人が「私は自分が大好きです」と答えたら、びっくりしてしまうだろう。「欲望」が対象をわがものとして所有する、確固とした自己を前提するのに対して、「好き」はより柔軟な自己を前提している。「欲望」の主語には「主体」が適するが、「好き」の主語は主体ではなく思いである。人は意識的に何かを好きになることはできない。それゆえ「好き」あるいはコミットメントとは、思いの運動原理なのである。先の引用にあるように、まさに「心が走る」のである。

先に述べたように、「好き」の対象は私にとって手段ではない。言いかえれば、それは私の自己保存と無関係なのである。こうして、「好き」ということと、心の本質としての想像力が結びつく。確かに、人間以外の生物で「好き」で何かをやる生き物はいないか、例外的だろう。それゆえ、「好き」の方向性は「欲望」の方向性と反対である。「欲望」が「われ」の所有に向けての求心的な力学であるのに対して、「好き」とは「われ」からの脱自の力学なのである。こうして「好き」という言葉の意味がさらに明らかになる。われわれはすでに「好き」を何らかの外的な対象へのコミットメントとして特徴づけたが、それは同時に自己の超越すなわちデタッチメント（脱自）によって支えられているのである。

だが、コミットメントは純粋なデタッチメントではない。それは特定の対象に向かう動機づけだからである。すなわち、コミットメントは特定の対象へのアタッチメントを含む。それゆえ、「好き」としてのコミットメントは、デタッチメントとアタッチメントという二つの力学にもとづいている。それはいわば脱自的アタッチメント detached attachment である。それに対して、「欲望」が指示するのは純粋なアタッチメントである。こうして、これらコミットメント commitment, デタッチメント detachment, アタッチメント attachment の三つの概念は心のダイナミクスの核心にある運動を表現しているのである。ただし、「好き」が意味するのは何かに引き込まれる運動であり、その対象は犯罪のような否定的なものであることもありうる。

## 3 「好き」の力学

離散体的な世界観によれば、世界とは、孤立した諸個人が自己の欲望を達成するために、他者を手段として相い争う状態である。確かに、欲望という概念はこのようなホッブズ的あるいはマキャベリ的世界像に親和的である。他者の欲望は私の欲望にとっての障害にほかならない。こうして、欲望という概念は自己中心的な思考を導く。ところが、「好き」では事情は異なっている。誰かが「私はこれが好きだ」と発言したとき、そこに闘争が生まれるのだろうか?

一般的には、もちろんそうではない。仮にある人がある歌手のファンだとして、その人はその歌手が「歌が好きだ」というのを望むに違いない。もし歌手が「金が目的であり、歌は手段だ」といったなら、ファンでい続けることは困難ではないだろうか。われわれはレーサーが「車が好きだ」と言い、歌手が「音楽が好きだ」と言い、登山家が「山が好きだ」と言うことを、望み、求めるのである。ここに「欲望」との決定的な相違がある。われわれは他者が何かにコミットメントをもつことを、むしろ求めるのである。この理由については、いま少し後で述べるだろう。

以上をまとめれば、「好き」という動機づけは心の本質としての想像力にもとづくものであり、したがって心の分析の基本的な概念となるべきものである。じっさい、われわれは見知らぬ人と同席した時に、その人を知るために彼が何を好きなのかを問うのではないだろうか。欲望の概念は求心的であり、その中心には自我がある。欲望は自我によって秩序化される。それゆえ、欲望の場合にはその運動が帰着するべき目標点が明確に存在する。つまり自我である。それに対して、「好き」とは非エルゴード的流れにほかならない。

まず、「好き」とは心的場に差異としての秩序を導入することであり、対称性を破ることである。対称的な状態はいまだ世界ではなく無秩序である。どこをとっても同じだから、そこには何らの差異がなく、それゆえに秩序が存在しないのである。ここに対称性の自発的な破れが訪れる。それは何か特定の対象に関心をもつということである。特定の対象に関心をもつことは、他のものにはさほど関心がないことを意味している。人がすべてのことに等確率で関心を持つのがエルゴード性だが、そのように、無数のパタンが等しい確率をもつなら、どのパタンも実現しないだろう。それゆえ、関心とは世界に対する非対称的な態度なのであり、こうして心的場が非エルゴード的世界として開かれる。「好き」とは心的場とそこに展開する世界に秩序（非対称性・差異・パタン）を与えることなのである。もし世界における何にも関心がないなら、世界は対称的でありそこに秩序は存在せず、じつはそれはいまだ世界ではない。その場合には心の運動も存在しない。歌手の椎名林檎は、『やっつけ仕事』という歌で次のように歌った。

「（略）…何にもいいと思えない／あんまり憤慨もしない／今日は何曜日だった？／さして問題じゃないか／ああ、痛い思いをしたいのに／興味や関心を奪うほど合う辻褄／あるいはまぐわいを以て営んでなんて目論で居ないか／コントロールして頂戴／退屈がいまいましい／銀座線　終電何時？／さして問題じゃないか／ああ、機械になっちゃいたいのに／ねぇ「好き」って何だっけ？／思い出せないよ…思い出せないよ…」

この歌詞に歌われているように、心的場において「好き」のダイナミクスが運動しなければ、心的ダイナミクスも停止してしまうのである。こうして、「関心」によって秩序が導入される。関心とは広大な可能性空間の特定の小部分へと思いを集中させ、他の部分へは思いを拡散させないことである。それによって思いは特定の小部分においてのみ生起し、こうして空間にパタンが与えられ、私にとっての世界がなりたつのである。この「関心」がさらに強化されると、「好き」になる。つまり、「好き」は世界における特定の対象を選択し、それへのコミットメントを増幅することである。すなわちそれは、ポジティヴ・フィードバック（ＰＦＢ）の過程にほかならない。対象の選択にはゆらぎが介在し、何を好きになるにしてもそれは偶然に決まる。このことが、生におけるすべての分岐に当てはまる。分岐においてある選択肢が偶然選択され、それが「好き」によって強化・増幅されるのである。

要するに、人は世界におけるあらゆることを同時に等しい確率で好きになることはできず、何か特定の対象を好きになるのである。その際にその特定の対象は合理的に選択されはしない。合理的な選択とは、選択の可能性のすべてを検討した後に最適な要素を選ぶことだが、すでに述べたように可能性のすべての集合はあまりに広大すぎてビッグバン以来の時間を当てても足りないのである。それゆえに、「好き」とは可能性の空間の一部を偶然かつ恣意的に選択するという形を取らざるを得ず、これが心的場の非エルゴード的流れなのである。すなわち、人は他の対象と比較して何らかの対象を好きになるのではなく、その対象によって単に惹かれ、その対象に向かって「心が走る」のである。選択された対象へのコミットメントが強化され、帰還不可能点を超えると、それは不可逆になる。何かを好きになることに理由はない。実存主義はこの事情を直感し、不条理と不安の哲学となった。まさに不条理と不安は非エルゴード的流れの本質である。

コミットメントとは、いま現在の地点から不確定な未来へと、自己を駆り立てるＰＦＢの力である。不確定な未来へと生を押し出す力がＰＦＢにほかならず、それは生についてのもっとも重要で深遠な原理である。すでに述べたように、ＰＦＢとしてのコミットメントは、デタッチメントとアタッチメントにもとづいている。この二つの力が、自己をその「いま・ここ」の安定点から自発的に遠ざかることを可能にするのである。この考え方を表現する語彙としては、サルトルの「投企」という概念がもっともふさわしいといえるだろう。

コミットメントとは、選択されなかった選択肢を断念することでもある。自由において一つの可能性が実現され、同時に他の可能性が否定され断念される。非エルゴード的世界では、選択された道を、選択されなかったそれと比較することはできない。選択された道が唯一の生きられた可能性だからであり、実現されず生きられなかった他の可能性について知ることは不可能だからである。だが、想像力は失われた可能性についての思いを生み出しうる。それがじっさいになされた選択の不条理をさらに際立たせもするのである。それに対してエルゴード性とは、今回選択されなかった対象もいつかは選択されることを意味している。だがそれは生において一般的ではない。

こうして、ある対象に「好き」なものとしてコミットメントを与えることが、心的な秩序形成の原理である。それは想像力という力がつねに働いて心的な無秩序、すなわち最大の確率に対応する状態としての心的均衡状態を破る過程である。言いかえれば、想像力がつねに思いの秩序すなわち思いの形を生み出し、そのことによって確率的に低い状態としての秩序状態を不断に実現し、それによって心的場を均衡から遠く隔てる、ということである。広大な非エルゴード的な可能性空間の中から特定の思いの秩序を選択するのが、「好き」としてのコミットメントなのである。

すなわち「好き」であることとは、確率的に高い状態から低い状態、つまり秩序状態へと向かう、心のダイナミクスの運動である。

先に「選択」という語を使用したが、そもそも選択という概念は、その選択肢のそれぞれについての知識をもつ主体を予想させるのではないだろうか。もしそうなら、分岐における選択肢の一つを採る「好き」のダイナミクスは、選択というより「なる」過程だというべきだろう。ある対象を好きになるのは、そう「なる」のであって、厳密にいえば選択を「する」結果ではない。別の言い方をすれば、「選択」とは「なる」こととして初めて可能なのである。人はある選択肢を選んだことがどのような結果につながるのかをあらかじめ知ることはできない。広大な秩序空間ではあらゆるゆらぎが存在し、あらゆる想像不可能な組み合わせが待ち受けている。それは不確実性などというものではなく、まったく見当もつかない旅である。仮に三通の封筒を示され、その一つを選んでくれといわれたら、人はその中にはそれぞれ何が入っているのか？と聞くだろう。もし相手が、それは言えないが、とにかく選んでくれ。そしてその結果に責任を持ってくれ、なぜならそれはあなたの選択だから、と言ったとしたら、どうだろうか。生におけるあらゆる分岐における選択とは、そのようなものなのである。

# 第4節　心的秩序の形成

## 1　「好き」と秩序化

「好き」は心的場の運動を統べる根本的な原理である。心的場の原理は心のモーフォジェネシス仮説に述べられた、思いの形の不断の創造だが、「好き」はその方向性を定める。本書の定義では、「秩序」とは形であり、それは確率的に低い状態、放置すれば実現しそうもない状態が実現していることを意味する。そうであるなら、生起する確率がより低いほど、より高度な秩序であることになる。すなわち、確率的に考えられた秩序の概念は、秩序か無秩序か、という二分法ではなく、秩序化の程度において考えることができる。

ここで、すでに述べた事例に立ち返ってみよう。私はモーフォジェネシスの概念について説明する際に、自転車に乗るというダイナミクスの例を挙げた。いま一度簡単に述べるなら、こうである。「自転車に乗れる動作の集合」をAとし、「すべての動作の集合」をBとすると、AはBの真部分集合である。自転車に乗れるようになることは、Aを知識としては知ることなく、反復的な試行によって動作がAに引き込まれるようになることである。これはモーフォジェネシスの過程であり、Aはアトラクタである。これは、人が自転車に乗れるようになる過程である。

さて、いまこのモーフォジェネシスの過程によって、ある人がもっとも運転が容易な自転車である家庭用自転車に乗れるようになったとしよう。家庭用自転車は便利な道具であり、銀行やスーパーに行くことができるし荷物も少しは積める。しかし、家庭用自転車に乗る人が「私は自転車が好きだ」と発言したとすると、それは少々違和感を与えるのではないだろうか。「好き」というためには資格のようなものがあるのである。「自転車が好き」という言葉は、家庭用自転車とは別の種類の自転車に乗る人のためにある。それはマウンテンバイクとかロードレーサーのようなスポーツバイクであり、確かにこれらに乗る人が上記の台詞を口にすることに違和感はないだろう。というのも、これらスポーツバイクは日常の用に使うには不便な代物だから、あえてそれらに乗っている人は、「好き」でそうしているとしか考えられないからである。

ではスポーツバイクと家庭用自転車の相違は何だろうか。「スポーツバイクに乗れる動作の集合」は「家庭用自転車に乗れる動作の集合」よりさらに小さく、その中に含まれる、すなわちその真部分集合である、というのがその違いである。簡単にいえば、それは、スポーツバイクに乗ることは家庭用自転車に乗ることより難しいということであり、言いかえれば走行という形がうまくなりたつ確率がより低いということである。それゆえ、スポーツバイクに乗れる人は必ず家庭用自転車にも乗れるが、逆はなりたたない。それでは、スポーツバイクに乗る人はどうして「自転車が好きだ」と発言してよいのだろうか。

われわれはまず、「すべての動作の集合」を考え、次いで「家庭用自転車に乗れる動作の集合」を考え、さらに「スポーツバイクに乗れる動作の集合」を考えた。動作の集合はこの順で小さくなっているのである。簡単にいえば、運転の難易度が上がるということであり、達成の確率が低くなるということであり、運転という形態形成の秩序がより高度になることである。したがって、「好き」ということは運転の難易度の向上すなわち運動の形の達成確率の低下、言いかえればより高度な秩序の実現と関係しているのである。それゆえに家庭用自転車に乗る人は「自転車が好きだ」といってはならず、また逆に、「自転車が非常に好き」な人は、たとえばマウンテンバイクで崖を駆け下りたりするのである。同様に、セダンに乗る人は「車好き」とはいえないだろう。自動車が好きな人はスポーツカーに乗るのであり、さらに自動車が「非常に好き」な人は、レーシングカーに乗るのである。

要するに、先の「動作の集合」が小さくなる、言いかえれば形を達成する確率が低下するほどに、「好き」である度合いが増加する。「動作の集合」が小さくなること、つまり確率が低下することは、より高度のモーフォジェネシスが実現することを意味し、またより高度の秩序が実現することを意味する。自転車の運転は自転車という機械と手、腕、脚など身体のそれぞれの部分が協働的に運動することである。こうした部分が同調し、「自転車の走行」というマクロ秩序が創発するわけである。それゆえ自転車の運転は、機械や身体の部分の同調が生み出すダイナミクスでありモーフォジェネシスなのである。こうして「動作の集合」が小さくなることは、より高度のモーフォジェネシスが達成されることであり、より高度の秩序が実現することである。このとき、より高度の「好き」が実現しているのである。

このことは、「好き」なことをすることは、それ自身が目的であることを意味している。じっさい、家庭用自転車や家庭用の自動車は、生活の道具として役に立つ。それに対して、マウンテンバイクで崖を駆け下りるような行為は何の役にも立ちようがない。それは単に好きだからする行為である。つまり、自転車にせよ自動車にせよ、スポーツということは対象への純粋なコミットメントであり、それが「好き」という言葉の意味内容なのである。先に引用した辞典では、このことを「心が走る」と定義していた。じっさい、レースのような極限的な走行は、「ひたすら心が走る」人しかやらないのである。同様に、ハイキングコースを行く人が「私は山が好きだ」というのは不似合いである。「山が好きだ」と発言してよいのは、困難な登山への挑戦者である。そうした登山家は、登山に対する強いコミットメントをもつ。何の益ももたらさない困難な登山に挑戦するのは、「好きだから」としか言いようがない。それゆえ、「好き」ということの基本的な内容は、対象へのコミットメントなのである。言いかえれば、「好き」とは秩序形成の原理にほかならず、それはより高度の秩序へと向かっている。人間は自己保存ではなく、より高度の秩序形成への挑戦に動機づけられている。われわれはすでに「モーフォジェネシス仮説」において、心はモーフォジェネシスによって動機づけられる、と述べた。「好き」という言葉の分析によって、心的場はより高度の秩序へと自発的に動機づけられていることが理解される。

## 2　自我と無心

心的な秩序が高度化する場合、心的場の運動はどのように変化するのだろうか。心的秩序の高度化とは、心的場における思いの相互作用がふだんより活性化し、思いのいわば化学反応から新たな思いが通常より高速に生み出される状態であるといえよう。日常生活における普通の心的秩序では、心的場はほとんどの場合はルーティーン化されたアトラクタ上を安定して運動するから、このような心的秩序の高度化は、特別の状態である。それは通常の安定的な心的運動より達成が困難であり、生起する確率が低い。

日常生活の多くの場面では、個人は複数の対象にコミットメントを与えて自己の生活をなりたたせている。生活はそのような多様なコミットメントのバランスの上になりたっている。しかし特別の状況下では、特定の対象へのコミットメントが優先され、いっそう強められることもある。それは「好き」なことをより深く追い求める場合である。その場合の動機づけは、楽しさの追求ということだろう。あるいは面白いからやる、ということである。このような場合には、心的ダイナミクスは安定的なアトラクタから自発的に脱出する。このとき、それまで潜在していた心の力学的性質が顕在化し、多くの自由度があらわになる。安定性を脱したダイナミクスには、カオスが訪れる。カオスがもつ鋭敏性や軌道不安定性が、「好き」を徹底し「楽しさ」を追い求める時の条件である。すなわち、この先どう展開するかわからない、という不安定性が、楽しさの条件である。日常的なルーティーンのアトラクタでは、このような不安定性は困りものである。鋭敏性や軌道不安定性は緊張感をもたらす。もし軌道が完全に予測できるなら、そこに楽しさや面白さはないだろう。刻々と変化する状況の中で、予期できない出来事が次々に生まれる。そうした事態をうまく乗り越えられるような心的ダイナミクスを実現することが、深い満足感と達成感を与えてくれる。合理性の概念に反して、心は予期せぬ出来事を求めるのである。

スポーツ、音楽、芸術あるいは他者との共同の作業などにおいて、ミクロレベルのエージェントの協働が滑らかに進行して高度のモーフォジェネシスが立ち上がるとき、人は自己目的的な楽しさを感じる。それがきわめて高度のレベルに達しているとき、そのような心的状態を「無我夢中」と言うし、「無心」とも言うのである。「無心」は無意識状態ではないから、無心の「心」とは心全体のことではなく、その一部の働きとしての自我のことであると考えられる。つまり自己保存、自己安定化への配慮を一時棚上げし、あるダイナミクスに没入する時に、人は「無心」になる。

無心とは、心を安定化させる自我の解除であり、それによって心的な波動がより動的に運動するのである。このとき、人は楽しく面白いと感じるだろう。それはミハイ・チクセントミハイ（Csikszentmihalyi 1990）が言う、フローの体験である。

『岩波古語辞典』は、「面白し」を「明るい風景とか明るいものを見て、目の前がぱっと開ける意。また、気分の晴れ晴れとする意。それが音楽・遊宴などの快さを言うようにひろまり、文芸・装飾その他に対する知的感興を一般的にあらわすようになった」と説明し、

① （景色や風物が明るくて）心も晴れ晴れとするようだ。
② （気持が開放されて）快く楽しい。
③ 心惹かれるさまだ。

という定義を挙げている。古語では「面白い」とは気が「晴れる」ことであった。「晴れる」とは「ハラ（原）と同根か。ふさがっていた障害となるものが無くなって、広広となる意」というのが同辞典の説明である。心でいえば「物思いや悩みなどが解消する」のが「晴れる」ことである。それでは、ここでいう「障害」とは何だろうか？　それは心的ダイナミクスの安定化としての自我であると解釈できるだろう。自我は長期的な配慮から、それぞれの瞬間における没頭を制限する。すでに述べたように、それは心的なダイナミクスのブレーキである。そしてブレーキというものは自動車の安全のために不可欠である。だが同時に、ドライブの楽しさはアクセルを踏み込むことにあるのである。無心あるいは無我とは、心が自我から晴れた状態であり、自我の制約から解放された、「面白さ」への没入の状態であるといえよう。それゆえに、「晴れ晴れし」とは「心にわだかまりがなくて、きわめて明るい」状態のことなのである。それは心の本質としての想像力が解放され、無数の思いが解き放たれている状態である。もっとも、この無心の状態はスポーツカーの楽しみと同様に、リスクを伴うのだが。

自我や意識の対概念として、通常は「無意識」が考えられている。だが、すでに触れたように、無心の状態の時に人は無意識ではない。むしろ反対に、無心の状態とは心が最高度に鋭敏で活動的な状態である。そのとき、世界はもっとも鮮明なものとして現れる。その理由は以下の通りである。モーフォジェネシスのテーゼによれば、心的ダイナミクスはその安定状態ではアトラクタに滞留し、そのとき本来の力学的性質は潜在化する。心的ダイナミクスにおいては、安定状態は自我がもたらすのであり、それは自我のNFBの機能によるのであった。すなわち世界に満ち散乱する多様な形を、当座の目的に必要なもの以外は見えないようにするのが、NFBのノイズ・リダクションである。カンディンスキーの場合を想起してほしい。彼は自我のレベルでは絵画とは対象を描かなければならないと思い込んでいたのだが、じっさいには形態と色彩を描いていたのである。しかし平常の心の状態では、自分が描いたそれらの形態や色彩を見ることができなかったのであった。心の過剰な鋭敏性は心の安定性にとっての障害である。逆に自我は心の鋭敏性にとっての障害なのである。自我による安定性が解除された心的状態では、本来の可塑的な力学的性質、アトラクタにおける安定状態では潜在化していた多様な自由度が再び出現する。無心の状態では、自我のノイズ・リダクションが停止するために、平常には気がつかないこれら多くの自由度を鋭敏に見て取ることができる。日本語の「自在」という言葉は、モーフォジェネシスのダイナミクスが妨害されることなく闊達に運動しうることを意味していると考えられる。

日常生活において、われわれが明確な目的をもって行為する場合、環境はその目的の実現に照らして判断される。そのとき、環境は目的のための手段としての情報となる。たとえば出勤する場合、天候は傘の用意をするか否かを決める情報である。そのためには、人は空を一瞥するだけでよい。だが散歩に出て空を眺めるという場合には、空は情報を与えない。人は何らの情報も与えない空や雲や山々、海を飽かず眺めることがあるのは、どうしてだろうか。この場合、目的に支配されている場合とは異なり、対象がその都度の無数の形の厚みを帯びて現れている。情報を与える空も、また対象である。それゆえ一口に対象といっても、異なる相があるのである。情報として抽象化されない対象は、形や色彩、音の豊穣さを呈示する。これら微細な経験を得るためには、われわれの心的鋭敏性が不可欠である。

その心的状態が、無心である。

高度のモーフォジェネシスにおける世界経験では、こうして世界の自由度が増大する。経験を記述する次元が増大するのである。このとき、経験は高次元多様体となる。先の例でいえば、出勤する時に空模様を一瞥するのは傘を持っていくか否かの判断材料とするためである。それゆえこの場合には、晴か曇か雨という単純な次元で話が済むのである。しかし思索にふけりぼんやりと空を眺める時には、空は無数の形に満ちた、高次元多様体として眺められるのである。そうでなければ長時間飽かずに空を眺めることは不可能だろう。

こうして、無心は無意識ではなく、高度の心的秩序が達成されている状態である。それは心的場に多様な思いの化学反応が生じている状態である。秩序の定義から、それはめったにない、確率的に低い状態である。「好き」という動機づけは、この無心の楽しさへと動機づけられている。もちろん、それは確率的に低い状態だから、生のほとんどの場面では達成が困難な状態である。日常生活では、人はほどほどの思いを生きる。しかしまれに訪れるこの思いの強度のダイナミクスに際して、心的ダイナミクスの力学的性質が顕現するのである。

## 3　無我のダイナミクス

このように、「好き」という動機づけ、すなわちコミットメントには方向性が存在する。簡単にいえば、より難易度が高いモーフォジェネシスに価値があるとされるのである。達成確率がより低く、より困難なモーフォジェネシスを実現することは、より大きな達成感を与え、より「楽しい」のである。このことはスポーツ、音楽においては自明であり、仕事においても明らかだろう。だから自転車を「好き」な人は、好きであればあるほど、困難な走行に挑戦する。この意味で、「好き」は確率的に低い状態としての秩序状態を目指す力であり、それゆえに心における秩序形成の原理なのである。日本語に「有り難い」という言葉がある。この言葉は、文字通りには「生起する確率が低い」ことを意味しており、それがそもそもの意味であった。それが転じて、現在の用法のように肯定的な価値を示すようになった。この言葉に示唆されるように、心的秩序の高度化は、価値と関わっている。

このような高度のダイナミクスの秩序を、美と表現することができるだろう。もっとも、美は多様な含意をもち、一意的な定義は困難ではあるが。しかし、どのような領域であれ、高度で困難な技が成功した場合、人はそれを美しいと感じるだろう。「好き」のダイナミクスは美学と関わるのである。さらに、確率的にあり得ないほどのモーフォジェネシスが実現した場合、つまりもっとも「有り難い」状態が実現した時には、日本語でも「神技」とも言うように、人びとに崇高の念を引き起こすだろう。こうして「好き」のダイナミクスは美学を経て究極的には聖性の感覚へとつながっている。これが「好き」のダイナミクスがもつ遠心的な過程である。「好き」は「私」に発し、その究極は美と聖性の「有り難さ」へとつながる。このようにして、「好き」は確率的な「有り難さ」を介して、価値としての「有り難さ」に関係している。

日常的な生活世界はつねに「いま・ここ」の世界であり、想像力はその超越である。生活世界は人間が生きることを最低限保証する世界であり、それゆえそこでは存在論的安全性が優位する。とにかく死んでは元も子もない。心的秩序の安定性はルーティーンの反復によって支えられるのであり、それがNFBとしての自我の働きである。それゆえそこでは想像力は自我によってつねに抑制されなければならない。これまで社会学はこのように自己保存が優位する世界をあたかも社会的世界の全体であるかのように描いてきたのではないだろうか。だが安定性は心的秩序の半面にすぎない。心的ダイナミクスはNFBによってノイズを縮減しているだけではない。逆にカオスのゆらぎのどれかを増幅するPFBによって新たな形を創造することも心的ダイナミクスの運動である。それがなければ心的場は進化することができないし、運動することもできない。これまでの心の理論は心のこの能動的で創造的な側面にあまり関心をもってこなかったように思われる。

安定性が絶対的な条件ではない分野は、文化の領域である。文化とは生活に対する過剰であるが、確かに社会学の対象である。美や聖性に関わるようなモーフォジェネシスの高度の秩序は、本質的にデカダンスであり、生活の役には立たないものである。生活世界の価値は効用や実用である。それに対して文化的世界の価値は、美であり聖性なのである。演劇、ダンス、音楽、絵画、スポーツ、高級料理、さらには場合によっては仕事でさえも高度で生起する確率が低いモーフォジェネシスの追及であり、自己保存には特に役に立たないデカダンスの領域である。このように、確率によって定義される秩序の概念からは「より高度の秩序」を考えることが可能になり、それは達成の確率が低いことへの挑戦として実現する。そして心のダイナミクスは潜在的にこの方向へと向けられているのである。すなわち、人間とはその本質においては形態学的な挑戦者である。ただしモーフォジェネシスのテーゼが述べるように、この力学は通常は潜在化しているのである。

自我を離れた無心、あるいは無我のダイナミクスというこの議論は、一見したところ仏教の論理と似ていると思われるかもしれない。だが、仏教の論理では、自我を滅却した状態であるニルヴァーナすなわち悟りとは、端的な無である。それは一切の心的な波動が寂滅した、いわば無秩序状態である。仏教、特に原始仏教はデタッチメントのラディカリズムであるといえよう。それはアタッチメントとしての自我を否定するが、その目標とするところは一切のコミットメントなき純粋なデタッチメントである。コミットメントがないから、それは端的な無であり空なのである。世界のいかなる対象にもコミットメントを与えない、言いかえれば「好き」というダイナミクスを心から追放する結果は、心的な無秩序以外にはあり得ない。それは確かに平安でもっとも安定した心的状態ではあるだろう。無秩序は最大の確率に対応する状態だからである。なるほど、このような仏教の思考は、論理的に一貫した考え方である。だが、この思考をそのまま支持するのは困難ではないだろうか。というのも、この理想はいかなるものも好きにならないという心的状態だからである。

仏教の思考の出発点は、苦の概念にある。人間の様々な経験の中で、仏教はひときわ苦を強調する。人生は苦の連続でしかない。それでは、苦を避けるにはどうしたらよいのだろうか。中には何らかの方法で回避できる苦もあるが、老・病・死などは回避不可能な、人間の宿命である。仏教の独創は、苦の「原因」を別の観点から解釈したことにある。老・病・死がそのままただちに苦なのではない。たとえば死が苦であるのは、人間が死にたくないと思うからである。つまりじつは欲望が苦をもたらしているのである、というのが仏教の革命的な発見であった。死が克服不可能であっても、欲望は心的現象だから克服可能である。もし心から一切の欲望を消し去ることができるなら、死は避けがたくともそれは苦ではないということになる。こうして、一切の苦から解放される可能性が見出された。仏教の理想とは、いかなる対象にも執着、言いかえればコミットメントを与えない、あるいは好きにならないという、心的な無秩序なのである。確かに、何にもコミットメントを与えなければ、苦悩することもまたあり得ないだろう。だがそうなると生の意味もまた消失してしまうのではないだろうか。そして、生の意味を求めること自体が執着であるとするのが、仏教のラディカリズムなのである。

このいかにもすっきりとして破綻なく首尾一貫した仏教の論理を支持しがたいと感じるとしたら、いま述べた点に加えて、この論理の出発点が、人生の本質は苦である、という命題にあるためだろう。なるほど、王子として城の中で何不自由なく育てられた少年ゴータマ・シッダルタが、初めて城外に出て人びとの悲惨な生活を見た時に、びっくり仰天して、生とは苦の連続でしかないと考えたであろうことは不思議ではない。だが現代を生きる多くの人にとって、人生は苦の連続というわけではないだろう。むしろ、ほとんどの人にとって、人生は「楽あれば苦あり」というように、苦だけではなく楽しいこともあるだろう。ならば、苦の方はさておいて、楽を強化し増大することもありうるわけである。それがこれまでのわれわれの分析であり、その結果は「好き」のダイナミクスの秩序が高度化した先は無心に行きつくということであった。この考え方は仏教とは異なるが、ある類似性があるといえるだろう。

## 4 心と「私」

以上の議論は、反省哲学と異なる方向性で進められてきた。そもそも反省哲学の出発点となったデカルトの方法的懐疑という思考そのものが、思考を誤った方向へと導くものであった。彼の方法的懐疑は徹底的な懐疑であり、現在目の当たりにしている風景さえも狡猾な欺き手による錯覚かもしれない、とするものである。この場面設定は異様であり異常である。もしわれわれの生活において、あらゆる経験が信頼できないと考えたら、どうなるだろうか。われわれの生は世界への基本的な信憑、存在論的安全性の信念に根ざしている。この信憑が損なわれるような事態が生じたら、どうなるだろうか？　それは社会的な場面ではデュルケムの言うアノミーの状態である。心的なアノミーが生じた場合、それは心的なカオスが制御されることなく暴走する事態である。ならば、安定化の働きとしての自我の出番である。デカルトの懐疑のような、極限的に不安定な状態では自我が確実性を確保することで、存在論的安全性を維持しなければならない。こうして、デカルトが設定した異常な場面において「われ」という自我が最後の砦として登場するのも当然なのである。とはいえ、それは右に述べた特異で例外的な場面設定によるのであり、それを一般化したデカルトの議論は正しい推論であるとは思えない。

さらに、すでに述べたように、デカルトは「絶対に確実なもの」を求めたのだが、こうした強い明証性の要請は、経験にもとづくものではないのである。心に浮かぶ思いのほとんどは明証的でなく確実でもない。それは一時的でしかなく、つねに変化するものである。それゆえ明証性や確実性の基準は、特殊で例外的な基準なのである。それは経験によらないアプリオリであり、絶対性を求める精神という特殊に歴史的・文化的な心性からくる要請である。だが学問においては、そのような先入観は排除しなければならない。

『存在と時間』におけるマルティン・ハイデガーの思考も、同様であると思われる。それは思考を死への先駆的決意性にもとづけるものであった。人は日常生活においては気ままで散漫な暮らしをしている。しかし誰もがいつかは死を迎える。自己の死は誰に代わってもらうことのできない、絶対的な事態である。この絶対性に照準するとき、人に本来性への意識が到来する、というのがその議論である。死とは、人の個別性がひときわ明確になる事態である。だがわれわれはつねに自己の死を意識しているわけではない。それはやはり特殊な事態である。ハイデガーの議論は、他者との交換不可能性がひときわ明らかな死という事態を一般化した議論であり、それゆえにまたもや「われ」が強調されるのである。これもまた不当な一般化による議論であると言わざるを得ない。

こうした不当な推論によって、われ、すなわち自我が心の核心とされてきた。その頂点にあるのが、超越論的自我である。この概念の錯誤については、すでに繰り返し述べた。それは、場記述に誤って挿入された点記述の主語なのであり、それが存在論的背理をもたらすのである。私は、人間の、より通常のありきたりの生き方から出発してきた。ごく普通の生き方において、心はあいまいで不確かな思いに満たされている。それぞれの思いは確実性などもたないが、思いの相互作用がダイナミクスを生み出しうるのである。

ここまでの心の分析は、「心のモーフォジェネシス仮説」という唯一の仮説から導出される諸命題を述べる、という形で行われてきた。「心はモーフォジェネシスによって動機づけられる」、言いかえれば「心に思いがおのずから浮かぶ」というこの命題は、心の原理が欲望のような私的な原理ではなく、様々な形の思いの創造という一般的・普遍的な原理であることを述べている。これは驚くべきことであると思われるかもしれない。というのも、通常は心はもっとも個人的で私的なものと考えられているからである。しかし、私は各人の心が私的であることを否定しているわけではない。個人はそれぞれに固有の心をもち、固有の私的な欲求や関心を持っている。それゆえ、諸個人は互いに異なるのであり、個人が千人いれば千の相異なる心が存在するわけである。だが、千差万別であるという事実から出発するのが、抽象化である。ニュートンの場合でも、リンゴと大地の差異を否定しているわけではない。個別具体的に見れば、リンゴはリンゴであり、大地は大地である。しかし同時にそれを質量、ひいては重力として抽象することも可能なのである。そして抽象によって得られた重力とは、ただ一つの普遍的な力である。私の方法もこれとまったく同様であって、各人の心の個別性・具体性を否定することなく、抽象するのである。その抽象の結果がモーフォジェネシスという動機であり、それはただ一つの普遍的な力なのである。

考えてみれば、心を普遍的な原理で理解するという方針は何も新しいものではない。近代哲学の規範である理性の概念が、そもそも普遍的な原理なのである。理性に、私の理性、あなたの理性などという区別は存在しない。理性は世界に唯一つしかない普遍的な原理である。だからといって、個別的な私が排除されるわけではない。たとえば私が数学の計算をする場合、私は特定のアルゴリズムに従わなければならない。このアルゴリズムは普遍的であり、誰がやっても同じ結果にならなければならない。それゆえに唯一の正解というものがあるのである。言いかえれば、計算というものは計算する個人がどの特定の個人であるかということに依存しない、普遍的で客観的な過程である。だが同時に、「私という特定の個人が計算する」という言明は有意味なのである。モーフォジェネシスも同様であり、「私の心にある思いが生まれる」という命題は有意味であり、しかし同時に思いの形態形成としてのモーフォジェネシスの過程は普遍的なのである。

思いは単に私的なだけでなく、同時に世界へと開かれている。心を自我と考え、「われ思う」として「思い」を「われ」に従属させる考え方は、心の私的所有というべき思考である。所有とは相互に独立した離散体の間の支配関係である。こうして所有と支配の物語が打ち立てられ、人間を本質的にエゴイストである罪びととして描いてきた。だが、こうした心の私的所有はいわば自我への頽落であり自我への去勢である。デカルト以来のこの物語の成功によって、人間は自我への捕囚となったのである。

こうして、われわれは本書の核心をなす思考に到達した。それは「私」と「思い」、あるいは「自己」と「心」の本質的な分離可能性という考え方である。これまでの論述は、「われ思う、ゆえにわれあり」というデカルトの命題を解体することであった。まず「われ思う」と「われあり」が分離され、後者は離散体的な存在概念として排除された。次いで「われ」と「思う」が分離され、「われ」は存在論的主語として排除され、「思い」だけが残された。次に、「思い」の秩序形成の運動として、「思い」のダイナミクスが提示された。このダイナミクスの主語は思いであり、思いは主体が創造するのではなく、思いと思いの化学反応から生じるのである。

こうした過程からすれば、「思い」と「私」の間には必然的な結びつきはないということになる。これが第1章第3節でシジウィックが述べた心的秩序についての根源的な問いへの答えである。思いとは普遍的なモーフォジェネシスの力からする創発であり、それが「私」の心的場に生じたのはたまたまの偶然にすぎない。心の場記述では「私」という主体は心的場において存在しない。場におけるダイナミクスの主語は想像力でありその結果としての思いである。思いは他の思いと相互作用して新たな思いを創発する。今後詳しく述べるように、思いはコミュニケーションの過程を通じて運動する。私の心に他者の思いが到来し、それが新たな創発を生んでいく。ここにわれわれは、「思い」と「私」の根源的な分離を見出す。この事態を「本源的デタッチメント」と名づけよう。本源的デタッチメントは、「思い」は普遍的な力による生成であり、それゆえに個別者である「私」を本源的に超越している事態を表している。だからこそ先にも述べたように、われわれは他者と思いを共有できるのである。私は心の本質として想像力を考えてきた。想像力とはいま・ここにおける自己の超越である。ここからも、心の本源的デタッチメントのありさまが見て取れるだろう。別の言い方をすれば、脳は神経系によって駆動されている。このネットワークが自己中心的に組織される必然的な理由はないのである。神経系の秩序は普遍的な秩序に従っている。だがその結果は個々人で異なる別個の神経系を作り出す。

「私」と「心」が根源的に分離可能であるとすれば、思いのみが存在し、あるいは心だけが存在し、「私」は存在しないという不可思議な状態を考えることができる。じつは人はそうした状態を日常的に生きているのである。たとえば映画を見ているとしよう。映画の場面に、その映画を見ている「私」は登場しない。だが観客としての私には様々な思いが到来する。つまり、映画を見る時にわれわれは、自己は存在しないが思いが存在する状況を経験するのである。じっさい、映画が描き出す世界は、通常は観客とは縁もゆかりもない世界である。自己の利害と無関係な世界に、どうして人は関心をもつことができるのだろうか。それは映画を見ている最中には、「私」は、現象学の言葉を借りれば「エポケー」されており、映画の登場人物がコミットメントを与えられて、私の世界は映画の世界として展開するからである。そのようなことが可能なのは、本質的に自己の「いま・ここ」を超越する能力である想像力のためである。現に、人間以外の動物は映画などを楽しむことはないだろう。小説を読む場合も同様である。音楽を聴く場合、絵画を見る場合も同様である。これらの場面においてわれわれはモーフォジェネシスに純粋にコミットしているのである。

要するに、私の心にとって、私は一個の登場人物でしかない、あるいは私の心は作動しているのに私はその世界に存在しないという状況はいくらでもあるのである。これが本源的デタッチメントの意味である。それは心の根源的な非人称性あるいは野生を意味している。私は思いの主体ではない。様々な思いが、私の心的場に到来するのである。それを「私の思い」と表現するのは正しいが、正確にはそれは私による所有を意味するのではなく、「私という場に到来した思い」「私という場において創発した思い」なのである。詩人の谷川俊太郎がその詩的直観から「心は私の私有ではない／私が心の宇宙に生きているのだ」（谷川 2013: 69）と述べたように、「私」は自己の思いの支配者や所有者ではない。こうして、人間は本質的にエゴイストであるという思想は誤りなのである。そうなると、「自己と他者」というテーマに根源的な変更を加えなければならない。それは次編の課題である。

## 第5節　アイデンティティとカオス的遍歴

### 1　心的場と時間性

前節で述べた、どの人の心も普遍的な原理としてのモーフォジェネシス、すなわち思いの形態形成の力によって運動するという命題は、具体的な個人の個別的で実存的な心を否定する命題ではないということは、理解が容易ではないと思われる。理性の概念の場合は、個々人の具体的な差異は関心の焦点にはならない。感情や感覚などは理性的思考にとっての障害でしかない。理性という普遍的な原理からすれば、どの個人も同じでなければならない。こうなると、理性という普遍的な原理は、個々人の心の具体性を否定してしまうのである。それゆえに実存主義は反理性の哲学なのであった。いま、アイデンティティという概念を具体的な個人の固有性、つまり他者と交換不可能な実存と考えると、確かに理性の概念は個人のアイデンティティなど認めない。それに対してモーフォジェネシスの概念では個人の固有性は確かに承認される。モーフォジェネシスが普遍的な原理であるのに、個人の具体的な差異が承認されるのは、どのような理由によるのだろうか。

心をめぐる思索の長い歴史の中で、心はしばしば時間性と関わる形で問われてきた。しかしここで「時間とは何か？」という困難な問いに答えようというわけではない。これまでの論述と関わる限りにおいて、心の時間性の問題を考察しよう。デリダは近代の西欧形而上学の特質として現在の絶対化を挙げ、これを現前の形而上学と呼び、「哲学の内部においては、今－現在のこの特権に対していかなる異論を唱えることもできない。この特権は、哲学的思考の活動の場そのものを規定しており、明証性そのもの、意識的思考そのものである」（Derrida 1967=1970: 118）と述べた。現前の特権化はひとり西欧形而上学のみならず、われわれの日常生活においてもごく親しい考え方である。目の前にある現在の世界は疑いもなく存在する。過去の出来事はすでに存在せず、未来の出来事はいまだ到来しない。時間とは流れであり、過去は流れ去り未来はいまだ存在しない。存在するのはつねに現在の出来事のみである。現在の特権性とは、こうした考え方である。確かにこの考え方には、圧倒的な説得力がある。西欧形而上学においては、現在の特権性は「いま・ここ」の認識としての知覚の特権性と関係している。この点に関してはすでに述べた。

現在の特権性と並んで、時間論の中心的な思想は自己保存の時間性であり、時間を「自己」と関係させるものである。たとえば、すでに引用した文で、ベルグソンは知性の本質を自己認識と未来の予測に求めた（Bergson 1959=2001: 48）。この考え方も、われわれの常識的な理解と隔たっていない。これは自己あるいは個体に準拠した考え方である。ここでは知性の本質は未来の出来事の予測であるとされ、未来の予測の意義は、自己にとっての有利性を高めることにある。つまり、自己あるいは個体に準拠し、その自己保存における有利性を基準として未来に焦点が当てられているのである。確かに、すでに過ぎ去った過去の出来事は、現在における自己保存の観点からすると、もはやたいした意味をもつとは思えない。われわれにとっての「目的」はつねに未来にある。その意味で、この考え方は目的・手段の図式でもある。言いかえれば、合理性の考え方である。過去は未来の出来事について判断するためのデータとしてしか意味をもたないのである。

だがじっさいには、人は未来と同様に、自らの過去にもつねに切実な思いをもっている。人びとにとって、自分の過去に生じた出来事は現在の人生の一部であるようにみえる。過去にあった悲しい出来事はトラウマとなっていまなお残り、嬉しかった出来事は、これまた現在の生を支えるだろう。だとしたら、人は本当にいま現在のみを生きているのか、疑問に思えてくる。こうした態度はベルグソンの観点からは非合理的であるということになるだろう。ではどうして人はそのような「非合理的」な思いをもつのだろうか。

私が心を考えるモデルは、自己準拠的な離散体的個人ではなく、連続体的な心的場の概念である。心的場において、時間性とは何だろうか。心的場は、ある個人の心に創発する無数の思いの相互作用の力学的な場である。これらの思いには、現在の出来事についての思いだけでなく、過去についての思い、未来についての思いも含まれている。それゆえ心的場としての「すべての思いの集合」は時間性において秩序化されているのである。時間性は、思いの集合に不可逆的な順序という秩序を与える。当然にも、過去は現在より以前であり、未来は現在より以後である。そしてこの順序は不可逆である。われわれは過去へと遡ることはできない。すなわち、心的場の時間性の核心は、時間的な順序性とその不可逆性にある。

これは当然のことを述べているように思われるかもしれず、ベルグソン的な合理主義的時間概念と差異はないように思われるかもしれない。しかし重要な相違があるのである。通常の時間概念では、現在と過去・未来が截然と分かたれるのは、「存在」という基準によってである。存在するのは現在の出来事だけであり、過去は「すでに存在しない」、未来は「いまだ存在しない」という時間相において理解される。ところが、順序性という考え方には、「存在」という観念が含まれていない。つまり、われわれは過去、現在、未来の同時経験という考え方に導かれるのである。過去、現在および未来は同時に経験されるが、そこに順序性があるために時間性がなりたっている。このことは異様なことのように聞こえるかもしれないが、じつは簡単なことである。

すでに示したように、われわれが経験する世界は間主観的な世界であり、それは多様な経験という思いから構成されている。それゆえ心的場を構成するのは、客観的な「存在」ではなく、「思い」である。記憶に代表される過去の出来事についての思いは、いま現在において思われている。だからこそ、記憶なのである。たとえば一年前のことを現在想起するとしよう。ここで想起される思いは、記憶である。しかしこの記憶はいま現在思われているわけである。一年前にその出来事が生じた時にわれわれが持ったのは記憶ではない。その時、まさに経験しているからである。同様に、未来の出来事についての予期は、いま現在行われている。それゆえに、それは予期なのである。知覚というのは、いま現在生じていることの思いである。

フッサールの言葉でいえば、過去も未来もつねに現在において把持されている（Husserl 1985）。確かに過去の出来事それ自身は現在存在せず、未来の出来事は現在いまだ存在しない。しかし過去の出来事としていま現在思われており、未来の出来事も同様である。それゆえに心的場は過去、現在、未来の出来事についての無数の思いが同時に経験され相互作用する場なのである。同時に経験され相互作用するのだが、しかしそこには順序性としての時間性が存在する。つまり過去の記憶は「いま現在より以前」の出来事の思いとして、いま現在思われている。そして同時に思われている過去・現在・未来の出来事の順序は、不可逆なのである。

## 2　時間と歴史

過去の出来事それ自身は過ぎ去ったのだが、それは心的場において過去についての思いあるいは記憶として、いま現在生きられている。人は自分の過去と、現在における記憶としての「思い」という形でのみ関係する。あらゆる記憶が「思い」であるなら、「思い違い」ということを論理的に示すことに困難が生じるかもしれない。大森荘蔵はこのことを「過去の制作」として繰り返し語っている（大森 1992, 1996）。確かに大森の言うように、過去の記憶が想起、言いかえれば思いである以上、その真偽をただちに決めることはできない。たとえ歴史的には誤った過去についての思いであっても、それが生じてきて現に私によって生きられているという事態は否定できないのである。

重要なことは、現在の知覚的な経験がそのまま過去の記憶に「なる」のではないという点であり、これも大森が強調している点である。現在の知覚と過去についての記憶は、別の独立の思いである。それゆえ現在の経験が過去の経験に「なる」のではなく、過去の経験についての思いが新たに創発するのである。では過去の経験への思いはどのようにして創発するのだろうか。それはメルロ＝ポンティが「過去が私の過去となるのは、それが新たに現在となることによって、何らかの仕方で私の現在の厚みの中に場所を見いだすというふうにしてなのである」（Merleau-Ponty 1964=1989: 170）と言うように、現在の心的場における無数の思いとの相互作用において、それらの思いによってチャージされて生じるのである。たとえば現在大人であるある人にとっての、その人が小学生であった時の経験についての思いは、現在にいたるまでの歴史の中で得られた無数の思いと相互作用することによって生じている。それが

「生きられる経験」ということの意味だろう。それゆえあらゆる歴史は、現在において生きられる歴史である。多くの思いは「私の過去」とならずに忘却のかなたに消滅していくだろう。現在の私にとって有意味な過去についての思いは、先ほどの引用でメルロ＝ポンティが言うような「私の現在の厚みの中に場所を見いだす」。これは言いかえれば、その記憶が心における思いの相互作用と創発のダイナミクスに参加しているということである。私の過去の出来事は私の歴史である。歴史は特定の歴史観によって構成され経験される。この歴史観とは現在の私の心的ダイナミクスなのである。

心的場は無数の思いが相互作用する場である。それらの思いの中で現在の知覚が特権的な存在であるわけではない。過去についての記憶や未来についての予期は、知覚ではなく想像力が作り出す思いである。これら無数の思いが相互作用し、互いにチャージして作り上げるのが、心的場の波動なのである。このような人間の心の時間性、フッサールの言葉を借りれば内的時間意識は、進化の過程で生じてきた。すでに述べたように、人間以外の動物にとっては、「現在の形而上学」が妥当するだろう。彼らにとっては、現在における自己保存が至上命題であるに違いない。それゆえに過去の記憶は、現在における自己保存のためのデータという以上の意味をもたないだろう。じっさい、過去の思いに生きるような存在は人間だけだろう。どうしてだろうか？　だがこの問いへの答えは、すでに述べられている。

他の動物と比較して、人間の心の本質は想像力である。現在における知覚にも想像力は作用するが、なんといっても記憶と予期は純粋に想像力の産物であり、より人間の本質に近いのである。想像力は現前の超越だから、知覚に依存することなく無数の思いを作り出すことができる。その結果、心的場には数多くの思いが存在することになるのである。それらの思いの相互作用がさらに新たな思いを生み出す。すでに述べたように、もしわれわれに現在しかないのだとすれば、われわれの生はとても希薄なものになってしまうだろう。その場合にはわれわれに歴史も未来もないということになるからだ。心的場において複雑な物語が生み出されるためには、数多くの思いからなる「思いの熱力学」が必要なのである。心的場とはモーフォジェネシス場、つまり思いの形を形成する場である。数多くの思いが相互作用することで、より高度で複雑な思いが創発するのである。こうして、想像力が生み出す、生きられる過去と生きられる未来が、心的場を豊穣なものにする。しかしこのために、人はしばしばトラウマのような、過去の思いに囚われることもある。だが、過去に囚われるな、という合理主義的な言説には、一般的にいえば意味がない。過去に囚われるのが心の本質だからである。精神分析や臨床心理学における治療は、過去を生き直すことなのである。

人間を存在として離散体的に考えると、われわれはつねに現在のみを生きていると思える。しかし場記述された心的場において、人はつねに過去、現在、未来を、いま現在、同時に生きている。この意味で、人間は歴史的存在である。人間以外の動物において、過去は現在のための手段でありデータであった。それゆえそれは歴史ではない。歴史とは、われわれにとって現在の生そのものであるような、いまなお生きられる過去の思いのことなのである。過去の記憶は死んだデータではなく、それはいま現在生きられる思いである。言いかえれば、それは心的場における自律的エージェントであり、固有の振動によって運動し、いま現在の心的場における他の思いと相互作用し、新たな思いを生み出すのである。

ハイデガーにとって死が時間の終末であった。それは個体に準拠する見方である。しかし心的場は想像力によって形成されるのであり、想像力は現在をはるかな過去と未来へと向けて超出する。それゆえにわれわれは自身の個体が存在しなかった過去や、存在しなくなる死後の未来の出来事に対してコミットメントを与えることができる。たとえば地球の温暖化の問題を真剣に考えることができるのも、そうした理由からである。こうした考え方からすると、現在ということの意味もまた変化する。通常の理解では、現在とは個体の自己保存の焦点となる時間性である。ところが心的場の秩序は個体の現在を想像的に超出するのであり、その場合の現在とは、順序性と不可逆性が与える歴史性によって意味づけられることになる。その場合、現在は決して繰り返すことのできない、いわば一期一会の経験の場として見られることになるのである。

すでに述べたように、通常の理解では心は現在における点として考えられているが、本書のモデルは場のモデルであり、そこに複雑なダイナミクスが作動すると考える。こうしたモデルを構成するためには、無数の要素が相互作用し、その結果マクロ秩序が創発するという、熱力学的モデルが必要である。心に時間性を導入することで、過去・現在・

未来の無数の出来事についての無数の思いが相互作用する場として、心的場がモデル化されたのである。心に「いま現在」の出来事についての思いしか存在しないとすれば、心的場には数個の思いしか存在しないことになる。この場合には心の直列モデルがふさわしいことになるだろう。だが思いが主観的なものであり、過去の記憶も未来の予測も現在の思いとして存在していると考えれば、それらの間の並列分散処理を考えることが可能になり、心の熱力学モデルがなりたつのである。

## 3　心の生態系と進化

すでに示されたように、心はデカルト的なコギト、あるいは存在論的主語が秩序づけるのではなく、無数に並立する思いの相互作用からマクロ秩序が創発するのであり、コギト的な直列処理ではなく思いの相互作用からの創発としての並列分散処理による。これは心が何らかの中心によって一元的に統合されているのではなく、心の複数性・多数性が存在することを意味する(1)。コギトに代表される反省概念は、心を一元的に統合することを目指した概念である。それゆえ心の斉一性、一貫性が重視され、心の中で思いを生み出す「する」主体としての自我が想定された。心的場の運動は、それが安定状態にある時はアトラクタの範囲で運動するから、一貫性の外観を示す。だがそれは心的場を統合するものではない。

無数の思いが並列分散的に運動する心のありさまが、すでに述べた心の生態系である。心の生態系は、自律的エージェントとしての無数の思いが相互作用し、そこから新たな創発としての思いを生み出し、ローカルなネットワークを形成していく過程である。心の生態系の概念は、自然の生態系と同様に理解すればよい。自然の生態系には無数の種が生息し、その相互作用によって生態系の秩序が決まるのであり、生態系を秩序づける中心は存在しない。生態系は多くの種の相互作用から秩序が創発するという、並列分散処理によって秩序化されている。同様に、心的場でも無数の思いの相互作用による並列分散処理によって、心の生態系の秩序が決まるのである。ガーゲンとマクナミーにならって声という言葉を使うなら、心的場は多数の異なる声の相互作用である。それらの声の多くは他者から到来して私の心に生息している。あるいはネグリとハートにならって、心とは多数の思いのマルティチュードであると述べてもよいだろう。

場は自発的にクラスターへと分化する。クラスターへの分化とは、異なった位相で振動するグループへの分化である。自然の生態系が分化しているのと同様に、心的場もあるまとまった思いの群へと分化し、それらのクラスターが相互作用する。前項では心的場に時間性を導入した。心は過去・現在および未来についての無数の思いが相互作用する場である。だが、記憶や予測ではなく純粋に想像された思いもまた、心的場において無数に存在する。学問的な知識は無時間的な思いである。他者と会話すれば、その他者の思いが私の心的場に入り込む。映画を見ても本を読んでも同様である。音楽を聴けば、音楽的な思いが心的場に加わる。このようにして、心的場には無数の思いがチャージされており、その相互作用が心の熱力学をなりたたせるのである。人びとは本を読み、音楽を聴き、他者と会話する。その一部は自己保存のために情報を得ようとするものだろう。だが、多くの場合、その動機づけは自己保存とはいえないだろう。むしろ、人は心のダイナミクスをより豊かなものにするために、他者から多くの思いを、自己の心の生態系へと導入するのである。

クラスター分化は異なるアトラクタへの分化である。無数の思いは異なる波動をもつアトラクタへと引き込まれる(2)。このアトラクタは、物語であると考えればよいだろう。思いは物語という特定の観点へと組織される。心的場における思いの相互作用には無数の可能性がある。だがそのすべてを実現できないから、特定の範囲が偶然に選択されて思いがそこに引き込まれる。これが心的場の非エルゴード性である。それゆえ物語は必然的にある程度は恣意的で不完全である。理性の概念はエルゴード性を前提し、すべての可能性を考えることが前提である。それゆえに真理へと到達することが期待された。だがそれは非現実的である。それゆえの、物語への分化である。人はこの必然から、つねに不完全な物語を生きなければならない。それは特定の物語へのコミットメントである。このコミットメントは時には強い力で引き込むから、アトラクタは磁場として運動する。たとえば政治的イデオロギーや宗教的信念である。いかに非現実的な信念であっても、人はそこに引き込まれることがあり、その場合には自己を支える強い信念と情熱をもつことができる。アトラクタとしての物語は共鳴する声に支えられているのである。時が移り、あの時自分はどうしてあんな物語に惹かれていたのだろうと不思議に思うこともあるだろう。

心的場には複数の物語が運動し、その全体が心的場の風景あるいは地形 landscape をなしている。こうして心の生態系は、様々な物語の生態系であるとも表現できる。自然の生態系と同様に、そこには互いに相反する物語も存在するだろう。心的場は同時に無数のゆらぎが存在する力学的な場でもある。すべての思いが物語へと組織されるわけではない。物語は安定した運動であるから、反復的な同一性をもっている。この枠組に組織されない思いあるいは声もまた多く存在し、固有の波動を生成し、聴かれない声で語る。草柳千早はクレイム申し立てに関して、「あいまいな生きづらさ」について語っている（草柳 2004）。マイノリティとしての自己を明瞭に意識して支配的な体制にクレイムを申し立てるのは、自己物語が確立した人である。だが、それ以前に本人にも気づかれないような微細な思いがゆらぎとして存在することもありうる。それらのゆらぎは、ゆらぎであることの当然の結果として、意味が与えられず、それゆえ理解されず、物語に組み込まれない。だがそれらは思いである以上は自律的エージェントとして波動を生成し語りつづけるから、自己が信奉する物語への棘として、違和感を生み出し続ける。そうした違和感が十分に蓄積されチャージされたとき、相転移によってそれらは気づきへともたらされ、新しい物語が創発するのである。

心的場では多数の物語が並列的に運動しているが、その中で支配的な物語をドミナント・ストーリー dominant story と呼ぼう。ドミナント・ストーリーは社会的な常識や規範、価値でありそれぞれの時代のパラダイムである。ドミナント・ストーリーは心的場における過剰な多様性や反応性を抑制し、場を安定化する機能を果たし、存在論的安全性の確保に寄与する。当然のことに、ドミナント・ストーリーは自我に組み込まれている。ドミナント・ストーリーが果たす役割は、ＮＦＢである。浅野智彦（2001）はドミナント・ストーリーが経験を隠蔽することを指摘するが、それがＮＦＢの機能にほかならない。こうして心的な軌道安定性が確保されるのである。

心的場には不断のゆらぎが生じている。それはノイズとして自我によって消去されるのだが、ノイズとドミナント・

ストーリーとの衝突は心的場の歪みを作り出すだろう。繊細で鋭敏な気づきによって生じた感覚は、いまだ物語に成長していないから、自我によって消去されやすい。それは自我がサポートする物語であるドミナント・ストーリーより弱いのである。還元の現象学は、この繊細な思いを生きられる経験と呼んできた。またドミナント・ストーリーに組み込めなかったエピソードは、「ユニークな結果」とも呼ばれている（同：108）。これらの新たに生じてドミナント・ストーリーを構成する思いの複合体に入らない思いは、オータナティブ・ストーリー alternative story を得ることで物語へと成長することもあり得る。

心におけるコミットメントのダイナミクスは、非エルゴード的流れであると述べた。われわれは可能な選択肢の集合のすべての要素を予め知ることはできない。それゆえコミットメントのダイナミクスは、ゆらぎとともに偶然に生じた方向づけが、ＰＦＢによって強化される、という過程を経る。この過程で心が予期しない方向へと遍歴してしまう可能性もあり得るわけである。心的ダイナミクスと生命は、同じモーフォジェネシスではあっても異なるダイナミクスである。とはいえ、心的場の秩序は生命場と多くの共通性をもつ。われわれは心的場が新たな物語に「感染」することについて語ることができるだろう。

また、ある物語が自我の抑制を超えてがん細胞のように自己増殖することもあり得るだろう。この場合には自我は免疫系のように、この新たに生じた異物を除去して心的場全体の軌道安定性を維持しようとするのであり、自我と新たに増殖する物語の抗争も生じ得る。とりわけ、何度も強調したように心の本質としての想像力は自己の超越であり、自己保存とは無縁である。それゆえ想像力はドミナント・ストーリーの枠に入らない新たな思いの運動を作り出そうとする。がん細胞は身体内部に生まれた新たな生命体である。すなわちそれは細胞の進化である。しかしがん細胞の場合は個体の死にいたる。それに対して、想像力が生み出す新たな思いは、オータナティブ・ストーリーとなってドミナント・ストーリーに取って代わることもあり得る。つまり、心の生態系は自然のそれと同様に、進化するのである。また別の場合には、人は過去の思いによって支配されるように感じることもあるだろう。前節で述べたように、人は現在において過去の思いを生きるのである。トラウマのような思いが現在の私の心の生態系で力をもつこともあり得る。

一般的にいえば、心の苦しみは、自我の安定化の力が弱いために過剰な鋭敏性が発揮されて心的な軌道不安定性を生み出す場合、つまり生態系の安定性の崩壊の場合、言いかえれば繊細すぎる場合と、自我が過剰な力をもち鋭敏な感覚をすべてノイズとして消去してしまう場合があるだろう。後者の場合には強大な物語に圧殺された声が、それでも語り続けることになる。また、心的場の多様性がドミナント・ストーリーに吸収されて、私の固有性が消去されてしまうから、リアリティの感覚がもちにくいだろう。モーフォジェネシスという概念の要点の一つは、同一のメカニズムにおいてパラメータがわずかに異なることで大きな差異が生まれる、というものである（Camazine et al. 2001: 38）。このゆらぎが自我によって吸収されないと、大きな軌道不安定性が生み出される。しかしこの軌道不安定性が、創造の根拠でもあるわけである。理性の哲学が述べる自己とは異なり、複雑性理論から考えられる心は確固とした枠組ではなく、不断に振動しゆらぎを生み出す場であり、それゆえ複雑性科学と同様に、このダイナミクスの本質は進化である。自然の生態系と同様に、心の生態系は進化する場である。

## 4　アイデンティティの概念

アイデンティティとは、「自分とは何か?」という問いへの答えであり、この「何か」を示すものである。アイデンティティの概念は、二〇世紀においてポストモダンの思想による近代思想批判の主要な標的の一つであった。ガーゲンは伝統的な個人的アイデンティティの概念は、成熟した個人は自己あるいは個人的なアイデンティティについての確固とした意識を「発見」し、「結晶化」し、あるいは「自覚」した人である、とするものであり、この状態は肯定的に考えられ、ひとたび達成されると、個人の行動における変化や不整合を最小化すると考えられている、としている（Gergen 1994: 205）。このようにアイデンティティを確固とした心的な秩序と考える見方が社会学的な批判の対象となるのは当然である。だがアイデンティティの概念そのものがきわめて多義的である。というのも、「自分とは何か?」という問いに対して、様々な水準で答えることができるからである。

アイデンティティの概念として、まずデカルト的なコギトが挙げられる。それは通時的に不変の「われ」であり、これまで存在論的主語と呼んできたものである。脱構築の思想がこのコギトの批判に集中したことはすでに述べたし、また十分理由があることであった。だがポストモダンの思想の解答はアイデンティティの全面的な否定であり、リゾーム的なカオスであった。しかし、人間はそう簡単にカオスになるわけにはいかない。西欧思想は長年にわたって真理の概念を中心に構築されてきたので、それ以外の思考は苦手である。したがって真理批判はただちに完全な否定に直結してしまうのである。じっさいには、先のガーゲンの考えに見られるように、ポスト構造主義のアイデンティティ批判は、アイデンティティを存在論的主語としてのみ理解し、それを否定することでアイデンティティの概念を全否定する。これだと「私とは何か？」という問いは無意味になる。しかしアイデンティティの概念をコギトに限定するのは恣意的である。

これまでの考察の中で、デカルト的コギトの基盤にある「われ」の性格について説明した。「われ思う」の「われ」は、心に対する点記述の主語である。その限りにおいて、それは特別に批判されるべきものではない。それはちょうど、われわれが「台風一号」の軌道について語るのと同じである。台風の軌道について語るためには、数日間にわたる軌道が同一の「台風一号」のものでなければならない。同様に、Aという人物は、「私は何々年に生まれ、何々小学校を卒業し、」と言うように自分の履歴を述べることができる。だが彼の心的ダイナミクスは幼少の頃と壮年、あるいは老年の頃ではまったく異なるだろう。このAというのは個人についての点記述である。この記述法なしには社会はなりたたない。誤りは、「台風一号そのもの」「Aそのもの」が存在するはずだ、という誤解にある。この誤解は、その個人が幼少期もAであり大人になってもAであるからには、心的なダイナミクスに依存しないAという本質があるはずだ、という考えによる。だがそのようなものは存在しないのである。

そういう次第で、点記述の主語とアイデンティティの概念はまったく別に考えなければならない。というのも、先に述べたようにアイデンティティとは「自分とは何か」という問いへの答えだが、点記述の主語は無内容であるところに特徴があるからである。点記述の主語はその内容が空虚であるからこそ、通時的な同一性をもつことができるのである。だがこの同一性は形式的な主語なのであり、個人の特性ではない。それゆえに点記述の主語としての同一性は個人のアイデンティティの概念の基盤にはならない。

次に、アイデンティティの概念は、心的場の統合を意味する場合もある。言いかえればそれは心的な力学系の安定性に関係している。すでに引用した文章で、カウフマンは細胞が亜臨界にあり、生態系が超臨界にあること、つまり個々の細胞内部の分子的多様性は限定されたものであることを指摘し、そうでなければ細胞はカオス的に発散してしまうだろうと述べていた（Kauffman 2000: 154）。心を力学系と見る思考が立つべき前提がこの考えに記されている。過剰な多様性は制限されなければならないのである。心がカオス状態にあるなら、なんらの自己意識ももてないことになるだろう。それでは困るので、アタッチメントの力学が力学系を安定状態に引きつける。そのとき、力学系はアトラクタ上に滞留する。多様性の制限が必要になるのは、心的ダイナミクスが非エルゴード的流れであるためである。思いが相互作用して新たな思いを創発するためには、ある程度の集中が必要である。たとえば音楽を聴く場合、あらゆるジャンルのあらゆる曲を等しい関心で聴くという態度はなりたたないだろう。音楽的な思いが増殖し相互作用するためには、特定のジャンルとテーマを巡って相互作用が生じなければならず、その際には他のジャンルは関心外に置かなければならないのである。

こうして、すべての思いの可能性の空間はあまりに広大だから、特定の領域に集中しなければならない。言いかえれば心は何らかの特定の制限された対象にコミットするという形で秩序化しなければならないのである。さらに別の表現をすれば、心的場の対称性は破られなければならず、それは関心という形で世界が非対称化されることによる。リゾーム的な「何でもあり」の状態は対称性の状態であり、それでは、かえって何もできないのである。社会学では「他の可能性」という考え方が流行だが、いつも「他の可能性」へと開かれていては、そもそも世界が形成されない。人間があらゆる可能性に対して開かれている、ということは正しい。だがこの「すべての可能性」を実現する可能性について思考する必要があるのである。かつてサルトルが『存在と無』において主張した絶対的な自由は、この思考を欠いていた。もし人間が「すべての可能性を実現する可能性」に対して開かれているとすれば、彼の眼前に開かれるのはエルゴード空間であり、彼の思いはこの広大な空間に散逸するほかはない。エルゴード空間とは、すべての可能性が等確率で開かれるような空間である。そうなると結局のところ、心的場の秩序の不可能性に帰着するのである。

それゆえに、心的ダイナミクスは非エルゴード的流れである。何度も述べたように、非エルゴード的流れは偶然のゆらぎがＰＦＢによる増幅を経て、ある安定的なアトラクタに滞留することで、心的場の秩序を形成する。この過程は、特定の物語が選択され、他の物語が選択されないことである。ここで選択とはいっても、それは主体による選択ではなく、ダイナミクスの過程における相互作用からの「なる」形での結晶化である。選択された物語は心的場における形態形成の鋳型として機能する。われわれは日常生活においてすべてを一からやり直して決定するわけにはいかない。何らかの軌道モデルが必要であり、これに従ってルーティーンをこなしていくのである。これは心的ダイナミクスの弾性 elasticity と考えられるだろう。弾性とは復元力が存在することである。心的なアトラクタは心的ダイナミクスの過剰な振動を収め、心的ダイナミクスの定常状態を復元するのであり、この機能は心の安定性のために不可欠なのである。

このコミットメントの過程は合理的に選択することが不可能である。それゆえ人間の選択は偶然性の岩盤の上にある。ＰＦＢの過程は「根拠があるから」ある選択肢を選ぶ、というのではなく、「とにかく行くしかない」というようなものなのであり、あるいは文字通り「なりゆき」なのである。それは偶然が相互に強化する、乗法的な偶然性である。それゆえに、生における選択にはしばしばある居心地の悪さが伴う。それは要するに、現在の選択とは異なる無数の「他の可能性」があるのだが、現在の選択はそれらのすべてを考慮して行われたものではないことの認識にもとづくのである。

こうして、心のダイナミクスは安定性と不安定性を結ぶ軸上を運動する。安定性とは、これまで存在論的安全性として述べた状態であり、自明性やルーティーンである。しばしば社会学の批判の標的になりやすいこれらの条件は、心がカオス状態に発散しないための必須の条件である。不安定性とは、実存的不安であり、かつて実存主義者が自由の条件として挙げたものである。心のダイナミクスが完全に安定状態にあれば、そのダイナミクスそのものが停止してしまう。心的ダイナミクスはダイナミクスである限りつねに運動状態になければならず、不断の波動でなければならない。完全な安定状態とはこの運動の停止であり、不安定状態は過剰な運動性である。それゆえに心的な運動は完全な安定状態と不安定状態のはざまとしてのカオスの縁に留まる必要があるわけである。だがこの考え方は弁証法ではないから、第三の高次の状態は考えられない。こうして心的ダイナミクスは、時に過剰な安定性へと動き、また時に過剰な不安定性へと運動する。アイデンティティはこの運動の中で実現されるのである。アイデンティティは確固としたものではなく、存在論的安全性と実存的不安の軸上を運動する。社会学でいえば、アトラクタは社会的地位や職業、また性別や国籍などの社会的属性であり、さらにはそれぞれの時代の文化である。これらは心的場における思いの過剰な進化を食い止め、思いの創発をある範囲内に収める機能を果たす、物語である。

こうして、アイデンティティという概念は、ジェンダーやエスニシティのような属性をも意味する。属性のアイデンティティは社会的に付与されるものである。一人の個人は多様な属性をもつが、そのいつくかの属性が社会的に有意味なものとなり、その個人の社会的なアイデンティティを決定する。たとえばジェンダーである。ジェンダー・アイデンティティが社会的に強制されるのは、これまでの社会において、それが社会的な場そのものの維持に関与しているからである。男女の性別分業のもとに産業構造がなりたつ。たとえば近代資本主義社会では、男性が労働し女性が家事を行うという分業が制度化された。ジェンダー・アイデンティティは個人が任意に選択できる価値観ではなく、社会的な規範である。時代によってあるアイデンティティの規範性は変動する。明治時代の初期には出身の藩が社会的アイデンティティとして決定的であったが、現代ではそうでないのは一例である。

ともあれ何らかのアトラクタが選択され、心的ダイナミクスはそれにコミットし、そこにしばし滞留することになる。このとき、モーフォジェネシスのテーゼで言うように、心はプログラムで動く機械の様相を呈し、心の本質である力学的性質は潜在化する。金子（2003）にならって、心的場の外部への応答の多様性を柔軟性 flexibility, 内部状態の変化のしやすさを可塑性 plasticity としよう。この両者は関係しているから、内的な可塑性が外部への応答の柔軟性を可能にするのである。社会学や哲学が自明性や所与性をことのほか厳しい調子で批判するのは、安定状態における心的ダイナミクスがその本来的な可塑性と柔軟性を失う点をとらえてのことであり、十分意味がある。とりわけ、完全な安定性は心の均衡状態であり、力学系としての死なのである。この時自我が優越し、人は自明性の世界に埋没することになる。

## 5　心の固有性とカオス的遍歴

アイデンティティの概念は、ある個人の固有性、交換不可能性を意味することもある。それは実存主義が強調した、実存的なアイデンティティである。ある意味ではあらゆる個人は「人間」として互いに同一の存在であるともいえるが、同時にそれぞれがかけがえのない人生を歩んでもいる。後者の意味では、個人は世界における唯一者なのであり、「人間」というような普遍的な概念では語りきれない、相互に交換不可能な実存である。それでは人間のこの側面は、どのように表現されるのだろうか。心のダイナミクスの原理は普遍的なモーフォジェネシスの力である、と述べた。普遍的であるという意味は、理性の概念と同様に、諸個人の間で差異がないということにほかならない。それに対して、ここで述べた実存的なアイデンティティは私と他者の差異に関する概念である。私と他者はモーフォジェネシスという同じ力学による心的ダイナミクスであるのに、どのようにして個人の固有性、唯一性が生じるのだろうか。

それは、心的場のカオス的遍歴の経路依存性によって生じるのである。カオス的遍歴の概念に示されるように、心的ダイナミクスの軌道には多くの分岐が存在する。それは生における選択のポイントである。この分岐には無数のゆらぎが存在する。この分岐において、すでに述べたように合理的選択が不可能であるから、分岐において力学系がたどる軌跡は、偶然に依存するのであり、それが非エルゴード性にほかならない(3)。われわれは偶然ある時代に生まれ、ある社会に生まれる。そこには何の必然性もあり得ない。言いかえれば、人はなぜ特定の時代に、特定の社会に生まれおちたのか、説明できないのである。それには理由はなく、したがってそれは端的な被投性である。たまたま特定の小学校に入り、たまたま特定の友人と出会い…と言うように、人生の軌道は予め決定されておらず、偶然性に左右される。それは「する」過程ではなく、「なる」過程である。いま一度同じ出発点に戻ることができたとしても、同じ軌跡をたどる保証は何もない。したがって、ある人が人生のある特定の状態に存在することの理由を問われた時に、その人が答えることができるのは自分が人生においてたどってきた歴史である。これが経路依存性の意味である。ただし、歴史といっても心的場の歴史性は想像された未来についての思いも含むから、過去のみを意味するわけではない。

このことは、生が本質的に歴史的であることを意味する。歴史は反復不可能で不可逆な一回性の出来事の、「なる」形での堆積である。そしてこの歴史こそが、個々の個人の一回的で固有の実存を与えるのである。私と他者は同一の歴史を共有していない。こういうわけで、心的ダイナミクスの駆動力としてのモーフォジェネシスは普遍的な力なのだが、その結果としての歴史は人それぞれであり、ここに実存の固有性が生まれるのである。原理的には、まったく同一の経路、すなわち思いを共有する複数の人間を考えることは可能である。その場合、それらの人びとはアイデンティティもまた同じである。だがそのようなことはじっさいには生じないだろう。それはあらゆる可能な思いの可能性の空間は限りなく広大であり、その中で偶然にまったく同一の思いの歴史を生きる複数の人間が存在する確率は、測定限界以下であろうからである。

実存的なアイデンティティは、心的場の全体のゆるやかな同一性である。それは一元的な基準で統合されているのではない。互いに相反する物語さえ存在し、それらを取り巻く無数の思いが共存する生態系の秩序であり、それゆえに統合体ではなく心的場の風景なのである。それゆえそこには役割のような安定的な物語によって抑圧され潜在化する思いが存在する。われわれにとって、社会的に与えられた物語がリアルでなく、しっくりこないことはしばしばある。一回性の一期一会の経験と思いに対して、自我は反復的で一般的な意味の枠をあてがう。ここに心的な葛藤が生じうるのである。

自己の固有性はポスト構造主義によって否定されたし、現代社会学でも個人の主観性は社会的に構築されたものだという観点がいっそう強く取られるようになった。だが個人は社会的な役割を遂行する機械ではなく、自律的エージェントである。自律的エージェントが固有性を獲得するのは、自己の思いの歴史性においてなのである。この意味で、過去についての思いは現在の私の固有性の支えである。カオス的遍歴の歴史としてのアイデンティティの概念においては、人間は離散体的個体ではない。この実存的なアイデンティティがもとづくのは心の経路依存的な軌跡であり、それは様々な他者との無数の出会いと交錯の記憶の歴史である。それは私が様々な他者と同じ社会に参加し、時代や関心を共有した過去の記録と未来の予期でもある。私がこの私である、というのは、この私とはこの生きられた記憶である、ということなのである。心の歴史はコミットメントの歴史でもある。その意味で、歴史としての実存的アイデンティティは他者と交換不可能であり、私に固有であるが、また同時に他者との社会の共有の地盤の上に存在する。

こうして、人はカオス的遍歴によって歩んできた、そしてこれから歩むと想像される歴史の上を歩む。それゆえに、生きられた過去、生きられる未来は、いま現在私によって生きられている。この意味で、実存主義者が考えたように、被投性が人間存在の根源的な特質である。生物の進化における形態のボディプランでは、いきなり新たな形態を創発することは難しい。進化とは、むしろ、既存のプランを応用し発展させる経路依存的なものである。同様に、心も現在までに生きられた歴史の上を歩む。こうして、歴史性という心的ダイナミクスの性質が、個人の唯一性を与えるのである。本書における心についての仮説はただ一つであり、心はモーフォジェネシスによって動機づけられる、というものであった。これは、心は普遍的な法則によって動機づけられる、という主張である。人は、この主張は人間を機械のようなロボットとして扱うものだ、と批判するかもしれない。というのも、この命題は人間の自由意志を否定するようにもみえるからである。だが、そうではない。人間は普遍的な力と法則によって動機づけられるが、同時に自由意志をもつのである。その理由はすでに述べたように、人間の思いの空間が非エルゴード空間であるからにほかならない。人間はこの広大無辺の思いの空間の旅人であり、カオス的遍歴者である。心という力学系がもつ複雑性が、カオス的遍歴の軌道に極度の自由度を与えるのである。

注

（1）ガーゲンとマクナミーは、この事情を心には多様な『声』が住まうという言い方で表している（Gergen and McNamee 1999: 32）。

（2）バーンは、ある個人のすべての特性・選好の集合を状態空間と考え、その特定の部分が引き込むライフスタイルをアトラクタとして考えている（Byrne 1998: 115）。

（3）先に触れたギゲレンツァーらは限定的合理性の概念を支持するが、この概念は行為者の目標に照らして手段を選択する場合の計算の仕方に関わっている（Gigerenzer and Reinhard 2001: 10）。彼らは手段の計算のメカニズムを限定的かつ分散的に考え、それを限定的合理性と呼ぶ。この場合に、行為者の目標はあくまで所与となっている。しかし現実の社会において、行為者はまさに目標を選択するのである。この目標の選択は計算ではなく、「好き」に代表されるような価値コミットメントである。それゆえそれは限定的な合理性でさえない。

# 第Ⅲ編　社会秩序の原理

# 第6章　社会秩序と場

## 第1節　社会場の概念

### 1　理解社会学と思いのダイナミクス

これまでに心に関する力学的な理論の説明を終えた。その結果を元に、この第Ⅲ編では社会秩序の問題を考察する。しかし、まず心の理論を構築し、しかる後に社会について説明するというこの方式は単に記述の便宜によるものでしかなく、論理的なものではないことをお断りしなくてはならない。個人がまず存在し、次に諸個人の間の関係として社会がなりたつ、というのではないからである。第Ⅲ編の目的は、社会秩序を方法論的個人主義と方法論的集合主義の対立において理解することではない。本編のテーマは、個人と社会の双方を「存在」として物象化する理論ではなく、その双方を、「なる」形で運動する場として理解する理論を提示することである。すでに触れたプリゴジンの著書『存在から、なることへ *From Being to Becoming*』（1980）のタイトルが、本書のテーマを示している。

社会学理論をなりたたせる方法論としては、いま触れた方法論的個人主義と、同じく集合主義の区別が伝統的である。しかし、すでに第1章で考察したように、このいずれの立場も大きな問題を含んでおり、現代の社会学者の多くは、このいずれでもない立場を模索してきた。関係性の社会学はその一つである。だが関係性の社会学ではその「関係性」という概念が明確でない。クロスリーは、関係性の社会学におけるもっとも基本的な概念である「関係」概念について、二つの異なる定義があるという。一つは象徴的相互行為論、社会ネットワーク分析、エリアスのフィギュレーションの社会学 figurational sociology で用いられるもので、関係は社会的行為者の間の具体的なつながり tie を指す。他方はブルデューによるもので、関係は社会空間における資本の分布による配置である（Crossley 2013: 123）。だが、これらの理論は「する」主体としての個人に焦点を当てている。

クロスリーは、「社会運動論の文献における、競合する諸理論の間の論争の多くの基盤にある中心的な問いは、抗議する人びとはどうしてその場所でその時にその方法で出現したのか、という問いである…（中略）…。これは反企業の抗議の場に関して重要な問いである。どうしてそれは今日、そのような形で生じてきたのか。この問いはある面で場の内部のダイナミクスと論理で答えられなければならない。場を構成する様々な行為と相互行為は、それ自身として理解されるべき創発的なモメンタムとダイナミクスを生み出す」（Crossley 2002b: 679）と述べている(1)。

私はこの問題意識に同感だが、クロスリーが言う「関係」概念によってこのダイナミクスが理解できるとは思えない。この第Ⅲ編では社会秩序を場の概念によって表現することで、このダイナミクスを示すことにしたい。ここで提示される社会秩序の理論は、これまで心的場の秩序を記述したのと同じ概念と理論をもとにして構成される。それは社会を力学的な場として考え、そこに複雑性理論を適用し、社会秩序を「なる」過程として理解する。その際の「秩序」の概念は確固とした秩序ではなく、確率的な秩序の概念である。本書における社会秩序の理論は、個人や集団ではなく、心的秩序の場合と同様に「思い」を主語として行われる。じつはそれはマックス・ウェーバーが理解社会学の名の下に行ったことである。そこで実質的な理論に入る前に、ウェーバーの理解社会学について考察しよう。通常はウェーバーの理論はミクロとマクロの区別でいえばミクロ社会学であり、行為理論あるいは方法論的個人主義であると考えられている。だが彼の関心の焦点は資本主義や宗教だったのだから、彼の社会学がミクロに焦点を置いているはずがない。

マルクス、ウェーバー、デュルケムはしばしば現代社会学の創設者として並び称されるが、マルクスとデュルケムが社会の構造的要素を重視したのに対して、ウェーバーは動機や理念を重視した。直接に行為を対象とするのではなく、行為を生成する動機や理念、つまり本書でいう思いを対象としたのである。ウェーバーが考える理念はプラトン主義におけるような真理としてのイデアではない。彼が考える理念は個別具体的な形で歴史を形成する理念である。それは単なる静学的な理念ではなく、宗教的な情熱や感受性をも含むから、「理念」という用語より「思い」という用語のほうがいっそう適切だろう。彼の『プロテスタンティズムの倫理と資本主義の精神』は、思いのダイナミクスを描いた金字塔である。本書における社会場のモデルは、ウェーバーの理解社会学を理論化し、抽象化かつ動学化したものであるともいえる。方法的個人主義あるいはミクロ社会学は過程を重視して抽象を忌み嫌ってきたようにみえる。そしてウェーバーは通常は方法論的個人主義の系譜において考えられている。だが、個人と思いは同じものではない。右に挙げたウェーバーの書物は厳密には方法論的個人主義ではなく、プロテスタンティズムの倫理意識や資本主義の精神など、エートスという思いを対象としている。それゆえ彼の理解社会学は個人と社会を思いへと抽象化した理論の先駆であると解釈できる。つまり、「理解社会学」が理解しようとするのは個人ではなく、禁欲の倫理や資本主義の精神などのエートス、すなわち思いの社会的なダイナミクスなのである。

社会学の第一級の、あるいは第一の古典であるウェーバーのこの書物は、その題名の通りキリスト教とりわけプロテスタンティズムと資本主義の関係を明らかにしたものである。言うまでもなく、現時点ではこの理論に対して多くの批判が存在するが、ここで重要なのはその方法的な観点である。カルヴァン派の運命予定説とは、神の審判において救済されるか否かはあらかじめ決定されているのであり、人間の努力に依存しない、という説である。この考えは、これを聞いた当初は人を戸惑わせるものだろう。「常識的」には、聖書の教えをよく守ればそれだけ神の国へと招かれる可能性は高まり、その反対に教えに反すれば救済の可能性は低下すると考えられるだろう。ところが予定説という思想は、人がどんなに努力し苦労してもその苦労は神に一切考慮されないという教えなのである。いったいどうしてこのような理不尽とも思える思想が生じたのだろうか。

じつはこの思想は、「絶対神」を想定する思考の論理的帰結である。というのも、仮に信仰に忠実であれば救済されるとすれば、信仰に忠実である者には救済される権利が生じてしまい、この権利によって多少なりとも神に対抗できることになってしまうからである。これでは神は絶対神でなくなってしまう。確かに、もし聖書に忠実であればその分だけ救済に近づくと信じてそれを徹底して実行した人間が、最後の審判の際に、悪いけどあなたの行き先は地獄ですと告げられたとしたら、とうてい納得することはできないだろう。もしこの人が、「聖書に忠実であった人間は神の国に招かれるべきである」という規則に訴えて神に対して反論するとしたら、この規則が神の上位にあることになり、この規則の下では神と人間が対等であることになる。というのも、彼の主張は、神もこの規則に従わなくてはならない、というものだからである。だがそのような主張は、「絶対神」という概念、すなわち神があらゆるものの最上位にあるという概念を否定することに等しい。それゆえに、神が絶対であるということは、神の決定には、それがいかに理不尽なものであれ納得して従わなければならないということを論理的に意味している。言いかえれば、神が絶対であるという命題は、人間はまったく無価値、無意味であるという命題を論理的に含意しているのである。

神の秩序が絶対であるということは、それがあらゆる価値の唯一の源泉であるということでなくてはならない。したがって地上における人間的な生からは、逆にあらゆる価値が剥奪されなければならない、ということが論理的に帰結するのである。これは神が絶対であるということの論理的意味であり、カルヴァン派の主張はいかに不条理に聞こえようとも、理にかなった論理的な思考なのである。近代になってこのような原理的な思考が出現したわけは、カトリックの場合はそもそもが新興宗教であったということもあり、ローマやゲルマンの既存の多神教的信仰と妥協しなければならず、また、古代ローマの多神教の風土もあってか、キリスト教の原理に必ずしも忠実ではなかったのだが、キリスト教がヨーロッパを制覇した時点で原理主義的思考の可能性が現実のものとなった、ということだろう。

右に述べた事情は、プロテスタントがどのように「思った」かということであり、要するにプロテスタントがどのような思いを基盤としていたか、ということである。ウェーバーの議論は、このようなプロテスタントの「思い（理念）」が、資本主義の精神という思い（動機）を生み出した、というものである。ウェーバーによれば、カルヴァン派が生み出したのは、「人間の、委託された財産に対してそれを管理する者、あるいはまさに『営利機械』として奉仕する義務という理念」（Weber 2004: 193）、言いかえれば思いにほかならなかった。人間が所有する財産がじつは自分のものではなく神から委託されたもの、すなわち神の所有であるなら、それを少なくとも奢侈に使用したりしたら、どう考えても地獄行きは免れないだろう。そうなると、少々の生活費を差し引いた剰余をできるだけ増やさなければならない。それはすなわち資産が増加することを意味する。こうしてプロテスタント的な禁欲から拡大再生産という動機づけが生み出されたのであり、この拡大再生産という思いこそが資本主義の精神という思いのダイナミクスなのである。

ウェーバーのこの議論は社会的な、あるいは歴史的なレベルでの思いのダイナミクスの記述の好例である。禁欲的プロテスタントは世俗内禁欲という思いによって動機づけられた。また、草創期の資本家は資本蓄積へと動機づけられた。だが、理解社会学はこれら個別の動機を理解するのが任務ではないだろう。そのようなことは自明だからである。理解社会学という看板を掲げるなら、より込み入った理論的思考が必要である。ウェーバーの思考は、世俗内禁欲という思いが、まったく別の領域で資本主義という思いを予想外の形で生み出したという、思いの歴史的ダイナミクスに焦点があるのである。

人はみずからの思いに縛られる。かつてマルクスは経済を土台、意識や文化を上部構造として区別し、土台が上部構造を決定するという唯物論を説いた。しかし資本主義という土台は、人びとが競争しようと思うことによって支えられているのである。ウェーバーが言うように、ヒンズー教や仏教のような東洋の宗教は、資本主義の基盤になるような思いを、むしろ阻害する。それらの宗教は、別種の思いを強調するからである。この意味で、思いこそがすべての基盤であり、資本主義という経済システムは、財産に奉仕するという動機づけを欠いてはなりたたないのである。

だが、自己の欲望を犠牲にして財産に奉仕するという思いは、生を否定するニヒリズムを基盤にしなければ存在することが困難である。キリスト教に潜む生の否定という思いを見抜いて批判したのは、言うまでもなくニーチェであった。彼が「この人間の意志は、自分は贖罪が不可能なくらいに罪深く恥ずべき存在であると考え、罪を償うに足る罰はないのだと考え、物事の一番底まで罪と罰という問題に感染させて有毒化し、この『固定観念』の迷路から脱出する道をつねに絶とうとし、『神聖な神』という理想を掲げて、その面前において自分が絶対的に無価値であることを明らかに確認しようとする」(Nietzsche 1999b: 332)と述べてキリスト教を批判したのは、この生の否定という観点に対してであった。禁欲の倫理は生の否定という思いの帰結であり、現世におけるニヒリズムである。

これはプロテスタンティズムの発明ではなく、元来キリスト教に含意されていた思いの要素を論理的に引き出したものであるというべきである。イエスが彼の闘いを向けたものは、ユダヤ社会に深く浸透した罪の観念であった。ユダヤ教における罪の観念の由来の一つは、ユダヤ人が神との契約に背いたという神話的事実にある。だが約束を破るのは罪である、というのは現代社会の誰でも納得できる論理である。キリスト教が世界宗教としてなりたつに際して、ユダヤ人と神の関係を主題にするわけにはいかなかった。ギリシャ人やローマ人は神話的な時代においてユダヤの神と契約したわけではない。結ばれていない契約に違反することはできない。それゆえ罪も生じ得ない。だが、福音書は、イエスは罪びとを訪れると述べている。それゆえに、罪びとであることが救済の前提条件なのだが、非ユダヤ人はその条件を満たしていないのである。

そこで、新たな罪の源泉が考えられなければならなかった。それが受難である。キリスト教の教義の核心にある受難の思想からすると、人間は本質的に罪びとである、という思いが生み出される。というのも、受難の物語にはユダヤ教におけるような破約が存在しないからである。こうして罪の概念が拡大された。ユダヤ教では、人は約束を破ったから、罪びとなのであった。だがキリスト教では、人は本質的に罪びとなのである。イエスが罪びとを救済する人である以上、罪が大きいほど救済の可能性は高まるように思えるのではないだろうか。こうして、罪の概念の自己増殖が始まる。奇怪なことに、罪を否定し、罪の許しを語ったその人を讃える宗教が、逆に罪の観念を増殖させることになったのだ。ユダヤ教の罪の観念とは異なり、キリスト教の罪の観念は破約によるものではないから、現世において救済不可能である。したがって「贖罪の不可能性（「永劫の罰」）という思想」（*ibid.*: 331）が帰結し、「官能性に対する徹底的な敵意、激しい敵意」（1999c: 83）という禁欲的態度が生み出されてくる。そしてこの思いのダイナミクスが、予想外の形で資本主義という別種の思いのダイナミクスを生んだのである。

以上に述べた過程は、ある思いが別の思いを生み出し、さらに進化する、思いの歴史的遍歴と自己増殖の過程である。古代ユダヤ教における罪という思いが、キリスト教という世界宗教に引き継がれる際に変容し進化し、存在の根源にある普遍的な罪という概念へと変化した。この思いは世俗の快楽の否定という思いを生み、禁欲主義を生んだ。この思いは修道院のように財産の否定とも結びつくが、財産は神からの委託であるという思いと反応すると、資本主義の精神という思いを生み出す。

このように、ウェーバーの理解社会学はミクロ社会学や行為理論ではない。そのように考えるのは、思いとは必然的に個人のものだという誤った思い込みによるのである。ミクロ社会学の名にふさわしいのは、ゴフマンのようにミクロの相互行為の状況に焦点を合わせるやり方だろう。もちろんそれは意味がある方法である。だがウェーバーの理論はそのような方法をとっていない。確かにウェーバーはカルヴァンやフランクリンといった個人に言及する。だが世界には無数の個人が存在するのであり、社会学的な言及は特定の個人を選択して行われる。その選択の基準は社会学的な有意味性である。つまり社会学的に有意味な社会現象に関わる思いが特に明確に創発した個人が言及の対象となる。たとえば『プロテスタンティズムの倫理と資本主義の精神』において、フランクリンという個人は、資本主義の精神がそこに創発した個人として選択されている。フランクリンという個人は、その経路によっては資本主義の精神を創発しなかった可能性もある。その場合はウェーバーの言及の対象にならないだろう。

つまり、ウェーバーの関心は個人ではなく思いにあるのであり、理解社会学は方法論的個人主義ではなく、いわば方法論的思い主義というべきものなのである。すなわち理解社会学は、社会は個人からなるという理論ではなく、社会は思いからなるという理論なのである。こうして、理解社会学の方法は社会秩序を思いのダイナミクスとして考える。これから提示される社会秩序の理論は、過剰な理論化を拒否し、しばしば歴史に沈潜することを好んだウェーバーの理解社会学を、彼の好みに反して理論的に構成するものである。

## 2　方法としての抽象化

すでに述べたように、方法論的個人主義と集合主義、あるいはミクロとマクロという社会学における基本的な観点は、ともにそれぞれ個人と集合体を存在、すなわち「する」主体と見る見方の上になりたっている。エリアスが言う「ホモ・クローザス」は個人だけでなく、社会学における社会システムの概念にも妥当する。社会学における個人も集合体も、ともに自己準拠的な独立性において、すなわち同一性と定常性をもつ「存在」として理解され、自己とその維持が理論の焦点となる。さらに、個人に焦点を当てるか社会システムを中心にするかが排他的な選択となり、ミクロとマクロの対立が生じるのである。それは点記述の主語を誤って存在と考えることからくる文法的な誤謬、すなわち存在論的背理である。仮に社会における諸個人が完全に独立した単位であり、思いは個人の、他者に対して閉ざされた心の中にのみ秘められているとすると、諸個人のあり方はランダムであるはずだから、どの社会も似たようなものとなるはずだ。しかしじっさいにはそのようなことはなく、時代と社会あるいは文化の差異はじつに大きなものがある。このような差異を生むものは個人のレベルの秩序形成ではなく、より大きな社会レベルの運動である。

第Ⅱ編で述べたように、自己とは自明の存在ではなく、場の運動において生み出される秩序である。この自己に関して、経験的記述と理論的説明という二つの異なる観点と方法がなりたつ。生物学でいえば、前者は分子生物学であり、後者は理論生物学あるいは構成的生物学である。分子生物学は生命が個々の生物という自己として現象することを前提し、その具体的な構造と機能を記述する。理論生物学は生物という形態を生み出す生命というダイナミクスを仮定し、その原理を考察する。すでに述べたように、これら二つはともに有意味な研究であるが、秩序の説明は後者の方法によって与えられる。方法論的個人主義と集合主義はともに何らかの「自己」を前提する理論であり、それは社会秩序の説明理論ではない。記述的方法を誤って説明理論と考えると、秩序を自己によって説明しようとすることになる。だがきわめて単純な生命体から現在の複雑な生態系にいたる生物進化を、生物の自己たちの自己保存と競争という原理で説明することは不可能だろう。同様に、個人や社会システムの自己保存の原理からは、展開する歴史のダイナミクスを説明することはできないだろう。たとえば私の考えでは後述する明治維新は日本における近代化だが、個人に準拠する理論だと、近代化は明治政府の諸個人が西欧諸国と対抗するためになしとげたという理解になる。これほど大規模な社会変動を個人が意志して実行することは不可能である。

記述理論としての分子生物学は、現存する生物の「自己」に焦点を合わせる。それに対して理論生物学は、そのような多様な自己を生み出す分子的ダイナミクスの運動原理に焦点を置く。この第Ⅲ編で展開される理論は理論生物学と同様の説明理論として構想されている。この理論は自己ではなく、「思い」に焦点を置く。すなわちこの理論は、社会秩序を多様な思いが相互作用し創発することとして抽象化するのである。すでに述べたように、社会秩序は本質的に間主観的であり、それは「思うこと」においてなりたつ秩序である。通常は「思うこと」は個人の行為、すなわち、個人が原因となって生み出すものであると考えられているだろう。だが第Ⅱ編で見たように、それは「する」主体という考え方である。

本書では社会秩序を場と考え、それを「社会場」と呼ぶ。この社会場の理論では、思うことは心的場の運動であるだけでなく、社会場の運動でもあると考える。社会場の理論は社会秩序を、運動する「なる」過程として考える。それゆえに場の理論なのである。「なる」、あるいは場の観点からすれば、思いは心という場に「なる」という形で創発すると考えられるが、それとまったく同様に思いは社会という場にも「なる」という形で創発すると考えることができる。要するに、方法論的個人主義は「社会は個人から構成される」と考えて個人に照準するのに対して、社会場の理論は「社会は思いから構成される」と考え、思いに照準する。社会場の理論の観点からすれば、社会において具体的に生起するのは思いであり、個人や自己とはそのような具体性を欠いた概念である。個人主義は思うことを個人に還元する理論だが、社会場の理論は、思いは個人において生起するのであり、個人の所有物や生産物ではないと考える。すなわち社会場の理論は、方法論的個人主義の暗黙の前提である、思いは個人の創造物であり個人に帰属するという命題を認めず、思いそのものの秩序を研究の対象とする。方法論的個人主義は「われ思う」という命題を、「われ」が存在して、それが思いを創造すると考え、「われ」という個人を思いの原因とするが、社会場の理論では思いの創発の原因は思いのダイナミクスである。「われ」は存在ではなく点記述の文法的主語である。また方法論的集合主義も社会システムがそのまま存在するかのようにみなす点で誤っている。それらは「思い」を経由した間主観性においてのみなりたつ。それゆえに、思いに焦点を当てる思いのダイナミクスの社会理論は、方法論的個人主義とも集合主義とも異なるのである。

こうして、社会場の理論は社会場を多様な思いが継起的に生み出される運動の過程と考え、社会秩序を思いへと抽象化する。通常はほとんどの場合、社会秩序の駆動力は個人に求められる。だがすでに述べたように個人はつねに社会の一部であり、個人によって社会秩序を説明することは背理である。個人あるいは行為だけが実在するという主張は、それが可視的で観察可能だからだという理由によると思われるが、そのような考えは、重力は単なる観念であり、実在するのはリンゴと地球だけだという主張に等しい。社会秩序を個人や行為に還元する考え方は、なんらの科学的正当性ももたないのである。それゆえに可視的な個人に焦点を置く方法論的個人主義の理論は、可視的なリンゴに焦点を置く「リンゴ物理学」のような意味不明のものとなるだろう。社会学の対象は知覚可能なもの、すなわち個人とその行為でなければならないという信念が、理論社会学における諸悪の根源である。可視的で知覚可能な要素は、抽象的な理論では通常はその場所をもたないのである。

方法論的個人主義と集合主義が、ともに個人と社会システムを存在、すなわち「する」主体として仮設することの問題点が明らかとなり、第Ⅰ編で見たように実践、関係性、過程、戦略的行為の場などの概念が提案されている。しかしこれらの概念は明確な力あるいは運動原理の仮説をもたないために、結局は秩序の原因あるいは駆動因としての「する」主体を復活させてしまう。たとえばすでに引用した文章でクロスリーは、「行為者たちは、彼らが関与している相互行為によって形成される。相互行為の軌道は彼らの行為、感情、思考のあり方を変化させる。…（中略）…行為者たちが相互行為を『する』のではない。彼らは相互行為に影響される。そして彼らが相互行為において行うことは、彼らがそれによってどのように影響されているかということによって形成される」（Crossley 2011: 30）と述べている。私が本書で表現したいことも、同じである。相互行為をこのように考えることは、相互行為という社会秩序を個人（の欲望や動機）から因果的に導かず、社会秩序自体の運動を認めることであり、そのような観点は相互行為の秩序の運動原理を理論の中心とすることになるはずである。それがこの第Ⅲ編の課題である。

それでは、クロスリーにおいては、社会秩序の運動原理、あるいはその駆動因は何なのだろうか。しかしそれはまったく明示されていない。クロスリーのこの文章は納得のいくものだが、相互行為の運動原理を明示しない限り理論的な意味がない。クロスリー自身の理論は関係性を運動として示していないが、彼はそのような考え方をすることの困難性を理解している。彼は、「西欧社会の知性の歴史の大部分において、関係そのものは存在しないと信じられてきた。支配的な存在論は関係を存在の一つのタイプとして含めなかった」(*ibid.*: 23) と述べる。すなわち、すでに指摘したように、西欧的な思考ではすべてが存在あるいは「もの」に還元されやすいのである。彼によれば、もし多くのものが結合していればそれは一つの「もの」であり、そうでなければ多数の「もの」である。「もの」に焦点がおかれるので、関係の概念の占める場所がないのである (*ibid.*: 23)。こうして、鮮明な問題意識が、「する」言語の壁にしばしば跳ね返される。実践、関係性、場などの概念を使う「社会学の新たな潮流」の理論のほとんど、あるいはすべては、このような一見意味ありげだが、実はあいまいな、したがって無意味な表現に満ちている。これを避けて、変化する社会秩序の理論を構成するには、運動する力学的な場についての「なる」理論が不可欠なのである。

社会システム論に代表される確固とした秩序の概念は、流動的な社会秩序を記述するのに適さない(2)。社会過程は通常、相互行為として考えられている。だが相互行為の概念もまた「する」主体の間の関係と考えられやすい。行為の概念も社会秩序の過程を表現するのにふさわしくない。行為概念はミクロの状況の記述にはよいが、グローバル化、資本主義、セクシュアリティなどの記述には適していない。それらは行為概念より、動機や価値、すなわち思いに関わる概念で記述されるべきである。たとえば明治維新を行為によって記述すれば通常の歴史活劇となり、社会学的な意味は見失われるだろう。とりわけ、本書の理論は複雑性理論のそれであり、それは化学反応と磁場の概念に基盤をおいているが、行為の概念はこうした概念を表現するのに適さない。行為は特定の主体に排他的に帰属する概念である。また、心に思いが生まれるあるいは創発するという表現は自然に理解できるが、行為が生まれる、創発するというのは不自然だろう。行為という概念はどうしても「する」主体としての行為者の概念を要請し、それゆえ行為の概念は、個人あるいは社会システムが「する」という論理において表現される。社会学の対象はコミュニケーションであるとも時にいわれる。だがコミュニケーションの概念も、しばしば存在としての「する」主体の間の相互行為として理解される。

固定的な社会システムの概念に代えてネットワークの概念に活路を見出そうとする人もいる。しかしネットワークの概念はどちらかといえば構造的なものであり、化学反応と磁場の運動を記述するのには適していない。セティーナ・クノールは、現代におけるテロリズムの運動はネットワークの概念では十分に語れないとし、「システムを前に進めるのは、時間の経過とともに、自己自身を以前の自己とは異なるものとして再生産する、無防備で、『神経質』で、変質する要素である」、言いかえれば、「システムがつねに崩壊するためにそれに取って代わる要素のための余地が生まれ、これが複雑性と全体的なシステムの存続の可能性を増大させる」とし、「この考えは、そのアイデンティティが成功の保証であると疑問の余地なく考えられている、ユニット間の強固で拡大する関係の度合いを考えるネットワークの概念と対照的である」(Knorr 2015: 217) と述べる。ネットワークの概念はダイナミクスの概念に対する補助的なものにすぎないのだ。

## 3　社会場の概念

ここで、以下で示される理論の基本的な枠組となる社会場の概念(3)を定式化しよう。物理空間はさしあたって個々の物体からなるように見える。重力場とはその抽象化である。生態系は個々の生物からなるように見える。生態系を分子空間と見て、生物を生命へと抽象化するのが理論生物学である。社会は個々の個人からなるように見える。社会を思いの空間へと抽象化し、それを無数の思いからなる空間としてモデル化するのが、社会場の理論である。社会場においては個人ではなく思いが自律的エージェントとみなされる(4)。

これまでと同様に、「思い」という概念は「すべての心的活動」を意味する用語として使用される。心的活動には理性的な思考、感情、感覚、直感など多様なものがあるが、それらを一括して指示する学術的な用語が不在であるために、日常語から採られた「思い」という語を使用するのである。「思い」という語がもつニュアンスは、本書で提示される理論にとって都合がよいものである。というのも、これから提示される理論は、第一に、理路整然とした思考以外の感情、感覚などの微妙で捕えにくい要素も社会秩序の重要な部分であると考えるからである。感情は個人的なものであり、同時に社会的なものである。平時において感情をどのようにコントロールするかは社会的なルールで決められている。だが感情はつねにコントロールされているわけではなく、選挙の際の動機においても重要な役割を果たすし、社会変動の時期には、感情がその方向を決めるのに決定的でありうる(5)。

第二に、本書における理論は、言説として成長する以前の要素、いまだ語られない声にも関心を向けているからである。これまで何度も言及した抽象絵画の始祖、カンディンスキーの事例を思い出していただきたい。彼は、抽象という理念すなわち言説あるいは物語を考えつく以前からじっさいに抽象絵画を描いていたのだが、彼自身そのことに気づかなかった。彼は、自分自身で思い、考え、実行していることを知らなかったのである。偶然の出来事が、彼が考えていたことを彼自身に明らかにしたのであった。この例において、抽象絵画という自覚的な理念にいたる以前の彼の無意識の思考というものは、じつに繊細微妙で脆弱なものである。だがそれもまた思いにほかならない。抽象絵画、討幕、ポストモダン、どのような言説も、それがなりたつ以前からすでに出発している。それゆえに、概念以前、言説以前の何ものかを指示する概念が必要なのである。

言説以前の心的な過程はじつにかすかなものだが、「思い」という語はこの繊細で微妙なあり方をよく表現し、しかも「なる」過程の表現としてふさわしいように思われる。それに対して、「思考」という用語は、思考する「する」主体の概念を強く示唆し、さらにそれが論理的内容をもつことを含意し、さらには「真偽」の基準をも示唆してしまうように思われるので、思いのダイナミクスの理論には不適切なのである。「思考」という概念は、「われ思う」という形で思いは「われ」に帰属しそこから流出するという、方法論的個人主義の思考と結びついている。

社会場の理論の根本は、「われ思う」という「する」言語の形式ではなく「思いがその相互作用から創発する」という「なる」論理を採用する点にある。それは言いかえれば理論の主語を「主体」から「想像力」あるいはその産物としての「思い」へと転換することである。社会場は、想像力が生み出す思いのダイナミクスの場として記述される。社会システムの概念が規範や規則からなりたつのとは異なり、社会場とは多様な思いを生成する力が働く場であり、思いの運動が基本概念である。社会システムの概念は多様な集団の一般化だが、社会場は社会秩序の抽象化であり、思いとそれを生み出す想像力へと社会秩序を抽象化することによって得られる概念である。想像力という力は個人の心だけでなく社会場においても働くと考える。それはコミュニケーションを通じて思いの相互作用のダイナミクスとして運動するのである。想像力は思いの形を作り出す、モーフォジェネシスの力である。それは思いの形態形成の力、多様な思いの形を創造し組織化する力についての仮説である。それゆえ、社会場の運動の秩序原理はモーフォジェネシスである。すなわち、社会場の運動は多様な形の思いの継起的な産出であると仮定する。社会場は想像力にチャージされた力学的な場である。ここで無数の思いが相互作用し、反応し、組織され、あるいは新たな創発が生まれる。それぞれの思いは、それに固有の場と波動を作り出す。それが思いの場の概念である。様々な場が相互作用し、そのいわば化学反応として新たな思いの場が創発する。特定の思いが強くチャージされた場は、磁場という比喩にふさわしい力をもつ。これら思いの場の相互作用の全体も、社会場である[6]。

想像力が社会場において働くというのは、社会場を擬人化した表現ではない。それが述べているのは、思いのレベルにおける、個人に還元できない「社会的事実」である。思想にも社会にも多大の影響を与えた「ポストモダン」は制度や規範ではなく思いの運動である。この運動は個々の思想家によって生み出されたというのは十分ではない。それが一九六〇年代の終りにほとんど同時に出現したという事実は、この新たな思いのダイナミクスは社会的なレベルで想像的に創発したことを意味している。このように、社会場において想像力がコミュニケーションを介して働くと考えるのである。

心的場と同様に、社会場も時間的な場である。社会場には過去についての思い、未来についての思い、あるいは時間と無関係の想像、理念などが同時存在している。こうして社会場は無数の思いの相互作用の場となる。それゆえに人びとは社会の過去と未来について語るのである。いま述べたように、過去はいま現在生きられる過去として、現在の思いとして存在する。ゆえに心的場と社会場においては、自然科学におけるような過去から現在へと単純な因果性がなりたたない。過去がいま現在において生きなおされることで、その運動が変化することがありうるからである。だがそれがあくまで過去なのは、社会場における思いにも順序性がなりたつからである。

ユングの心理学では集合的無意識の概念が中心的な役割を果たす。それによれば、個人の心には個人的な無意識とは別に集合的な無意識の領域が存在する。集合的無意識は普遍的なものであり、そこに神話的な元型が見出される。しかし、この魅力的な理論は経験的な妥当性を欠いている。社会場の時間性の概念は、より正確な理解を可能にするだろう。たとえば個人が過去に書かれた書物を読むことによって、過去に生み出された思いが、個人の心的場、さらにはその個人が生きる社会場における自律的エージェントとしてよみがえる。こうして、はるかな過去の思いが現在の社会場に到来し棲みつき運動する。たとえばプラトンが書いた書物に影響される人の心的場には、プラトンが生み出した思いの場が運動するのである。社会場にははるか以前の過去に生じた思いもまた、現在において生きられるという形で存在し、自律的エージェントとして活動しうるのである。

社会システムの理論では、社会システムという自己とその環境の関係が重要な問題となるが、社会場では境界は重要な問題ではない。それはこの理論が力学系の理論だからである。われわれは台風について語ることができるが、台風には境界は存在しない。台風は低気圧だが、低気圧と高気圧の境界などは存在しないし、低気圧の確定された領域なども存在しない。それにもかかわらず低気圧を観察し語ることができる。場における力によって無数の思いが引き寄せられ組織化される。それが思いのダイナミクスであり、思いのまとまった形について述べることができるが、それは自己と環境という形で分別されるとは限らない。それはちょうど、無数の分子が細胞という形に引き寄せられているのであり、分子のレベルで見れば細胞には自己と環境の区別も境界も存在しないのと同様である。

要するに、力学系の理論においては境界の概念は重要ではない。また、社会場のダイナミクスにおいては構造も必ずしも明確ではない。社会場における思いのダイナミクスは本質的に運動体である。社会システムが自己をもち環境に適応するシステムであるのに対して、社会場は他者に反応する運動体であり、自ら変形して進化する。こうして論点は社会システム論が強調した自己・環境・境界・適応・構造と機能から、運動と反応と相互作用、あるいは化学反応、磁場と波動へと移される。

アーリが強調するように（Urry 2003）、グローバル化が進む現代では、明確な境界と領域をもつ社会システムの概念は妥当性を欠くと言わざるを得ない。近代の以前にも以後にも、境界が明確でない場が普遍的なのである。近代における国家や組織は、明確な境界を持つ特殊な事例と考えるべきである。社会システムの理論が構造と機能、戦略的行為の場の理論が自己利益と戦略、資源を主要な概念とするのに対して、社会場の理論は場における思いの化学反応と形態形成、波動(7)、磁場を主要な概念としている。

社会場の概念は社会変動論であり、社会の定常的な過程を説明しない理論であると思われるかもしれない。社会場の理論は、一切の社会的過程を運動するダイナミクスとして理解する。しかしそれは社会変動論ではない。社会変動論というものは、社会変動を社会の定常的な過程と別に考え、別の理論としてなりたつ。つまり社会変動論は、定常的な構造論としての社会システム論とのセットとして初めて有意味になる。しかし社会場の理論はすべての社会場はつねに変動するダイナミクスであると考える。社会の定常的な過程といっても、それはつねに何らかの形で変化している。同じ家族や職場であっても今日は昨日と多少は異なるのである。後述するように社会場の理論では定常的な過程は安定的なアトラクタとして理解される。それは安定的な運動の過程である。そこにはつねに必ず何らかの波動があるが、定常状態ではそれは比較的に安定した波動なのである。だが定常状態はあくまで運動状態にほかならない。それゆえ社会場の理論は社会秩序についての普遍的な理論として考えられており、社会秩序として大きな波動と小さな波動を想定し、大きな波動が通常は社会変動として理解されている過程である。こういう次第で、社会場の理論は社会変動論ではなく、社会秩序の一般理論である。

## 4　社会場の原理

本編における議論の出発点は、「秩序」の概念によって与えられる。無秩序とは、なんらの差異もない対称的な均衡状態あるいはランダム状態であり、実現する確率がもっとも高い、言いかえればもっとも安定的な状態である。それに対して秩序とは、パタン、あるいは同じ意味だが形、差異、非対称性あるいは組織を意味する。社会秩序とは社会場におけるパタンであり、それは生じる確率が低い状態が現に生じていることを意味する。社会場は秩序＝パタン形成場であり、何らかのパタンを不断に生み出すような運動が働く場であると考える。社会においてもっても安定的であるはずの無秩序はめったに、あるいはほとんど観察できない。社会はつねにパタンに満ちている。戦争や革命でさえ、そこにはパタンがあるのだから無秩序ではなく秩序である。

ここからの議論の運びは、第Ⅰ編で説明された基礎理論と同じである。無秩序状態は生起する確率がもっとも高く、もっとも安定しているのだから、どのような社会秩序すなわちパタンもいつかは崩壊して無秩序にいたるはずである。熱力学の第二法則は、熱力学的秩序が孤立系においては必然的に崩壊することを述べる。これを借りていえば、社会にもいわば、社会学的第二法則とでもいうべきものが妥当するだろう。だがじっさいには社会秩序はいたるところで観察されるのであり、そうであるなら、社会とは秩序を不断に生み出す運動であると考えるべきなのである。社会場の概念は複雑性科学の考え方に従って、社会は均衡すなわち無秩序からつねに遠く隔たった場所に向かうと考える。

いま述べたように、確率的にありそうもないことが生じるのが、秩序という現象である。家族や組織というものはどのようにして形成されるのだろうか。個人の利益による説明は不十分である。それというのも、どの個人もすでに社会に巻き込まれているという形でのみ個人でありうるからである。個人という概念そのものが、すでに一つの社会秩序なのである。家族も組織も、それが形成され維持されるためには、固有の動機づけが必要である。言いかえれば特定の思いが継続的に生み出されていかなければならない。ちょうど細胞が生き続けるためには特定の分子を継続的に生成しなければならないのと同じである。家族や組織において生み出された思いは、他の思いと相互作用し協働する。それが社会秩序である。本書における考察は、このような無数の思いを生み出す運動に焦点を合わせている。

モーフォジェネシスはミクロレベルの自律的エージェントの相互作用からのマクロ秩序の創発の過程の原理である。ミクロとマクロは因果的に相互作用しないが、ミクロの相互作用の結果、マクロの意味づけが可能な状態が創発する。

この過程は「する」過程ではなく「なる」過程であり、この「なる」ことの原理が並列分散処理である。個々のエージェントは何かの力によって上から支配されているのではなく自律的にふるまうのだが、その相互作用からマクロ秩序が創発する。社会場の理論においては、思いが自律的エージェントとして扱われる。それゆえに社会場の秩序は無数の思いの並列分散処理による。後述するように、コミュニケーションとは思いの相互作用の過程であり、この過程を通じて思いの相互作用からのマクロ秩序の創発が生じる。この創発の過程が思いの並列分散処理によって進行する。ここでいうマクロ秩序とは構造や物語、言説、あるいはより流動的なパタンである。形態形成のこの過程を説明する主要な概念は、分岐とＰＦＢ、および臨界と相転移である。すなわち、前者は分岐におけるゆらぎが偶然に選択されて強化される過程、後者は無数の思いの相互作用が臨界状態に達し、そこからマクロの構造や言説が突如のように立ち上がる過程である。

これまで、社会学における秩序の概念は構造概念に代表されるような、定常的で相対的に安定したパタンが主であった。社会場の理論は力学系のモデルだから、そこにおけるパタンの概念はより動的で可変的なものである。構造は後にアトラクタとして定義されるが、それは社会場におけるダイナミクスの一部にすぎない。社会場はゆらぎに代表されるような、それとして指示することが困難な微細な振動に満ちている。さらに、社会システム論は社会を「システム」という明確な境界をもち、自己同一性をもつ概念によって定義してきた。社会場はより可変的で、境界をもつとは限らない力学的な場である。それゆえ、社会場の理論は「自己」のようなものを自明の前提として出発しない。自己とはまさに説明されるべき対象である。社会場における思いは、多様な運動の形を示す。ある場合は語られずに心的に思われるだけであり、またある場合にはコミュニケーションによって他の思いと相互作用する。コミュニケーションとはいま述べたような、思いの相互作用にほかならない。だが思いは可視的な要素ではないから、解釈に依存して形が変化する。

## 注

(1) クロスリーのモデルは個人や集団のような「する」主体が主語なので、このダイナミクスを記述しようとするとゲームや闘争となる。それは基本的にはブルデューの場の理論である。

(2) 社会運動は典型的な変動過程だが、それさえも社会システムの枠組で思考されている。マカダム、タロウとティリーは、多くの研究者は社会運動を自己充足的な単一のエピソードとして描いていると批判する（McAdam, Tarrow and Tilly 2001: 29）。この観点は、過程を、その各部分が密接に関連したシステムとして考えることである。じっさいには社会的な過程は流れと切断の複雑な過程であり、それを示すのが場の概念である。

(3) これまでの理論社会学の歴史において、今から提示する社会場の概念ともっとも近い考え方を述べたのはエリアスである。たとえば次のような文章に、社会秩序のダイナミクスと解釈できる考え方が示されている。

「個々の人間の計画と行為、心の感情的あるいは理性的な動きは、親密にせよ敵対的にせよ、つねに互いに交錯する。個々の人間の計画と行為の基本的な交錯 Verflechtung が、個々の人間が計画も作りもしなかった変化や形態を引き起こしうるのである。この交錯、人間たちの相互依存から、まったく独特の秩序、それを作った個々の人間の意志や理性より強制的で強力な秩序が生まれる。歴史の変化の過程を決定するのはこの交錯の秩序であり、それが文明化の過程の根底にある」（Elias 1997b: 324-325）。「文明は盲目的に開始され、関係のネットワーク Beziehungsgeflechts の固有のダイナミクス、人間たちが互いに生きるように維持されるあり方の特定の変化によって動かされている」（*ibid*.: 327）。「より力強い宇宙の中に存在する相互依存的な人間たちの連続体は、それ自体として、その内部にある個々の人間の意志や計画より強力な、一つの固有の運動、固有の法則性、固有の変化速度をもつ」（2001: 72-73）。

　だがエリアスの議論の展開はたどたどしく実に頼りないものであり、彼の著書のなかにこのダイナミクスを特定する明晰な概念や理論は存在しない。しかし彼がそのよろめくような思考の中でしばしば使用する波動の比喩は、彼のぼんやりとした考えが力学的な場のアイデアであることを示唆している。エリアスは、彼のフィギュレーションの概念は社交ダンスの例で容易に説明できるとしている（1997a: 71）。彼のフィギュレーションの概念はあくまで諸個人の相互作用に焦点を置いているので、マクロの歴史的過程を理解するのに適切なモデルではない。それゆえそれは社会秩序の一般理論には不十分である。

（4）経済学者のノースは、「信念の変化については、良くも、そして時に悪くも、人間の状態の基本的な動因は最終的には理念とその創造である」（North 1999: 18）と述べて彼の理論において思いを重視するが、それとは別に制度の概念を使用している。だが制度や規範も思いによって定義するべきである。

（5）ウィリアム・シーウェルは、「ほとんどの社会科学者は感情を疫病のように毛嫌いしている。彼らはもし感情を研究対象として真剣に取り上げるなら、感情という用語から連想される非合理性、可変性、主観性、表現の困難さなどに汚染されてしまい、みずからの明晰さと科学的客観性が疑われてしまうと恐れているようだ」（Sewell 1996: 865）と述べ、社会学における理性主義的な傾向を指摘する。彼は、感情が歴史的過程に占める役割として、行為の感情的な調子は社会構造が攪乱され、再定義される過程を示唆し、出来事の過程を形作ると述べ（*ibid.*: 865）、デュルケムの集合的熱狂の概念を挙げている。

（6）フリグスタインとマカダムは、行為者は狭い自己利害に動機づけられるのではなく、集合的な活動における意味やアイデンティティという有意味性が焦点となり、行為者の動機は自己の枠に必ずしも閉ざされているのではない、開放的なものであるという（Fligstein and McAdam 2012: 47）。また、彼らは人間の心の原理の一つとして協働的な意味創造を挙げ、この観点が一つの社会学的伝統であるという（*ibid.*: 40）。想像力による思いの形態形成は、まさに意味創造にほかならない。協働的な意味創造とは、言いかえれば多様な思いの生産である。彼らは言語の獲得による「文化的な跳躍」以後の人間を革新者であると考え（*ibid.*: 43）、人間は獲得した言語的・文化的能力によってつねに多様な活動を創造するとする。この観点は本書における理論とは親和的だが、彼ら自身の理論である戦略的行為の場の理論とは整合的でない。すなわち彼ら自身のアイデアは、その理論に組み込まれていない。

（7）マカダムの理論は戦略的場の概念にもとづいているが、社会運動論の専門家である彼は、じっさいには本書で使用される場の概念を、暗黙裡に使用する。たとえば後述の一九六四年のフリーダム・サマーに参加した白人の学生たちの多くは、政治的・文化的な波動がまさに形成され前進を始めつつある時に、その波動に乗ったのである、と述べている（McAdam 1988: 10）が、一九六〇年代の革新の運動の表現としてはこのような動的な場の概念による以外には考えにくいだろう。だが動的な場の概念は彼の書物の中で明確な表現を得ていない。

## 第2節　社会場の運動

### 1　社会場における個人

方法論的個人主義の呪縛はきわめて強力なので、多くの人は「思い」とは個人の行為であるという考えに固執するだろう。すなわち「私が思う」というのが思いの基本的なあり方であるというのである。だが、これまでに示したように、思いを因果的に生み出すのは「私」ではなく思いのダイナミクスである。「私が思う」という表現は点記述として有意味だが、しばしば、「私」というものが「思い」とは別個に存在し、それが思いを因果的に生み出すと考えられる。それは存在論的背理である。「思い」に抽象化することによって、個人も社会もともに思いの場として表現できる。パウエルは、徹底した関係性の社会学の観点とは「個人それ自身を含むすべての社会現象を、関係によって構成されたものとして扱う認識論」(Powell 2013: 187) であるという。すでに述べたように関係性の社会学の難点は肝心の関係性の意味が不明であることにあり、パウエルも例外ではないが、思いの概念によって彼が考える内容は厳密に表現できるだろう。パウエルが言うように、個人とはすでに社会現象なのである。それゆえ、社会という環境において個人が思考するという枠組は正確ではない。

思いの概念を使用すると、社会学の根本問題である個人と社会の関係は次のように理解される。これまで示したように、心的秩序も社会秩序もともに思いのダイナミクスの場として記述される。それゆえ個人と社会の関係は要素と全体の関係ではなく、より小さな集合とより大きな集合の関係、すなわちスケールの相違として理解される。いまある社会場を考え、この社会場のある時点におけるすべての思いの集合Sを考える。このとき、個人の心的場は同じく思いを要素とするので、集合Sの部分集合と考えられる。ある個人の心的場における思いの集合AはSの部分集合であり、Aの要素はすべてSの要素である。逆にSの要素としての思いは、どれかの個人の思いの集合に属している。このことが意味しているのは、どの個人も必ずいずれかの社会に属しており、私が私であるのは他者との関係の中においてである、ということである。あるいは、社会秩序は個人によって思われることにおいて成立するということである。

思いが心的秩序や社会秩序の主語であるということは、あるいは奇異に感じられるかもしれないが、じっさいにはさほど不自然な表現でもない。たとえばニーチェは『悲劇の誕生』の中で、古代ギリシャの本質的な思想である悲劇の精神が、後に出現した知への意志を体現するソクラテスという理論的人間によって葬り去られたと論じているが、そこで彼は「ソクラテスという人間において初めて出現した信念」について語っている。ニーチェのこの表現で、ソクラテスは社会場における部分集合としての位置であり、そのソクラテスという場において科学の精神という思いが創発した、というのである。これは他の言語でも同様に表現される。たとえばそのドイツ語の原文、英語訳、日本語訳はそれぞれ次のようになっている。

> Bei dieser Gegenüberstellung verstehe ich unter dem Geiste der Wissenschaft jenen zuerst in der Person des Sokrates an's Licht gekommenen Glauben an die Ergründlichkeit der Natur und an die Universalheilkraft des Wissens.（Nietzsche 2010: 95）

> In making this contrast, what I understand by the spirit of science is the belief, which first came to light in the person of Socrates, that the depths of nature can be fathomed and that knowledge can heal all ills.（1999a: 82）

> 「このような対比に当たって私が科学の精神という言葉で理解しているのは、ソクラテスという人物においてはじめて世にあらわれた信念、自然が究明できるものであり、知識が万能薬的な力を持っているというあの信念にほかならないのである」（1966: 187）。

いずれにおいても関係詞の内部ではあるが、主語は「信念」という思いであり、ソクラテスは社会場における位置あるいは部分的な場として表現されている。そしてこれらは別にわかりにくい表現ではないだろう。ニーチェにとって問題なのは、悲劇の精神を舞台から消し去るような科学的精神が創発したことであり、それが誰において生まれたのかということは二次的なことである。ソクラテスではなく別の人物において創発しても構わないわけである。ここではニーチェの焦点は思いであり個人ではない。むしろ、ソクラテスという個人は、科学的精神という思いを創発することによって、われわれが知るあのソクラテスになった、というべきだろう。思いが場における主語であるとは、このようなことを意味している。

この社会場の概念は、ウェーバーの理解社会学の理論化であると考えられる。すでに述べたように、理解社会学は社会場で生み出された思いに焦点を当て、その思いが社会において他の思いと相互作用して生成する、思いの社会的なダイナミクスを主題とすると考えられるからである。同様に、集合体などの部分的な社会場は、全体的な場におけるある位置あるいは部分であり、そこに思いが創発する。つまり、ある思いは個人の心的場に創発したとも言えるし、同時に、ある時代のある社会に創発したとも言えるのである。科学の精神がソクラテスという個人の心において創発したとも言えるし、古代ギリシャという社会において創発したと言うこともできる。あるいは、「資本主義の精神」という思いは「フランクリンに創発した」とも言えるし、「西欧社会に創発した」とも言うことができる。

このように、社会場の概念からすると個人と社会の問題は、スケールの問題なのである。生命の単位としての細胞は多様な分子から構成される、というのが通常の表現であり、ここでは分子は細胞を構成する要素と考えられている。同様に社会は諸個人から構成されるのであり、個人が社会を構成する要素である、というのが通常の社会学の考え方だろう。マクロはミクロから「構成される」という表現は必ずしも誤りではないが、正確でもない。構成という概念が、ミクロはマクロより基本的な要素であるという要素還元主義的な考え方を含む場合、ミクロがマクロを因果的に生み出すという不適切な描像を与えてしまう。すでに述べたように、ミクロとマクロの直接の相互作用、したがって因果作用はあり得ない。それゆえ厳密には、マクロに見れば細胞であり、ミクロに見れば分子なのである。この場合には分子とは細胞のミクロの描写であり、その構成要素ではない。思いへと抽象化することは思いというミクロの要素に還元することではない。資本主義、組織、共同体などのマクロの秩序も間主観的な思いのダイナミクスとして理解される。それはマクロな事象を思いというミクロな要素に還元するのではない(1)。

たとえば広大な海面にはつねに波動があるが、その小さな部分にも必ず波動がある。海面の大きな波動とその小部分の小さな波動は異なる波動だが、それぞれが別個の波動であるわけではないし、海面全体の波動は部分の波動から構成されるのではなく、部分の波動は全体の波動の要素であるわけでもない。マクロとミクロの差異は、スケールの相違である。マクロに見れば大きな波動、ミクロに見れば小さな波動が見える。先に述べた、細胞は分子から構成されるという表現では、細胞と分子はそれぞれ「もの」としての存在と考えられている。だがすでに述べたように複雑性科学では細胞を生命のダイナミクスの運動として考える。その場合には分子はその要素ではなく、分子においてもダイナミクスが見出されるのである。それゆえ細胞は大きなダイナミクス、分子は小さなダイナミクスを体現している。

これと同様に、社会には大きなダイナミクスがあり、それが社会場の運動である。それをミクロに見れば個人における心的場のダイナミクスがある。たとえば明治維新は様々な諸個人が成し遂げた出来事だということもできるが、これは個人に還元する見方であり、この見方は維新の大きなダイナミクスを見失い、維新の過程をよくあるように諸個人のドラマとして描き出す。社会場の考え方では明治維新は社会場の大きな運動であり、それをミクロに見ればそれぞれの志士個人のダイナミクスがある。それゆえ個々の志士は明治維新の構成要素ではなく、維新の運動・波動の一部なのであり、そのダイナミクスにチャージされていたのである。この見方では、維新の志士のような諸個人が明治維新を因果的に引き起こしたのではなく、彼らは維新という過程の波動であると考える。つまり社会的な過程も心的な過程も同様に波動である。心的過程は流れの中にあるというよりは、流れの一部であると考える。社会的なパタンの創発は、個人の間の相互行為から生じるのではなく、思いの相互作用、化学反応から生じるのである。それゆえ創発は個人から社会へ、という形ではない。したがって、社会学の根本問題はしばしば言われる個人と社会の関係ではないということになる。

社会場の理論ではミクロとマクロはスケールの相違だから、すでに述べたようにその間の相互作用すなわち個人と社会の相互作用はあり得ない。それゆえ、社会場の理論からすれば、方法論的個人主義と方法論的集合主義の対立は疑似問題にすぎない(2)。社会場の理論はそのいずれでもない。スケールの相違は方法論的な問題ではなく、記述の方針の問題にすぎない。いずれの方法で記述してもよく、異なるスケールの描像が得られる。複雑性理論における基本概念の一つは創発であり、これは通常、ミクロの要素の相互作用からマクロ秩序が生じることであるといわれる。これは誤りではないが、省略的な用語法である。厳密にいえばミクロとマクロは記述のスケールが異なるのだから相互作用も因果作用もあり得ない。ミクロの相互作用の状態がAからBに変化したとき、このBをマクロにCと記述し、ミクロの相互作用からマクロ秩序Cが創発した、というのが正確である。この場合、ミクロの相互作用とマクロ秩序Cとの直接の相互作用は存在しない。たとえば第2章で述べた散逸構造は分子的相互作用の産物だが、散逸構造はマクロ記述であり、散逸構造と分子の相互作用はあり得ない。しかしミクロの分子的相互作用からマクロの散逸構造が創発するという表現は理解可能である。

方法論的集合主義の代名詞のようにいわれるデュルケムの社会的事実の概念は、社会場の理論では社会場についてのマクロな記述である。言うまでもなくそれは、ミクロの記述には還元できない。どの個人が自殺するかという個人的な動機についての事実は、偶然に依存しており、予測不可能である。しかしマクロのレベルで自殺率について考えれば、そこには個人に還元できない創発的なパタンを認めることができるのである。すなわちマクロレベルで動機の集合を考えると、そこには予測可能なパタンが見出される。こうしてデュルケムは社会的なものは集合的なレベルでのみ考えられるべきであると述べた。だが自殺はミクロの心的な動機のレベルでも当然考えることが可能であり、そこには階層と階級、エスニシティとジェンダー、家族とコミュニティなどの社会学的な要因が登場するだろう。すなわちミクロの描像といえども社会的な描写なのである。つまり自殺についての個人の心的なレベルの記述は、社会秩序のミクロレベルの記述なのである。それゆえ社会秩序はマクロに限定されるわけではない。

社会場の理論は、社会秩序についての場記述による理論である。だが言うまでもなく、社会場を主語として、それを点記述することも有意味である。すでにミクロとマクロの相互作用について述べたが、場記述においてミクロとマクロ、たとえば個人と社会の相互作用を考えることは存在論的背理である。だが点記述において個人と社会の相互作用を記述することは可能である。たとえば個人は会社と契約する。それはじっさいには個人の間の相互作用にすぎないというわけにはいかない。それでは個人と会社の契約とは何を意味するのだろうか。それは個人と会社という場をそれぞれ点記述し、その相互作用を記述しているのである。そしてそれは点記述として理解可能であり有意味である。これを場記述すると個人も会社も登場せず、思いのダイナミクスとなる。その場合、同じAという個人であっても会社員として契約に当たる場合と私人として恋愛する場合では動機としての思いの運動が異なることになる。点記述は有意味であり、場記述に還元できない。しかし場記述の観点では、個人と社会の相互作用は存在しないのである(3)。

## 2　磁場と波動

たとえばわれわれは「一九六〇年代」「一九八〇年代」などという表現を使用する。そこにはあるリアリティがある。一九六〇年代に世界中に存在した革命と暴力の物語は七〇年代に入ると急速に勢いを失い、消費と記号の物語に取って代わられた。何が変化したのだろうか。何らかの構造、システムあるいは制度が変わった、というのは説得的でないだろう。六〇年代には政治や文学や音楽が革命的で暴力的であり、八〇年代には文化は記号的であったのはなぜだろうか。それをどのように記述したらよいのだろうか。われわれはここでも、「六〇年代の暴力と革命の磁場」「八〇年代の消費と記号の磁場」とでもいうべきものを見出すだろう。私は、「磁場」という比喩的表現がもつリアリティを、「場」の概念で一般化し厳密化したいのである(4)。六〇年代には無数の人びとの思いの相互作用から革命と暴力の思いの場が生み出され、多くの人びとはこの社会的場の力によってチャージされ動機づけられた、と言うようにである。時代の空気、雰囲気という表現も、同様に考えることができる。

戦争と革命の一九六〇年代のダイナミクスは早々に消滅し、六〇年代の終わりにはポストモダンの時代を告げる一群の書物がほとんど同時に出現した。たとえばデリダの『声と現象』『グラマトロジーについて』が一九六七年、フーコーの『言葉と物』が一九六六年、ドゥルーズの『差異と反復』が一九六八年、ボードリヤールの『物の体系』が一九六八年という具合である。これらの書物は明らかにそれぞれの個人が構想し執筆したものである。だがそれはこれらのポストモダンの預言の書が同時に出現した理由を説明しない。これらの書物がほぼ同時に出現した以上、それは偶然とは思えず、それを可能にした社会的な条件があるはずである。これらの書物は、ドゥルーズの言葉では革命のパラノイアが支配した六〇年代に潜在的に準備されたのである。この条件は構造、機能、制度、規範、システムなどの概念では表現できないだろう。社会場の概念はこのようなダイナミクスを表現しようとするのである。

より身近な例を挙げよう。いまコンサートでミュージシャンが演奏しているとしよう。ここでは何が行われているのだろうか。コンサートについて、「個人」「システム」や「構造」という観点から記述し説明することは有意味である。コンサートとは音楽家という個人が聴衆という諸個人に対して歌ったり演奏したりすることである。そしてコンサートはシステムなしにはなりたたない。たとえばステージで歌うのは歌手であり聴衆ではない。これは規則でありシステムであり、あるいは構造である。だが、こんなことは自明ではないか。聴衆は何を求めてコンサートに行くのだろうか。音楽が聴きたいなら、CDなどのメディアで聴けば、より安価に何度も聴くことができる。それゆえ聴衆がコンサートに求めるのは単に音楽を聴くことではなく、コンサートの会場ではそれ以上の出来事が進行しているはずである。歌手の今井美樹は、自身のライブ活動について「私は音楽も波動だと思ってるんです。ライブのお客様にも、よくお話しするんです。『私の音楽の波動が、波のように皆さんに伝わって、また皆さんからステージの私たちに波が押し寄せて……。みんなが大きな波に包まれているように感じられたら、すてきですよね』って」（朝日新聞二〇〇七年一〇月一七日）と語っている。ここで彼女が言う「波動」とは、比喩的な表現にすぎない。だが、コンサートという相互行為の場面を理解するには、この比喩はきわめて適切である。ほかに表現の仕方があるだろうか。われわれは社会を厳密な意味で波動的な場として理解することにより、彼女の言葉を文字どおりに理解することができるだろう。

社会場のモデルでは、コンサートとは次のようなものである。コンサートは諸個人からなるのではなく、諸個人の関係ではなく、また構造やシステムでもなく、コンサートという場における思いの化学反応の磁場である。優れたコンサートなら、音楽家という場に強い思いがチャージされていなければならない。そうした思いは、様々な経験の中で育まれる。演奏や歌唱は、その思いの場であり波動である。聴衆という場にある思いは音楽家の場の力を受け、その思いの力によってチャージされる。チャージされた聴衆一人一人の心的場において、音楽は聴衆自身の無数の思いと相互作用し、新たな思いを創発しうる。そのとき、聴衆のそれぞれの場において力の場が生成し、その運動が聴衆の波動となる。ステージの音楽家は、聴衆の力の場に存在するから、聴衆のこの力と波動を受け、さらにチャージされる。聴衆はまた、他の聴衆の波動をも受け取るだろう。こうして、成功したコンサートでは参加者の無数の力の場が相互作用し、巨大な波動と磁場が生み出されるのである。このような強く大きな波動が生じる様子を表現するのに、「磁場」や「波動」「化学反応」という力学的な概念はふさわしいものである。人がわざわざコンサートに出かける理由は、この波動と磁場と化学反応の経験を求めてにほかならないだろう。

このようなコンサートにおいて、ステージで歌う歌手とは、どのような存在だろうか。その歌唱は聴衆によるチャージから切り離せないから、歌手を個人として離散体的に取り出すのは不可能である。こうしてコンサートとは参加者全員による協働のモーフォジェネシスであり波動である。この状況を点記述で記述すれば、音楽家がステージで演奏し歌唱し、聴衆はそれを聞く、という描写になるのであり、それは誤りではない。しかし点記述ではコンサートにおけるリアリティはきれいさっぱり消失してしまう。点記述とはそういうものなのである。ちょうど、台風の点記述において台風は気象図上の一個の点として記述されるのと同様である。点記述された台風の描写からは、暴風雨という台風のリアリティは消え去っている。コンサートの場記述は、コンサートを思いのダイナミクスの相互作用の連続体として描き出す。コンサートは一個の流体である。この流体に参加することに意味があると参加者が思うなら、その人はモーフォジェネシスによって動機づけられているのである。

これまでの社会学はしばしば、個人、社会と文化を別個のものとして考えてきた。とりわけ社会システム論がそうである。だが、想像力とそれによって生成される思いの場としての社会場のモデルでは、個人、社会と文化は一体のものである。とりわけ、これまでの社会学で必ずしも理論の中心的な地位を占めなかった文化、理念に重要な地位が与えられる。人びとは自己中心的な動機だけでなく、宗教的な理想、文化的な理念、美学的な態度という思いによって動機づけられもするのである。現代の科学からすれば、宗教的な世界観には迷信のレッテルが貼られるだろう。しかし近代以前の時代において、宗教的な世界像はそれぞれの時代のそれぞれの社会におけるもっとも知的な人びとによって考えられたのであり、そのような人びとが、宗教的な理念や体系を創造したのである。それはなぜだろうか。誰も行ったことがないと思われる神の国や極楽浄土について、どうしてかくも熱心に語ることができたのだろうか？

近代以前の社会場は、宗教的な、しばしば彼岸に関する思いのダイナミクスが支配的な社会であった。確かに科学的に客観的な観点からは彼岸の実在は信じられないだろう。しかし社会場というものは、そこにいる人びとが「どのように思っているか」ということによってその運動が決まるのである。前近代社会の社会場は、宗教的な想像力によってチャージされた宗教的な磁場であり、そこに存在する個人の心はこの宗教的な想像力によってチャージされ、この力が宗教的な思いを生み出したのだ、とこのモデルでは考えることになる。このとき、前近代社会の人びとの心にとって、宗教的な思いがリアリティそのものとなったのである。

古代や中世の社会場は宗教的な想像力によってチャージされた想像力場である。その場における個人は宗教的な想像力にチャージされ、この力が宗教的な思いを生産する。こうして間主観的なリアリティがなりたつ。科学以前の時代に生きた人びとは、自然現象の科学的な原因を知ることがなかったから、それを超越的な世界と関係づけて理解した。もっとも知的な人びとは、より高度の想像力を有し、それゆえよりモーフォジェネシス的であり、より洗練された体系的な物語、すなわち神学と神話を創造したのである。宗教的な想像力場にある人びとにとって、天国や浄土は生きられる現実なのである。

現在、われわれは天国や浄土を単なる概念として、その「意味」において理解する。この理解は当時の人びとの理解とは遠く隔たっているだろう。概念的に把握された天国や浄土は生きられるリアリティではなく、リアリティの化石である。宗教的な想像力場の上にあった人びとにとって、天国や浄土は単なる概念ではなく、生きられる経験であり生きられる思いなのである。現代社会に生きる人は、かつての宗教的な場所や建築を見ることができる。だが、知覚さえも想像と解釈に依存している。それゆえに、現代のわれわれが知覚するそれらと、当時の人びとが知覚したそれらは、異なるのである。現代社会では、小説の世界、音楽の世界、芸術の世界あるいは演劇、ダンスの世界など、およそいかなる文化的世界もまた、社会秩序の一環である。それらは単なる余暇ではなく、人びとによって生きられる世界であり、思いの波動の世界にほかならない。

## 3　クラスター化と共生成

社会場のダイナミクスは、無秩序が自発的に破られる、対称性の自発的破れと呼ばれる過程から始まる。同じような細胞が多数存在すると、その間に異なる相互作用が生じる。これは一様状態の不安定化と呼ばれる過程である（金子 2003: 229）。同様にして、社会場の分化が始まる。それは無秩序な状態に秩序すなわち差異、パタン、組織が自発的に生じる過程であり、言いかえれば社会場が自発的に異なるクラスターへと分化する過程であり、それをクラスター化と呼ぶ。金子邦彦は、「内部ダイナミクスをもつ要素が相互作用によって自発的に分化を示すという機構…（中略）…たとえば同一のユニットが互いに影響を及ぼしあうだけで、そこにカオスのように小さな差を増幅する運動があると、そのユニットは異なった位相で振動するグループに分かれる場合がある。クラスター化という現象である」（同：230）と説明している。

たとえば、学校の新学期におけるクラスをとって考えてみよう。このクラスは一年生のクラスであり、すべての生徒は互いに初対面であると仮定しよう。この状態は完全な無秩序とはいえないが、それに近いと考えられる。なぜなら、このクラスのどの一人の生徒にとっても、他のどの生徒も知り合いではないので、生徒間の区別がないからである。すなわち、始まったばかりのこのクラスにはまだ差異がなく、したがって秩序が存在しない。それが無秩序であり、対称性と呼ばれる、パタンが存在しない状態である。もしも社会学的第二法則が妥当するなら、この状態が続くはずである。無秩序の状態はもっとも安定的であり、最大の確率に対応するからである。

しかしじっさいには、学期の時間が経つにしたがって、クラスには差異あるいはパタンが自発的に生まれ、秩序が生じるだろう。どの生徒も知り合いの生徒ができ、その中から何人かの友人ができるだろう。しかし、クラスのすべての生徒と等しい程度で友人になることはないだろう。これが差異化、非対称化、組織化、秩序化つまり形態形成であり、クラスター分化である。この過程は第Ⅰ編で対称性の自発的破れとして説明された過程であり、モーフォジェネシスの最初の過程である。重要なことは、この秩序化は自発的に生じるということである。なんらの規範もなく、コントロールもされずに生じるのである。こうして無秩序が破られる。この対称性の自発的破れが、社会場における秩序形成の出発点である。価値や規範は、この対称性の破れの結果としての社会秩序である。

クラスター化は社会場の秩序形成の基本的な過程である。全体的な社会場はジェンダー、階層、階級、人種、年齢あるいは地域などの思いのダイナミクスへと分化している。通常はこれらを社会集団と考えるが、社会場の理論では思いに焦点を当てて、分化した思いのダイナミクスと考える。会社も一つの場であり、それは職種、派閥などのダイナミクスへと分化している。社会学という学問もそれ自身一つの場であり、それは多様な専門、学派やスタイルへと分化する。分化したクラスターのそれぞれが場であり、固有のダイナミクスをもって運動する。

社会学では分化はしばしば機能分化として語られる。だが機能分化という考え方は、全体という「する」主体の自己保存のための統合という概念と密接な関係にあった。それに対して対称性の破れによるクラスター分化は、必ずしも機能分化であるとは限らない。クラスター分化は、異なった位相で振動するグループへの分化であり、自然の生態系の分化と同様である。自然の生態系は異なる種からなるが、個々の種は生態系という全体に対して機能的に貢献しているわけではない。むしろ種の相互作用の結果、特定の生態系というマクロパタンがなりたつのである。機能分化は、とりわけ組織という場に顕著な分化のパタンである。

社会場がクラスターへと分化することは、社会場の非エルゴード性による。社会場における可能な秩序の全体はあまりに広大である。そのすべての可能性を等しい確率で試し、実行することは不可能である。それゆえダイナミクスは狭い秩序空間に集中し、そこで相互作用の密度を高めるのでなければならない。ダイナミクスは思いの相互作用と創発によって運動するからである。それは生命という秩序が細胞という狭い領域においてなりたつのと同様である。機能分化は有意味だが、それが分化のすべてでも、基本形でもない。

細胞が「自己」を示すように、分化した社会場は時に自己の特性を示し、多かれ少なかれ、社会場の他の運動とは異なる自律性を示す。それは排他性であることもあり、集合体のように境界をもつこともある。こうして、全体的な社会場は、社会場の本質的な非エルゴード性の結果として、より小さな局所的な場へと分化する。たとえば人種、ジェンダー、宗教などの思いのダイナミクスは自己としての性質を示すことがある。自己は自明の出発点ではなく、非エルゴード空間において秩序を生成するダイナミクスを拡散から守り、均衡から離れた場所に維持する方法である。それゆえ出発点はダイナミクスであり、自己ではない。だがダイナミクスは時に自己としての性質を示す。

分化したダイナミクスの間の相互作用は、第I編で述べたように結合力学系の形成であり、それを共生成と呼んだ。社会場における形態形成の基本は、この共生成である。それは、異なる振動をもつダイナミクスが何らかのきっかけで相互作用を重ねると、それぞれの振動が同調し、互いの独立のダイナミクスを維持しつつ、大きく見れば一つの協働するダイナミクスを形成する過程である。それは共振や共鳴の現象である。言うまでもなく、社会場には競争もある。だがそれらもまた社会的なパタンにほかならず、共生成の一環である。すでに引用した文章で、統計学の竹内啓は、偶然が互いに打ち消しあい、ランダム性に帰着する加法的な偶然性に対して、逆に相互に強化するような乗法的なそれを強調した（竹内 2010: 134-135）。この場合には偶然の累積が特定の方向へと進む。これは複雑性科学の概念ではPFBに相当し、複雑性科学のもっとも本質的な概念である。

共生成はダイナミクス相互の関係であるというのは適切ではない。関係という概念は、その関係を結ぶ両者がそれぞれの独立性を保存しているという含意があると思われるからである。共生成における結合力学系では、異なるダイナミクスが同調して一個のダイナミクスを構成するから、それぞれのダイナミクスはもはや完全に独立ではない。しかし一個のダイナミクスに融解してしまうのでもないから、共生成と呼ばれる。第2章第1節で引用したメルロ＝ポンティとクロスリーが言わんとしたのは、この事情であると思われる。共生成において部分的なダイナミクスは統合されるとは限らない。たとえば自然の生態系は共生成だが、統合されているわけではない。それぞれの種は独自のダイナミクスで振動している。共生成もまた形態形成であり、生起する確率が低いから、社会的な秩序形成である。

注

(1) イギリスの社会学者アーチャーは、バックリーが示唆した「モーフォジェネシス」の用語を核心にすえて議論を展開している (Archer 1995)。しかし彼女が使用する「モーフォジェネシス」の概念の意味は構造形成であり、複雑性科学によるものではない。すでに述べたように、アーチャーの議論は個人と構造の双方にリアリティを認める、分析的二元論というものである。個人にとって構造は所与だが、個人の相互作用によって構造は変化する。この後者をモーフォジェネシスと呼んでいる。それゆえアーチャーのモーフォジェネシスの理論は本書の理論とは関係がない。

(2) パーカーは、行為と構造は互いに他方を前提するから、客観主義と主観主義の対立は克服されなければならないという点でギデンズとアーチャーは合致すると述べる (Parker 2000: 76)。だが行為が構造を生成し、構造が行為を制約するという構造化理論の言い方は、なんとなく納得させるかもしれないが、厳密に考えるとその説明が困難なものである。本書の理論では社会秩序のミクロ記述とマクロ記述は観点の相違であり、互いに前提することはない。

(3) 池上は、英語が動作主性を強調するのに対して日本語は動作主性を弱めたり、消し去ったりもするとし、日本語におけるこのための手段が動作主の場所化であるとし、「動作主はそこにおいて行為が生じる場所として表象される」と言う (1991: 314)。それゆえ個人を思いの場と考えることは、日本語における思考では異例のことではない。

(4) クロスリーは社会運動に関して磁場という比喩を使用し、「抗議の場とは単に内的な多様性をもつために場のようだというだけでなく、『磁場』の意味でもそうなのである。激しい活動が、創発した社会的空間の内部を循環し、引いたり押したり、引き込んだり反発したりする。それはデュルケム (1915, 1974) が言う『集合的沸騰』の発生的な次元、すなわち新しい社会形態を生み出す相互行為の『加速された』ダイナミクスに類似する。さらに、それに不可欠なのは共有された『ゲーム感覚』と集合的表象が創発することである」(Crossley 2002b: 675-676) と述べているが、それぞれの概念はその場限りの比喩になっている。

## 第3節　自己と他者

### 1　自己と他者

第Ⅱ編で述べたように、もし私が私の心の所有者や支配者でないならば、私とは何者なのだろうか。どうして、そもそも自己と他者の区別が存在するのだろうか。現実に社会において、人はしばしば我執に駆られているようにみえる。人は他者を必要とし求めつつ、しかし同時に、他者に生じた不幸はしょせんは「対岸の火事」でもある。社会場の概念では、個人とは社会場における要素ではなく部分であり、個人の心的場は社会場と同様に思いの波動が運動する場である。それゆえ個人の心的場は社会場の波動に不断にさらされており、社会場の波動がつねに流入する。それが個人は社会的存在であるということの意味である。もちろん、個人Aが取り入れる個人Bの思いは、変容されてはいる。Bが生み出した思いは、Bという個人の心の生態系の中で生み出されたものである。その思いは別の個人Aの心の生態系に入り込んだ時に、その生態系にすでに存在する思いと反応して別個の思いになるだろう。たとえばニーチェという個人の心に生まれた「ディオニュソス」という思いは、ニーチェの本を読んでこの言葉を知った二一世紀の読者の心における「ディオニュソス」と同一とはいえない。なんといってもキリスト教の敵対者ニーチェは牧師の息子であり、彼の心の生態系には、その当時まだ圧倒的な影響力をもっていたキリスト教の諸概念が生息していただろう。その中にあって、「ディオニュソス」は、孤独な革命兵士あるいはテロリストであっただろう。しかし二一世紀の読者は、この概念を権威ある古典の概念として知るのである。

そうはいっても、人は他者が書いた書物を読んで何ごとかを理解することもまた確かである。多少の変容は免れないにせよ、人は自己の利害には直接関係がない他者の思いを、自己の心に取り入れているのである。どの細胞も分子の化学反応の場であり、外部から取り入れた分子の反応のダイナミクスが細胞が生きることの本質であるのと同様に、どの心も思いの化学反応の場であり、その思いは内部でも創発するが外部からもやってくるのである。それが、個人が本を読んだり音楽を聴いたりニュースを読んだり人と話したりする理由である。心的場はダイナミクスだからつねに思いにチャージされなければならない。その思いはどこから来てもよいのである。しかし場としての心は、つねに思いの化学反応を維持しなければならないのだ。心の本質は自己ではなく、不断に思いを生み出す化学反応場である。思いが他者から来るといっても、同時に個人はその独自の思いのダイナミクスをもっている。それは次のように考えられる。出発点は無秩序である。社会場から無数の思いが流入してランダムに運動する場合、そこにはパタンがないから、それは無秩序であり対称的な状態である。そこに対称性の自発的な破れが生じてパタンが自発的に生じる。言いかえれば意味ある思いとそうでない思いの差異が、「好き」という運動によって生じ、「好き」の対象が密度ある相互作用を行ってアトラクタが形成される。このアトラクタが自己である。

それゆえ自己には二重の意味がある。一つは社会場における特定の部分としての自己であり、この意味では自己と他者は論理的に別の存在である。それは自己のアイデンティティに相当し、「私はどのような人間か」という問いへの答えである。次に「好き」のダイナミクスによって形成された心的場のダイナミクスもまた自己と呼ばれている。この後者の自己は、第Ⅱ編で述べたようにそれが成立する個人の存続や利益と必然的に結びつけられてはいない。すなわちこの自己はコミットメントの対象である。欲望もこの自己から生じてくるから、私の欲望はじつは私と必然的な関係がないのである。たとえば社会学が好きで仕方がない人は社会学への欲望をもっているわけだが、それは社会場にさらされるなかで「なる」という仕方で形成されたのであり、この個人は元来必然的に社会学への欲望をもっていたというわけではないのである。このように個人の欲望は社会場の部分であることに起因するのだが、それは社会化されるということとは異なっている。社会化というのは特定の思いのシステムを個人の心的場に入れ込むことだが、個人の欲望の形成はいま述べた自発的な形態形成によるからである。それはどの個人も同時代の社会を生き、歴史を生きることを意味している。しかも思いのダイナミクスはモーフォジェネシスという普遍的なダイナミクスの運動だから、個人は彼の心に創発したある思いにコミットするが、その思いは彼の自己保存と原理的には無関係である。だがモーフォジェネシスはつねに具体的な形態として現象するので、どの個人も他者と交換不可能な実存を生きるのである。

私はすでに第1章で倫理学者シジウィックの問いを引用した。それは、「何ゆえに私は私の幸福を他者のそれより優先しなければならないのか」という根源的な問いであった。個人の「私」というものが、無数の思いが社会場から流入して運動する場であるなら、私に生じた思いが、私ではなく他者の利益を目指すものであっても原理的には何の不思議もない。モーフォジェネシスという心の原理は「思い」を創造する力である。その思いは他者に生ずる思いであっても構わないのである。つまり、私は「思い」の形の創造へと動機づけられるのであり、その思いが私の思いであっても他者の思いであっても原理的には同じなのである。

それゆえ、他者が困った状態にあるとき、私にその人を助けようという思いが生じてきたとしても原理的には不思議はない。私が他者の心に幸福な思いを生み出すように動機づけられるとしても、不思議はないのである。そしてこのような事態は日常生活においてありふれている。自己を離散体的に理解する観点からは、こうした事態は一種の異常事態であり、利他主義と呼ばれている。こうした例外的な事態を説明するために、宗教やその他の要素が持ち出されてきた。しかし心的な力学が脱自の構造をもつという立場からは、この「利他性」は何ら例外的な事態ではないのである。あるいは、利他的ということでなくとも、私の発言や作品が他者の心に波動を生じれば、私はうれしいと思うだろう。私の心はモーフォジェネシスによって運動しているからである。すなわち心的なダイナミクスにおいて自己は本質ではないから、利他と利自の差異もまた本質的ではない。

すでに述べたように、個人は「いま・ここ」の現在性のみを生きているわけではない。個人の心の生態系には現在の知覚的な思いと同時に、過去の思い、未来への思いが同時に存在し、相互作用している。このように、心の生態系は時間性によって秩序づけられている。そして他者とは、個人の心の生態系における空間性であると考えることができる。他者とは私の過去と未来と同様に、「いま・ここ」の知覚的現在の超越である。私は私の過去と未来をいま現在思うのと同様に、私の他者を思うことができる。それは想像力の本質的な性質によるのである。すなわち、想像力は現在からの時間的超越であると同時に、私の自己からの空間的超越でもある。以前に映画の例を挙げたが、日常生活では自己が中心のようにみえる。しかし日常生活そのものをも映画のように考えることもできるだろう。この世界は映画であると見るのである。そして私はその一個の登場人物であり、他者もまた登場人物である。映画を見るとき、通常は主役にコミットし、感情移入するだろう。しかしそれは主役が一番身近に思えるからであり、観客は必ず主役にコミットしなければならないという必然性はないのである。だから脇役や敵役にコミットすることも可能である。その意味で、主役にコミットするのは必然ではなく偶然である。それと同様に、私が私の自己のみにコミットしなければならない必然性は存在しない。

すでに述べたモーフォジェネシスのテーゼの要点は二つある。第一に、複雑なダイナミクスの本質はその力学的性質であること、第二にこの性質はダイナミクスが安定状態に達すると潜在化する、ということである。他者という「外部」はこの第二の側面と関係している。金子邦彦は、「外からの影響が変化しないままで、ある要素が増えていくと、しだいに変化がない状態をもった要素へと移っていき、結局再帰性が高い増殖が増えて、可塑性は減少すると予想される」と述べ、これを「可塑性の減少則」と呼ぶ（2003: 130-131）。他者とはこの「外からの影響」であると考えることができる。すなわち、他者とは、私の心的ダイナミクスの本質である力学的性質を引き出し、私を可塑的に維持しうるような存在なのである。力学的な観点からは、自己準拠モデルでは自己は可塑性を喪失し、不活性化すると考えられる。

他者にそのような力が備わるのは、他者のほかならぬ他者性によっている。自己がなりたつのは、デタッチメントののちに非エルゴード空間の特定の領域へとアタッチメントを行うこと、まとめていえばコミットメントによる。コミットメントとは広大な世界のごく一部の領域のみを自己の関心の対象とすることである。それによって他の領域は関心から排除される。他者とはこの他の領域に住まい、そこからやってくるような存在である。他者は自己と異質な存在であり、コミットメントの彼岸である。だから自己と他者の間にさしあたって存在するのは緊張した状態であり、コンフリクトですらある。だが出会いという言葉はそのような異質な存在を知ることを意味している。人は見知らぬ他者と出会う機会にわくわくする気分を覚えるだろう。それはデタッチメントの感覚であり、旅に出る時の感覚と同じであるといえよう。旅とは見知らぬ場所へ向かうことだからである。人間が好き好んで自己にとって異質な場所へ旅をするのは、デタッチメントの力に動かされているのである。メルロ＝ポンティが「他者のパロールが私に語らせ、思考させるのは、それが私のうちに私とは別なもの、私が見ているもの…（中略）…に対するある隔たりを作り出し、こうして、私自身にそれを指示するからである」（Merleau-Ponty 1964=1989: 325）と述べているように、他者とは私という場に生じる異質性である。

心的場は機能的に統合された場ではなく、多数の声が棲みついて相互作用する場である。そのあるものは、はるかな過去における他者との相互作用の結果として私の心に棲みつき、いまだ振動を続けていることもあるだろう。たとえばフロイトのエディプス・コンプレックスの理論そのものは荒唐無稽だが、過去における他者の思いと私の思いの相互作用から私の現在の思いが創発するというアイデアは優れている。それによれば、私の現在におけるトラウマのようなある思いは、その起源を私の幼児期における家族との相互作用にもつというのである。現在の私の心的場の片隅に棲みついて声をあげる思いは、たとえば過去における私の両親の思いとの相互作用から創発し、その歴史をいまなお負っていることもある。そのようにして私は歴史をいま現在生きている。それゆえ精神療法はしばしばこの思いの進化史の遡及によって現在のトラウマのような思いの起源としての社会場を知り、あらたな相互作用へと導こうとする(1)。家族を構造、機能、制度などの概念で考えることも可能である。社会場の理論は家族を複数の個人の思いの化学反応と創発の磁場として理解する。それゆえ社会場において個人は「ホモ・クローザス」ではあり得ない。

## 2　コミュニケーションと波動性

共生成はクラスター相互の間で働くが、個人も固有のダイナミクスをもつ一つのクラスターと考えることができるから、個人間に働くと考えることができる。自己と他者の分離を成立させるモーフォジェネシスという同じ論理が、他者との協働をなりたたせる。自己がなりたつのは非エルゴード空間において形態形成の可能性を確保することだが、同時に他者との協働によっても形態形成が生じる。この場合重要なことは、個人は共生成へと自発的に動機づけられる、ということである。言いかえれば、社会場には協働による形態形成への動機づけが働いている、と見るのである。具体的にいえば、人は自分の理想、理念、スタイル、習慣や文化に合った社会場へと自発的に参加したいと思う、ということである。この場合、参加の動機づけは自発的なのだから、この関係から報酬を得るわけではない。むしろ、他者との協働のダイナミクスに参加すること自体が報酬になる。もちろん、どのようなダイナミクスでもいいというわけではない。分子が互いに自発的につながるように、人と人は自発的につながろうとする。言いかえれば、他者との関係そのものに価値があるのである。これはわれわれが日常的に経験する事実ではないだろうか。もちろん、それがうまく行く保証はどこにもないのではあるが。反対に、孤独とはもっとも恐るべき状態なのではないだろうか。私はここに、社会秩序の基層を見たいのである。それは先に述べたカウフマンが言う、「無償の秩序」にほかならない。これが個人の心、さらには社会場の自律性の概念である。自律性とは孤独な自己を維持することではない。心とは思いの化学反応場であり、他者との協働がより多彩な思いの化学反応の可能性を開くなら、心は協働を自発的に求めるのである。

社会理論は通常、社会秩序の形成を諸個人の間の互酬性すなわち相互利益にもとづいて説明する。それに対して共生成は、個人の心的場は本質的に反応場であり、たまたま別の心的場と相互作用すると自発的に反応し、自己の秩序を変形しその他者と相互作用するようになる、という過程である。交換関係や互酬性の場合はホモ・クローザスのように確固とした自我をもつ自己を想定するが、本書で考える自己は相手からの作用に反応する柔らかな反応場であり、それが共振して共生成の場を作り出す。共生成において、自己は他者に適応するのではなく、反応するのである。私が住まう世界は、つねにすでに他者によっても住まわれている世界である。他者が存在するということは、他者という位置がそこにチャージされた思いの場をなし、波動を生んでいるということである。重力場のある位置に質量が存在するとき、その位置の周囲の空間が歪む。同様に私は多くの他者の思いのチャージによって複雑に歪んだ空間としての世界に住まう。

個人の心的場は無数の思いの波動からなり、それは社会場という波動の連続体から切り離せない。たとえば海面はつねに波打っている。いま、海面全体の中の一部分Aにおいて海水の波動があるとしよう。だがこの波動はAという部分に固有の性質ではなく、海面全体という場におけるAという場の状態である。だからAの部分の海水を取り出して容器に入れれば、波動は消滅する。同様に、社会場という連続体から切り離されると、私という波動は消滅する。私の心的場の波動は、社会場の中において存在するのである。それゆえに人はつねに本を読み映画を見、他者と語ることで、自己の心的場を不断に社会場の波動にさらしているのである。共在という事実が、この関係の核心にある。竹内敏晴は、こう述べている。

「他人に呼びかける、という行動は、多く、孤立した自分が孤立した相手に、声という、いわばつぶてを投げつけることのようにイメージされている。しかし、このような行動は正確に相手にとどくことは少なく、多くの場合、声は手前に落ちたり、逸れたり、飛びこしてしまう。近づいていった声が止まってひっ返してゆくことさえある。呼びかける、という行動は、『共生態としてのからだ』から見れば、全く違う様相をあらわす。そもそも、この人に呼びかけたいと思うこと自体、その人のからだがこちらを招いているからこそひかれてゆくことなのだ。呼ばれるからこそ、応えて呼びかける。その時相手と自分とは孤立したものの対立ではない。すでに一つの波、動きに動かされひきつけられ同調しているのであって、自分と相手とは共に生き、間に距離はない。言いかえれば『呼びかける』とは相手との距たりがゼロになること、二人だけがあり、他の世界は消えてあること、である。このようにからだが動いているときのことを、わたしは、『わたしが真にわたしであるとき、わたしはすでにわたしではない』と言う」（竹内 2009: 105-106）。

これは、コミュニケーションにおいて他者の言葉が私の心的場に入り込み、相互の波動がうまく同調する時の記述であるといえよう。彼は「共生態としてのからだ」「ひびきあうからだ」という表現をしている（同：107）が、それはこうした波動的な関係を表していると考えられる。波動的な関係では、自己と他者のそれぞれの波動が相互に絡み合うから、自己と他者の境界はあいまいである。そもそも力学系に明確な境界を考えること自体が無意味である。

現代の社会場は広大であり、人は多数の他者との相互作用の中で生活している。多数の人と共生成することは不可能だから、その多くは機能的な関係である。機能的な関係とは思いのダイナミクスの運動が強く制限されている場合である。たとえば商店で物を買う場合である。機能的な関係はコミュニケーションによって支えられ、私の発話は他者に理解してもらう必要がある。それは私の発話の意味の理解である。だが共在としての共生成における理解は、いわば波動における理解であり、意味の理解とは異なっている。人は他者によって理解されたいと願う。この欲求は実存の根底から発するそれである。ホモ・クローザスの人間モデルでは、この欲求は理解できない。ここで他者によって理解されるというのは、私の発言の意味を理解する、ということではない。

それでは、理解とはどのような過程なのだろうか。それは、私という場における思いの波動が他者という場にも波及し、そこで新たな波動を生む、という事態である。このとき、私は波動体として実証されているのである。これは離散体的な存在者同士の互酬的な交換関係ではない。自己と他者の波動的な共振は、能動と受動という概念では記述できないものである。というのも、それは新たな波動の共生成だからである。能動／受動という区別そのものが離散体モデルを前提にしているのである。

良く理解されるということは、私の波動が他者の波動とうまくつながり同調し、運動として維持できるということであり、とりわけ、私の潜在的なダイナミクスが他者によって顕在化することである。海面のAという部分の波動は、それに隣接するBにおける波動と協働して初めて波動としてなりたつ。これは意味の理解とは別の、共在あるいは共生成、言いかえればダイナミクスの共振による理解である。Aという人が悲しんでいるとき、その人の友人Bはその人が悲しんでいるという事実を理解するだけでなく、その人が悲しいという事実を悲しむだろう。だがこの場合、悲しむべきことが生じたのはAの人生においてである。Bのふるまいは、Aの思いの波動がBに波及したということである。単にそれだけのことである。だがこのような共感者の存在は、自己の実存を支える。人は悲しみがあるとき、その悲しみという思いを理解されたいと切実に願うだろう。これは説明を要する、重要な問題である。私の悲しみが他者に理解されたからといって、その原因がなくなるわけではないからだ。

理解されることは慰められることであるとは限らないし、理解者がいるからといって悲しみがその分少なくなるわけでもないだろう。悲しみは、生の一部である。そうであれば、私が悲しみを持つ時に、私がその悲しみを十分に生き生きと生きること、言いかえれば悲しみの波動が生起すること、いわば悲しみのモーフォジェネシスが達成されることが必要なのである。そのとき、私の生が生き生きと運動する。それはいわば、自在な悲しみとでもいえるだろう。生き生きとした悲しみとは矛盾するようだが、しかしそうではない。悲しみはない方がよいが、しかし時として訪れてくる。それは生き生きと運動し、減衰していくことが必要である。それは他者に私の悲しみがシェアされることによって可能となる。私の悲しみの波動が他者の心的場に達し、そこでも悲しみの波動が生まれ、やがて減衰していく。それによって私の悲しみが波動としてなりたつのである。それゆえに理解とは、他者の波動によって私の波動が支えられ、活性化され、生かされることである。それを可能にするのが他者による反応であり共振なのである。このようなことがあるのは、個人は存在ではなく波動だからである。

個人をホモ・クローザス、独立した離散体としてみる観点では、自己と他者は明確に異なり、区別可能な存在である。ここから、私の純粋性という仮説が生じてくる。哲学の分野では、他者問題の典型的な事例は、「他者の痛み」として語られている。私の痛みは、私にとって完璧に明瞭であり疑問の余地がない。それに対して、他者の痛みは私にとって理解可能ではない。私が他者の痛みを想像するとしても、それは私の痛みの経験にもとづく想像でしかない。私は私の痛みを知覚できるが、私が他者の痛みを知覚によって知ることは原理的に不可能である。こうして、私と他者は絶対的な壁によって隔てられている。そうであるにもかかわらず、日常生活において私は他者の痛みを容易に理解しているようにみえる。これはどうしてなのだろうか？という問いである。

だが、この問題設定はあまり建設的だとは思えない。痛みとは知覚である。何度も指摘したように、人間の心にとって知覚は比較的些末な出来事である。さらに、知覚という事例は離散体的な人間像と親和的である。知覚、たとえば痛みは私にとって完全に明らかである。私に痛みがあるが私は気づかないということは原理的にあり得ない。私が痛くないなら、私に痛みは存在しないのである。他方、他者が私の痛みそのものを知覚することは、これまた原理的にあり得ない。こうして知覚という例は、私は私にとって完全に明証的であるという合理的人間像に適合する。だが知覚は人間の知性の一部でしかない。波動的な理解において、私の悲しみは厳密に正確に他者に理解されるわけではあり得ないが、波動的な理解とはこのような離散体の間の関係ではないのである。

日本語の「映える」という言葉の意味は、他者が自己の潜在化したダイナミクスを引き出す様相と関係しているように思われる。岩波古語辞典によれば、「映える（栄える）」とは「他から光や力を受けて、そのものが本来持つ美しさ・立派さがはっきりと現れる」「他のものの存在によって（かえって）勢いを得る」とされる。人が映えるためには、その力を引き出す存在が必要なのである。だが他者とのこの関係は必ずしも調和に満ちたものを意味してはいない。競争や闘争さえも、この「映える」関係でありうる。

たとえばスポーツを考えてみよう。スポーツは競争であり、他者に打ち勝つことを目的としている。それゆえにスポーツは人間のエゴイズムがもっとも明瞭に顕現する場面であるともいえるだろう。だがそれだけなら、どうして多くの人はスポーツに惹かれるのだろうか。スポーツを観戦するほとんどの観衆にとって、競技する選手は赤の他人だろう。そのような他人が勝利して名誉を得ようが金銭を得ようが、観客にはなんの関わりもないではないか。仮にあるボクサーがいるとして、彼は長年の練習の結果、最高の右ストレートを会得したとしよう。だが彼の対戦相手が小学生なら、彼の必殺の武器は無意味になってしまう。弱い相手ならジャブで十分だからである。それゆえに、長年の血のにじむ努力の成果を顕在化して「映える」ものとしてくれるのは、彼と同じ程度に強いボクサーである。この強いボクサーだけが、彼の右ストレートを可能にし、生かすことができる。つまり最強のボクサーは、その最強の技術を、同程度に強い他者によってのみ引き出されるのである。

この意味で、たとえば宮本武蔵は佐々木小次郎を必要としているのである。武蔵と小次郎の戦いは生死をかけたそれであり、エゴイズムの戦いでもある。しかし同時にそれは、互いに相手の潜在的なダイナミクスを引き出すことであり、この意味で異なる力学系の共生成であり、モーフォジェネシスなのである。最強の二人が戦うことで、最強のモーフォジェネシスが顕現する。観衆が見たいのはそのようなモーフォジェネシスにほかならないといえるだろう。そうだとすれば、相戦う二人は同時に協働してもいるのである。スポーツは競争であると同時にモーフォジェネシス的な協働なのである。すなわち武蔵は小次郎と闘う時に武蔵となることができるのである。

## 3　歴史と預言

通常、歴史記述は諸個人に照準して行われる。だがそれでは歴史の過程はよく見えなくなってしまう。それは個人という概念が点記述の主語であるために、誤りではないがダイナミクスに焦点を当てていないからである。たとえば幕末期の日本は、あたかも生物進化における「カンブリア爆発」のように、多様な思いが爆発的に創発し進化した時期であった。少し前までは誰もが想像さえしなかった「討幕」という思いが創発した。それは幕末期の日本という社会場における思いの相互作用と進化から創発したのである。だがその思いはいずれかの個人において創発しなければならず、その個人によって語られなければならない。それは誰でもよいともいえるのである。この意味で、個人とは思いの場であり、思いの容器である。幕末を生きる青年たちの心的場に、武士道、水戸学、国学、神道、開国の要求などの理念的思いが降り注ぎ、思いの化学反応と磁場を生じた。この過程でたとえば討幕という思いが、どれかの個人の心に生じる。それは同時に、その個人が生きる幕末の社会に生じたと言えるのである。討幕という思いの創発から、これまた誰もが想像さえしなかった「廃藩置県」と「秩禄処分」という思いの創発、いわゆる「武士の自殺」の過程は、社会場における思いのダイナミクスとして考えて初めて了解可能であり、それぞれの個人に準拠したのではとうてい理解できない。明治維新とは無名の青年が「坂本龍馬」や「吉田松陰」になる過程である。

思想、哲学、神学などは、通例特定の個人と関係づけられる。確かに、特定の個人が著作を書き、その中にそれらの思想が見出される。だから「エドムント・フッサール」という個人が現象学という思想を案出したというのは正しい点記述である。しかし同時に、思想は、社会場における無数の思いの相互作用のダイナミクスから湧き上がり創発する。フッサールの超越論的現象学は西欧哲学史における啓蒙のダイナミクスという運動の必然的な帰結というべき思想である。ならば、それは西欧の思想の歴史においていつかは到来しなければならなかった思いである。それは誰かの心において創発しなければならず、それがたまたまフッサールであったということができるだろう。すなわち、ある青年が、われわれが知るあの「フッサール」になったのである。そして啓蒙の限界を告げる思いが別の青年に創発し、その人がニーチェとなったのである。

偉大な神学者が書き遺した神学にしても、当時とそれ以前の多くの諸個人の無数の思いの協働による結晶化である。この意味で、時代を画するような偉大な思想は、無数の人びとの暗黙の協働作業の結果なのであり、それが特定の個人の心に受胎され発現されるのである。偉大な思想家とは、無数の人びとの思いから創発する思いを受胎する、空虚な容器である。アップルの創業者、故スティーブ・ジョブズは二〇〇四年に、彼にとってヒーローであったボブ・ディランと会った。その時のことを彼はこう回想する。

「私とディランは彼の部屋の外のテラスで二時間話した。私は本当に不安だった。というのは、彼は私のヒーローの一人だったからだ。そしてまた、私は彼がもはや以前のようには利発ではなく、多くの人がそうなるように、自分自身の戯画になってしまっているのではないかと恐れていた。しかし彼はカミソリのように切れる男だった。

彼は私が望んだ通りの人だった。彼は実に開放的で正直だった。彼は彼の人生と音楽の創作について語った。彼はこう言った。『それらの音楽は私を通って到来したのです They just came through me. 私が努力して創作したわけではない。そのようなことはもはや起こらない。私はそのようなやり方ではもはや曲を書くことができないのです』。そして彼は一瞬黙り、がらがらした声で少し微笑んでこう続けた。『でもまだそれらの曲を歌うことはできるんだ』」(Isaacson 2011: 415-416)。

ジョブズが会ったのは誰なのだろう。点記述では明らかに、ボブ・ディランという人物である。だがジョブズにとってヒーローであったのは、一九六〇年代のあのディランだろう。しかし場記述では心的ダイナミクスはつねに変化するから、二〇〇四年におけるディランは六〇年代のディランとはほとんど別人というべきだろう。ジョブズが言うように、ある時点での英雄はその後の場の変化によって、しばしば凡庸な人間になってしまう。それが、ジョブズが恐れていたことである。

ジョブズは肯定的に述べているが、果たしてディランはかつてのような曲を書くことができないのだった。六〇年代に彼が書き歌った曲は、彼を通って到来したのだ、とディランは言う。どこからそれは来たのだろうか。それは六〇年代という社会場の思いの磁場からだろう。そのダイナミクスが失われた現在では、ディランはそのような曲を書くことができないのである。つまりは六〇年代のディランは六〇年代という時代の戦争と革命の社会場のダイナミクスにおける思いの化学反応を受胎し楽曲へと形態形成した存在だったのである。二〇〇四年のディランは、でもまだ歌うことはできる、と述べた。確かに、同じ歌を歌うことはできるだろう。しかしその同じ歌を一九六〇年代に聞く場合と、現在聞く場合ではその「同じ」歌が与える思いはまったく異なるだろう。つまり、それはもはやほとんど同じ歌ではないのである。なぜなら、歌を聴く場合、それは歌手の声と聴き手の心的場に存在する声の化学反応としてのいわば合唱だが、現在の聴き手の心的場には六〇年代の聴き手の心的場に生息していた危険な声たちはすでに存在しないだろうからである。

ロックバンドのブラディ・バレンタインのケヴィン・シールズ Kevin Shields は、次のように述べている。

「ぼくたちは時代より明らかに少し先にいたと思う。つまり、どのみち生まれようとしているものと同期していたという意味でね。この生まれようとしていたものは、ぼくたちに影響されたというのではなくて、そのエネルギーはどのみち生まれつつあったし、ぼくたちはその最初の子犬たちの一匹だったわけだ。そのエネルギーがぼくたちから生まれたのかどうかわからないけれど、でもそれはぼくたちを通ってやってきたんだ It came through us. しかしともかくもそれは生まれようとしていたんだ」(2)。

「どのみち生まれようとしているものと同期していた」ということこそが本書の主題にほかならない。時代も環境も異にする二人の音楽家が、奇しくも「それは私を通って到来した」という同じ言葉を使っている。時に、音楽は自己表現であるといわれる。しかしどのような偉大な人間であっても、その「自己」などは歴史の巨大な運動に比べれば卑小なものだろう。大きな創造をする個人は、むしろ社会場の運動に言葉や音楽の形を与えることでそれを顕在化させる容器である。彼らはその時代の社会場の波動にもっとも強くチャージされた人であり、それゆえにこの波動に言葉や音楽の形を与えたのである。こうして、社会場のダイナミクスは、特定の個人においてもっとも鮮明に顕現することがありうる。歴史の登場人物とはそのような個人であろう。

かつて古代ユダヤ教には預言者という概念が存在した。預言者とは未来を予測する人物ではなく、神の言葉を預かるとされる人物である。この言葉を借りて、ある時代の社会場の運動をもっとも先鋭的で明確な形で受胎し、言葉などへと変形する人物を預言者と呼ぶことにしよう。預言者とは時代の思いを預かる個人である。維新の志士は一八六〇年代の社会場の運動の預言者たちであり、ボブ・ディランは一九六〇年代の革命の時代の預言者の一人であり、ポスト構造主義者たちはポストモダンの預言者なのである。

詩人のポール・ヴァレリーは『カイエ』の中でこう語る。

「理想、それはおそらくこういう状態だ。ひとつの原理、ひとつの理念、明晰にして澄明な精神により高く評価された掟、次いで、いろいろ人びとに理解されることから、他人に意識されはじめ、存在をつかみとり―行動すること、あるいは何ごとかを生産することがすこしずつ可能になり、ついにはいわば受肉作用によるかのようにして、適用、行為、作品を産みだしてゆく。こういう経過をへて、何年ものあいだ欲していながら自分にとっては《不可能》と見なしてきたものと、ついになってしまう、あるいはついにそれを行なってしまう。ある一日が訪れる。ひとつの認識が生存可能なものとなる」(Valéry 1973=1980: 561)。

預言者がみずからが生きる時代の思いを預かり、それに言葉や音楽の形を与え、それによって人びとがさらにチャージされる過程は、ヴァレリーの言葉を借りれば、受肉の過程であるといえるだろう。ある一日が訪れる。討幕、反抗とロック、ポストモダンとニヒリズムという認識が、生存可能なものとなる。

社会場の大きなダイナミクスを浴びて思いをチャージされたとき、その思いは彼らの私的所有ではあり得ない。書物や音楽、あるいは言説は、確かにその作者という個人が生み出すことに間違いはない。だが同時にそれは時代の磁場が生み出すものでもある。だからこそそれらの言葉や音楽は多くの人と共振することができる。こうして、社会場の概念からすると、個人は社会場における思いのダイナミクスが顕現する場における部分なのである。だがそれは個人が社会にコントロールされることを意味しない。社会秩序のマクロの運動は、ミクロにみれば個人の個々の生なのである。

最後に、これまで述べた概念の観察可能性について述べよう。かつて社会科学が自然科学を理想としていた時代には、社会科学も自然科学と同様の客観性をもつ実証科学となるべきだ、という理念が存在した。だが自然科学と異なり、社会科学は人間の営みについての学問であり、それは原理的に人間の心的現象と関係する。意思、動機、感情などの心的現象は直接に観察可能ではない。この点に関して、自然科学のような客観性を追求する方向と、それを断念して心的なリアリティを追求する方向が分かれたといえよう。前者の典型的な例は行動主義の心理学であり、それは認知心理学へと発展し、脳科学や生理学に接近している。それはそれで意味のある成果を上げているが、しかしほとんどの社会学者が関心をもつような意味、理念、感情などの思い、さらには資本主義、モダニティ、グローバル化などの社会現象を認知心理学的に理解するのは困難あるいは不可能だろう。後者の例はたとえば精神分析や解釈学である。そこで使用されている概念は観察可能性がほとんど存在しない。

本書の前提では、社会秩序は間主観的に「思われる」ことによってなりたつ。それゆえ社会秩序は直接に知覚可能ではなく、思考のみによってアクセスすることができる。たとえば会社の会議を考えてみよう。会議というものは直接に観察可能ではない。直接に観察可能なのは、ある部屋にいる数人の個人の身体であり、その人びとの会話である。それが会議であるというのは、観察者の解釈である。規範、組織、共同体、家族、これら社会学の根本概念はどれも観察可能ではなく、思考可能な対象であり、解釈に依存している。「プロテスタンティズムの倫理」というものも、ウェーバーの解釈によって記述されている。それは様々な言説から構成された概念である。それでは言説は客観的で実証可能なものだろうか。だが言説も直接的には記号列であり、それを研究者が言説であると解釈するわけである。それゆえ、言説は価値より客観的であるわけではない。

だからといって、どのような社会秩序がなりたっているかを恣意的に解釈して構成できるわけでもない。多くの事例がある解釈によって理解可能となるなら、その解釈は当面妥当性があると判断されるだろう。明確な反証が挙げられると、その解釈の妥当性が疑問に付される。本書で使用する概念で、たとえば超臨界の概念は直接観察可能ではない。だが何らかの指標によってそれを判断することは不可能ではない。この判断の妥当性についての信憑は、数多くの事例の中で反証例を多く見出さない限りにおいて維持されるだろう。

現在の日本社会における人口減少などは客観的な数字で表現できる。そこで問題は、社会学の対象をそのような直接に観察可能な対象に限定するか否か、という問題になる。もしそれに限定するべきだということになると、解釈を経由しないと到達できない対象のすべてを放棄することになる。たとえば人口減少という事実が客観的に示されたとしても、社会学的思考はそれではとうてい満足できず、その原因を問うことになるだろう。その原因は人びとの思いと関係しないわけにはいかない。もしこの問いを断念するべきだということなら、社会学という学問の存在意義そのものが問われるのではないだろうか。それゆえいかなる社会学理論も、解釈の上になりたつものである。

注

（1）個人の心的ダイナミクスは社会場のダイナミクスに巻き込まれているから、自己に創発した思いがどこから来たのかを知っているとは限らない。ガーゲンは自己ではなく自己についての語りを研究の対象とするべきであるというが（Gergen 1994）、自己についての語りはその自己のダイナミクスを正確に記述しているとは限らない。

（2）http://thequietus.com/articles/08745-kevin-shields-interview-mbv-my-bloody-valentine

# 第7章　社会秩序のダイナミクス

## 第1節　社会場と権力

### 1　権力の概念

この章では、前章で示された社会場の概念をさらに具体化して説明する。この第1節では権力の概念を考察する。社会場は力 force の場であり、それは社会学の根本概念の一つである権力 power の概念と関係する(1)。社会学では権力の概念はしばしば「する」主体による力の行使を含意し、支配の概念と関係づけられている。たとえばギデンズは、「権力は、エージェントがこれらの『手段』を構成するための資源を動員する能力を意味する。このもっとも一般的な意味において、『権力』は人間の行為の変換能力を指示する」（Giddens 1993: 116-117）と言うが、これは「する」主体の能力である。本書ではより広い視野から力の概念について考察する。社会場の理論では、力 force とは思いのダイナミクスの力、すなわち思い（動機、感情など）を生み出す能力である。社会場の理論では、右に述べた支配の力は社会場の生態系と関係する。詳しくは後述するが、社会場には通常複数の思いのダイナミクスが運動する。それらのダイナミクスが相互作用する時に競合や競争、あるいはコンフリクトが生じうる。その場合に自己のダイナミクスを貫徹し、他のダイナミクスの力を弱める力が社会学で通常用いられている権力の概念に相当する。この競争的な関係はその相互作用の過程で安定性を獲得し、共生成の状態に落ち着くこともある。

組織や国家のような場では力が限定され、正統性をもつ力のみが行使可能となる。このような場において力がランダムに創発すると場の運動が攪乱されてしまうからである。社会学における権力の概念は、ほとんどの場合このような力を意味していると思われる。しかしこの概念ではうまく表現できない力もある。たとえば社会学の主要なテーマであるジェンダーや人種、民族の差別の場合、そこに働く力は必ずしも組織化され制度化されたものではなく、暗黙の裡に働く力である。フーコーの権力の概念はおそらくこのような力に照準している。彼は言う。

「権力という語によって私が表そうとするのは、特定の国家内部において市民の帰属・服従を保証する制度と機関の総体としての『権力』のことではない。私の言う権力とは、また、暴力に対立して規則の形をとる隷属の仕方でもない。更にそれは、一つの構成分子あるいは集団によって他に及ぼされ、その作用が次々と分岐して社会体全体を貫くものとなるような、そういう全般的な支配の体制でもない。…（中略）…権力という語によってまず理解すべきだと思われるのは、無数の力関係であり、それらが行使される領域に内在的で、かつそれらの組織の構成要素であるようなものだ」(Foucault 1976=1986: 119)。

彼が考える権力の特質は、要約すれば以下のようである（同：121-124）。

1. 権力は所有や譲渡の対象ではない。それは無数の点を出発点として、不平等かつ可動的なゲームの中で行使される。
2. 権力は様々な社会関係に内在し、社会関係を生み出す作用を果たす。
3. 権力は支配・被支配の二項関係ではなく、あらゆる社会関係の内部で働く力関係であり、いわば下から来るものである。
4. 権力は計算に貫かれた目的的なものであるが、特定の個人が意図するものではない。

5. 権力には外部がない。人間は必然的に権力の内部に存在する。権力から逃れることは不可能である。

彼の説明は比喩に富み、わかりにくいものである。だが彼が示す具体的な権力の例から、彼の意図するところがうかがわれる。近代の初頭には、彼がディシプリンと呼ぶ権力が誕生した（Foucault 1975=1977）。たとえば中世の兵士の身体は目立つことが重要であった。それはその身体が勇気と名誉の象徴だったからである。それに対して近代の兵士の身体は画一化された制服をまとっている。身体が象徴から機械へと変容したのである。身体に作用してこのような変化を引き起こすのが、フーコーが言うディシプリンの権力である。この説明は重要であり理解しやすい。確かに身体の変容は、政治権力が意図的に考えて引き起こすようなものではなく、より広範なレベルで働く。国家権力のような政治権力がいわば上からのマクロな権力であるとすれば、フーコーが考える権力は下から働く、ミクロの微視的な権力である。フーコーによれば、それぞれの時代の知は、この微視的な権力と密接な関係がある。また知と権力はそれを語る言説を生み出す。言説は人を、語る主体へと強制する権力でもある。

最初に述べた社会学的な権力は支配・被支配の関係において働くのであり、支配者が誰であるかは明確である。それに対してフーコーの権力の概念は、言説を介して働く。この点に彼の権力の概念の斬新さがある。とはいえ、彼の権力の概念は理論的に整備されていないので、つねに比喩的である。彼の権力の概念は、思いのダイナミクスに位置づけることで、より適切な表現を与えることができると思われる。もし個人の心が「われ思う」というデカルト的な形で定式化できるなら、私が私の心の単独の支配者なのであり、そうなると権力は「私」に対して外部から作用を及ぼすほかはあり得ない。つまり権力は「私」を経由して心を動機づけることになる。しかし社会において何らかの力が存在し、それは言説あるいはコミュニケーションを介して「思い」に対して働くように思われる。

フーコーが考える権力とは、このように個人に対してというよりは、より直接に「思い」のレベルで働く力であると考えられる。私の考えでは、このような力は思いのダイナミクスの一部である。フーコーの権力概念は、主体ではなく思いに作用する力の発見として重要なものである。フーコーが考える力の概念は、思いのダイナミクスの運動そのものに関わると思われる。支配を焦点とした社会学的な力の概念は、思いのダイナミクス相互の相互作用に関わっている。それは適切だが、それとは別にダイナミクスそのものに内在する力の検討が必要である。そのような力とは、これまで述べたＰＦＢ、ＮＦＢおよびデタッチメントの力である。以下ではそれらについて説明しよう。

## 2　ポジティヴ・フィードバックの力

本書では権力を社会的なダイナミクスの観点から考察する。社会場における力は社会場という、いわば力の磁場から立ち上ってくる。そのメカニズムは、並列分散処理である。それはミクロレベルのエージェントの相互作用からマクロ秩序が創発することである。本書で考えているミクロのエージェントは個人ではなく思いである。社会場における無数の思いの相互作用から、思いのダイナミクスを特定の方向に強制するような力が生み出されるのである。並列分散処理の過程は直列処理と異なり、その過程をコントロールする主体は存在しない。それは中枢なき過程である。並列分散処理のモデルは、社会場における力が普通の人びとによって、ほとんどの場合意識されずに行使されるという事情を記述するのに適切であると考えられる。大統領や総理大臣ですら、厳密には人びとの思いから創発した力を体現しているのである。

これまでの論述では、社会秩序の生成と維持に関して異なる種類の力が区別された。それらはすべてモーフォジェネシスの一環である。本書の理論は社会場の非エルゴード性の仮説に立脚している。この性質のために社会場が未来において向かうべき方向性は合理的に決定できない。特定の方向性が何らかのゆらぎにもとづいて選ばれ、いったん選択された後はそれが増幅・強化される(2)。社会場のダイナミクスはどの方向に進んでもよいのだが、とにかくどれかの方向を選ばなければならない。それは合理的に決められないのだから、「なる」という、いわばなりゆきで進むしかないのである。この、非エルゴード空間における特定の場所へ向かう流れの強化と増幅がポジティヴ・フィードバック、すなわちコミットメントの過程である。この流れは、社会場における思いを引き寄せる、強制力として作用する。いったん流れが形成されると、有無をいわさず一気に奔流となって突き進む。抵抗は破壊される。これがPFBの力である。コミットメントは自発的な過程だが、その基礎にあるのは特定の方向を強化し強制する力である。PFBの対象の決定には、すでに述べたゆらぎ、すなわち偶然性が大きな役割を果たす。無数に発生するゆらぎのあるものがたまたま選択され、増幅され強化される。それがダイナミクスの方向性を決めるのである。それはいわば、出たとこ勝負のなりゆきの旅である。最初は微かなゆらぎであったものが、偶然性の乗法的な強化によって一挙に大きな流れとなり、抵抗する者を流し去って進む。この過程はカスケード（滝）と呼ばれる。ゆらぎの増幅がある閾値を超えるとロック・インがかかり、元の位置に戻ることは不可能になる。これが不可逆性である。それは場の自己運動であり自己展開である。この過程は権力中枢によって制御される過程ではない。それはミクロのエージェントの並列分散的な相互作用が生み出す過程である。それは不確定な未来に向けた流れに、みんなが乗るという状態である。

フリグスタインとマカダムは、「多様で異なる選好をもつ行為者たちがある方向へ動き出すと、この運動はそれ自身の生命を獲得する take on a life of its own」（Fligstein and McAdam 2012: 52）と述べているが、ここでいわれている「運動それ自身の生命」という比喩を明示的に表現するのがPFBの概念である。ガーゲンは家庭内暴力について、「夫も妻も身体的暴力を望まないだろうが、そのパタン（シナリオ）がいったん始まると、その規範的な結末―身体的虐待―へと向かう以外は選択の余地がほとんどないと、その人びとは感じるだろう」（Gergen 1994: 225）という。これもPFBの力である。かつてのアメリカ合衆国大統領のアブラハム・リンカーンは手紙の中で奴隷解放について、「私はこの話を私自身の聡明さを称賛するためにしているのではありません。私は出来事をコントロールしなかったと断言します。そうではなく、出来事が私をコントロールしたのだと率直に認めます」（Basler 1953: 282）と述べている。これもPFBの奔流の表現といえるだろう。PFBの力が発現し、特定の方向へのカスケードが生じると、その方向に賛同しない人にとっては抵抗できない力と感じられるだろう。だが多くの人びとはこの力に動機づけられて進む。

PFBは社会場の運動の流れを変えることだから、社会変動と関わっている。社会学者にして、かつてのニュー・レフトの闘将であったトッド・ギトリンは、一九六〇年代を「六〇年代には大文字の歴史 History が地上に降臨し、生とぶつかり合い、生を可能なものとしたこと、そしてその歴史の内部において、またそれに編み込まれて、人びとは自分自身以上であり、スーパーチャージされていたことはとりわけ真実であると思われる。様々な生が互いに結びつけられ、互いに主張し、共通のプロジェクトへと駆り立て合っていた」(Gitlin 1987: 7) と述べている。これはまさにＰＦＢの状態の表現である。彼は「六〇年代末の幻覚のようなめまい」(*ibid.*: 4) について述べているが、それは言いかえれば「他の可能性」の一切を遮断して、想像された未来の一点へと突き進むＰＦＢの奔流が与えるめまいの感覚である。彼が言う、人びとが降臨した大文字の歴史にスーパーチャージされていたというのが、ＰＦＢの奔流の感覚である。

人びとが、突如出現した大きな奔流に自発的に巻き込まれてゆく。これは明らかな力の体験だが、支配や権力という概念は適切にこの事情を表現しない。また、規則、ハビトゥス、戦略、フレイム、資本、スキルなどの概念でうまく表現することはできないだろう。力学的場の理論では、これを思いのダイナミクスが臨界状態へとチャージされた状態として記述する。この状態は、規則やハビトゥスのような構造的な概念では理解できず、運動的な力学的概念が必要なのである。化学反応や磁場の概念は、ギトリンの言葉を容易に理解可能にする。まさにそれは無数の化学反応が生じる磁場である。日本の歴史では、一八五〇年代の幕末期、一九三〇年代の昭和維新の時期、一九六〇年代の革命運動の時期などに「大文字の歴史」が降臨したといえるだろう。一九六〇年代の反抗と革命の時代が終わり、七〇年代から消費社会が一気に立ち上がる。六〇年代と同様に、七〇年代のこの流れも強制的な流れであり、過去の革命家は、一瞬のうちに化石とみなされてしまった。ＰＦＢの過程は、社会場の運動の中心的な過程である。それは本質的に非合理的な流れである。それは目標の達成可能性が不確実なのに、みんなで行ってしまうという、ある意味で恐ろしい歴史的過程を可能にする強制力である。だがＰＦＢは大文字の歴史のような大規模な社会変動のみに見られるものではない。それは新たな社会秩序の形成の基本的な様式である。

## 3　ネガティヴ・フィードバックの力

すでに述べたように、構造というマクロの要素が個人というミクロの要素と相互作用しそれを制約するというのは背理である。役割や規則が個人に直接作用するという事態は考えられない。作用するのは力であり、それゆえ社会場の秩序は思いの間に働く力にもとづくのである。社会場の理論では構造概念に代えてアトラクタの概念を用いる(3)。PFBによって発生した流れは、安定状態に到達する。それがアトラクタである。アトラクタはこれまでの社会学における構造、制度あるいはシステムの概念と関係している。さしあたってこれらを構造概念で一括しよう。社会学において合意された構造概念があるわけではなく、多様な定義が存在している。構造は個人と対照されるマクロ状態であり、しかも反復的な安定状態であると考えてよいだろう。たとえばギデンズは構造とは再帰的に組織化された規則と資源の集合であるとする（Giddens 1984）。このように構造を何らかの規則によって定義するのが社会学における通常のやり方だろう。だが、社会場は機械とは異なっている。機械はプログラムという規則によって作動し、そのふるまいは規則によって一義的に決定されている。それゆえ機械においては計算可能性がなりたつ。しかし社会場には規則があるとはいっても、社会場のふるまいは機械のような規則的なものではなく、運動的なものである。それゆえに構造は機械的な規則としてではなく、力学的に考えた方がよい。それがアトラクタの概念である。もちろん部分的には手続きのように機械的な規則も有意味に存在するが、それは社会学の大きなテーマとはいえないだろう。

アトラクタのイメージは窪地でありベイスン basin と呼ばれる。その中をダイナミクスが運動するのである。ダイナミクスであるから静止しておらずつねに運動するのだが、どのような運動も窪地へと引き込まれる。これがアトラクタによる引き込み attraction である。引き込むからアトラクタと呼ばれるのである。

第2章ではアトラクタの説明として自転車に乗れることを示した。自転車に乗れることに構造があるとは考えにくい。自転車に乗れることのダイナミクスは、「すべての動作の集合」を「可・不可」の二元集合に写像することであるといえる。この場合、「可」に写像される要素が自転車に乗れる動作である。構造も同じ論理で考えることができる。構造とは、それに従う思いと従わない思いの差異を生み出すことであると考えられる。それは、「すべての思い（あるいはその結果としての行為）の集合」を、構造観点から「可・不可」の二つの元からなる集合に写像することであるといえる。この場合、「可」に写像される要素が構造に従う行為である。構造がアトラクタであるとは、構造は場において創発するすべての思いを「可」の部分集合へと引き込む力であると考えられる。自転車に乗ることを「構造」と呼ばないのは、自転車に乗るということを支えるダイナミクスが複雑だからだろう。

このことからすると逆に、構造や制度の概念は不当な単純化ではないかと思えてくる。むしろアトラクタ概念によって動的に理解した方がよい。たとえば家族の構造が核家族や拡大家族であるという表現はあまりに単純ではないだろうか。家族という場のじっさいのあり方は、自転車に乗ることと同様のダイナミクスなのである。じっさいには家族も学校も企業も、規則で動くというよりその場に慣れて習熟するのである。自転車に乗ることと同様に、最初はふらついたりするが、徐々に慣れていくのである。また、同様に無数の異なる場面がありそれに対処しなければならない。家族や学校などの場のダイナミクスを獲得すると、この対処がうまくできるようになる。そしてこの過程は規則や構造や制度によるというよりは、「なる」という形で固有のダイナミクスが出現することなのである。それゆえに構造や制度というおおざっぱな概念よりも、アトラクタという運動に関する概念の方が無数のゆらぎと変化に満ちた社会秩序をうまく記述すると思われる。

アトラクタにおいて、ダイナミクスは不断に運動し振動しつつも、その軌道はある領域から外へは出ない。この意味で安定状態を維持するのであり、それはアタッチメントの力である。それは社会的な慣性であるといえよう。ネガティヴ・フィードバックはダイナミクスをアトラクタへと引き戻す力であり、安定性を維持する力である。この力は組織や家族のような集合体では明らかだが、思想や言説においてもある一定の期間には同一の思いのスタイルが支配する。ポストモダンの思想が流行の時には、ポストモダン的な思いが力を得、説得力を獲得し、言説はポストモダンのスタイルへと引き込まれる。モードでは、流行のスタイルはほとんど強制力をもつといえよう。思想や言説、あるいはモードのスタイルには「権力」という用語は似合わないが、「力」という用語なら適切にその強制力を表現できるだろう。組織では地位や役割へと機能的に分化している。だが役割というものもプログラムのようにすべてを決定するものではない。たとえば教師といってもそこには多様性が許容される。役割を、思いをある範囲へと引き込む力と考える方がよい。

ダイナミクスはつねに多くのゆらぎを発生する。ゆらぎによってはダイナミクスをアトラクタから外に出してしまうものもありうる。それゆえにNFBはゆらぎを抑制しノイズを消去する力であり、社会場の自己維持のダイナミクスである。たとえば、自明性はNFBのダイナミクスである。自明性とはノイズの消去にほかならない。社会場において複数の価値や物語が併存するが、通常は支配的な物語としてのドミナント・ストーリーが存在する。それは常識であり、パラダイムでもある。この物語は人びとによって自明視されているために、この物語と異なる思いや経験はノイズとして無視され消去されるのである。国家権力などの暴力装置は心の内部までコントロールできないが、自明性は思いをコントロールできる。この意味で自明性は社会学的に見てもっとも重要な力の一つである。自明性は国家のような中枢権力が行使するのではなく、普通の人びとが意識することなく、並列分散的なあり方で行使する力である。

社会学では自明性は多くの場合批判的に語られる。しかし自明性は運動の安定化の力であるから、もし自明性がまったくもてない状態になるとカオス状態にいたる。その場合には社会は消滅してしまうだろう。自明性はまた、思考の経済でもある。自己とは何か、社会とは何かを自問自答することは知性にとって必要であるとはいえ、日々の暮らしのなかで毎日毎時間行うわけにはいかない。多忙な生活者にとっては、社会秩序の原理的なあり方について忘却するということは、安定した生を送るために不可欠でもある。すなわち毎日の思いの秩序がルーティーン化すること、言いかえれば不断に生まれるゆらぎが消去されることは、社会場の安定性と心の存在論的安全性にとって不可欠の条件である。

NFBによって社会場は同一性の外観を獲得し、集合体や社会システムとして語れるような対象性をもち、「存在」

としての外観をもつこともある。じっさいには社会場はつねに振動しているのだが、それがNFBの力によって不断にアトラクタへと引き込まれるために、統合されたシステムであるかのようにみえる。モーフォジェネシスのテーゼが述べるように、ダイナミクスがアトラクタ上にあるとき、構造的な要素が顕在化するのである。だがそのとき、ダイナミクスの力学的な性質は潜在化している。システムや構造に焦点を置く理論は、ダイナミクスがアトラクタ上にあるという特殊な場合、つまり社会場の安定状態を不適切に一般化した理論なのである。

社会場のすべての可能性の空間は広大であり思考不可能である。そのごく一部がPFBによって選択されてアトラクタとなる。社会場の非エルゴード性の概念は、近代の啓蒙、すなわちすべてを知ることの不可能性を意味している。それゆえ、あらゆる知識は不完全であり、いわば偏っている。さらに、知識は情報でもあるが、NFBによって自己維持する運動でもある。それゆえに知識は基本的にはイデオロギーなのである。進歩的な人は未来の理想について語り、現在におけるリスクを無視しやすい。保守的な人はその反対である。現在のリスクと未来の理想を同時に考えることは不可能ではなくとも困難である。それは、知識はある限定されたアトラクタに焦点を合わせてなりたち、このアトラクタは力によって維持されるからである。そのアトラクタにふさわしい言説を語るように人は動機づけられ、それに反する言説を語らないように動機づけられる。

## 4　ミルグラムの実験

社会心理学者のスタンリー・ミルグラムは権威と服従に関する有名な実験を行い、この実験はその後大きな反響を呼んだ（Milgram 1974）。ミルグラムの関心は、どうしてホロコーストが生じたのか、ということであった。およそ六百万人ものユダヤ人を虐殺するという史上まれにみる凶悪な犯罪は、どのようにして行われたのだろうか。どのような犯罪も、それを実行する人間がいなければなりたたない。ホロコーストを実行したのは、ナチスの兵士たちである。彼らはとりわけ凶悪な人間だったのだろうか。ミルグラムの実験は、社会的に問題のない善良な人びとが、他者を容易に拷問しうるということを明らかにした。

実験は、三つの役割からなるチームによって行われた。まず、社会心理学者である実験者である。彼は実験のプロセスを管理し、指示を出す。次いで、二人の被験者が教師と生徒の役割を分担する。教師は生徒に簡単な数字を記憶させ、後で記憶した数字を答えさせる。生徒役の被験者が解答を誤った場合には、教師が生徒に罰を与える。生徒は椅子に縛られており、罰として電気ショックが与えられる。その電圧は最低レベルの一五ボルトから最高レベルの四五〇ボルトまで変化し、教師がそれを選択する。生徒が誤りを続けると、より強いショックを与えるように実験者が指示する。じつは、じっさいには電流は流れておらず、また生徒はサクラであり、実験グループのメンバーであった。その人は電流の強さに応じた苦しみの演技をしたのである。それゆえ、被験者は教師役の一人だけであった。もちろんその人はこの仕組みを知らないのである。四五〇ボルトの電流は人命にも関わる強い衝撃を与える。この場を指揮する権限をもつ実験者の指示に従って、人はどれくらいの苦痛を見ず知らずの他者に与えることができるのだろうか。七五ボルトで生徒はうめき声を出す。一二〇ボルトで、「痛すぎる！」と訴える。一五〇ボルトで悲鳴を上げ、実験を拒否する。こうして苦しみの叫びが強まっていくが、三四五ボルトになるともはや何の反応もなくなる。

この実験とは別に、ミルグラムはこの実験の結果の予想についてアンケートを取った。研究者や社会人など四〇名にこの実験について説明し、自分自身が被験者なら、どの程度までショックを与えるだろうかと問うたところ、ほとんどの人は一五〇ボルトが限界だと答え、最高の四五〇ボルトまで行うと答えた人はいなかった。さらに、この実験についての予測を聞いた。被験者はどの程度までショックを与えると予想するか、という問いである。一五〇ボルトまで、というのがほとんどの意見であった。この解答の平均値では、最高電圧を与えるのは一％程度という予想であった。では、じっさいの実験の結果はどうだったのだろうか。生徒、というよりは被害者の叫びにたじろぎ、教師役の被験者はより強いショックを与えることをためらった。その都度、実験者は作業を続行し、より強いショックを与えるように指示する。その結果、なんと六五パーセントの被験者が最高の四五〇ボルトのショックを与えたのである。当然ながら、被験者は特にサディストであったわけではなく、普通の市民であった。その人びとが、実験者に言われるがままに犠牲者に致死的なダメージを与えたのである。もっとも、すでに述べたようにじっさいにはダメージはなかったのだが。

この結果をどのように理解するべきだろうか。ミルグラムの解釈は、人間は権威に弱く、権威者の命令の下で、容易に自己の良心を裏切って犯罪的な行為に加担するものである、というものであった。この状況では指示を与える実験者が権威なのである。だが、私はミルグラムの解釈には違和感がある。まず、この実験は権威 authority についてのものだが、ミルグラムは権威の概念について特に分析をしておらず、イェール大学の社会心理学の教授は当然にも権威があると考えている。だがこの実験は服従をテーマとしている。それゆえこの実験は権威というよりは権力についてのものだと考えるべきである。ミルグラムの著書のタイトルは『権威への服従』だが、権威は服従というより信頼の概念と結びついている。社会心理学を含む学問あるいは科学は、人びとによって信頼されている。それはギデンズの言葉では抽象的システムへの信頼である。人びとが電気や機械の詳細については知ることなく家電製品を使うとき、彼らは科学を信頼しているのである。同様に人びとは医学を信頼し、法を信頼する。つまり人びとは専門家を信頼する。この意味で専門家は権威ある存在であり、社会心理学者もそうであるといえるだろう。

しかしそれは服従とは異なっている。人びとは科学に服従しているわけではない。服従を強制できるのは権力である。さらに、専門家の権威はその専門領域に限られる。医師は病気については信頼される権威だが、医師が株価や気象の予測をしてもなんらの権威もない。ミルグラムの権威が発揮されるのは、被験者が社会心理学の知識を求めている場合に限られる。だがこの実験では被験者は単にアルバイトに来ただけである。それゆえ、この場面では、ミルグラムには被験者に対する権威も権力もないと考えざるを得ない。

また、被験者はリスクについても当然考えるはずである。被験者が、自己の良心に反して犯罪的とも思える行為を続行するためには、相当強い力の負荷がかからなければならないだろう。仮に被験者が大学院生であり、実験者が教授であった場合、そこには権力が働くとも考えられる。だがこの実験はたった一日のアルバイトなのであり、この実験の外部では、実験者と被験者はなんらの関係ももっていない。それゆえ、被験者が実験の続行を拒否して立ち去ったとしても、それに伴う損失は特にないだろう。時給4ドルの謝礼は実験を中断して続行を断っても支給されることになっていた。仮に謝礼が支給されないとしても、時給4ドルの金額は自己の良心を裏切る代償としては明らかに安すぎる。いや、良心どころではない。これはほとんど明らかな傷害行為であり、場合によっては殺人にもなりうる。三四五ボルト以上を与えた場合は生徒役の人間はぴくりとも動かないのだから、死んでしまったのかもしれないと考えるのが普通ではないか。そうだとしたら主犯はミルグラムだとしても、被験者は実行者として責任を免れない。時給4ドルと引き換えに殺人者となって入獄することを選ぶ人はいないだろう。「人間は権威に弱い」という以外の、何らかの理由があるに違いない。すでに述べたように、専門家は権威であり信頼の対象である。だがこの実験に見られる状況は信頼ではなく、ミルグラムの著書のタイトルが言うように確かに服従であるようにみえる。だがそれは専門家の権威への服従ではなく、別の何ものかに対する服従なのである。

私は、この実験は、アトラクタにおいて働く力を示すものとして解釈したい。哲学者の小坂井敏晶は、冤罪について「捜査から立件をへて判決に至るまでには、場の力学に制御されながら多くの人が相互作用する。ある方向にいったん進みだした捜査方針は、よほど決定的な破綻に出会わない限り、進路変更は難しい。動いている重い物体を止めるのに大きな力が必要なように、捜査に加わる人びとがお互いに織りなす慣性力を押しとどめ、方向転換するのは容易ではない」（小坂井 2008: 123）と述べている。

犯罪の捜査と裁判の過程は、多くの人びとの思い（動機）が相互作用するダイナミクスの過程である。この司法の過程は、真犯人を確定するという真理の基準で動いているはずである。だがじっさいは犯罪捜査という社会場があり、じつは正しくない選択肢が選択され、それがPFBによって増幅され、最終的に安定的なアトラクタに入り込むと、その後はその場が自己運動して冤罪が結果するということもありうる。小坂井が言うように、ダイナミクスの流れを止めることは容易ではない。構造やシステムというものはじっさいにはより動的なアトラクタである。ミルグラムの実験でも同様のダイナミクスが出現したと思われる。この実験で出現しているのは権威への服従ではなく、立ち上がった磁場へ引き込まれる事態、いわば場の力への服従なのである。被験者は同意の上で実験に参加し、その実験の過程はすでに動き始めていた。そうなると実験の過程で生じる思いは、実験というアトラクタへと引き込まれる。言いかえれば、場において被験者の動機が創発する。もちろんどの被験者も生徒の苦痛の叫び（の演技）を目の当たりにして、葛藤と良心の苦痛を感じたに違いない。だが同時に彼の心に実験を続行すべしという動機が生じたのである。このような動機を生み出す力、それがアトラクタにおける安定化の力、ＮＦＢの力である。アトラクタとは引き込む場所であり、被験者の動機は実験の続行という場へと引き込まれてしまうのである。重要なことは、ＮＦＢの力は場に働く力であり、特定の個人に所有されるような力ではないということである。被験者にとってミルグラムの権力が大したものでないとしても、実験者という個人とは別のところ、場そのものの中から力が生み出されてくるのである。このことはむしろ、ミルグラムが何気なく書いたと思われる次の部分から読み取れる。

「実験が止まっちゃだめだ、止まっちゃだめだと、ある被験者は繰り返した。…（中略）…彼にとって人間の主体性は構図から消え去り、『実験』が、それ自身の非人格的な勢い an impersonal momentum of its own を獲得したのである」(Milgram 1974: 9)。

「多くの被験者が、生徒にこれ以上のショックを与えるべきでないという知的な判断を下すが、この人びとはしばしばこの信念を行為へと変換できない。実験室でこのような被験者を見ていると、自分を権威から解放しようとする熾烈な内的な苦闘を感じることができるが、あいまいで強力な拘束が、彼らを電撃発生器にしばりつける」(*ibid.*: 148)。

「それぞれの個人は他者を破壊する衝動の無制限の流れを多かれ少なかれ抑える良心をもっている。しかし個人がその人格を組織構造に同化させると、ある新たな生物 a new creature が自律的な個人にとって代わり、個人の道徳性の限界に妨げられず、人間的な抑制から自由になり、権威からの是認だけを気にかける」(*ibid.*: 188)。

ミルグラムは「実験が獲得した人格をもたない勢い」「あいまいで強力な拘束」「新たな生物」という表現について

特に説明していないので、これはふとした感想なのだろう。だがそこにこの実験の真実があると思われる。これらの表現は思いを引き込み、また生み出して個人を動機づける場のダイナミクスの表現にほかならないと考えられる。先の引用で被験者は「実験が止まっちゃだめだ It's got to go on」と述べているが、被験者が使った It は実験という場を指していると考えられる。それゆえこの It's got to go on という表現は、場へのコミットメントの表現なのである。まさにミルグラムが述べた通り、この場において場のダイナミクスが「人格を持たない勢い」「新たな生物」として被験者の動機を引き込んでいたのだと思われる。すでに引いた引用でフリグスタインとマカダムは社会運動がそれ自身の生命を獲得すると述べていたが、これも同様である。

これらの表現は比喩だが、思いのダイナミクスは比喩ではない。ミルグラムは、場合によっては実験者に対して被験者が不服従を始めることがあると言い、「注目すべきことは、不服従によっていったん『氷が割れる』と、ほとんどすべての緊張、不安、恐怖が消失するということである」(*ibid*.: 152) と述べている。だが不服従の後にも社会心理学者の権威は残るはずである。消失したのはアトラクタのダイナミクスなのである。

ミルグラムの観点は「する」言語的なそれであると思われる。離散体的に見れば、この実験の場には三名の個人がいた。実験者、教師、生徒である。この布陣で考えれば、権力を持ち、行使できるのは専門家である実験者しかいない。だから被験者である教師は実験者に服従したと考えるのである。だがこうした離散体的な見方は、場において働く力の由来を見失ってしまうだろう。場におけるＮＦＢの力は、「なる」力として場に湧き上がる力なのである。この実験は、規範や制度、法というものの原型を明らかにしているように思われる。すでに述べたように、規範や法の文言がそのまま強制力を持つわけではない。その強制力は、場における「なる」力なのであり、それは場における思いを経由して働くのである。それゆえに、権力者はその力を任意に行使しているのではなく、むしろ力がその個人という位置において働くのである(4)。

## 5　社会場の自発的崩壊とデタッチメント

フリグスタインとマカダムは、「場の創発は、まったく新しい事態が生じうる、社会運動の瞬間に類似している。新たな集合的アイデンティティへの希求をめぐって動員される、ラディカルに革新的な新しい形態の行為と組織を可能にするのは、そのような瞬間の流動的な性質である。…（中略）…同様に、場が崩壊する時には、状況は再び流動化し多くの新しい事態が可能になる」（Fligstein and McAdam 2012: 84）と述べている。しかし社会学では自己保存が基本原理とされてきたから、不安定性についての明確な理論はいまだないと言ってよいだろう。エリザベス・アームストロングは、「場の結晶化に関する現存する説明は、背景にある制度的な秩序によって新たな場の形成を説明しがちである」（Armstrong 2005: 165）という。これは不安定性をより大きなシステムの安定性で説明する立場である。

フリグスタインとマカダムは「通常の条件の下では、占有者の物質的、実存／象徴的、政治的な資源の優位性は圧倒的だから、それに内的なダイナミクスのみで打ち勝つことは難しい。それゆえ通常は、場の内部における力のバランスを変化させるには外部からの新たな入力が必要とされる」（*ibid*.: 85）と述べて不安定化の力を「外圧」に求めている。だが、外部から大きな衝撃があった場合に場に新たな秩序が生成するとしたら、それはその場が潜在的にそのような形態形成の力をもっていたからである。そうでなければ場が崩壊するだけだろう。私はのちに明治維新を事例として本書の理論を検討するが、しばしば明治維新は黒船の来航によって生じたという表現がなされる。だがそのような外圧のみで近代化が成し遂げられるはずがない。

私は、むしろ場の内的な条件に注目する。それは場の自発的な崩壊と新たな形態形成である。それは社会場の自発的崩壊を引き起こす、デタッチメントの力である。モーフォジェネシスがうまく運動するのは、カオスの縁においてである。それは均衡（安定性）とカオス（不安定性）の中間の領域であり、安定性と不安定性が同居する領域である。もし社会場にＮＦＢという安定化の力だけが働くなら、社会場のダイナミクスはその運動を停止し、ダイナミクスは死にいたるだろう。すでに繰り返し述べたように、ダイナミクスがダイナミクスであるためには、安定化と同時に不安定化する力が不可欠である。運動と進化がこのダイナミクスの本質だからである。力といえば、通常はアトラクタにおけるNFBのように、ダイナミクスを定常性へと不断に引き込み、それによって安定性を与える力だけを考えるだろう。それは社会場をシステムとして維持する、アポロン的な力である。しかし、複雑性理論の魅力は、場を自発的に崩壊させる力が場に内在すると考える点にあるだろう。すなわち、ダイナミクスがダイナミクスであるためには、時に応じて自己崩壊によってアトラクタから脱出する必要があり、それを可能にするディオニュソス的な破壊の力が働かなければならないのだ。この力は権力とはいえないが、社会場の運動を駆動する重要な力である(5)。

モーフォジェネシスのテーゼによれば、モーフォジェネシス的なダイナミクスはしばしアトラクタに滞留するが、何らかのゆらぎに反応して自発的にアトラクタを脱して、再びカオス的遍歴の旅に出る。それはダイナミクスの外的要因によらない自発的崩壊である。それゆえ、ダイナミクスがアトラクタへの引き込みの力に反発してそこを脱することを可能にする力を想定しなければならない。それがデタッチメントの力である。社会場ではそれは逸脱として現れる。逸脱は個別の現象として生じることも多いが、逸脱を生み出す力が働いていると見積もられる場合もある。たとえば幕末において、盤石と見られた幕藩体制が自発的に崩壊し液状化する。その時に生じた処士横議に、デタッチメントの力を見ることができるだろう。十九世紀の六〇年代には人びとを革命と反抗へと向かわせる磁場が存在したと考えられる。これらの例において、確かに個々人が逸脱を企てるのだが、しかしそれが集団的な現象として見られた場合には、何らかの社会的な力が作用したと仮説するのが適切だろう。こうして社会的なダイナミクスがアトラクタから溢れ出る。社会場がカオスと化す。このとき、潜在化していた自由度が顕在化する。逸脱者を動機づけ誘惑するのは、この自由度である。

安定性は日常性と、不安定性は非日常性と関係している。歴史家の網野善彦（網野 1978）によれば、日本の中世の村落は三層の秩序領域に分かれていた。一つは村落の内部であり他の一つはその外部である。さらに、村落の内部と外部の周縁に無縁あるいは悪所、公界などと呼ばれる境界的な領域が存在した。内部が日常的な秩序が支配する領域であるのに対して、無縁はそのような秩序が停止する、非日常的な秩序領域である。じっさい、内部の住人は農民を中心とする日常的な生活者であるが、無縁の住人は宗教家（僧、神官）や芸能民など、非日常的な秩序と関係する人びとであった。祭という非日常的な儀式が行われるのは、この無縁の場であった。無縁の場は日常的な秩序を破壊し不安定化する力を備えているから、日常的には封印されなければならない。こうして、不安定化する力は聖性とも結びついているのである。

デタッチメントは社会場の自発的崩壊への動機を生み出す力だから、「より良い」場所へといざなうとは限らない。アトラクタを脱したダイナミクスは非エルゴード空間のどこかへと赴くのだが、そのどこかは確定しないのである。言いかえればカオス的遍歴は本質的に非合理的なのであり、リスクが必ず付随する。そもそも秩序の安定性にとっては想像力そのものがリスクなのである。

安定的な状態ではＮＦＢが機能し、その作動においてリスク・マネジメントは重要な意義をもっている。しかし不安定化する力が作動する際には、リスクに対してむしろ異なった態度が生じてくる。それはリスクを快楽とする冒険者の態度である。リスクをもたらす原因には多様なものがある。たとえば自然災害などのリスクは、できるだけ少ない方がよいリスクである。それに対して、冒険のように、意図的にリスクを選好する場合も考えられる。その場合のリスクは、モーフォジェネシスに関係しているだろう。アトラクタ上の安定状態に滞留していたダイナミクスがそこから脱するとき、これまで潜在化しプログラムの外観を呈していた力学的性質が顕在化するのである。第Ⅱ編ではそれを「好き」のダイナミクスとして述べた。社会場がアトラクタから脱するとき、人びとを動機づけるデタッチメントの力が働く。それは可能性への開けである。アトラクタからの脱出は広大な非エルゴード空間への遍歴への出発であり、本質的にリスクと危険があるのである。そうであるのに、あるいはそうだからこそこの脱出によって誘惑されるのが、リスク選好という動機なのである。

じっさい、ニーチェは危険を自由の指標としている（Nietzsche 1999c: 140）。歴史上の革命はこのような態度と動機によって導かれたに違いない。リスクが、少なくとも力と知性に満ちた人びとを誘惑するのは、危機に際しては感性と鋭敏性が研ぎ澄まされるからだろう。心について述べた編で、NFBをブレーキとしてたとえた。アトラクタからの脱出は、アクセルを踏み込む機会なのである。デタッチメントの力は挑戦者と冒険者を生み出す。幕末の時代はその典型的な事例といえよう。すでに述べたように、デタッチメントはニーチェが言う「個体化の原理が崩壊する際に、人間の、まさに自然のもっとも内なる根底から湧き上がる歓喜に満ちた陶酔」（2010: 4）を引き起こすのである。このような自発的崩壊への逆説的な意志を、後述のニーチェの言葉を借りて悲劇的意志と呼ぶことにしよう。そのような動機は大規模な社会変動の際にその過程を駆動する力である。

## 6　フリーダム・ハイ

南北戦争とその後の奴隷解放の後にも、アメリカ合衆国の南部にはジム・クロウ Jim Crow と呼ばれる黒人差別政策と文化が残っていた。マカダム（McAdam 1988）が描写する一九六四年のフリーダム・サマーは、北部の大学生たちがミシシッピで行った、黒人の生活条件を改善するボランティアである。ジム・クロウは州政府・警察と白人民衆が一体となって維持していた制度である。このボランティアが始まって十日目に、三人のボランティアは交通違反の名目で逮捕・留置され、その後ミシシッピの夜の闇の中に釈放された。彼らは即座に何者かによって拉致され、二か月後に彼らの虐殺された死体はダムの底から発見された。参加者たちはこのプロジェクトがきわめて危険であることを事前に知らされており、ある参加者は自分が殺される確率を2パーセントと考えていたという。しかしこのプロジェクトの危険性の説明を受けて参加を見送った者の数は少なく、多くがじっさいに参加したのである（*ibid.*: 71）。フリーダム・サマーのプロジェクトに参加したのは、主としてハーバード、イェール、スタンフォード、プリンストンなどのアメリカのエリート大学の裕福な白人学生であった。マカダムは、彼らは一九六〇年代の理想主義を体現した青年たちであったと述べる（*ibid.*: 4）。これは前項で述べたデタッチメントの運動にほかならない。だがどうして人は、このように危険で利益にならない思いに身をゆだねるのだろうか(6)。

かつてサルトルはその対自の概念において自由を極限的に拡大した。対自とは無際限の自由であり、それゆえに自由であるとは、自由であるべく呪われていることである（Sartre 1943=1999: 247）。そうなると責任の概念もまた極限的なものとなるから、「人間は、自由であるように呪われているのであるから、全世界の重量を自己の双肩に担っている」（同：1019）ということになる。現在から見れば、さすがにこれは重すぎる自由と責任の概念だろう。とはいえこの言葉はレジスタンスの時代には、語られるべき預言だったに違いない。本書でいう自己は、サルトルの用語では即自である。対自とはこの即自の否定である。サルトルの対自の概念は、本書でいう想像力と考えることができる。想像力は自己超出の力だから、条件が与えられれば自発的な自己崩壊へといたる、悲劇的意志を生み出すこともあるのである。その意味で、サルトルに倣って人間は想像力に呪われているということができる。

これまでのところ、すべての社会はパワー・エリートである支配階級と被支配階級に分かれており、支配階級は富と力と知識を独占している。だがそうなら、支配階級が打倒される革命のような出来事がどうして起こりうるのだろう。被支配階級の人びとの生活が苦しく、様々な権利が認められないからといって、それが直ちに怒りに結びつくわけではない。そのような現状を批判するには、高度の知識が必要である。知識が想像力を与え、他の可能性について思考することを可能にする。しかし被支配階級の人びとはそのような知識を通常はもたないから、他の可能性について思考するのは容易ではない。人は他の可能性について知らなければ、現状に耐えていくものである。たとえば現在から考えると石器時代の生活は想像を絶する困難なものだっただろう。しかし他の可能性を知らなかった石器時代の人びとは、それを自明に思って暮らしていただろう。すなわち、相当にひどい状況でも、それが普通であると思えば、人は適応するのである。人が抗議し反抗し逸脱するのは、現状が悪であると判断するからであり、そのためにはより良い状態が可能であるという思いと物語、すなわち福音が必要である。福音は現在の状態と異なる理想的な、あるいはより良い状態についての思いであり、そのような物語を作り出すためには高度の想像力と知が必要である。そしてそのような知という思いは通常は支配階級が独占しているのである。

支配階級は富と知を独占するが、知を独占するということはその知によって被支配階級より多く社会化されることを意味する。さらに支配階級の中でもエリートであることは、その知によってより深く浸透されることを意味する。近代における主要な知はモダニティの啓蒙の知であり、それは普遍主義を核としている。普遍主義は人種、性別、地域などの差異を否定する、ギデンズの用語でいえば脱埋め込みの思いである。フリーダム・サマーに参加した北部の裕福なエリート学生は、この啓蒙の知にもっとも強くかつ深刻に感染した人びとだったといえるだろう。フリーダム・サマーに参加することは一人一人の個人の決定である。だがこのような運動がある時期に、ちょうど数年後のニュー・レフトを準備するような形で登場したからには、それは同時に社会場の運動であると考えるべきである。裕福で高度の教育を受けた支配階級の白人中産階級の青年という社会場が、啓蒙の運動が増殖する場となった。支配階級の中から、自己否定の思いが創発してくる。それは知のパラドクスとでもいうべきものであり、デタッチメントの運動である。

本章の第4節ではサンフランシスコにおけるＬＧＢＴ運動の展開を事例として社会場の理論の例証を試みるが、そこではニュー・レフトが重要な役割を果たした。しかしアームストロングが、ニュー・レフトはじっさいには「中産階級の白人男性が、ジェンダー、人種、階級の点で不利な立場にある人びとと彼らの関心を連携させるような、性的アイデンティティと関心に関する思考方法の実験を行った」（Armstrong 2005: 184）と言うように、その運動は何一つ不自由のない支配階級のおぼっちゃまの実験だったのだ。これもフリーダム・サマーと同じ動機のダイナミクスであるといえるだろう。それはデタッチメントである。思考方法の実験は思いの形態形成としてのモーフォジェネシスの本質だが、支配され抑圧されてせっぱつまった境遇にある人には実験などをのんびり行う余裕はありはしない。だがこれら中産階級の革命的な白人男性たちは、男性中心主義であり、ホモセクシュアルには差別的であった（*ibid.*: 182）。彼らは欺瞞的な革命家だったのだろうか。そうともいえるが、だからといって、「レズビアン／ゲイ運動の場を形成するために必要だった文化的な手段は、現存したホモセクシュアル組織とニュー・レフトの出会いの中で創造された」（*ibid.*: 176）という事実を否定することはできない。じっさいにはニュー・レフトの活動家たちは家父長的であった、と言いたくなるが、これは善と悪を峻別する本質主義的な言明であり、ルーマンが偏愛する二元コードだろう。じっさいには彼らは家父長的で、民主的で、革命的で、差別的で、差別と闘う、支配階級のおぼっちゃまたちだったのだ。彼らの心の生態系には、多様で互いに矛盾することもめずらしくない異なる思いのダイナミクスが生息し運動していたのである。

かつてマルクスはあらゆるイデオロギーは支配階級のそれである、と述べた。この考え方は支配階級と被支配階級はそれぞれ統合された一枚岩の存在であるという観点に立っている。しかしじっさいはそれほど単純ではないだろう。支配階級に属する個人が、その支配体制を批判し他の可能性を語る物語を創造することがある。たとえばマルクスその人のようにである。ニーチェは、高貴な天性の人間には存在することの重荷が通常より不快に感じられるので、彼らは格別の刺激を求める、文化とはそのような刺激剤であると述べている（Nietzsche 2010: 99-100）が、支配階級に属する個人はつねに必ず支配の維持という自己保存を目指すとは限らない。ニーチェが述べているように、刺激剤をあえて求める冒険者となってしまうこともあるだろう(7)。

それは、支配階級の有能で想像力に富み知識がある個人にとって、自己保存の物語は退屈だからではないだろうか。確かに、文化が狂気の要素を多少とも含む刺激剤でないなら、その存在理由はないように思える。本書の仮説は、個人の心は何らかの思いを生み出すように動機づけられている、というものだ。アタッチメントの物語に比べて、デタッチメントの物語としての福音ははるかに刺激的なのである。この世に自己保存の快楽などはあり得ないだろう。自己保存は静かな安心をもたらす。だがデタッチメントの自己破壊は、ディオニュソス的な沸騰の快楽をもたらしうる。そのために、想像力に呪われた人びとは、悲劇的意志へと突き進むこともある。二〇世紀に学生運動が華やかだった頃、学生は選ばれたエリートだった。そのままおとなしく社会に組み込まれているのが、自己保存にとっては最適な戦略ではないか。だが想像力は限界を越えるように動機づけてしまう。マルクスは資本主義の発展はその墓堀人としてのプロレタリアートを生み出すと考えた。知のモーフォジェネシスにおいては、支配階級自らが自らの墓堀人となることもありうる。それは支配階級が独占する知識が生み出す、知の冒険者である。

デタッチメントが与えるディオニュソス的な快楽が、個人を逸脱へと駆り立てる力である。前出のマカダムは、フリーダム・サマーのボランティアに先立つ研修で学生たちが経験し始めたのは、自明性の世界から外に出る時に感じるエクスタシーであり、解放のめまいと混乱の感覚であったと述べ（McAdam 1988: 67）、それをフリーダム・ハイと呼ぶ。ある参加者は、この解放の感覚を、何にも所属していない感覚と述べている（*ibid.*: 68）。それは「伝統的な役割とフリーダム・サマー以前の生活から抜け出したことからくる、圧倒的なエクスタシーの感覚」（*ibid.*: 228）であった。それはデタッチメントの快楽にほかならない。だがデタッチメントはＰＦＢへといたるが、それはどこに向かうかわからない冒険の旅である。一九三六年の二・二六事件の首謀者の一人、元青年将校の磯部浅一は、獄中手記の中で決起の瞬間を次のように回想している。

「村中、香田、余等の参加する丹生部隊は午前四時廿分出発して栗原部隊の後尾より溜池を経て首相官邸の坂を上る。その時俄然、官邸内に数発の銃声をきく。いよいよハジまった、秋季演習の聯隊対抗の第一日遭遇戦トッ始めの感じだ。勇躍する、歓喜する、感慨たとへんにものなしだ（同志諸君　余の筆ではこの時の感じはとても表し得ない。とに角云ふに云へぬ程面白い。一度やって見るといゝ。余はも一度やりたい。あの快感は恐らく人生至上のものであらふ。）」（河野 1972: 251. 句点は筆者）。

まったく物騒な感想だが、ディオニュソスの降臨の場面である。だが彼はもう一度やることはできずそのまま刑場の露と消え、また大日本帝国もその九年後に灰燼に帰したのであった。

モーフォジェネシスのテーゼによれば、アトラクタからダイナミクスが自発的に脱出する際に、ダイナミクスはプログラムの外観を捨て、潜在化していた自由度が復活する。ゆらぎが復活し、規範が溶解し、偶然性が支配する。この脱出は、遊びと共通点がある。ロジェ・カイヨワは有名な遊びの四つの類型の一つに偶然性の遊戯を挙げている。アトラクタではＮＦＢがゆらぎを消去するが、偶然性はゆらぎに任せることである。デタッチメントは人間を外部へ、悪へとうながす力であり、リスクに魅了された冒険者を生み出す力である。このような力がなければ社会的な革新や革命は困難だろう。こうして、アトラクタを脱出した社会的なダイナミクスはゆらぎに満ちた分岐へとたどり着く。ここから始まる過程は、すでに述べたＰＦＢにほかならない。

注

（1）社会学でいう権力は、英語では power に相当する。本書ではより広い含意をもつ力 force という用語を採用する。本文でも述べたように、権力という概念は「する」主体を想起させ、「する」主体による支配という含意をもつように思われる。また、たとえば明治維新の過程を力の概念で説明する場合、権力という概念はやや不適切である。それに対して、力 force の概念は「なる」過程についての基本概念である。

（2）デヴィッド・スノーとダナ・モスは、抗議行動と運動の研究者はこれまで数十年の間、社会運動を過剰に組織された形で理解してきたと批判し、予期できない自発的な行為がその後の集合行動の方向性を決めると述べる（Snow and Moss 2014: 1139)。これはゆらぎの一例である。

（3）ピーター・アランらは、「構造的アトラクタは相互に支えあい、補い合う属性をもつ、相互作用する諸要素の集合の創発である」（Allen, Strathern and Varga 2010: 55）と述べている。

（4）ミルグラムのこの実験は広範な関心を呼んだ。バウマンは次のように解釈する。この実験では電気ショックは段階的に強化され、あるレベルとその次のレベルの差は小さい。仮にある人が一〇〇ボルトを与えたが、次の一二〇ボルトを拒否しようとしても、一二〇が悪いなら一〇〇も悪いと認めなければならない。みずからの誤りを認めるのを厭うために、人は「自らの過去の行為の奴隷となる」（Bauman 1989: 158）という。なるほど、一見巧妙な理屈だ。しかし人は生活においてこれほど厳密でもないだろう。これでは、気温が二八度になった時に冷房をつけた人は、どうして二七度は冷房なしでよいのか、二七度と二八度の違いは何か、とバウマンから詰問されてしまう。じっさいには人はほとんどの場合、厳密な根拠など必要としていない。「そろそろまずいのでは？」というあいまいな判断は誰にでも可能である。それゆえ他の解釈が必要である。

（5）不安定化した状態はしばしば創造性と結びつけられる。シーウェルは、構造の攪乱は行為者に不安定性の意識を生み出すが、この不確実性は歴史的な出来事の多くを特徴づける集合的な創造性の必要条件であると述べる（Sewell 1996:

867）。また、アームストロングは「不安定な状況はしばしば多様な文化的要素を接触させ、より創造的な文化の組換え、すなわちブリコラージュを可能にする、可能性の感情を生み出す」（Armstrong 2005: 162）という。

（6）クロスリーは、教養のある中産階級は社会運動に参加しやすいが、それは利益というより彼らの集団の文化によると述べている（Crossley 2002a: 67-68）。

（7）アリスタイド・ゾルバーグは、フランスのいくつかの革命の動機として、耐え難い退屈を挙げている（Zolberg 1972: 199）。

## 第2節　社会秩序と進化

### 1　社会的な流体と集合体

すでに述べたように、社会システム論に代表される伝統的な社会理論は、その対象として暗黙裡に家族や組織のような集合体を考えていた。後述するように、集合体は比較的明瞭な境界とメンバーシップを備えており、一定期間存続する、「存在」とみえる性質を備えている。しかし社会秩序はすべてそのような特質をもつわけではない。思想や言説は明らかに社会秩序であるが、それらは集合体とは異なり、より流動的な秩序である。パーソンズはこれら文化的な要素を社会学の対象から排除したが、それは明らかに不当な措置である。むしろ、集合体を社会秩序の中で特殊な性質をもつものとして位置づける必要がある。

これは力学系としての社会場の弾性と可塑性の問題である。弾性とは復元力が働く場合であり、集合体は強い弾性を備えたダイナミクスなのである。その結果、集合体は社会システムという概念にふさわしい、自己とその存続、また境界という性質を示す。だが、社会には集合体とは別に、より復元力の弱い、言いかえればより強い可塑性をもつ流体的な秩序が存在する。それは思想や言説、文化やモードのような、より変化しやすい秩序である。これら、いわば社会的流体は、集合体より明確にモーフォジェネシス的である。思想や文化、モードは明らかにつねに新しい思いの形を生み出すような秩序である。それらは本質的に明確に制度化されたものではないし、違反した場合のサンクションも明確ではなく、また社会システムとしての離散体的な外観ももたない。弾性体である物理的固体は離散体としての外観をもつが、たとえば流体としての液体には固有の形は存在しない。それは川であったり海であったり雨であったりする。このような弾性が低く、可塑性の高いあり方が流体の特質である。

「社会システム」として理論化された家族や組織は明確な境界をもち、自己保存の運動に従う。しかしグローバル化に伴って、国民国家に対抗するような力が出現している。たとえば国境を超える金融資本であり、さらには一つの国民に限定されない国際的な社会運動である。しばしばネットワーク上で展開するこれらはより流動的であり、明確な境界をもたない。それは「システム」であるというよりは波動であり運動であるという性質がより明確である。このような新たな現象は社会システムの概念ではうまく理解できないだろう。これらもまた、社会的流体である。かつての時代には、「資本主義国家」というように、資本主義は社会システムとしての国家が選択するシステムであるかのように表象された。しかし現代のグローバル化した資本の運動は、明らかに国家の枠を超えでており、運動する場としての性質をより鮮明に示している。こうして「社会システム」概念の限界が現代では明らかになりつつあるといえるだろう(1)。弾性体的な集合体とは異なって、社会的流体は「システム」というような明確な構造や規範、あるいは境界をもたないか、あったとしてもごく不明瞭なものである(2)。それゆえに地位や役割も不明確であり、明確な権力装置も存在しない。社会的流体には強い定常的な過程が存在しない。つまり内的・外的な力に対する復元力が弱く、それゆえにつねに変化するのである。このために、社会的流体にはモーフォジェネシスの概念がより適切に当てはまる。流体は明らかに動的だからである。テイラーはこの社会秩序の流体化について「近代の産業社会からネットワーク文化への転換は一九六〇年代の後半に始まり、一九八九年十一月のベルリンの壁の崩壊において臨界点に達した」(Taylor 2001: 14) と述べている。流体化それ自身が、このように指示しうるまとまりをもっているが、それはシステムや構造の概念では理解できず、運動する場と考えるのが適切である。

社会的流体はカオスとは異なるから、ある程度のまとまりをもっている。すなわち、社会的流体は安定状態ではアトラクタ上を運動する。それゆえに思想なら、ある時代には実存主義的なアトラクタが思考を支配し、思考は様々な変容を示しつつも実存主義的なスタイルに引き込まれる。ポスト構造主義が隆盛を誇った時期には思考はポストモダン的なアトラクタに引き込まれ、多くの人が軽やかな知の戯れにいそしんだりもしたのである。フェミニストは自分が正しいと思うその考え方を社会に広めようと動機づけられるだろうし、フェミニズムを批判する者がいれば、対抗する論陣を張るだろう。このように、思想や言説もアトラクタ上にあるとき、弱い形ではあるが自己を示し、自己維持の運動を行う。こうして、たとえば一九六〇年代とか八〇年代という時代が、指示しうるような緩やかなまとまりを示す。それはそれぞれの時代における思いが固有のアトラクタ上で運動していたからである。社会的流体にもNFBの力が作用し、流体をアトラクタに引き込む。だが流体には一般に公式的な権力が欠如している。

社会的流体も社会場であるから、クラスター分化を行う。しかし社会的流体のクラスター分化は、集合体のような機能分化ではない。マルクス主義という言説は思いの社会場であるが、多様なクラスター場へと分化していた。それはトロツキー的な場であったり、スターリン的な場であったり、さらには西欧マルクス主義的な場であったりしたのである。しかしこれらの分化は、ある全体に貢献する機能分化であるとは考えられないだろう。明らかにそれは思いのダイナミクスの分化である。社会学という学問も言説の場であり、社会的流体である。社会学的な言説は理論、ジェンダー、都市、犯罪その他もろもろの対象へと分化している。これもまた機能分化とは考えにくいだろう。社会的流体における分化は、モーフォジジェネシス的なものである。思いのより高度のモーフォジェネシスを達成するためには、ある狭い領域で活発な相互作用があった方が効果的である。「社会」という広大な領域について議論していたのでは議論が拡散してしまうだろう。社会学者が社会学的コミュニケーションをより効率的に行うには、このような専門分化が不可欠である。それは社会学という統合された学問を維持するための機能分化ではなく、思いの相互作用としてのコミュニケーションの密度を達成するためのクラスター化である。

リアリティもまた、社会場の分化のあり方である。聖と俗の分化が、社会学ではもっともよく議論されたリアリティの分化だろう。しかし社会場はそれ以外にも多様なリアリティへと分化している。シュッツが述べたように異なるリアリティを横断する時にはショックの感覚を伴う。それぞれのリアリティは、それをリアリティとしてなりたたせるために、ゴフマンの言うドラマトゥルギーを備えている。都市と農村のリアリティの相違もまた社会学の重要な対象である。都市もその内部で多様なリアリティに分化している。下町、郊外、都心などは異なるリアリティの場である。リアリティ分化の一部は制度化されて集合体を支える価値あるいはイデオロギーとなるが、ほとんどのリアリティは流体的なものであり、機能分化とはいえないものである。それぞれのリアリティ領域が、独自の思いの相互作用の場なのである。

ますます重要性を高めているネットワークは、本質的に社会的流体であるといえるだろう。ネットワークでは対面的な関係がしばしば不在であるために、思いの相互作用がより純粋な形で行われ、思いのダイナミクスによる形態形成もまた鮮明である。ネットワークでは対面的な世界以上にＰＦＢが生じやすいといえるだろう。コンサートは流体そのものであると考えられる。ますます多くの論者が社会秩序をその流動性において理解している。ハートとネグリの帝国やマルティチュードの概念はその典型であるといえるだろう。彼らは「マルティチュードは同一性‐差異の排他的で限定的な論理を、特異性‐共同性という開放的で拡張的な論理に入れ替える」(Hardt and Negre 2004: 225)と述べる。ここでいうマルティチュードとは高度に組織された政治集団としての政党ではなく、拡散的かつ流動的な現代の社会運動を意味している。またクノールは、複雑性理論にもとづくミクロ・グローバル化の理論において、グローバル世界の織物は、国家と地域の制度的パタンの影のもとで、しかしそれからは自由に展開するミクロ構造のパタンを通して表現されると述べ(Knorr 2015: 215)、最近の国際的なテロリズムを分析している。このグローバル・ミクロ構造は近代的な合理的組織をもたないが、それでも効率的である。それは増大と拡大のシステムの体系的で反省的な使用にもとづいているという(*ibid.*: 215-216)。このような事例でもチャージ、フィードバック、相転移などの概念が有効である(3)。

社会的流体と比べて社会システム概念の元になった集合体は弾性が高く、流動性が低い。それは組織や家族のような集合体がもっぱら生命の再生産という個人と社会の最低限の条件と関わっているためだろう。集合体はいわば生活の必需品である。それに対して思想や文化のような社会的流体はこの最低限の条件以外の思いの生産に関与する。それゆえに流体の自由度は高いのである。じっさい、思想や文化に触れずとも、生命維持に困りはしないだろう。しかし同時に、人は最低限の生存をするために生きているわけでもない。人は多様な思いのモーフォジェネシスに動機づけられているからである。

とはいえ、個人が文化や言説に関心をもつことができるのは、生きている限りにおいてである。生活の基本的な条件を支える場においては、過剰な流動性と自由度は抑制されなければならず、それゆえ集合体においては安定性がもっとも重要な条件となる。このために集合体は社会システムの概念が妥当するような強い復元力をもつ弾性体であり、存続する「自己」として現象する。集合体の「自己」とは、その内的な定常過程である。環境に対して自己を維持するために、集合体は境界をもち、比較的に明確な内部構造を備えている。それを制度と呼ぶことができる。さらに集合体には通常、目的が存在する。家族なら生命維持、学校なら教育というように。この定常的な過程が、内的・外的なゆらぎに起因する軌道不安定性を除去し、復元性を与えるのである。集合体こそは社会システム論が社会秩序一般と同一視し、説明の対象とした要素だから、集合体は社会システム論の記述様式がある程度までは適している。集合体の定常的な過程はクラスター分化するが、この分化は機能的な分化となる。機能分化した下位の社会場は、全体としての集合体に対して機能的な貢献において評価される。それゆえ、集合体は基本的に統合的であり、制度的なのである。しかし社会に余裕が生じるに従って、社会的流体が多く出現するようになった。

アナリー・サクセニアンは、アメリカ東海岸のルート128と西海岸のシリコンバレーを比較している（Saxenian 1994）。この二つの地域はアメリカを代表する情報産業の拠点であり、前者はマサチューセッツ工科大学（MIT）、後者はスタンフォード大学と密接な関係をもつという点で類似している。しかしその社会秩序のあり方は大きく異なっていた。ルート128は企業を中心に組織され、それぞれの企業は社会システムの概念に適合するような排他性すなわち明確な境界をもち、オートポイエーシスの概念が適するような自給自足を原則としていた。転勤はめずらしく、個人は企業に対する強い忠誠心をもち、その分地域の技術コミュニティは存在しなかった。

それに対してシリコンバレーでは企業はより流動的でその境界も流動的であった。個人はしばしば転勤し、企業へのコミットメントはきわめて薄いものだった。その分諸個人の技術コミュニティがあり、企業の境界を越えて頻繁にコミュニケーションが行われた。そこでの技術者は企業ではなく自分の仕事あるいは技術コミュニティへの忠誠心をもっていた。企業の内部では個人の自律性が強調され、分散型のシステムが採用された。会議型のコミュニケーションだけでなく非公式の立ち話のようなコミュニケーションが奨励され、そこから様々な発見が行われた。シリコンバレーは並列分散処理のモデルが典型的に当てはまる。そこではテクノロジーのモーフォジェネシスがもっとも重要なテーマであった。シリコンバレーはその後ルート１２８を圧倒して現在にいたっている。

ルート１２８とシリコンバレーの差異はしばしば文化の相違として語られるが、むしろ場の概念が適切だろう。社会場は普遍的な概念だからルート１２８の企業も社会場なのだが、シリコンバレーの企業は社会場の概念の特質をより明瞭に示している。

## ２　社会場の生態系

社会場において分化したクラスターはそれ自身自律的エージェントであり、自律的な運動を行う。その並列分散的な相互作用の結果、マクロのパタンが生み出される。多様な自律的なクラスターからなる社会場のあり方を社会場の生態系と呼ぼう。社会場の生態系を自然の生態系と類比的に考えることができる。自然の生態系は多様な種へと分化している。種は互いに相互作用し、生態系は全体として記述可能な秩序をもっている。しかし、それぞれの種は生態系の全体を維持するために存在しているわけではない。たとえば「松」という植物は、どのような生態系にあっても松であり、松としての生を生きている。多様な自然環境には松の生息に適した場所もあり、適さない場所もある。生存に適さない場所では松は生息できない。松が存在することで、生態系に何らかの影響を与えるだろう。その意味で、松は全体に機能的に影響しているということができる。しかしこのことは、松が生態系の全体の維持に機能的に貢献する、ということを意味しない。

自然の生態系は統合されたシステムとしてではなく、変動する場と考えるべきである。すなわち、生態系の分化は機能分化ではないのである。クラスターはそれ自身が自律的エージェントであり、それ自身の仕方でモーフォジェネシス的である。それらミクロのエージェントの相互作用から、社会場のマクロ秩序が並列分散処理を通じて生み出される。それゆえ、社会場はつねに内部コンフリクトにさらされている。それが社会場の通常の動的秩序である。私は心についても同様に考えた。心において、それぞれの思いが自律的エージェントであり、それは思う「われ」によって統合されたりコントロールされたりしない。心の全体的な秩序は個々の思いあるいはそのクラスターというエージェントの間の相互作用から創発するマクロ秩序なのであり、それを心の生態系と呼んだのである。社会についても同様に考えたい。社会場では、思いが自律的エージェントして運動し、その相互作用から、社会場の全体的なマクロ秩序が創発するのである。それが社会場の生態系である。社会場における多様なエージェントの分散的な相互作用の結果、あるマクロ秩序がなりたち安定状態に入ると、集合体の場合にはそれは同一性をもつ社会システムであるかの外観をもつ。このとき、ミクロのエージェントはこの全体の維持のために機能的に貢献しているようにみえる。それが、社会システム論が一般化した描像である。だがそれは場が安定的なアトラクタにおいて示す定常状態であり、場の一般的なダイナミクスではない。

クラスターは、それ自身の秩序に従って運動する。この部分的な運動と生態系の運動が同調せず相反することもしばしば生じる。それが生態系のダイナミクスを推移させるのである。典型的な事例は、官僚制である。官僚制は古くから存在するが、近代的組織においてとりわけ重要である。近代的な組織は、組織全体をコントロールしようとする権力中枢をもつ、典型的な直列処理の形態をもつ。この管理機構そのものが自律的エージェントとして運動し、自己主張を開始する。それが官僚主義である。社会場で生じるすべての思いを把握することは不可能である。官僚主義の問題点は、自己が知りうることが、組織で起こりうること、あるいは起こってよいことのすべてである、と考える思考法にある。官僚は規則を立案し、それを文書に作成する。この文書の世界こそが世界そのものである、という思考が官僚主義にほかならない。それは理念に合わせて現実を裁断する態度である。官僚にとっては、設計図にないものは現実に生じてはならないのだ。だが社会は工場で製作される製品とは異なり、いたるところで予期しない現象、複雑な現象が生じてくる。それらをすべてノイズとして消去しようとするのが官僚主義的な態度なのである。すなわち官僚制が問題になるのは、組織における意思決定部門が組織という全体の生態系を無視して自立することがありうるからである。

別の例では、科学者の集団は全体社会の一員であるが、同時に科学者集団としてのクラスターのダイナミクスに従っている。仮にある生物学者が人間を作る方法を思いついたが、それは社会によって禁止されているとしたら、どうだろう。この時この科学者はダブル・バインドに苦しむことになる。学問とは未知の探究であり、生物学という学問のダイナミクスに従うなら、人間を無から作り上げる作業は最高にスリリングなモーフォジェネシスの過程である。この誘惑に負ける科学者がいたとしても不思議ではない。原子爆弾を作り上げた物理学者も、そのような誘惑に負けたに違いない。それはテクノロジーのモーフォジェネシスである。テクノロジーは人間が便利なものを作る手段であるが、それ自身のモーフォジェネシスによって人間の便利さの範囲を超えようとする。戦争はしばしばテクノロジーのモーフォジェネシスによって引き起こされる面も否定できない。テクノロジーの進歩から新たな武器が発明される。そうなるとそれを使いたいという動機が生まれるのだ。

すでに挙げた例だが、食事とはまずは人間が生命と健康を維持するためのものである。しかし食事の一部の要素である味覚のみに焦点を合わせてそのモーフォジェネシス的な展開を図る運動が、食文化と呼ばれるものである。高級な料理といわれるものほど、健康の条件である栄養を無視して作られる。性は、元来は生殖の手段である。その一部の要素である快楽に焦点を当てた快楽のモーフォジェネシスも存在する。それは多様な性愛の形を生み出して運動し、しばしば全体社会の規範と衝突する。それがセクシュアリティの自律的な運動と進化である。こうして、社会場の生態系は統合されておらず、分化したクラスターの相互作用から新たなマクロ秩序が創発するのである。これが社会場の進化の力となる。

これまでに描写された社会場のダイナミクスの本質的な特質は、文字通りダイナミクスであることにある。社会システム論が中心を置いた社会システムとは、このダイナミクスが示す特定の状態、すなわちダイナミクスがアトラクタ上で運動する際の安定的なふるまいにほかならない。社会場の理論が強調する点は、運動の不安定性もまたダイナミクスであるための必須の条件である、という点である。不安定性は運動のための本質的な条件だからである。社会システムが呈示する「自己」の外観は、アトラクタ上を運動するダイナミクスが示す反復的なアタッチメントの運動である。だがそのような「自己」を自発的に崩壊させること、すなわちデタッチメントもまた、社会場の運動なのである。こうして、安定性と不安定性がダイナミクスの条件である。

それゆえに、ここでもまた、社会場の運動はカオスの縁を中心として展開する。ある時にはダイナミクスは安定的な定常性を維持するが、また時にはカオス状態となる。カオスの縁は安定性と不安定性のバランスの上に位置しており、それが進化にとって最適な場所である。進化は社会場のような複雑なダイナミクスのこれまた本質的な特質だが、それは一方で変異の創出という不安定化であり、他方で新たな形態の維持という安定化でもある。

社会場の運動の時間的な経緯は、カオス的遍歴の概念によって示される。社会場は本質的に歴史的なダイナミクスである。言いかえれば、その軌道は不可逆性をもつ。この軌道の途上に分岐が出現する。その周囲には無数のゆらぎが存在する。社会場は非エルゴード空間だから、分岐上の選択肢がどのような未来に続くのかは不明である。すなわち、合理的な決定が不可能である。このとき、福音についての語りが生み出され、進むべき未来の方向を指し示す。何らかのゆらぎが作用してその方向がわずかに優勢になると、その方向がＰＦＢによって増幅・強化される。ダイナミクスがこの方向にある程度明確に踏み出すと、ロック・インによって、再び元に戻ることができなくなる。この途上でダイナミクスがアトラクタに捕えられると、ダイナミクスはそこに引き込まれて安定化する。だが、何らかの刺激に応じて安定状態にあるダイナミクスは自発的にそこから脱出し、再び非エルゴード空間の遍歴に出発する。このような過程がカオス的遍歴である。この過程が不可逆であることが、歴史をもたらすのである。すなわち、あるダイナミクスが特定の位置にあることは、そのダイナミクスがどのような経過をたどってそこに行きついたか、ということによってのみ説明される。つまり歴史によってのみ説明されるのである。もし当初の分岐に立ち戻り、いま一度選択をやり直すなら、別の方向性が選ばれるだろう。しばしば、「歴史に『もし』はあり得ない」といわれる。この命題は社会場のカオス的遍歴の不可逆性を述べていると考えられる。このように、社会場の運動は不断の進化のそれである(4)。

社会システム論は有機体論の影響を受け、生物のメタファーをしばしば暗黙裡に使用した。確かに生物もまた複雑性なダイナミクスである。だが生物と社会では時間の速度が大きく異なる。生物進化はきわめて遅く、ただ地質学的時間においてのみ理解可能である。生物進化のスケールでは、一万年は一瞬である。それゆえに、人間の時間のスケールでは、生物は有機体として自己保存を原理とするように見える。しかし社会は人間の時間において進行するから、社会場の進化はごく通常の出来事である。それゆえに自己保存のメタファーは社会場においては部分的にしか有効でない。

## 3　社会場の進化と進歩

進歩という概念は最近ではすっかり不人気となり、ほとんど死語となったようだ。進歩という概念は近代の啓蒙の思想の中心概念であり、それは人間がより理性的になることで、様々な問題は最終的には解決されるという理性のユートピアを意味していた。それゆえ進歩の概念はポストモダンの思想の主要な標的となり、討死を果たしたのである。それに取って代わったのが進化の概念であり、それは方向性のない多様性の産出を意味している。確かに理性啓蒙が現代において支持されないのは明らかだが、歴史の方向性を考えることがタブー化されたのは適切であるとはいえない。

どのような社会も歴史をもつ。すなわち、どの社会も進化する。生物の進化を理解するためには、突然変異と自然淘汰によるダーウィン的な説明は十分ではなく、多様な形を生み出す力の存在を仮説するべきである、とすでに述べた。生物進化は通常、多様な形態の創発と考えられている。しかし同時に、それは単に多様な形の創発だけでなく、より高度で複雑な形態の創発の過程でもあった。

進化とは、さしあたっては多様性を生み出すことである。この多様性は無数の分岐と、そこにおけるゆらぎの存在と、さらには社会場の非エルゴード性によって与えられる。社会場の秩序の可能性の全体はあまりに広大だから、その全体を視野に入れての合理的な選択が不可能である、ということが非エルゴード性から導かれる。自然の生態系について考えれば、そのことは明確である。生命の誕生の時に戻ってもう一度生物進化をやりなおせば、現在の時点で存在する生物たちが再び出現する保証はない。だが、それとは別の形で、進化の方向性を考えることもできる。すでに述べたように、自然の進化は宇宙の誕生以来、元素進化、化学進化、生物進化と進んだ。地球における生物進化の過程は、当初のおそらくは単細胞の原核生物から、その共生による同じく単細胞の真核生物へと進み、さらにはより大きく複雑な多細胞生物が誕生した。こうして見ると、宇宙の歴史はより複雑な物質の創発の過程であると見ることができる。すなわち、自然の歴史は確かに物質の多様性の産出という意味での進化の歴史であるが、同時により複雑な形態形成の過程でもあるのである。言いかえれば、宇宙の歴史とは組織する力の進歩の歴史であり、より確率の低い状態を実現すること、すなわち秩序の進歩の歴史なのである。進歩と進化は別の考え方であり、矛盾するものではない。

この考え方を社会場の歴史にも応用することができるのではないだろうか。人類の誕生以来の歴史をもう一度行ってみれば、われわれの知る世界史が繰り返されはしないだろう。われわれが知る世界の歴史は、無数の分岐を偶然に依存してたどってきた、カオス的遍歴の過程だからである。だが同時に、その過程は、より複雑な思いの創発の過程であったと考えることができるのではないだろうか。つまり、人間を動機づけるモーフォジェネシス、あるいは人間の知は、より高度化するという形で多様性を生み出してきたと考えるのである。これを支えてきたのは、想像力の高度化にほかならない。この意味で、想像力は進化によって多様な思いを生み出すだけでなく、より高度の思いを生み出すという形で、進歩するものなのである。すなわち人間の歴史とは、より確率の低い状態、言いかえればより高度の秩序を実現してきた歴史である。言いかえればそれは想像力の進歩の歴史である。

すなわち歴史を通じて人間はより多様でより複雑な理念、動機、価値、感情、組織を生み出してきたのである。人類の祖先が生存競争するだけであったなら、現在の文明が作り上げられた理由は考えにくいだろう。原初の生命において、秩序原理が生存競争だけであるなら、その勝者は最強のバクテリアのままであっただろう。同様に、原始時代において、社会の原理が生存競争だけならば、その勝者は最強の原始人のままであっただろう。進化はしばしば適応の概念とともに語られる。サンダーソンは、社会進化は生物進化と同様に適応的であるという（Sanderson 1995:

6）。ギデンズも進化論の核心を適応の概念に見る（Giddens 1995: 23）。適応の概念は自己保存の概念と組になっている。しかし生物においても社会秩序においても、進化は適応の原理だけでは説明できない。原初の生命体であるバクテリアはいまなおきわめて適応的である。適応の考え方だけで行くなら、現在の自然はバクテリアのみからなる生態系であるはずだ。バクテリアから出発して植物や動物が生まれてきた進化の過程は、新たな形態の継起的創発としてのモーフォジェネシスの概念によってしか理解できない。現在におけるインターネットの普及は環境に対する適応ではなく、新たな文化と文明のモーフォジェネシス的な創造である。エリアスは『文明化の過程』において、かつて人は目の前の短期的な状況に対する情緒的な反応を行ってきたが、それが次第に抑制され、より長期的な視野で思考するようになったと述べ、それを文明化の過程と呼ぶ（Elias 1997ab）。長期的な視野で考えることはより高度の想像力を必要とする。彼の議論も想像力の進歩についてのものだと考えられる。

## 4　モダニティの秩序

前近代社会から近代社会への変化、すなわち近代化は、人類の歴史上、最大の社会変動だろう。近代化において生じたことを、前節で述べた進化と進歩という観点から考えてみる。そこで述べたように、進化と進歩の概念は矛盾しない。歴史は進化において際限のない多様性を生み出しつつ、長期的にみればより大きな自由度、すなわちより大きな複雑性、より高度の秩序すなわち形態を実現するという、形態形成における進歩の過程でもあった。近代化もこの流れに沿った運動であると考えることができる。しかし、過剰な自由度はカオスをもたらすから、それは制限されなければならない。

近代化とは、より高度の自由度と複雑性が可能になるようなダイナミクスが登場したことを意味する。それを「する」主体と呼ぶことができる。近代の人間像はしばしば自由な主体とも呼ばれる。第Ⅰ編で詳しく見たように、近代における人間像、とりわけ西欧におけるそれは、自由な主体として考えられてきた。ギデンズはモダニティの特質を、脱埋め込み disembedding に見る。それは彼によれば「社会関係を相互作用のローカルなコンテクストから引き上げて、時間と空間の無限の広がりの中で再構築すること」（Giddens 1990: 21）であり、歴史の流れは継続的な内部分化の過程である。確かに、前近代の社会は基本的には伝統社会であり、伝統という形の社会的なコンテクストあるいはルーティーンの鋳型が存在していたが、近代化とはこの伝統が解体することであった。「する」主体とは点記述の主語であり、具体的な実体をもたないから、脱埋め込みにまさに適している。しかし、もし社会場の諸個人の心的ダイナミクスがすべて独立で自由であるなら、それらは互いにランダムに運動するはずだから、全体としての社会場は無秩序になるはずである。だが、ほとんどの社会は無秩序ではない。それゆえ、じっさいには「する」主体は場における制約のもとに存在した。それは、いわば心的な脱埋め込みであり、私の思い（動機など）が、私という具体的なコンテクストから分離される過程である。第Ⅱ編で、私の心のダイナミクスは私という具体的な個人と必然的な結びつきがないと述べたが、それは近代人の心的ダイナミクスの基本型でもある。

ギデンズは二つの種類の信頼、人格的信頼と抽象的システムへの信頼を区別した（Giddens 1990）。前近代の社会秩序は基本的に人格的信頼にもとづいていた。そこでは親族、家族あるいは友人関係のような人格的関係が中心であり、その延長として共同体が生活の基盤であった。人格的な信頼の関係では、個人の思い（動機や行為）は、その個人の人格と区別されない。「私の思い」はあくまで「私の思い」なのである。それゆえ個人Aの心的場の無数の思いのうち、特定の部分を他の部分と明確に分離し、その部分とのみ相互作用することはできず、Aの思いのすべてと関係しなければならない。それゆえ社会関係は諸個人の人格的関係であり、その意味で全人格的な関係なのである。これはかつてテンニエスがゲマインシャフトとして語ったことである。社会場の秩序がこの全人格的な関係にもとづいていると、新たな形態の形成は容易ではない。前近代の時代には、新たな社会場を形成する場合には、擬制的な家族関係を構成するか、奴隷のように人格の全体を譲渡する、という方法が主なものであった。前者はたとえばギデンズが述べる兄弟関係である（同）。家族関係では手に負えないような危険な事業などの時にこの方法は採用された。これは人格的信頼にもとづく関係であり、仲間に対して正直であることが最大の価値である。とはいえ、前近代社会では基本的には社会場の運動は反復的であり、それゆえにこの社会は伝統社会とも呼ばれる。この社会におけるコミットメントは基本的には規則によってその範囲が限定されない、無限定のコミットメントであり、それゆえ計算可能性は低かった。

このような全人格的関係は、形態形成の自由度が明らかに低い。心と思いの分離は、近代化の核心にある。それはコミットメントが限定されることであるともいえる。たとえば労働でいえばこれは賃労働の出現に相当する。それはコミットメント（動機、そしてその結果としての行為）を商品として会社に譲渡することである。個人Aが契約してBの会社で働く場合、その労働時間の間はAの心的ダイナミクスはBの利益のために動機づけられなければならない。そのためにはAの思いがAから分離されることが必要になる。それが限定的なコミットメントである。前近代では心と思いの分離可能性が存在しなかったために、AがBのために働くことはAがBに隷属することを意味していた。いまや、AとBは互いに独立で自由であり、しかもAは契約によってBに労働、すなわち心的な動機を譲渡するということが思考可能になったのである。

マルクスはこの関係を疎外と呼んで批判した。たしかにこの社会場では、心的場のあるクラスターが他の部分から分離され、いわば疎外されて社会場へと譲渡されている。だがこれは場の秩序の高度化と考えた方がよいだろう。心的場のクラスター分化が進んだために、心的場には前近代の社会におけるよりいっそう多様な形態形成が可能になったからである。このために、個人は未知の人と共に組織において協働することが可能になった。それは前近代の社会場では困難だったことである。確かにマルクスが批判したように、このクラスター分化のもとでは労働が物として譲渡され資本家に所有されることにもなったが、同時に未知の他者との多彩な協働の可能性も開かれたのである。

思いの非人格化、すなわち思いが特定の個人というコンテクストから分離される場合、思いの再組織化による新たな形態形成は容易になる。さらに思いが個人から分離されたままで他の思いと再組織化するための場が必要である。それは合理主義的な場である。そこでは思いのコンテクスト、歴史性あるいはアイデンティティは否定され、思いは交換可能な要素あるいは部品とみなされる。それが限定された、あるいは非人格化されたコミットメントである。思いの非人格化というと理解しにくいように思われるかもしれないが、合理主義とはそのようなものである。理性や論理はどの個別特定の人格とも関係をもたず、独自の抽象的で普遍的な場で運動する。近代における「する」主体とは、このようなものである。すなわちその基盤は、思いの非人格化、言いかえれば私の思いの、私からの脱埋め込みである。思うのはいずれかの具体的な個人だが、その思いのダイナミクスは普遍的な空間で運動するように秩序化されたのである。つまり、思考するのは確かに私という具体的な個人なのだが、理性的な思考では思考の過程は私という個別特定の個人とは無関係でなければならない。この新たに開かれた空間は公共空間であり、そこで他者との相互作用が可能になる。この空間を支配するのは人格的な意志ではなく、普遍的な規則である。

そのような秩序からなる社会場の典型は近代的な組織である。たとえば企業でもコミットメントが限定され、非人格化が進められた。その典型的な例はフレデリック・テイラーによる「科学的管理法」である。労働過程を徹底的に機械として見るこの理論に労働者が反対したのは容易に理解できるが、同時に資本家も反対したのである。それは、科学的管理法が資本家の人格を経営から排除するものだったからである。テイラーの信念では経営は合理的でなければならないが、資本家の人格は私的な感情を含み、計算可能性という意味では合理的でない。それゆえに経営は非人格化されなければならなかったのである。すなわち思いの非人格化である。資本家の人格に代わって経営過程をコントロールするべきであると考えられたのは、合理性のようなディシプリンであった。経営は資本家の無限定のコミットメントによる私的なコントロールに服するべきではなく、合理的なディシプリンによって運動する機械であるべきである、と考えられたのである。

後の時代に、ディシプリンを体現する存在として経営者が登場する。経営者は必ずしも資本の所有者ではない。むしろ経営者はディシプリンの専門家なのである。つまり経営者は思いを非人格的な形で運動させる。これが二〇世紀を通して進行した資本と経営の分離である。会社の所有者としての資本家から管理者としての経営者への移行は、企業の脱埋め込みすなわち抽象化であるということができる。この過程は組織における官僚制と対応している。その本質はまさに思いの非人格性にある。それゆえ近代の組織はしばしば機械にたとえられたのである。

組織は、明確なハイアラーキーを備えている。それは意思決定の中枢が存在するような場であり、直列処理の場であり、典型的な集合的「する」主体である。厳密な意味でハイアラーキーをもつのは、組織が歴史上最初である。近代以前の集合体で、たとえば王や皇帝は権力の中枢であるように一見は見えるが、現実には彼らは伝統に拘束されており、権威も分散していた。完全なトップダウンの直列的なシステムは、近代的組織において初めて登場したのである。こうして、近代における「する」主体は、恣意性から隔てられ、むしろ合理主義的なテクノロジーの支配下にある。近代という時代はこのようなダイナミクスを生み出したのである。

## 5　社会場の臨界と相転移

社会場の理論では社会場はつねに変動状態にある。だがそれには定常状態における変化と定常状態からの逸脱が区別され、後者が大規模な変動であり、社会学でいう社会変動に相当する。社会学における社会変動論はほとんどの場合、個人か社会を「する」主体と考えて、その相互作用の結果として社会変動を考える。たとえばマカダム、タロウ、ティリーという社会運動論と組織論の代表的な著者は、社会変動を諸個人の間の政治闘争とその帰結として理解する（McAdam, Tarrow and Tilly 2001: 5）。諸個人の間の利害をめぐる闘争は通常見られるものだが、社会変動の時期には個人のアイデンティティそのものが変化するのであり、単に利害では説明できない。社会変動の時期にはある主張をする人びとがほぼ同時に出現するのであり、それは個人の利害では説明できない。欲望そのものを生み出す場の運動を考えざるを得ないのである。また、マカダムらは同じ書物の中で社会的過程、特に社会運動は環境への応答として生じると考えている（*ibid.*: 70）。これは構造－機能理論の観点であり、社会システムの自己保存を社会変動の原理として考えている。だが自己保存が成功するならそれは本質的な社会変動ではない。

また、社会変動についての記述と説明を区別しなければならない。マカダムらは同書において仲介 brokerage, アイデンティティ変容、過激化、収斂 convergence という概念によって社会運動を説明しようと考えており、これらを因果的メカニズムと呼んでいる（*ibid.*: 171）。しかしこれは説明ではなく記述である。説明とは社会運動を生み出した原因を明らかにすることだが、これらは原因とはいえないからである。それは社会運動の過程の記述である。あるいは、シーウェルはフランス革命において大恐怖に対処するために八月四日に封建制度が廃止されたと言う（Sewell 1996: 873-875）。だがそれはきっかけでしかないだろう。たかだか大恐怖程度で根本的な規範の変更が生じるはずがない。地方の農民の間に広まった大恐怖は原因というよりはきっかけにすぎないだろう。

たとえばパーソンズの社会システム論のように集合体を一般化した理論の場合には、社会変動は社会システムの存続を原理として考察される。そうなると必要な機能を提供できなくなった構造が別の構造へと改変される、という考え方になる。それに対して、ここで考察するのは社会場の一般的な変動の理論である。社会場はダイナミクスが運動する力学的な場であるから、それは不断に振動し変動している。しかしその振動はアトラクタに引き寄せられるから、アトラクタ上にある時はこの振動にもかかわらず相対的な安定状態・定常状態にある。ここで特に社会変動というのは、ダイナミクスが安定状態であるアトラクタから自発的に脱出し、言いかえれば場が自発的に崩壊し、他のアトラクタへと遍歴するデタッチメントの過程である。シーウェルが「増大する変化の結果は、しばしば圧力の形成と現存する実践の、ある状態から別の状態への徐々の変化ではなく、その劇的な危機となる。歴史の時間性の通常の性質はスムーズではなくでごぼこしたものである」（*ibid.*: 843）と言うように、この崩壊は連続的ではなく突然の変化である。それでは社会場の大規模な変動はどのように記述され説明されるべきだろうか。一つの引用を示そう。

「ブルジョアジーがその基盤の上になりたっていた生産と交換の手段は、封建社会において生み出された。これら生産と交換の手段の発達におけるある段階で、そのもとに封建社会が生産し交換した条件、農業とマニュファクチャー産業の封建的な組織、一言でいえば所有の封建的な関係は、すでに発達してきた生産力ともはや対応しなくなった。それらは生産を促進する代わりに阻害する。それらは桎梏となったのだ。それらは破壊されねばならず、じっさいに破壊されたのである。…（中略）…数十年にわたって、産業と商業の歴史は、現代における生産力の、現代における生産関係に対する、また、ブルジョアジーとその支配の存在の条件をなしていた所有関係に対する反乱の歴史にほかならない」(Marx and Engels 1974: 467)。

これは『共産党宣言』におけるマルクスとエンゲルスによる、あまりにも有名な史的唯物論の公式である(5)。もちろん現時点においてこの古典的な考え方がそのまま正しいとはいえないのは明らかである。理解社会学としての社会場の理論は唯物論ではなく、いわば史的「思い」論ともいうべきものである。とはいえ、マルクスの理論には多様で時に相反する論点が含まれていたから、彼の唯物論は経済決定論であると決めつけるわけにはいかない。彼の唯物論は直接的にはヘーゲルの観念論の批判であり、若きマルクスの思考では唯物論は経済のみを意味するのではなく、広く人間の実践的行為とされていた。現代の社会学でいえばプラクシスとでもいえるだろう(6)。この意味では若きマルクスの唯物論は社会場の理論と相反するものではない。後になって、彼は草稿である『経済学批判要綱』の中で次のように書いた。

(富は、)「先行する歴史的発展以外には何も前提しないで、人間の創造的諸素質を絶対的に表出することでなくてなんであろう? そしてこの歴史的発展は、発展のこのような総体性を、すなわち、既存の尺度では測れないような、あらゆる人間の諸力そのものの発展の総体性を、その自己目的にしているのではないか。そこでは人間はある所与性において自己を再生産するのではなく、自己の総体性を生産するのではないか。何らかの既存のものの下に留まるのではなく、なることの絶対的な運動 der absoluten Bewegung des Werdens の渦中にあるのではないか」(Marx 1974: 387)。

彼のこの論理は社会場の理論と一致している。じっさい、「人間は…何らかの既存のものの下に留まるのではなく、なることの絶対的な運動の渦中にある」というややヘーゲル的な言葉は、本書全体の簡潔な要約である。この論理は、人間の歴史を形態形成の歴史として理解し、さらにその力が過去の歴史以外は前提とすることなく広大な非エルゴード的な可能性空間において展開するとし、それは「なる」過程であると考えている。アーリは、「資本制生産様式の増大する『諸矛盾』についてのマルクスの一五〇年前の説明は、社会科学における複雑性分析の最良の事例である」(Urry 2005b: 240)と述べ、「彼は適切な言語をもたなかったのだが」と続けている(同)。確かにマルクスが複雑性理論を知る由もなかった。その後のマルクスは、経済決定論という批判が的外れではない方向に進んでいった。

議論がやや逸れたので、史的唯物論の公式に戻ろう。この理論にはいまなお興味深い論点が含まれている。この公式は、生産力と生産関係という二つの変数の関係を述べている。社会の発展に伴って、生産力は連続的に上昇していく。この生産力は、特定の生産関係によって生み出される。すなわち古代奴隷制、封建制、資本制などの特定の生産関係は、特定の範囲の生産力に対応しているというのである。生産力は連続的に変化するが、生産関係は非連続的にしか変化しない。生産力の上昇は、現在の生産関係が許容する範囲を超えようとするだろう。そうなると、現在の生産関係は生産力を阻害する桎梏となる。その時に現在の生産関係が破壊され、新たな生産関係が登場する。これが革命である。この考え方は臨界と相転移の考え方にほかならない(7)。すでに述べたように、相転移とは連続的な変数と不連続な変数の関係であり、連続的な変数が臨界状態に達すると不連続な変数における変化が生じる。マルクスとエンゲルスの説明は、典型的な臨界と相転移によるモデルなのである。それはいわば量と質の「弁証法」である(8)。ここで次の引用を見てみよう。

「十世紀に入ると、『平仮名』は急速な勢いで発達する。おそらく、部分的試みが各所でなされ、発達する段階での進行度は極めて緩やかなものであったろう。そうして一定以上の蓄積が出来た段階で、それは突如変質した。即ち、日本語を書き表わす、具体的には和歌・消息等を書き表わすべき文字としてふさわしいものと意識された時、それは変質したのだ。その時、漢字との関わりを親子関係のごとく残していた『草仮名』から、別種の文字として発達すべき運命をもった『平仮名』が突然変異のように生まれたのである。

万葉仮名から草仮名への変化は、楷書―行書―草書という崩し方の量的相違であった。この変化は可逆的な変化であり、必要に応じて、楷書へ遡行できるという性質のものであった。ところが、『草仮名』の量が字種・用法ともに豊富になり、日本語（特に、和歌、消息等）を書き表わすことが不自由なくできるようになった段階で、漢字離れを起こした。こうなると、『草仮名』から『平仮名』へは雪崩現象となって移行する。漢字の桎梏から解放された『平仮名』は漢字とは無関係にその字形を整えていった。…（中略）…『草仮名』の量的変化が、『平仮名』の質的変化を生んだのである」（小池 1989: 45）。

これはマルクスとエンゲルスの場合とはまったく異なり、日本語の成立に関する学術的な記述である。この引用で提示されている説明の仕方は、再び典型的な臨界と相転移の考え方にもとづいている。まず一方で、「楷書―行書―草書という崩し方の量的相違」がある。それがより豊富になると、「『平仮名』が突然変異のように生まれた」というのである。この相転移にいたるまでは過程は可逆的であった。しかしいったん平仮名という新たな「相」すなわち形が生じた以上、その過程は不可逆なものとしてロック・インしたのである。「雪崩現象」とはＰＦＢのカスケードであると考えられる。このカスケードにおいて、モーフォジェネシスの特質である力学的な勢いが顕在化する。早くも十世紀初頭には古今和歌集が成立し、一一世紀初頭には源氏物語が書かれたのである。

これらの例から示唆されつつ、社会場の変動の基本的なモデルとして臨界と相転移のモデルを提示したい。いま述べたように臨界と相転移のモデルは、量的な変化と質的な変化という二つの変化にもとづいている。質的な相はある範囲の量と対応している。水の変化は単純な例であり、固体・液体・気体の三つの相しかない。しかしより複雑なダイナミクスの過程ではより多様な分岐を考えるべきだろう。生物学で分岐構造の形態形成 branching morphogenesis (Alberts *et al.* 2002: 1226) と呼ばれるものである。二番目の引用では漢字から平仮名が生み出されたのだが、この過程は必然的な過程だったわけではなく、平仮名は無数の可能性すなわち分岐から選択されたものだろう。

社会場は思いの相互作用の場である。そのマクロ変動の過程の出発点は、思いの相互作用がチャージされることである。清水博が言うように、「システムに秩序を出現させるためには、まず、システムの内部に『過剰なエネルギー』が蓄えられて、不安定な状態がつくられることが第一である」（清水 1999: 32）。このチャージは量的に進む過程である。特定の思いがチャージされ、社会場のポテンシャルが高進する。思いのチャージが量的な要素であるのに対して、相に当たる質的な要素は社会構造と呼ばれる、安定的なアトラクタである。アトラクタに過剰なチャージが行われると、ダイナミクスが臨界状態に達する。そのとき、ダイナミクスに分岐とゆらぎが生じる。水の場合とは異なり、社会場の分岐には多様な可能性が開かれるだろう。そして社会場が非エルゴード空間であることから、それぞれの選択肢を選んだ場合の未来における帰結は不確定である。だが、ダイナミクスはいずれかの方向に進まなくてはならない。どれかのゆらぎが偶然選択され、それがＰＦＢで増幅・強化される。このとき、新たな秩序が創発するのである。それはモーフォジェネシスのテーゼが述べる、ダイナミクスの自発的なアトラクタ脱出であり、場の自発的崩壊の過程である。その後ダイナミクスが別の新たなアトラクタに達するとこの過程は安定化し、安定化のダイナミクスとしてのＮＦＢが働く。ＮＦＢは不断に生じるゆらぎを無効にする。その後、再びエネルギーがチャージされたとき、ダイナミクスはアトラクタから脱出する。こうして、社会場を、創発を生み出すポテンシャル空間と考えることができる。

臨界と相転移のモデルにおいて興味深いのは臨界状態である。臨界状態において、次の変化に移行する体制は整っているのだが、まだ変化は生じていない。前に紹介したカンディンスキーが抽象絵画に開眼した事例は、この臨界状態に相当するのではないだろうか。この事例では、彼は絵画の対象ではなく色彩と形に関心があり、それらをすでに描いていたのだが、それが彼自身にも見えなかったのであった。この出来事以前に、彼は色彩と形の創造という、抽象絵画への思いにすでにチャージされていたわけである。この発見の時に、彼の心的場は臨界状態にあったのだろう。日本思想史の相良亭の次の言葉も臨界状態を示唆している。

「江戸の軍学者でもあった素行と、京都の町家出身の仁斎が何の交流もなく、寛文の初年に、ほとんど時を同じくして古学を提唱し、誠を強調しはじめたという事実は注目されなければならない。なおまた、別項にとり上げるように、素行・仁斎と同時代の歌人・俳人も誠を説いている。誠が説かれる機が当代の社会に熟していたというべきであろう」(相良 1989: 188)。

「機が熟する」とは臨界状態であると考えられる。臨界状態では、しかし、まだ次の段階についての自覚的な意識は存在しない。臨界と相転移のモデルとして以下のような推移を考えることができる。まず、新たな思いがチャージされる。しかしそれはまだ意識化されない。その思いが十分チャージされて臨界状態に達する。だが、まだその思いに自ら気づかない。何らかのきっかけで相転移が生じる。相転移とは、自らの思いを自覚するということである。相転移はしばしば、新たな理念や価値が生み出されることによって生じるだろう。それは福音である。たとえば封建社会において、理性と啓蒙の福音によって人間の平等が宣言される。この「人間」という概念と言葉が、新たな時代と思いのダイナミクスを生み出す。これは相転移である。封建的支配者との闘争に勝利した「人間」という概念は強化され増幅され、啓蒙のヒューマニズムとして安定化し制度化される。しかし一部の女性が、この「人間」という概念はじつは「男性・成人・白人」のみを意味していることに気づく。こうして男性支配社会においてチャージされた女性の不満が、フェミニズムという福音における概念と言葉によって明確な表現を獲得する。それによってＰＦＢが働き、女性の思いが強化される。こうしてフェミニズムという概念が受け入れられ、制度化される。ところが、再び一部の人びとは、フェミニストが語る「女性」とはじつは「欧米社会の中産階級の白人女性」のみを意味していることに気づく。再び「あいまいな生きづらさ」が生まれる。それは「ポストモダン・フェミニズム」「ブラック・フェミニズム」という言葉の創発で解消される。

一気に新しい時代と新しい思いが立ち上がる。すでに述べたように一九六〇年代の終わりにポストモダンの預言の書が一気に刊行されたのも臨界と相転移の事例だろう。機が熟していたのである。ポストモダン的な思考は、モダニズムが全盛を極めた六〇年代に用意されていたわけである。強迫症を批判する思想は、強迫症的な思考の最盛期に用意された。新たな時代は古い時代に用意されているが、誰もそのことに気づかないのである。

## 注

(1) アーリは「多くの批評家が、抗議の例外的で予想外の高まりを示す社会運動を流体的なものとして特徴づけ始めている」(Urry 2003: 71) と述べ、彼のこの本の中で流体の比喩をしばしば使用している。

(2) フォンデヴィラらは、社会システムの意味的な閉鎖性というルーマンの概念を批判し、社会秩序には意味的な不確定性がむしろ必要であり、それによって社会秩序はカオスの縁に維持されることが望ましいと述べている (Fontdevila, Opazo and White 2011)。

(3) このようにネットワークの概念は社会的流体を意味する場合がある。しかしすでに述べたようにネットワークという概念は構造主義的なものだから、より流動的な場の概念の方がこれらの内容を表すには適しているだろう。

(4) 本書で使用される進化の概念は、すでに説明した複雑性科学によるものであり、多様性の生産である。社会学では進化の概念は社会進化論という旧式の理論のものがいまなお使用されている。ギデンズは様々な進化論において、進化は生産力あるいは自然の支配力の発展と、環境への適応という二つの意味を基盤にする点で共通していると述べ、そのような進化の概念を拒否すると述べている (Giddens 1995: 82)。だがこれはいくらなんでも古典的すぎる進化概念である。本書で使用する進化の概念は、ギデンズが述べている議論とは異なっている。

(5) ギデンズはマルクスの『経済学批判要綱』を参照し、『共産党宣言』におけるこの公式は後のマルクスでは維持されていないと指摘する (*ibid*.: 80)。本書の議論はマルクスの解釈を課題としないので、この点には触れないでおく。

(6) ギデンズは『史的唯物論の現代的批判』の中で、マルクスの史的唯物論の内容のうち、現在でも意味があるものとして人間のプラクシス praxis に関係する要素を挙げている (*ibid*.: 2)。

(7) バーンとキャラハンは、臨界の概念について複雑性理論と史的唯物論の共通性を指摘している (Byrne and Callaghan 2014: 100)。

(8) 人類学者のロバート・カーニロは、臨界と相転移という用語は使用していないが、そのアイデアはヘーゲルが最初に提示し、マルクスとエンゲルスが部分的に継承したものだという。彼はこの論理を人口の量的増大によって新たな政治制度が出現するという現象に応用している (Carneiro 2000)。

## 第3節　言葉と意味

### 1　言葉と社会秩序

社会場における思いの相互作用はコミュニケーションとして現れる。そしてコミュニケーションは通常、主として言語表現による過程である。社会場の概念からは、言語あるいは言葉はどのように理解されるだろうか。通常は、コミュニケーションは離散体としての個人の間の思いの伝達として理解されているだろう。その場合にはまずホモ・クローザスとしてのある個人の心にある思いが生じ、それがメディアにコードされ、メディアを受け取った別の個人がコードを解読して元の思いを知るということになる。この、いわばコミュニケーションの離散体モデルでは、個々の言葉は意味、概念あるいは情報を伝達するための記号・象徴であり、コミュニケーションとは意味や概念の伝達である。伝達という考え方には、その伝達が何らかの他の目的のために必要である、という手段的・道具的な含意があるように思われる。コミュニケーションの必要性は、意味の伝達にあるのだろうか。そしてそれは何らかの目的達成の手段なのだろうか。

この離散体モデルそれ自体が誤りというわけではない。コミュニケーションには様々な描写の仕方があり、離散体モデルはそれなりに有効な場面がある。しかし同時に、このモデルでは十分に理解できない場合もある。とりわけ、場の具体的な秩序について、そうである。たとえば演劇において俳優は台詞を語るわけだが、うまく語れる場合とそうでない場合が明らかにある。だが台詞は決まっており、上手な俳優も下手な俳優も同じ意味や情報を語っているわけである。それゆえ、俳優の語りの優劣に関しては、意味や情報の概念は説明の役を果たさない。優れた語りとそうでない語りの相違はなんだろうか。

私の知り合いに日本語が堪能なアメリカ人がいる。ある日その人がしつこく宗教に勧誘されたことがあった。その人は「私は神を信じませんから」と日本語で言って、からくもその場を切り抜けたという。でも私は神を信じているので、この言葉は英語では言えない、とその人は語った。「神」と「God」はどう違うのだろうか。もちろん、様々な相違がある。日本の神は多神教で、Godは一神教である、など。しかし上記の特定の状況では、「神」と「God」の意味は同一であると考えてよいだろう。ならば自身のネイティブ言語である英語で「私は神を信じない」と言えないのに、日本語では言えるのはどうしてだろう。ここでも意味の概念は機能しない。英語でも日本語でも、意味は同じであると考えられるからである。仮にある人が母親を「おかあさん」と幼少の時代から呼んできたとしよう。その母親の名が「花子」だとして、その人がある日突然「花子さん」と呼びかけたら、どうだろう。母親の狼狽は容易に想像がつくだろう。しかし、「おかあさん」と「花子」が指示するのは同一人物であり、これら二つの言葉は明らかに同じ意味をもつ。ここでも情報や意味の概念は頼れない。

ルーマンは言語の特質を、現に存在するものを指示する記号機能より、シンボルによる意味の一般化に求めている(Luhmann 1985: 137)。彼はこのシンボルによる意味の一般化を、進化論的観点からすると言語の根源的機能である、とする。しかし、一般化は言葉の本質とはいえない。およそ理論的な概念は一般化ではない。幾何学の初等的な概念、たとえば円の概念などは一般化といえるかもしれない。しかし関数、複素数などは一般化とはいえないだろう。それらは言語的世界における独自の創造なのである。天国や浄土などの宗教的な概念もまた一般化ではない。人間は想像力によって、新たな概念、思いを生み出すのである。それは知覚可能ではないから、言葉でのみ表現される。

フォンデヴィラとホワイトは、言語のインデックス性は社会的文脈を単に反映するだけでなく、社会関係を創造することができるとする(Fontdevila and White 2013: 158)。意味は枠組であり、直接に社会秩序を生み出すことはないが、言葉のインデックス性は社会秩序を生み出すことができる。それは本書の用語では場の波動性である。

社会秩序が想像的なものであるなら、それは不断に思われ語られることでしか維持できない。人はつねに語り、聴き、読み、そうすることで社会場の秩序を不断にその都度創造しているのである。意味の概念は、言葉が社会を作るという観点を欠いている。それは言葉を枠組に組み入れる操作にもとづくから、創造という動的な過程を考えるには適切な概念ではないのである。枠組は静的なものであり、コミュニケーションに先立って存在するものだからである。意味は言葉の言語学的機能であり、波動性はその社会学的機能であるといえるだろう。

コミュニケーションの本質的な機能が社会的秩序を創造することであるなら、コミュニケーションを個人の私的な必要性にもとづいて考える、手段的・道具的な言語観は不十分である。もちろん、しばしば人は情報伝達の必要からコミュニケーションを行う。だが、それがコミュニケーションのすべてではない。コミュニケーションが社会的秩序を創造するものである限り、コミュニケーションを行うことは生を生きることと同義なのである。コミュニケーションは社会が存在し、個人が存在するという事実性そのものである。それゆえに、人はつねに語り、書き、聞き、読むのである。コミュニケーションは不断に存在する。しかも波動として、運動の中で存在する。コミュニケーションは、比喩的にいえば、天候の変動のようなものである。天候の変動は気圧の変動によって生じる。気圧は地上の空気の質量だから、もし地表が同じ質量の空気に覆われていれば、風は生じない。これは均衡状態であり、運動の静止状態である。だがじっさいにはそのようなことは生じない。大気はつねに流動して運動する波動である。同様に、コミュニケーションとは社会場の運動であり波動である。社会はそこに「存在」としてあるものではなく、ダイナミクスであり、不断の生成であり、それは具体的にはつねに生起するコミュニケーションとしてある。

## 2　言葉と場

大森荘蔵は、言葉を、言葉が世界を立ち現す、という観点から考察した（大森 1976, 1982）。このことは、言葉は意味を伝達する、という考え方とは大いに異なっている。意味が抽象的な枠組であるのに対して、言葉が立ち現す世界は、言葉の際限のない多様性に応じて、多彩なものである。大森の考えでは、言葉は具体的で個別的な世界をその言葉を聞く者に対して立ち現す。しかも、抽象的にではなく具体的な相貌を伴って、感情に満ちた世界が立ち現れるのである。この「大森哲学」も、言葉の秩序創造機能に焦点を置いている。

言語という抽象的な枠組ではなく、個別で具体的な言葉は、他の言葉と相互作用し化学反応を行い、思いを引き込むアトラクタの磁場を形成する。人は世界一般を生きるのではなく、そのように個別具体的な場においてその人の具体的な実存を生きるのである。社会場は思われることにおいて不断に生み出されるのであり、それゆえ社会場は言葉の波動において「なる」という形で生成する。先ほどの事例では、俳優にとって問題なのは台詞の意味ではなく、台詞を構成する言葉の波動性だろう。意味はすでに明らかだからである。演出家の平田オリザ（1995）は、コンテクストという概念でこの事情を語っている。たとえば現代の高校生は「帰りにマクドナルドに行こう」というセリフをうまく言えないのだという。もちろん、この台詞を単に発話することは容易である。問題は、リアリティをもって語る、ということである。どうしてうまく言えないのかというと、高校生はふだん「マクドナルド」という特定の語を語ることがなく、「マック」と言うからだという。意味に関していえば、「マクドナルド」と「マック」が指示する対象は同一である。平田の言葉でいえば、「マクドナルド」という言葉は高校生のコンテクストにないのである。しかし、コンテクストという言葉は構造的な概念である。社会場は不断に変化するのだから、波動性の概念の方が適切である。高校生が実存する社会場において、「マック」という言葉を発話することで特有の世界が「なる」形で生み出されているのである。優れた俳優が舞台で語る台詞の波動性が、観客の思いをそのドラマの世界という想像的な場へと引き込むのである。

「神」と「God」の相違も、その波動性にあるのではないだろうか。アメリカで生まれ育った人にとって、「God」という語はアメリカの社会において強い波動性をもち、多様な化学反応を引き起こすが、「神」という語はそうでなく、単に抽象的な意味を伝えるだけなのである。「おかあさん」という語は、それを発話することによって親子の思いをこれまでに共有してきた生活の歴史的経験の思いの場の波動を生み出す。「花子さん」という語は、これまで慣れ親しみ共有してきた生活である思いの場への還帰を拒否する機能を果たすのである。ある空間に場が存在するとは、その周囲の空間に歪みが存在し、その近辺にある存在はその力の影響を受ける、ということであり、それが波動である。力とは空間に歪みをもたらす能力である。言葉もまた同様に考えることができるだろう。
新古今和歌集の中で、藤原定家は次のように詠んだ。

「見渡せば花も紅葉もなかりけり浦の苫屋の秋の夕暮」

ここで歌われている「花」は、その意味においては「桜花」を意味する。しかしそれはあまり助けにならない。定家の時代においてこの句を読み、「花」という言葉に触れた人は、和歌の盛期における、無数の歌人たちの思いがチャージされた、思いの磁場へと引き込まれる。この句における「花」は、「桜花」を意味すると同時に、桜花について無数の人が語った典雅なる時代の思いの場において、強い波動という運動性をもっていただろう。「花」という言葉が強い波動性をもっていたのは、当時にあっては無数の人が「花」についての思いを語り、そのために「花」という言葉はその背後に高度に凝縮された思いのエネルギーをもっていたからである。短詩型としての和歌の意味内容は陳腐にみえるかもしれないが、和歌の焦点は和歌を構成する言葉の波動の強度にあると思われる。この波動の強度は、その言葉が無数の思いによってチャージされているという事実から来るのである。
プロレタリア詩人の中野重治は、一九三一年に出版された詩集の中で、こう書き記した（中野 1978）。

「おまえは歌うな／おまえは赤ままの花やとんぼの羽根を歌うな／風のささやきや女の髪の毛の匂いを歌うな／すべてのひよわなもの／すべてのうそうそとしたもの／すべてのものうげなものを撥き去れ／すべての風情を擯斥せよ（以下略）」

中野が右の詩を書きつけたのは昭和ファシズムの前夜であり、「花」という言葉が化学反応を生み出しうるような優雅なる磁場はとうに消失していた。そうなると「花」という語は、意味はそのままだが、波動を失った、死んだ言葉となっていたのだろう。「死語」とは、その言葉が運動できる磁場がすでに存在しないような語である。それが「赤ままの花」なのである。大戦を経て戦後へといたる時期において、「花」の高貴さは確かにリアリティを失っただろう。そのような時期には、たとえば吉本隆明の

「ぼくの孤独はほとんど極限に耐えられる／ぼくの肉体はほとんど苛酷に耐えられる／ぼくがたおれたらひとつの直接性がたおれる（以下略）」（吉本 1968）

という言葉は、当時の社会において強烈な波動をもっただろう。それは中野の言葉を借りれば、「人びとの胸郭にたたきこ」まれたに違いない。しかしながら現在の時点では、吉本が使う「孤独、極限、肉体、苛酷、直接性」という語が化学反応を生み出すような思いの場は、消失してしまった。その思いの場とは、マルクス主義、実存主義、構造主義など、何々主義と呼ばれる様々な思想が一気に日本の知的風土に流入し、人びとがこれらの漢字の熟語で表されるいかめしい概念を使って必死に思考していた時代の場である。そのような時代の社会場では、吉本が使った概念的な用語はリアリティをもち、無数の化学反応を起こすことができた。だがそのような時代は去った。それゆえに現代の俳優がこれらの語、あるいは革命、情況、主体性などの語を適切に発話することは困難だろう。現代において俳優がこれらの概念語を発話しても、何の反応も生まれないだろう。それは六〇年代のアンダーグラウンドの役者が「健康管理」というセリフを語る時に覚えるであろう困惑と同じだろう。「革命」という言葉が「赤ままの革命」、波動をもたない単なる概念あるいは意味になってしまったのである。

日本語はとりわけ言葉の波動性を重視する言語であるようだ。国文学者の尼ヶ崎彬は和歌の経験について次のように述べている。

「歌の聞き手にとって言葉の意味は素直に流れない。無意味な音に始まり、突然意味が中断し、新たな話題が立ち上がり、聞き流していた前の言葉に新たな意味が加えられる。聞き手が経験するのは、立ち止まり、歩きだし、飛躍し、振り返り、落着するという運動である。歌を聴くとは、このような時間経験を味わうことである。そしてこの時間経験を豊かにしているのが、緩急の変化、話題やイメージの変化、見過ごされた意味の再発見などである」(尼ヶ崎 1995: 21)。

「西洋・中国の詩が主として構造の反復というやり方で言葉に形式の枠を嵌めているとしたら、和歌は語の反復と文の重層によって連鎖と展開をめざしている」(同 : 31)。

掛詞では、読者は一つの言葉によって、二つの異なる波動を経験する。枕詞は、それ自身ある意味をもつと同時に次に来るべき特定の言葉を導くものであり、人は枕詞を読む時に、次に到来する言葉が近づきつつある、という運動を経験するだろう。この運動感覚に枕詞の意義があるわけである。本歌取りの技法では、句中の語は、引用されている歌の思いの場へと読者の思い引き込む。これらの技法では、二つの異なる言葉の運動的な相互作用に焦点がある。一つの言葉が語られ、次いで次の言葉が語られるのだが、前の言葉は消えてなくなるわけではなくその波動が減衰し残響する。そこに後の言葉の波動が重なる、という具合である。これらの修辞の焦点は意味ではなく運動であり波動である。右の引用文で尼ヶ崎は時間性を強調している。意味とは空間性であり、波動は時間性である。

言葉の波動性は日本語だけに当てはまるのではなく、言語全般に当てはまることである。社会的な相互行為の場面で、使用される特定の語が特定の場へと聞く人の思いを誘導することは、社会学者には親しい事例だろう。方言はその典型的な例である。社会場は無数の場へと分化している。そのそれぞれで、特定の語が使用され、それらの語は行為者を特定の動機づけへと引き込む。それゆえに仕事、家庭、友人関係、恋愛関係などそれぞれの場面で異なる言葉が使用されるのである。言葉はそれが使用される思いの場の厚みと歴史を、その波動の源泉としている。

現象学では意味の概念が重視される。だが同時に、「生きられる世界、生きられる経験」などの概念も重要である。

しかし「生きられる意味」という概念はなりたたないのではないだろうか。意味は一般的な枠組だから、個々の経験の一回限りの具体相を捨象する。それに対して、「生きられる」という表現はまさにその個別性を指示するものだろうから。この「生きられる」という考え方の方が、ここでの議論にとって本質的だろうと思われる。人間は意味を生きるのではなく、それぞれ一回限りの具体的な思いの波動を生きる。言葉の波動性という考えは、言葉が具体的な現場で生きられるというあり方を強調するものである。メルロ＝ポンティは言葉の波動性に注目していたように思える。

「音楽とまったく同様に、言語も、それ自身の配置によって意味を支え、それ自身の網目の中に意味を捕える…（中略）…音楽の記譜法が事後の複写であり、音楽的存在者の抽象的ポートレートであるように、記号と所記、音と意味との間の明示的な関係の体系としての言語も、作動する言語の一つの帰結や所産なのだということを認めてはならない理由があるだろうか」（Merleau-Ponty 1964=1989: 212）。

彼は言葉を音楽にたとえているが、音楽において情報や意味、文法などの概念はほとんど有効ではなく、明らかにそれは波動である。言葉も同様の性質をもつだろう。いま議論している内容は、先の引用における「作動する言語」という考え方と重なるだろう。

## 3　言葉と意味

それでは、意味という概念はどのように考えられるだろうか。言葉の波動性は、個別特定の社会場において働く。それゆえに言葉の波動は、その場を熟知していないとうまく働かない。もし場を熟知していないとコミュニケーションができないとなると、コミュニケーションの範囲はきわめて限定されてしまう。意味は、無数の具体的な状況の一般化であると考えればよいだろう。言いかえれば、それは言葉の幾何学である。たとえば、世界には無数の個別具体的な「円」が存在するが、幾何学はそれら異なる円を相互に変換し、この変換に対して不変の要素を幾何学的要素と考える。変換とは要するに比較である。比較には様々な方法があり、それゆえに射影幾何学や位相幾何学など異なる幾何学が考えられる。同様に、言葉の運動は千差万別である。それらを変換・比較し、この変換に対して不変な要素を意味と考える。たとえば「犬」という言葉は、人によって異なる思いを喚起するだろう。コミュニケーション不全を避けるためには、さしあたって共通する思いのレベルで語り合うのが無難である。そのような作用を果たすのが意味の概念であるといえよう。言葉は波動とは別に意味をもつから、見知らぬ人ともコミュニケーションが可能になるのである。意味は言葉の波動性を位置づける、静的な枠組である。さきに一般化としての意味は言語の本質ではないと述べたが、だがそれは言語の重要な機能である。

表現には意味を重視するそれと、波動を重視するそれがある。論理的な文体で表現される論文は前者の例である。論文は不特定多数の読者へと差し出されるものであるから、個別のリアリティに依存しない表現が求められる。それに対して、後者の例は詩であろう。詩においては言葉の意味も重要だが、その焦点はそれぞれの言葉の波動に置かれているのである。詩は、少なくとも特定の範囲の聞き手を想定している。少なくとも同時代のリアリティを生きる人びとを。詩は意味を伝達するというよりは、それぞれの時代のリアリティを確認するという機能に焦点があるのである。だからこそ、気に入った歌詞を繰り返し聞くのである。意味に焦点があるなら、同じ歌詞を繰り返し聞くことは、文字通り無意味である。詩を何度も聞くことで、その波動によって、人は特定の場へと繰り返し立ち戻るのである。

作家の村上春樹は、自分が過去に書いた作品を日本語では恥ずかしいので読み返すことはできないが、英語だとそれが可能であると述べている（村上・柴田 2000: 19）。その翻訳が優れたものであるならば、日本語版と英語版の文章の意味はほぼ同じだろう。ここで問題となっているのは、意味とは別の何ものかなのである。私はそれを波動と呼んだ。それは、それぞれの特定の言葉が思いを特定の場へと引き込むような運動である。親しみ馴染んだ母国語の言葉は、外国語よりひときわ強い波動をもち、場合によっては作品世界に不要な波動を引き起こしうる。この点で、外国語は母国語より中立的なのである。外国語をいくら学んでも、母国語ほどはうまくならないだろう。言いかえれば、母国語は特に意識せずとも自由に操れると思うかもしれない。それは確かにその通りだが、しかし同時に母国語はその強い波動によって、特定の場へと思いを引きつけてしまうということもありうる。この場合は、母国語を使うがゆえの不自由さというものもあるわけである。言葉は人が自由に使用できるような道具ではない。

言葉の波動は人びとが共有する世界、一個のコミュニティの存在を前提している。和歌の韻文というスタイルは、近代的な自我にとって許容しがたい前近代的な共同体の場の波動であった。それゆえに口語自由詩は韻文のスタイルを拒否することでなりたった。脱亜入欧を求めた日本の近代における西欧化は、翻訳語の文体を生み出した。翻訳語はそれ固有の波動によって近代的な場へと人を誘う。それは擬似的な西欧的思考である。だが少なくとも翻訳語という擬似日本語を使用することで、人は前近代的な共同体の思いの場から遠ざかることができたのである。

言葉が作り出す波動と意味の二つの機能を際立たせたのは本居宣長である。宣長が批判した近世儒学は、意味によって支えられる理念的な世界観によってなりたっていた。日本倫理思想史の菅野覚明によれば、「近世儒教は、あらゆる事物に内在するそれぞれの本質を、それら事物の全体としての世界を世界として存立させる効用性に見出したのである。あらゆる事物が、それぞれの効用を十分に尽くすことで世界は調和的になりたつというのが、しばしば活物観の名をもって呼ばれる近世儒教の特徴的な世界観であった」（菅野 2004: 60）という。これはパーソンズの構造－機能理論にも通じる、システム論的な機能主義的世界観である。そこでは意味という普遍的な原理が重要である。宣長がこの儒学的世界観を否定して強調した概念は、よく知られているように「もののあわれ」というものであった。菅野はこの概念を以下のように説明する。

「宣長が発見したあわれの領域とは、一言でいえば嘆息の世界である。それは、心に即していえば、道理や意味とは別の、感情の動きそのもの、深さそのものに対応する領域である。この領域は、効用論の観点から見れば、何の意味も持たない無益・無用の世界である。それゆえ、その世界は、儒教的思考の枠組における近世の人間観の中では、正当な位置づけをあたえられないまま、無意味な世界として視界外に放置されていた。」（同：188）

「あわれという概念は、歌を、心の内容を説明的に語る普通の言葉とは別の、心の深さ・動き・振幅を語る言葉として位置づけるために抽出されてきた概念なのである。」（同：185）

「宣長が繰り返し強調するのは、あわれという言葉は、元来は悲哀という特定の感情を指すものではなく、心が深く動くこと一般をあらわす言葉であったという点である。」（同：179）

この「もののあわれ」は意味を指示する名詞より、テニオハに代表される助詞によって端的に表現される。それゆえに宣長は助詞の研究に焦点を置いた。宣長が考えるもののあわれとは、言葉の波動的な側面であることは明らかだろう。彼は理念や意味といった静的・構造的な要素を中心に置く儒学に対して、心を動くことを本性とするものとして考えたのである（同：190）。

意味の世界と波動の世界は、社会秩序を構成する二つの要素である。見知らぬ相手とのコミュニケーションでは、意味の一般的な枠組が不可欠である。だが、自己と他者の関係が深まるにつれ、そこには共生成がなりたち、共有の思いの場がなりたちうる。親密な関係におけるコミュニケーションでは、意味だけでなく言葉の波動が問題になる。親密な関係では言葉は心的場の奥深くへと浸透する。文学者はこのような個々の言葉のふるまいに関心があるだろう。小林秀雄は「言葉というものは、人びとの頭に滲透して限りなく多様な抵抗を受ける電流の様なものだ。この抵抗こそ言葉というものの現実的な意味である」（小林 1932: 81）と述べている。これも言葉の波動性の表現である。意味は社会秩序の基盤ともいえるものであり、社会的な規範とも結びついている。それに対して波動はその都度の状況にリアリティを与えるものだが、社会的コミュニケーションの普遍的な基盤ではない。それゆえに宣長はもののあわれの世界の「無用性」を強調したのだろう。

言葉の微細な波動は、人が生きるという事実性そのものである。生とはつねに個別的な実存であり、一般的な生あるいは普遍的な生というものは考えられないからである。歌の場合には、波動性がより重要であることはすでに述べた通りである。菅野は「歌の意味内容は、その内容の伝達自体が目的なのではなく（効用性の否定）、生で不定型な、その限りで一回的なあわれの声に、共有可能な、即ち反復可能な形象を与える役割を果たすものなのである。きわどい言い方をするなら、歌は音声によって搬送される意味なのではなく、意味によって搬送される音声なのだということになる」（菅野 2004: 299）と述べている。これを言葉の波動性の表現と解釈できるだろう。だが何度も述べたように、この波動性が有効なのは比較的狭いコミュニティの範囲内である。現在、われわれは世界が不断に拡大するというグローバル化の中に生きている。グローバル化が可能なのは、意味という普遍的な枠組があるからである。だがこの普遍的な運動の中で、小さな無数のコミュニティが日々生まれつつある。それらの小世界は、言葉の波動性によって担われるのである。

## 第4節　アイデンティティのダイナミクス

### 1　初期の歴史

この節ではアームストロングの、一九六〇年代のサンフランシスコにおけるLGBT場の研究（Armstrong 2002, 2005）を参照し、場の概念の応用例を考えよう。これらの研究で彼女はマカダムらの影響の下に戦略的場の概念を提示し、それによってこの過程を記述し説明すると述べている（2005: 168）が、じっさいにはそうしていない。それは、すでに第I編第1章第6節で説明した戦略的場の理論にはそのような性能がないからである。じっさい、アームストロングは、社会学における組織論と社会運動論の双方において、相対的な安定状態が研究の対象とされ、時間的な展開に十分な注意が払われていないという（*ibid.*: 162,165）。その結果、社会学における組織論と社会運動論は「深刻な社会的動乱よりも社会秩序の下にある社会的行為を理解するのに適している。社会運動論と組織論の研究者は不確実性の下での行為の問題と、革新と創造性の源泉により深い注意を払うべきである」（*ibid.*: 186）という。そうであるなら戦略的場の理論は大きな社会変動の過程など説明できるはずがない。

フリグスタインとマカダムの理論では、場は自発的に変化せず、変化の原因は外部からやってくる（Fligstein and McAdam 2012: 19）。ブルデューの理論でも同様である（Leschziner and Green 2013: 120）。レシュジナーらは、戦略的場の理論はブルデューのハビトゥスの概念に依存し、内在的な変化を説明する手段をあまりもっていない（*ibid.*: 117）と述べている。アームストロングは六〇年代の過程をゲイ／レズビアン場の結晶化と考えているが（2005: 174）、戦略的場の理論はこの結晶化の動的な過程を記述も説明もしないのである。現在の戦略的場の理論において、ハビトゥスの概念はあたかも社会システム論における規範の概念のような地位にあるという（Leschziner and Green 2013: 117）。そうならばアームストロングが関心をもつ場の変動と結晶化を説明できないのも当然である。この過程は規範に従う運動ではないからである。それゆえにこの過程についての彼女の記述は、通常の歴史的記述であり、説明ではない。本書で提示する力学的な場の理論では、彼女が記述する変動過程そのものが、場であると理解される。すなわち戦略的場の理論とは異なり、力学的な場の理論では場とは本質的に運動なのである。

歴史的過程において多様な個人がその人の生を切実に生きる。だがこの過程をよりマクロに観察し記述することも可能である。社会変動の過程では、ある思いをもつ個人が同時に多く出現するが、それは個人に照準した記述では理解できない。それゆえに思いのダイナミクスの理論が必要である。アームストロングによれば、一九六〇年代のサンフランシスコではゲイ運動において、政治的権利の獲得に指向するゲイ・ライトの運動、ゲイ・アイデンティティの確立に指向するゲイ・プライドの運動、そしてセクシュアリティの問題を階級、人種とも関係させ人間の全面的な解放を目指すゲイ・パワーの運動という三つの異なる流れ、すなわち場が存在した。本書ではこれらのそれぞれは社会的な思いのダイナミクスの場として理解される。

この過程で一つの焦点となるのは、ゲイ運動とニュー・レフトという異なるダイナミクスの化学反応である。それは異なる渦のぶつかりあいと相互の変形ともいえる。一九六八年までに、ゲイ活動家は後のゲイ・アイデンティティとなるべき文化的作業をすでに終えていた（Armstrong 2005: 56）。それは臨界状態にあったといえよう。しかしそれまでのゲイ運動という場は、人権についての思いを生み出すことはできたが、アイデンティティについての思いを生み出すことができなかった。五〇～六〇年代の組織は同性愛組織 homophile organization と呼ばれた（Armstrong 2002: 16）。ニュー・レフトと遭遇する以前の時点では、同性愛は個人の私的な嗜好であり、かつ秘密であった。

一九六〇年代の後半に、ニュー・レフト運動が急激にその力を強めていた。日本語で「新左翼」と書くといささか情緒的なニュアンスが強くなるので、ニュー・レフトと書くことにしよう。この運動はモダニティの啓蒙のラディカリズムである。分裂を強調するポスト構造主義がチャージされ、歴史の表面に登場するのが六〇年代の終わりだが、それがチャージされつつある時期にモダニティの強迫は最高潮に達していた。すでにフリーダム・サマーについて述べたが、それが数年後にニュー・レフトへと進化していく。フリーダム・サマーと同様に、ニュー・レフトを担ったのは主として支配階級の中産階級の白人の男性だった。すでに述べたように彼らは支配階級としてモダニティの知識に対する特権的なアクセスをもったために、モダニティの思いにより深く感染し、その核心である普遍主義と啓蒙合理主義の預言者となった。すなわち、すべての支配と抑圧を廃止し、すべての人を解放しなければならないという思いにチャージされたのである。これは脱埋め込みのラディカリズムである。この普遍主義の啓蒙のダイナミクスは、六〇年代中期までのホモ・ファイルの運動とは異なっている。後者の運動はレズビアン／ゲイという個別の文脈における運動だからである。この異質な二つのダイナミクスあるいは波動が出会い、その化学反応から六〇年代末の磁場が生み出される。

## 2　ニュー・レフトとゲイ・パワー

一九六九年に、ニュー・レフトとの接触によってＬＧＢＴ場は劇的かつ永続的に変容し、ゲイ・パワーと呼ばれるゲイ解放運動がなりたった（Armstrong 2002: 56）。ゲイ解放運動はこの年に突如として出現し、それまで徐々に拡大してきた同性愛のコミュニケーション空間は突然のように終焉した（*ibid.*: 24）。これはまさに異なる二つの思いのダイナミクスの激突と共生成によって新たな波動と磁場と化学反応が生み出されたとしか言いようがないだろう。新たな磁場における波動は新たな言葉で語られなければならない。同性愛 homophile, homosexual という用語ではなくゲイという用語が初めて使われるようになり、同性愛という言葉はほとんど一夜にして消え失せた（*ibid.*: 20）。いまやゲイという言葉が、新たに生じた磁場において固有の波動を獲得したのだ。ゲイ・パワーの創発である。ブラック・パワーの主要な焦点は、カーマイケルの黒は美しいという言葉に代表される、黒人としての自己の再定義と肯定にあり、ゲイ活動家たちはこのアイデンティティへの焦点に関心をもった（*ibid.*: 53）。

この新たな磁場において生み出された新たな思いの様式が、カミングアウトである。ホモ・ファイルの運動は一九五〇年代に、同性愛のアイデンティティを私的なものから公的なものへと変換しようとしていたが、このホモ・ファイル・ポリティックスは公的なアイデンティティを可視的な形で表現できなかった。ニュー・レフトとの出会いによってゲイ解放と、カミングアウトという手法を可能にする文化的な用具が準備された。他の社会運動ではアイデンティティ・ポリティクスは同質な共同体を形成するが、ゲイ運動ではアイデンティティ・ポリティクスは個人の表現と考えられ、個人の差異が承認されていた（*ibid.*: 3）。ニュー・レフトとの化学反応で生じた新たな場において生じたのは、プライヴァシーについての考え方の急激な変化だった。差別の下にあったホモ・ファイルは自己の性的傾向を秘匿することを必要なことと考えていたが、ニュー・レフトはそれを自己への不正直であり自己疎外であると考えた。そこからカミングアウトのポリティクスがなりたった。ニュー・レフトと接触するまでのホモ・ファイル運動では、恥とプライドという心理的な問題は中心的なものではなかったが、この接触によって権利から心理への転換が生じた（*ibid.*: 58）。ニュー・レフトとの遭遇の以前は、ゲイは具体的で個別的な嗜好であったが、ニュー・レフトという啓蒙の普遍主義の波動との化学反応によって、それが普遍的な人間としてのセクシュアリティであるとして正当化されたのである。それゆえそれはカミングアウトによって公的な場面へともたらされるべきものとなったのだ。このような変化はシステムや構造の概念では理解できない、化学反応と波動の経験である。こうしてゲイ・パワーの磁場が創発した。

「カミングアウトは単に性的アイデンティティの公表にとどまらず、アイデンティティ・ポリティクスの論理の上に建てられた組織論的・政治的戦略でもある」（*ibid.*: 61）とアームストロングは言う。それは「個人的なことは政治的である」という女性解放運動のスローガンとも重なる。カミングアウトは、それを行う個人が既存のホモ・ファイル運動とニュー・レフトの両方に同時に属している時に生じてきた（*ibid.*: 69）。それはまさに共生成と化学反応の産物だったのである。カミングアウトは個人の真正さ authenticity を表現しようとする。このとき生じたのは、思いの運動の突然の転位である。比較の対象となったのは、カミングアウトして心を解放することと、それに伴う暴力、解雇、蔑視などのコストであった。ホモ・ファイルにとっては後者のコストは前者の利益を上回るものだった。ゲイ解放運動ではそれが逆転したのである。そしてこの転位は一九六九年に相転移のように突如として生じた。カミングアウトの基盤である自己に対する誇りを語るゲイという言葉を、ゲイ運動はニュー・レフトとブラック・パンサーの波動を受けて生み出した（*ibid.*: 70）。同性愛という言葉が性的嗜好に焦点を置き、マイノリティとしての性格を指示するのに対して、ゲイという言葉は肯定的で性に留まらないライフスタイルを意味したのである（*ibid.*: 71）。

言うまでもなく、この二つのダイナミクスの化学反応と共生成は時にぶつかり合う波動を生み出していた。ニュー・レフトの啓蒙的合理主義からすれば、あらゆる差別は同時に廃止されなければならない。すなわち革命である。それゆえニュー・レフトは、ゲイ解放は単独では成し遂げられず、それは階級、植民地、人種、ジェンダーの解放と同時でなければならないという考えを持ち込んだ（*ibid.*: 57）。「性的な解放は、より広い社会変革の一つの側面にすぎないと定義された。ゲイ・アイデンティティを構築することは、社会的なカテゴリーの一切を除去することへのステップであるとみなされた」（*ibid.*: 2）とアームストロングは言う。ゲイ解放運動の論理はニュー・レフトのそれであり、ゲイ解放はこれら多様なテーマに同時にコミットメントを与えなければならないことになった。

アームストロングはこの過程を、「アメリカ合衆国において大きな構造変動は不可能だという信念の弛緩は、危機に固有の強い相互作用および異なる文化的伝統の交差とあいまって、集合的な創造性のかつてない状態を生み出した。ニュー・レフトとの出会いがホモセクシュアルの活動家にセクシュアリティをめぐる組織化についての新たな思考様式を与えた」（2005: 175）とまとめている。そして「同性愛運動とニュー・レフトの出会いは、その中でゲイ・プライドモデルが、カミングアウトとアイデンティティ表現を強調しつつ形成される、るつぼを提供した」（*ibid.*: 180）と言う。この引用文で語られている「信念の弛緩」「強い相互作用」「異なる文化的伝統の交差」「集合的な創造性」「るつぼ」という考え方は、戦略的場の理論ではうまく表現することはできない。それは戦略などというけちくさいものではなく、そもそも戦略を行使する主体が変容し発酵し創発する過程だからである。また変動の過程では、何が「掛け金」なのかも明らかではない。この変動過程は言説の概念でもうまく表現できないだろう。この過程は社会的な思いのダイナミクスが相互作用し共生成によって新たな運動を生成する過程、すなわち異なる力学系の磁場とそれらの間の化学反応の過程なのである。そして六九年に生じたのは「ゲイ」という言葉の、意味ではなく波動が運動する磁場であった。

思いのダイナミクスの運動はカオス的遍歴をたどる。すなわちそれは偶然性に左右されつつ、広大な非エルゴード空間をさまよう旅である。アームストロングは「ニュー・レフトとホモセクシュアル運動の出会いは、歴史的には偶然であった。もし、たとえばニュー・レフトがもっと早く衰退したためにホモセクシュアルのポリティクスがニュー・レフトと出会うことがなければ、カミングアウトのような戦略が生み出されたかどうかは確かではない。現在のゲイ・ポリティクスの基盤となっている諸前提は、現存していたホモセクシュアル運動がニュー・レフトの寿命の十分に早い時期に遭遇したために、ゲイ運動はこの出会いに関わったことの十分な創造的恩恵を経験したという事実に多くを負っている。レズビアン／ゲイ運動の場を形成するために必要だった文化的な手段は、現存したホモセクシュアル組織とニュー・レフトの出会いの中で創造された」(*ibid*.: 175-176)、「ニュー・レフトとホモセクシュアルの組織化の交差の、そしてニュー・レフトの退潮のタイミングが、どのような行為者、政治的アプローチ、可能性が交差するかを決定するのにきわめて重要な役割を果たした。出来事が展開する過程のほんのちょっとした相違でも、行為者、政治的モデル、政治的可能性が異なる方向において異なる形で収斂したかもしれない」(*ibid*.: 174) と述べている。

このような事情もダイナミクスの理論でしか理解できないだろう。これは力学的場の理論でいえばまさにカオスであり、場には無数のゆらぎが存在し、分岐においてどの方向へのPFBが働くかは不確定であることを意味している。どのような些細な出来事も強化され増幅されうる。その結果、経路依存性とカオス的遍歴が歴史の本質となるのである。そしてここで示された六〇年代の過程は、どれかの主体がコントロールした「する」過程ではなく、無数の力の相互作用から創発した「なる」過程である。

## 3　ゲイ・パワーの凋落と新たな場の創発

ゲイ・パワーは一九六九年に生まれ、七一年に死んだ（Armstrong 2002: 90）。ゲイ・パワーを生んだニュー・レフトのダイナミクスは一九七〇年代に入って急速にその力を失った。六〇年代の終わりにはポストモダンの預言者たちが一斉に登場し、生粋のモダニストであるニュー・レフトは退場したのである。この急激な変化もダイナミクスの運動としてしか理解できないだろう。ゲイ・パワーの下、ゲイ運動はニュー・レフトの一部とも考えられており、したがってニュー・レフトの崩壊と同時に消滅するのが当然だったのかもしれないが、そうはならなかった（*ibid.*: 81）。この変動の中で、ゲイ運動は新たなダイナミクスを獲得した。それはアイデンティティ・ポリティクスである。ニュー・レフトの影響下にあったゲイ・パワーは資本主義の廃絶という普遍的な革命を目指していたから、アイデンティティの概念やサブカルチャーを拒否した（*ibid.*: 89）。ゲイ・パワーは資本主義を転覆し、性的なアイデンティティそのものの解体を目指し、革命が第一でゲイ解放はその手段と考えられた。ゲイ・パワーの退潮の中で、それまで潜在していた異なるダイナミクスが力を得てきた。それが普遍的な論理ではなく個別的なゲイ・アイデンティティを重視するゲイ・プライドのダイナミクスである。こうして七〇年代の社会場の思いの生態系では、運動の目標が社会の変革からゲイ・アイデンティティと多様性を肯定することに変化し、ゲイ・アイデンティティ運動の起源となった（*ibid.*: 2）。すなわち、普遍主義の波動の減衰によって、再び具体的なアイデンティティがテーマとなった。しかしひとたびカミングアウトを経験したそれは、かつての秘密のアイデンティティではなかったのである

この変化は単なる断絶ではなかった。ゲイ運動とニュー・レフトの遭遇で創発したもっとも重要な要素はカミングアウトだが、ゲイ・アイデンティティの運動はまさにこのカミングアウトを中心に展開した。アームストロングは、「ゲイの活動家は、ゲイ・パワーの多人種・多争点のアプローチを維持することもできただろう。ニュー・レフトの他の部分、女性運動と黒人運動はそのようにした。ゲイ解放の特殊な性質とニュー・レフトとの関係が、活動家に船

から降りることを強いたのである。ゲイ・パワーを捨てるもっとも強い理由は、一九七〇年にはそれはもっとも革新的で刺激的で成功したゲイ・ポリティクスではなくなっていたことにある。ゲイ・プライドに向かうことは古いポリティクスへの退行ではなく、新鮮な可能性に満ちたものと感じられた。カミングアウトの運動戦略がそれ自身の生命 life of its own を獲得した。人びとは国中のいたるところでカミングアウトを行った」(*ibid.*: 92) と述べている。これは非エルゴード空間におけるカオス的遍歴の典型的な表現である。

フリグスタインとマカダム、ミルグラムと同様にアームストロングも、場がそれ自身の生命を獲得したという表現を行っている。それはどういう意味ですか? と聞けば、答えることはできないだろう。彼女が依拠している (ことになっている) 戦略的場の理論にはそのような概念はないからである。それに対して、社会場の理論はまさにこの場の「生命」を理論化したものなのである。社会場は思いのダイナミクスの生態系であり、その中のどれかが運動の勢いを増して他を圧することがある。こうして、革命から、アイデンティティと文化へというダイナミクスの転換が生じた。ゲイ・プライドの論理はかつてのホモ・ファイル運動とは異なっている。それは政治的権利の獲得だけでは十分ではなく、ゲイが生きることを有意味にするような文化、ライフスタイルの構築が必要であるという考えだった。

だが八〇年代に入ると、これまでのダイナミクスの中心にあったカミングアウトに対する批判が出るようになった。たとえばゲイの黒人がカミングアウトすると黒人コミュニティの中でいづらくなるという経験からそれは来ていた。カミングアウトはそれを実行しても損失が少ない白人男性の特権であった。こうして、七〇年代までのゲイ運動は、じっさいには中産階級で都市に住む白人の男性を中心とした場であり、白人あるいは有色の女性、有色の男性は排除されていたことが明らかになった (*ibid.*: 136)。それゆえカミングアウトは白人男性のエスノセントリズムだという主張もなされるようになった (*ibid.*: 137) こうして新たな声が登場した。それは七〇年代までは運動の場の中でさえ抑圧され、語られなかった声である。この声の登場によってゲイ運動は複雑性を増したといえる。元来のセクシュアリティについての運動の場に、ジェンダーと人種というテーマが加わったのである。アームストロングは、「場がある種の人びとを排除したのは驚きではない。場の形成は可能性を生み出すだけでなく、可能性を制限もする。ある種のことが思考可能になり、他の種類のことが思考しにくくなる」（*ibid.*: 27）と述べている。場に過剰な多様性が存在すると、そのカオスによって場が崩壊する可能性がある。だが場の成熟は、より多くの複雑性を許容するようになる。ここで彼女が述べている「場」もまた、戦略的場ではなく力学的場である。

さらに一九九〇年代になると、クィア・ポリティクスが創発した。それはゲイ・アイデンティティの概念への批判である。すなわちゲイ・アイデンティティの概念は、ゲイはみな共通性をもつといういわば本質主義を抱えているが、じっさいにはゲイといっても多様な思いと声が存在したからである。こうしてバイセクシュアル、トランスジェンダー、SMなどの境界例からの声が場に登場した。クィア・ポリティクスはゲイ運動の周縁部に存在していた人びとの声の結集である（*ibid.*: 183）。

以上で述べたゲイ運動の軌跡は、社会システム論や戦略的場の理論ではうまく記述も説明もできないだろう。構造、機能、システム、戦略、ハビトゥス、規則、社会資本、社会的スキル、場の掛け金などの概念はあまり有効でない。それは、これらの概念が「する」主体の理論のものだからである。右に述べた過程は思いのダイナミクスの進化の過程である。じっさい、アームストロングは、ゲイ運動のこのような分化は、必然ではなく歴史的な経路に依存すると述べている（*ibid.*: 193）。ニュー・レフトとの遭遇は歴史的必然であったわけではない。この過程は並列分散的に運動する多様な思いのダイナミクス相互の化学反応と創発の磁場であるというべきではないだろうか。その中で諸個人は場によって思いをチャージされ、予想もしない登場人物へと創発したのである。この過程はエージェントが掛け金の獲得を目指して戦略を駆使したというよりは、思いの形態形成の過程として考えられるべきである

アームストロングは、「出来事の歴史的に固有の継起が、一九七〇年代初期のサンフランシスコにおけるレズビアン／ゲイ場の結晶化を可能にした。一九六〇年代末における急激に変化した政治的環境は、ほとんど無限の可能性が存在するという感覚を生み、それが今度はゲイ運動内部における創造的なブリコラージュとともに内的なコンフリクトを生み出した。運動を枠づける多様な方法が可能だと思われ、どの運動の方法が併存する他の運動や、より大きな

政治的環境と共振するかを評価することは困難だった。それゆえ、この時点における戦略的なリーダーシップはきわめて困難だった」(2005: 185) と述べ、既存の枠組の崩壊が可能性の意識と創造性を生み出したという。これはモーフォジェネシスのテーゼが述べる事態にほかならない。すなわち安定的な状態ではダイナミクスは潜在化し、ダイナミクスは安定的なアトラクタに引き込まれる。しかし不安定な状態になると潜在化していた自由度が現れる。そこで鋭敏なカオスとPFBが機能する。それが不確実性における創造性の顕現である。

戦略的場の理論は、場において競争の対象となる掛け金が存在することを前提とするが、歴史的な変動のなかで主体も掛け金も変容するのだから、以上の過程はより広い観点から考察しなければならない。戦略的場の理論でいう場における掛け金は、場におけるプレイヤーがそれを求めて競争する対象だから、財産や地位のような客観的なものである。だがいま述べた歴史で人びとはそのような客観的な価値を求めたのではない。彼ら彼女らが求めたのは納得が行くように生きるということである。それは競争で勝ち取る掛け金のようなけちくさいものではない。それはまさにある種の思いを達成することであり、それゆえいま述べた歴史は思いのダイナミクスの歴史以外としては理解できないだろう。また、個人に焦点を置けば、どの個人も自己の目的を追求したのだということになる。それは誤りではないが、どうしてニュー・レフトが登場し、ゲイ・パワーが登場し、クィアにいたったのかという思いの集合的な歴史、つまり思いの場の変動を理解できないのである。それは個人に焦点を置く思考は点記述であり、歴史的な思いの社会的ダイナミクスを、いわばどんぶり勘定のように「個人の欲望」にすべて落とし込んでしまうからである。その結果、歴史のダイナミクスはすべて個人間の競争となってしまう。右に述べた過程は、むしろ社会場における思いのダイナミクスとして理解するべきである。

# 第8章　責任の論理

## 第1節　責任の観念

### 1　総懺悔

一八三八年の秋に二七二名の黒人奴隷が、住み慣れた故郷のアメリカ合衆国の首都ワシントンから、苛酷な差別が行われる深南部のプランテーションへと売却された。この古い事実が二〇一六年のニューヨーク・タイムズの記事となったのは、資金難のために所有していた奴隷を売却したのが、カトリックのジェジュイット会が運営するジョージタウン大学だったからである。この事実が最近明らかとなり、大学では抗議行動が行われた。記事のタイトルは「二七二名の奴隷がジョージタウンを救うために売却された。大学はその子孫に何を負っているのだろうか」と述べる。この事件についての大学のワーキンググループは、大学は奴隷労働から利益を得ていたことを謝罪するべきか否か、検討している。ある白人の卒業生は非営利組織を立ち上げ、八人の系譜学者を雇用して、売られた奴隷から現在の子孫にいたる歴史を解明しようとしている(1)。この卒業生もまた何らかの「負い目」を感じているのだろう。

負い目とは責任の意識であるといえるだろう。通常は責任とは、ある個人か集団がある出来事を因果的に引き起こしたという事実に求められる。だがじっさいには責任の観念はそれほど単純なものではない。二〇一六年の時点のジョージタウン大学は、一八三八年に起こった奴隷売却に対する責任があるのだろうか。抗議行動を行っている学生や教職員、さらには卒業生には責任の一端があるのだろうか。だが、その人びとが一五〇年以上前の奴隷売却を引き起こしたということはあり得ない。それではこの「負い目」の意識はどこから来るのだろうか。

仮にAという個人が二〇歳の時に凶悪犯罪を犯し、八〇歳の現在も服役しているとしよう。八〇歳のAは、二〇歳の時に犯した罪をいまなお償っているのである。Aが二〇歳の時点で、自己の行為に対して責任があるのはさしあたって明らかだ。では四〇歳になったAは、二〇歳の時の行為に対して責任があるのだろうか。八〇歳のAは、六〇年前の行為に対していまなお責任があるのだろうか。

いま述べたように、責任という概念は、通常はある出来事を引き起こした原因を指す(2)。思いのダイナミクスが展開する社会場において、ある思い（動機）が生じ、それにもとづいた行為がある出来事を引き起こした場合、その出来事についての原因はそれを引き起こした動機にあると考えられている。通常はこの動機という思いは、それが創発した個人の自由意志と結びつけて考えられる。個人に自由意志があるからこそ、責任が問われる。すなわち自由意志が原因で、責任を問われる出来事はその結果であると考えられている。逆に意志したと考えられない場合には、責任を問うことは困難だろう。それではいま挙げた例では、二〇歳の時点での犯人の犯意という自由意志は、八〇歳になっても残存していると考えられているのだろうか。

後述のハンナ・アレントのアイヒマン裁判についての記述は、「意志」というものと社会場における出来事が直結していないことを教えている。第二次世界大戦の後に生まれた日本人は、日本の戦争責任と無関係といえるのだろうか。もし自由意志が責任の根拠であるなら、戦争当時存在しなかった人間に自由意志はあり得ないのだから、責任はまったくないことになる。あるいは、日本という国家の国民であることにおいて、何らかの責任があるのだろうか。そうだとすれば、そのような責任の観念は因果性では説明できない。ここには個人と社会あるいは集団をめぐる、社会学の根本的な問題がある。

第二次世界大戦における日本の戦争責任についての議論はいまだに収まらない。靖国神社にA級戦争犯罪人を祀っていることの是非が、いまなお問われている。戦争責任について、日本とドイツの態度は対照的であるとしばしば指摘される。ドイツはナチスの戦争と犯罪への責任を明確に認め、いまなおナチスの追及を行っている。それに対して日本人は責任をあいまいにしたままである。責任を特定せずにみんなが悪かったのだと考える態度は、一億総懺悔とも呼ばれる。その象徴的な例が靖国神社である。そこに祀られているA級戦争犯罪人とは、総理大臣や陸軍大臣など、戦争当時の日本国家の責任者だったのである。

考えてみれば、靖国神社にA級戦争犯罪人が祀られているというその事実それ自体が、驚くべきことである。仮にジャパン・カンパニーという会社があり、不幸にも倒産し、従業員は解雇されて悲哀をなめたとしよう。倒産の責任は誰にあるのだろうか。経営者にある、というのが通常の考え方だろう。当時の内閣総理大臣をはじめとするA級戦争犯罪人とは、戦争当時の日本国のいわば経営者だったわけである。彼らは日本の国家の経営に失敗して戦争に敗れた。通常の判断のやり方からすれば、彼らは明らかにこの事態の責任者である。「敗戦」の責任者であり、日本人の犠牲者に対する責任者でもある。連合軍の攻撃で死者が出たともいえるが、日本の国家の責任者の判断の誤りがそれをもたらしたともいえるからである。それでも彼らは神として祀られているのである。もし倒産したジャパン・カンパニーで、元の経営者が神として祀られていたとしたら、驚かない人がいるだろうか。靖国神社とはそのような驚くべき場所である。それではどうして彼らは神としていまなお祀られているのだろうか。

## 2　金融津波

二〇〇八年に、大規模な金融恐慌が世界を襲った。このあおりを食って、アメリカでは国民の資産がこの年だけで十一兆ドルも減少したという。当時のジョージ・W・ブッシュ大統領は、危機に陥った金融機関を救済するために、七千億ドルの税金を投入した。そうしなければ危機はさらに拡大し、国民経済そのものが破綻する可能性があったためである。ところが、経営破綻し税金による支援を受けた金融機関AIGは、幹部社員に対して合計一億六千五百万ドルのボーナスを支給しようとしていたことが明らかになり、激しい非難が沸き起こった（Sandel 2009: 12-13）。議会の下院は、救済資金を受け取った企業のボーナスに九〇パーセントの税を課す法案を可決し、ニューヨーク州司法長官はＡＩＧに強硬に働きかけて、ボーナスを受け取った二〇人の幹部社員のうち一五人にボーナスの返却に同意させた（*ibid.*: 14）。

一億総懺悔の考え方は、日本人に特有のあいまいさを好む態度、あるいは集団主義と考えられるかもしれない。だが必ずしもそうではない。問題の根はもっと深いところにある。個人主義の国と考えられているアメリカ合衆国のこの事例はどうだろうか。倫理学者のマイケル・サンデルは、この非難はこれら金融機関の経営者が経営に失敗したのに高額のボーナスを受け取ろうとしていることに向けられているという。当時のオバマ大統領も同じ意見である。つまり、アメリカ国民が怒ったのはこれらの企業経営者の強欲に対してというよりは、失敗に対して報酬が与えられることに対してなのである（*ibid.*: 15）。つまり彼らの経営における失敗が企業破綻の原因であるという判断である。

しかし、サンデルが指摘するように、企業の破綻の原因が経営者の失敗にあると直ちに判断できるわけではない。じっさい、経営者の言い分は、二〇〇八年の事態は金融津波 financial tsunami ともいうべき緊急事態であり、金融津波に対してわれわれは責任がない、というものであった。つまり、彼らが経営に失敗したのではなく、金融津波という予測不可能な巨大な運動のために会社が破綻したのだ、すなわち企業破綻の原因は金融津波にある、というのである。この事例は、「一億総懺悔」の事例と同じ論理に基づいている。そこで次のような仮想的な事例を考えてみよう。二〇〇〇年代には金融業界は好景気に沸き、企業は軒並み良い業績を上げた。仮にある企業がこの好景気のある時期のある年度に、一億ドルの利益を上げたとしよう。この時の経営者が高額のボーナスをもらっても、非難する人は少ないだろう。リーマンショック以後の「金融津波」の時期に、この企業が五千万ドルの損失を出して倒産したとしよう。この時の経営者が高額のボーナスをもらっていたとすれば、おそらく多くの人は怒りを感じるだろう。しかし、倒産した企業の経営者が次のように主張したら、どうだろうか。

企業の経営者の使命は、所与の経済的環境の下で、利益を上げ、損失を減らすことである。経済の好況・不況は個々の経営者が決められることではなく、それは所与の環境である。好況時に平均的な経営者が五千万ドルの利益を上げられるところに、ある経営者が一億ドルの利益を上げたなら、彼は高い評価に値する。不況時に平均的な経営者が一億ドルの損失を被ると見積もられる場合に、ある経営者が損失を五千万ドルにとどめたなら、その人は同様に高い評価に値する。というのも、利益を上げることと損失を減らすことは財政的には同じことだからである。それゆえに、金融津波という、損失が不可避の状況において損失を最小限にとどめた経営者は高額のボーナスをもらう価値がある。たとえその企業が破綻したとしても、である。金融津波は彼の責任ではないからである。報酬というものは経営者の能力と業績に対して与えられるものであり、環境に与えられるものではない。

この経営者の仮想的な議論に反論するのは容易ではないだろう。結局、この金融恐慌で破綻した企業は税金で救済された。この破綻は誰の責任なのか。その問いは明確に答えられることなく、納税者はやむを得ず税金を負担しているのである。これも総懺悔ともいうべき思考である。つまりは巨大な事件に対しては個々の個人の責任を問うことが困難なのである。

## 3　アイヒマン裁判

第二次世界大戦中のナチスによるユダヤ人虐殺の責任者であったアドルフ・アイヒマンは潜伏先のアルゼンチンからイスラエルの諜報機関によって拉致され、イエルサレムで裁判にかけられた。いわゆるアイヒマン裁判である。この裁判を傍聴したハンナ・アレントは、その傍聴記の副題を「悪の凡庸さ the vanality of evil に関する報告」とした。歴史上まれにみる蛮行を行った人間が、異常者でもサディストでもなく、普通の凡庸な人間であったからである。彼女は言う。

「アイヒマンの問題点はまさに、多くの人が彼に似ており、しかもその多くの人びとは倒錯者でもサディストでもなく、過去にも現在においても恐ろしいほどに普通であった、という点にある。われわれの法制度と道徳的な判断基準からすると、この普通さというものはすべての残虐行為を合わせたものよりはるかに恐ろしいものである。というのも、ニュルンベルク裁判で被告やその弁護士が繰り返し述べたように、事実上、人類の敵であるこの新たなタイプの犯罪者は、自分が悪を行っていることを知ったり感じたりすることをほとんど不可能にするような状況のもとで罪を犯しているということを意味するからだ」（Arendt 1963: 276）。

ナチスのユダヤ人虐殺は歴史上まれにみる凶悪な犯罪行為であることに誰しも異論はないだろう。このような大規模で凶悪な事件は何が原因となって引き起こされたのだろうか。虐殺は自然現象ではないから、いずれかの当事者がそれを引き起こす。そしてアイヒマンはそのような当事者の一人であった。これほどの悪事を引き起こすからには、その人間はいかにも凶悪であると考えるのが普通だろう。しかし法廷を傍聴したアレントは、アイヒマンがごく平凡な人間であることを知った。彼女は続けて述べる。

「アイヒマン裁判で問題になった、より大きな論点のうちで最大のものは、犯罪の遂行には悪を行おうとする意図が必要であるという、現代のすべての法体系に共通する仮説だった。おそらく、この主観的要因を考慮に入れるということこそが、文明国家における法制度がもっとも誇りとするものなのである。この意図が不在である場合、道徳的な精神異常を含めていかなる理由によるにせよ、善悪を分別する能力が損なわれている場合には、われわれは、犯罪は行われていないと感じる」（*ibid.*: 277）。

確かに彼女が言うように、ある行為をある人が行った、つまりその人はその行為に責任があるというためには、その人はその行為を行う意図があった、ということが通常は条件とみなされる。ところがアレントが観察するところでは、アイヒマンはホロコーストという凶悪な行為を行うにふさわしい凶悪な意志があったとは思えないのであった。そこでアレントは個人的な思いと社会場における出来事の複雑な関係に直面したのである。ここでもわれわれは、少なくとも大規模な社会的出来事について、個人の関与の程度を的確に知ることの困難さに出会う。社会場の思いのダイナミクスはゆらぎと複雑な相互作用からなりたっており、かつ不断に変動しているから、ある思いとその結果の関係にはつねに不確定性が存在する。総懺悔の考え方は、この不確定性さに起因していると考えられる。

たとえば日本の「一億総懺悔」の考えは、次のような思考経路をたどっていると考えられる。日本は中国や朝鮮を始めとするアジア諸国を侵略した。しかしその背景には様々な事情があったのだ。たとえば当時は帝国主義の時代であった、など。仮に侵略が明らかな悪だとして、それでは誰がその責任を負うべきだろうか。侵略を実行した兵士は強制され命令されたのだ。指導者にとっても、当時の国際関係などやむを得ない事情があっただろう。それゆえに特定の個人の行為を原因として取り出すには、戦争という事態は巨大で複雑にすぎるのだ。どの個人の意志も、戦争という巨大で複雑な出来事を引き起こすためには十分ではない。つまりは、皆が悪かったのだ……。これが一億総懺悔の思想である。その結果、誰も責任を取らない、ということになるのである。この考えは誤りなのだろうか。そうだとすればどこが問題なのだろうか。

注

（1）*The New York Times*, April 16, 2016

（2）この出来事が社会的にみて「良い」と判断されるなら、責任ではなく貢献という言葉が使用される。それゆえ通常は責任とは社会的に否定的な出来事の原因に関わっている。だが肯定的な貢献でも否定的な責任でもその論理的な構造は同じである。以下では責任という概念に貢献という意味も含めることにする。

## 第2節　責任と因果性

### 1　責任の計算

責任という考え方は通常、個人、場合によっては集合体としての行為者が、ある出来事をその行為として引き起こした、言いかえればその出来事の原因であるというものである。責任が問われる場合は、その行為は意図的である、すなわちその出来事を引き起こそうという思い（動機）がその心的場に存在したと想定される。これまで挙げた責任をめぐるいくつかの難点は、個人に創発した思いと、その個人の関係に関するものである。もし思いというものが、個人が意識的に生み出すものなら、いま述べた責任の論理は納得できるものだ。しかしこれまで述べてきたように思いは社会場における複雑なダイナミクスの結果としてある個人の心に創発することもあるから、話は簡単ではない。

私の心に、ある思いが浮かんだとしよう。あなたは誰ですか？　どこから来たのですか？　と、自分の心に浮かんだ思いに問うわけにはいかないが、これらの質問は無意味ではない。すでに述べたように、思いには「私を通って到来した」という構造があるからである。社会場の理論は個人や集団ではなく、思いに焦点を定めている。社会場における出来事を引き起こすのは個人ではなく思いである。それゆえ厳密には責任とは社会場における、ある思いの効果・機能・作用を意味する。それは単純な場合には因果性であり、出来事の原因である。

責任の形式的構造はどのようなものだろうか。社会場は思いの相互作用の場である。場における思い（動機）は相互に連関して、複雑なダイナミクスを形成している。相互連関論において、すべての思いの相互作用の総体を $f=f(x,y,z\ldots)$（但し、$x$ などは個々の思い）という関数で表現し、$f$ を戦争というマクロ事象であるとすれば、思い $x$

の戦争責任は$f$を$x$について解くことで得られる。これは社会場に生じた出来事に対する、それぞれの個人の関与を計算して特定し、原因としての効果を測定することを意味している。しかしそのような計算は不可能である。第一に、社会場には無数の思いが存在するから、そのすべてを測定することは不可能である。さらに、思いの相互作用からの創発があるから、思いのダイナミクスはすべての思いの総和ではない。この創発は偶然のゆらぎに依存しているから、計算は不可能なのである。歴史の過程は予測不可能かつ計算不可能な複雑性に満ちている。

それゆえ、責任について考える場合は、通常は単純化が行われる。この単純化は二つの方法で行われる。一つは責任の点記述による表現であり、他方はモデルの使用である。まず、思いのダイナミクスの場記述は込み入っており理解のコストがかかる。それゆえ思考の経済のために、通常は点記述が代用され、「思い」は「思うわれ」に還元される。あなたがそのように「思った」からには、その思いの原因はあなたなのだ、というように。点記述の主語は通時的同一性をもつと考えられているから、責任について考える場合には思考の経済という点で都合がよい。だが言うまでもなくその分、正確ではない。

さらに、モデルとは現実の関係を思考可能な程度に単純化した記述であり、この単純化のおかげで現実における不確定性を減らすことができる。このようにモデルは便利な道具なのだが、それは現実そのものではない。たとえば経済学では合理的な経済人のモデルが使用される。それが虚構であることは、誰でも知っている。しかしそのような単純化を施さないと、市場の複雑さは思考不可能なのである。重要なことは、厳密にいえばモデルは現実社会を直接に記述あるいは説明するものではないということである。それは複雑な現実を単純化して思考可能にする道具である。モデルには多様なものがあるが、もっとも単純なモデルは因果性のモデルである。それは、$x$が$y$を引き起こした、とする、二変数のモデルである。この時、$x$は$y$の明確で完全な原因である。二変数から構成される因果性は、もっとも単純なモデルであり、それゆえにそれはもっとも現実から遠い、不正確なモデルである。

だが、因果性はしばしば使用され、とりわけ日常生活でもっともよく用いられるモデルである。その理由は、因果性は単純であるために、思考の経済に役立つ、ということだろう。誰もが忙しい毎日を送っている。因果性は正確ではなくとも、あるいは正確でないがゆえに、ものごとについて考える手間を減らしてくれるのである。すなわち因果性のモデルはもっともわかりやすい解釈を提供してくれる。因果性の図式には明瞭に原因が示されている。しかしこれに反して、じっさいの現実はきわめて錯綜したものなのである。とりわけ戦争のような大規模な事象は、そうである。以上の考察からすると、総懺悔の思想は次のように定式化できる。

「社会は複雑であり、ある出来事に対する個人（思い）の関与相当分を計算し特定することは不可能である。どのようなモデルも単純化であるから、厳密な計算には適さない。戦争のような大規模な出来事には、誰もが多かれ少なかれ関与したのである。それゆえ、われわれに可能なことは、不幸な出来事が生じたことを認め、その原因の探究を断念することである」。

こうしてみると、意外にも、総懺悔の思想は、現代社会学にも受け入れられている相互連関論であり、複雑なダイナミクスについての理論なのである。そして相互連関という概念は原因を不確定にする。現代社会学やポスト構造主義が強調するのは、まさにこの相互連関である。ガーゲンとマクナミーは、『関係的な責任　実質的な対話のための資源』と題する書物の中で、どの行為も関係性の中で生じるから、特定の個人を責任者として特定することはできないと論じる。彼らは「ある全体からある特定の行為を分離する手段は存在しない。どの行為もその系列の表現であり部分である。それゆえに問題となっていることの起源として固定し同定できる場所は存在しない」（Gergen and McNamee 1999: 18）と述べる。ガーゲンらの代替案は、責任の特定を断念し、終わりなき会話を続けるというユートピアである。ガーゲンは問題を、ある個人だけが責任を問われるのではなく、人びとの関係の特定のパタンを問題にする形で問いを立てることができると言い、その場合には「問題になっている行為を引き起こしたのは、あなた対私、ではなく私たちなのだ」（Gergen 1999: 157）と言う。これらは一億総懺悔と同じ論理になっている。一億総懺悔の思想には強力な援軍が現れたといえるだろう。こうして、一億総懺悔の思想はいかにもあいまいにみえるが、それは外見にすぎないことがわかる。この思想を論理的に否定することは、じつはたやすいことではない。それは論理的に首尾一貫しており、かつ社会の複雑性という正しい原理にもとづいているのである。だがそれにもかかわらず、あるいはそうであるがゆえに、この思考には大きな問題がある。

## 2　責任と自由意志

右に定式化した総懺悔の思想について詳しく吟味してみよう。まず、この思想の前提は社会秩序の複雑性である。社会には多様なエージェントが存在し、それらが相互作用しているから、予想できない創発がつねに存在する、というこの考え方は、現代における理論的思考の前提であるというべきだろう。社会秩序がこのように複雑なものであれば、ある出来事を引き起こした原因を厳密な形で計算することは不可能であるというほかはない。経済学は社会のごく一部である市場を対象としているのに、それでも大規模な単純化を施さなければ方程式を構成できないのである。ましてや全体社会のダイナミクスともなれば、計算可能性の限界を明らかに超えている。出来事は、多様な思いの複雑な相互作用の結果として生じる。この出来事が生成することに関与したエージェントの貢献部分を厳密な形で知ることは不可能である。それゆえ出来事を理解するために通常はモデルが使用されるのだが、すでに述べたようにモデルとは現実を単純化したものであり、現実を厳密に知ることを可能にするものではないのである。

たとえば、ある個人Aが犯罪を犯したとしよう。点記述では、確かにAが犯罪を犯したのである。しかしAの心的場において犯意という動機が創発するにいたる過程には、他の多くの個人や社会環境が関与しているだろう。たとえば貧困、問題のある家庭などであり、これらはさらに人種、階級などとも関係しうる。このような条件はA個人が自由意志によって選択したものではなく、それに対するAの責任を問うことはできない。もしAの犯行に彼の貧困という事実が大きく関与しているなら、「貧困がAの犯罪を生んだ」という表現も誤りとはいえない。個人は環境によって完全に決定されるわけではないが、環境によって大いに影響されることは確かである。その場合、この「犯意」のうちで、環境によらずA個人の純粋な意志に起因する部分を特定しなければ公平ではないが、そのような計算はとうてい不可能である。小坂井敏晶（2008）はそのような事情を考慮して、責任とは虚構であると述べる。

すでに引用したボブ・ディランは、彼の音楽は彼を通ってやってきた、と語っていた。これらの音楽は点記述では明らかにディランの作品であり、確かにディランが因果的に生み出したものである。だがそれらが具体的には、場における複雑な経路を通ってディランに「到来した」ものであるなら、ディランがそれらをすべて作り出したといえるのだろうか。彼の作品を生み出した原因はディランという個人なのだろうか。それとも一九六〇年代という時代の磁場なのだろうか。また、社会場の非エルゴード性のために、どの人もある選択肢がどのような結果をもたらすか知ることはできない。それはすでに述べたように、それはあたかも三通の封筒を示され、中を見ないで一つを選んでくれ、と言われるようなものである。私はこの選択の結果に対して責任があるのだろうか。私の選択の予測不可能な結果について、私は責任があるのだろうか。そしてすべての選択の結果は厳密には予測不可能なのである。

こうしてみると、総懺悔の思想は、意外にも正確な内容をもっているのである。それは一見したところあいまいな考え方であり思考の放棄であるようにみえるが、じつは「社会秩序の複雑性」「相互依存と相互連関」という事実にもとづく正確な思考なのである。社会秩序の複雑性という事実は、責任について語る場合につねに言及される人間の自由意志の問題と関わっている。人間の自由意志という命題は、デカルト的な、あるいは離散体的な個人についての近代的な概念にもとづいている。それゆえにとりわけ二〇世紀の後半に、自由意志の概念は集中砲火的な批判の対象となった。現在において支配的な言説は、人間が社会の中に生まれ、社会化され社会の中で生きることを強調する。確かに、個人は社会場の波動の中で生きている。どの個人も意志をもつが、それが純粋にその人に固有の純粋な自由意志であると考えることは困難である。さらに多様な要素が複雑に相互作用している場合、ある出来事に対してどの要素もある程度は影響していると考えられる。それゆえに総懺悔の思想は、現代の哲学に照らしても正当なのである。

だが、総懺悔の思想の考え方では責任という概念がまったく無効になってしまう。ポスト構造主義およびそれに影響を受けた思想は、社会秩序の複雑性を宣言するだけで終わる。この思想は基本的に脱構築的だから、構築をしないのである。総懺悔という考え方は、まさにポスト構造主義と同様の「構築なしの脱構築」なのである。そうなると、責任という概念そのものが消滅してしまう。責任という考え方は単純化であり、単純化は暴力であると、ポスト構造主義の影響下にある最近の社会学ではしばしば批判される。ガーゲンらの考えはポスト構造主義の影響下に、単純化する図式を批判するものだが、ローとモルは、「単純化に対する批判はすでに十分に確立されたので、それは道徳的に心地よい場所になっている。暴力を否定することは疑いなく適切だが、それは同時に心配になるくらいに合意でき、自己満足的で、過剰に単純である」(Law and Moll 2002: 5-6) と述べてポスト構造主義による単純化の批判の単純性を批判している。単純化は確かに暴力であるといえるが、もしあらゆる理解が単純化であり特定の観点に立つものであるなら、ポスト構造主義のようにそれを全否定することは一切の認識の放棄であり、もっとも暴力的な単純化だと言わざるを得ない。そして総懺悔とは一切の認識の放棄なのである。

## 3　責任についての点記述と場記述

すでに触れた小坂井は、「ホロコーストの原因を精緻に分析すればするほど、結局誰も悪くない、悪いのはナチス体制を生んだ反ユダヤ主義あるいは人間すべてに共通する社会・心理的過程などの抽象的要因だという困った結論が導かれる」と述べる (2008: 64)。だが、なぜ「困る」のだろうか。ここに責任をめぐる最大の問題がある。「精緻に分析」した結果が、どの個人に対しても責任を問えない、ということならば、責任を問わなければよいのではないか? もしアレントの言うように、アイヒマンの罪が「風が、彼を意義もなく結果もないような無意味で平凡な生活から、彼の理解した限りでの『歴史』へ、つまり『運動』へと吹き飛ばしたのである」(1963: 33) ということならば、「風」こそは裁かれねばならない当のものである。それは本書の用語でいえば社会場の思いのダイナミクスであり、アレントのこの言葉は場記述によっている。しかしナチズムという「風」を被告席に座らせることはできないし、投獄もできない。何よりもそれはすでに消失しているのである。

点記述の主語は、変化する場を理解する座標系の機能を果たす。社会場の運動は広大であり複雑である。何よりもそれはつねに変化する。この変化を理解するためには、それ自身は変化しない通時的な同一性を設定し、それを座標系として使用するのが便利である。それが個人や集合体の同一性であり、それは点記述によって表現される。社会場は思いの場だが、それぞれの思いは「私は」という点記述において理解され、行為は「誰か」の行為として理解される。点記述の要素となるのが、同一性の外観をもち比較的明瞭な境界を持つ個人と集合体である。責任という概念は点記述と場記述の関係においてなりたつ。責任がなりたつためには、生じた不幸な出来事を詳細に知る必要があり、それは場記述で行われる。しかしその出来事の原因として特定される個人は、点記述において、「する」論理によって理解される。小坂井が言う「精緻に分析すると責任を問えない」のは、精緻な分析は場記述であり、責任は点記述においてなりたつからである。点記述の主語は社会場に生じた出来事を反映するものではない。

心の場記述は心的場の具体的な様相の記述である。それに対してその点記述は通時的な変化の記述であり、有意味な記述である。もし心の点記述を認めないなら、個人はつねにその都度の瞬間に新たに存在し始めるのでなければならず、その人の歴史について語れないことになってしまう。つまり、「私はいつ生まれ、どこの小学校に通い」という「同一の私」の履歴の記述は点記述によって可能なのである。すべての社会制度は点記述によってなりたっている。ある人がある大学の三年生として認められるのは、その人が約二年前に大学に合格したからである。すなわちその人が現在大学生としての資格をもつことの原因は、二年前に合格したという事実に求められるが、この因果性は点記述においてのみなりたつ。合格した二年前の人物と現在の人物を同一であるとみなさないと、毎日入学試験を行わなくてはならない。

点記述がなければ借金もできない。仮にある人が十年前に別れた昔の恋人とばったり会って話をしたが、もはや当時のようには会話がはずまなかったとしよう。「十年は長い時間ね。あなたはもう別の人なのね」「そうだね……ぼくはもう十年前のぼくじゃあない……」という切ない会話は、有意味に理解できる。この人が十年前に銀行ローンを借りたが、最近返済を怠っているとしよう。返済を求める銀行員に対して、「悪いけど、ぼくはもう別人ですよ？　昔の恋人もそう言っているし」と言ってもまったく相手にされない。銀行員にとって、この個人は十年間まったく同一人物なのである。相違は何かといえば、元恋人は相手を具体的に、場記述において理解するのに対して、銀行員は相手の心的場には関心がなく、点記述を使用するという点である。そしてこの両方の記述はともに有意味なのである。

責任という概念は、点記述と場記述の双方に関わっている。すでに述べたように責任とは出来事の原因としての思いについての解釈だが、その解釈の方法として点記述と場記述という二つの異なる方法がある。本章の冒頭で挙げた例では、個人Aが二〇歳の時に凶悪犯罪を犯し、八〇歳の現在も服役している。そこで「Aが二〇歳の時点で、Aが自己の行為に対して責任があるのはさしあたって明らかだ」と書いたが、厳密にはそれは明らかではない。Aの心的場を場記述すれば、そこにある犯意が生じたのは事実であるとしても、その悪しき意図がどのようなダイナミクスで生じたかは議論の余地があるからである。環境や時代のなせる業なのかもしれない。しかしそうだとしても、その意志がAに生じて実行されたことが明らかなら、点記述によってAが犯人となるのである。そして六〇年後の現在も、点記述によってAは犯人であり続けるのである。それは、十年前にローンを借りた人が、十年後の現在も点記述によって同一人物とされるために返済を続けなければならないのと同様である。ある年度に大学に合格して有資格者とみなされた個人が、四年後も有資格者であり続けることができるのと同様である。しかし、場記述では心的場はつねに変化する。Aは六〇年後の現在、まったく異なる心的ダイナミクスをもっていると考えるのが妥当だろう。

## 4　責任に対する二つの態度

責任の概念の核心は、個人、あるいは場合によっては集合体をめぐる「する」論理としての点記述と、「なる」論理としての場記述の関係にある。点記述と場記述は社会秩序の、相異なる二つの、しかし同様に有意味な理解の方法である。責任の概念は点記述においてなりたつのだが、同時に場記述を参照しなければならない。ここに困難があるのである。この不条理に対して、二つの異なる態度あるいは社会秩序の理解の方法が可能である。一つは点記述を優先して取り扱う態度であり、他方は場記述に重きを置く態度である。仮に前者を法学的態度、後者を社会学的態度と呼ぼう(1)。法学はある行為を、最終的には特定の個人、あるいは時に集合体が、「する」こととして記述する。それゆえ法学的態度は点記述にもとづいている。社会的な制度は点記述を基盤としてなりたっている。法はその典型的な事例である。ある事件が起こった時に、法律家は最終的に誰がその原因、すなわち犯人であるかを特定しなければならない。法学的態度は出来事の原因を明確に指定しようとする点記述の態度である。原因とはガーゲンとマクナミーの言葉では、「そこから行為が生じてくる、行為の源泉という伝統的な概念」(Gergen and McNamee 1999: 18) である。

それに対して、社会学者は、その事件の背景にある思いのダイナミクスの、「なる」形での展開に関心を向けるだろう。その事件と犯人の犯意は明らかだとしても、たとえば犯罪社会学におけるように、その犯意がなりたつ背景として貧困、家族問題、イデオロギー的な対立、人種、民族、階級、都市の問題、スティグマ、レイベリングなど、社会場に関わる概念を挙げていくだろう。犯罪が生じる社会的な文脈や価値や文化などの思いのダイナミクスを重視するそのような言明は正しいとしても、犯罪を生んだ社会的な要素を強調するこの言説は原因という概念を希薄にしていき、結果的には犯人という個人を免罪する方向の言説となるだろう(2)。社会学者にとっては、犯意は自由意志の結果ではない。社会学という学問自体がそのような思考にもとづいている。もしすべての個人が完全な自由意志によって行為するなら、社会はランダムな過程であり、社会秩序は存在せず、社会学も不要であることになる。犯罪を分析する際に社会学者、あるいは良心的なジャーナリストは、その時代背景やその犯人の心的場を具体的かつ詳細に調べ上げ、その結果を記した分厚い書物を次のような言葉で結ぶかもしれない。「誰にこの犯人を裁く資格があるだろうか?」確かに、誰もがヒトラーや東條になりうるのだ。この態度は場記述の態度であり、それ自体正しいものである。この二つの態度はどちらが正しいとはいえないものである。それらは相反する結論を出すが、ともに有意味なのである。

この二つの態度は、戦争責任に対するドイツあるいは広く西欧と、日本の態度の相違に重なると思われる。ガーゲンとマクナミーが「社会における悪を独立の個人の心に求めるのは西欧の嗜好であろう」(*ibid.*: 7) と言うように、ドイツはナチスという特定の集団、さらにはそこに属した個人の責任を明確に認める。それは点記述である。しかしナチス政権は合法的に選ばれたのである。ならばナチスの責任はドイツ人の責任であるはずだ。だがドイツの思考はナチスの罪に集中しているように思われる。それは「する」論理としての法学的な態度であり、点記述優先の態度であり、離散体的世界観である。それに対して日本の態度は「なる」論理としての社会学的態度であり場記述優先の態度であり、連続体的世界観であるといえるだろう。国家の最高指導者たちであったA級戦争犯罪人がとりあえずの責任主体であることは明らかだが、そこから論点が広がっていく。その結果、責任主体はますます不明確になっていく。丸山真男は、一九二三年に起こった虎の門事件に関する責任の取り方について述べている。この事件は共産主義者難波大助が、当時の大正天皇の摂政であった皇太子を狙撃した事件である。

　丸山は、「内閣は辞職し、警視総監から道すじの警固に当った警官にいたる一連の『責任者』…（中略）…の系列が懲戒免官となっただけではない。犯人の父はただちに衆議院議員の職を辞し、門前に竹矢来を張って一歩も戸外に出ず、郷里の全村はあげて正月の祝いを廃して『喪』に入り、大助の卒業した小学校の校長ならびに彼のクラスを担当した訓導も、こうした不逞の徒をかつて教育した責を負って職を辞したのである。このような茫として果てしない責任の負い方、それをむしろ当然とする無形の社会的圧力」（丸山 1961: 31-32）の存在を指摘している。

　社会場におけるカオス的遍歴ののちに、ある思いが私において創発する。この時、二つのことが同時になりたつ。まず、この思いは社会場のダイナミクスにおいて生み出されてきたということである。同時に、この思いが、私という心的場において創発したということである。この二つの事実は矛盾しない。前者はある思いが生み出される経路に焦点を合わせており、後者はその思いが特定の個人の心的場において創発したことに焦点を置いている。ある楽曲と詩がボブ・ディランという個人において創発した時に、それは一九六〇年代という時代のダイナミクスが生み出したとも言えるし、ディランという個人が生み出したとも言える。この微妙な事情を彼は、それは私を通ってやってきた、と述べたのだった。ともあれ、この二つの表現のどちらを強調するかによって、社会学的態度と法学的態度がなりたつのである。

法学的な態度は、ある動機が最終的に「ある個人の心において」生じたことに焦点を置く。多くの犯罪において、犯人の心的場に犯意という動機が存在したことは明瞭だろう。それゆえに点記述は明快なのである。この態度においてしばしば使用される因果性は、出来事の原因を単純かつ明瞭に特定する。多忙な多くの人はこの単純さと明快さに満足する。しかしこの態度は思いのダイナミクスの複雑性をあえて無視し、思いの社会的ダイナミクスから創発した思いをある個人の思いであるとみなすことの上になりたっている。この「みなす」ということが点記述の本質である。台風の事例でも気圧が継起的に変化することを「台風一号」という同一物の移動であるとみなすのである。この「みなすこと」において必然的に不正確さが生じるが、この欠点は点記述が与える明瞭さによる理解の容易さによって補われているのである。先に引いたアレントの表現では、アイヒマンがホロコーストに関与したのはファシズムという「風」、すなわち思いのダイナミクスによるだろう。しかしその「風」は裁判の時点では消滅しており、アイヒマンは無害な老人である。法学的な態度は一方で点記述によってかつてのアイヒマンと現在のアイヒマンを同一人物であるとみなし、他方で思いのダイナミクスという「風」をアイヒマンという個人の意志であるとみなす。ここには不正確さがあるが、それによって明確な原因の描像が得られるのである。

それに対して、社会学的態度は因果性の単純さと明快さが虚構に支えられていると批判し、その思いが生じた場のダイナミクスの歴史的過程を問う。犯意が生じた経路には無数のゆらぎがあり、偶然がある。しかも心のダイナミクスの探究には終わりというものがない。この探究は空間的には社会全体へと広がり、時間的にはその個人の出生時、あるいはそれ以前へと遡ってしまう。こうして犯意を生んだ思いのダイナミクスの探究は、「茫とした果てしない」（丸山真男）ものとなり(3)、ついには複雑なダイナミクスの中に消失してしまうのである。そうなると、ある出来事についての明瞭な描像が得られないことになってしまう。学問としての社会学はエスニシティやマイノリティなどの多様な要因を指摘するだけでもよいのだが、生活世界では人は社会場で「生じたこと」に対する明確な描写を求めるのである。

現実の裁判は両方の記述法を使用する。もし裁判が点記述だけを使用しているなら、ほとんどの裁判は一日で終わるだろう。裁判の過程で、犯行の動機が犯人の心に生じた経緯が問われる。これは場記述によるのであり、思いの相互作用とダイナミクスが問題となる。だが裁判所は結論を出さなければならない。その結論は、「誰に責任がある」という形で、点記述で記述されなければならないのである。裁判の結果、責任があるとみなされた個人は今後数十年にわたって投獄されるかもしれない。その前提は、その個人が過去におけると同様に、未来の数十年にわたって同一人物である、ということであり、これは点記述にもとづいている。だが、場記述を点記述に移し替える正確な方法は存在しない。それゆえに裁判官は場記述による探究を「適当な」ところで切り上げるのだが、探究の断念にどこが適当なところであるかを決める原理は存在しないのである。総懺悔の思想は、責任の探究を最初から断念してしまうという、ラディカルにして論理的であり首尾一貫した、場記述の思想なのである。

注

（1）先に引用したように、バックリーは西欧の正統的な思想は圧倒的な個人主義的バイアスの上になりたっていると述べたが、社会学は社会性を強調するために西欧では異端的な思想とも言えると述べている（Buckley 1998: 7）。そうだとすれば法学的態度と社会学的態度の対照は無意味ではないだろう。

（2）ガーゲンとマクナミーは、「もっとも重要なことは、関係性のリアリティが認識されるにつれて、個人の責任を問う傾向は減少するということである」（Gergen and McNamee 1999: 22）と述べる。

（3）ガーゲンとマクナミーは、犯罪や不正などすべての否定的な事態には、すべての人が関与しているということの可能性に言及し、そしてこの関係の広がりには限界がないと言う（*ibid*.: 17）。限界がないのだから、結論は出ないわけである。

## 第3節　責任とは何か

### 1　責任とコミットメント

一般的には、個人がその動機にもとづいて行った行為の因果的な結果を、その個人の責任であると考える。この行為が反復される組織の場合は、責任は地位に帰属するように表象される。教師の役割とは、教師の責任事項である。ここでは一般的に、出来事の原因と考えられる個人の思いについて考える。さて、この章におけるこれまでの考察では、責任という考え方は点記述から導かれるものであった。点記述の「われ思う」という形式では「われ」が思うことの原因であり、明瞭な責任者であると表象される。しかし場記述は社会場の運動を連続的な「なる」過程と考える。この場合には原因として孤立した動機は、ほとんどの場合存在しないだろう。それゆえ「なる」場で考える、言いかえれば社会秩序を過程に焦点を置いて考える場合には、ポスト構造主義者が言うように責任は虚構であるということになるだろう。これまでの論述では、責任という概念を点記述にもとづいて、ある出来事の原因として考えることは、社会場の複雑性という事実性からして困難であるということであった。

だがこのことは、責任という概念がそもそもなりたたないことを意味しない。責任という概念は現代の社会で何らかの有意味性をもつと思われる。その有意味性は、場記述において明らかとなる。第Ⅱ編で述べたように、心的秩序の本質はコミットメントにある。それゆえにある対象に強く関与し、その否定的な結果も自らのものとする態度が、心的秩序のダイナミクスなのである。コミットメントはデタッチメントとアタッチメントからなる。それは、自己とは必然的なつながりがないある対象を、自己の範囲と考える態度である。出来事のほとんど連続的な連鎖の中からある範囲が選択され、それが自己にとって重要なものとして理解される。このコミットメントの運動が阻害される場合には、生きるという観念それ自体が停止するだろう。ホロコーストを例に考察しよう。

多くの研究者は、ナチスによるユダヤ人虐殺、いわゆるホロコーストを可能にした機構として、近代的な組織がもつ合理主義的な編成、言いかえれば限定的なコミットメントを挙げている。一九三八年、ナチス党員らはドイツのユダヤ人の商店や住宅を襲撃した。水晶の夜と呼ばれる事件である。この事件で一夜にして約百名のユダヤ人が虐殺されたといわれる。これに対して、ホロコーストによる犠牲者は、約六百万人である。ホロコーストは、水晶の夜のような突発的な襲撃がいくつ集まっても足りないほどの大規模な行為である。六百万人もの人間を殺害するためには、水晶の夜におけるような憎悪や差別などの感情は、むしろ有害である。ホロコーストのような大規模な殺戮は、激情的な感情にもとづいては不可能なのであり、それはより「合理主義的」に組織されていたのである（小坂井 2008）。

すでに述べたようにハンナ・アレントは、ナチスによるユダヤ人虐殺の司令官であったアイヒマンの裁判を傍聴し、この歴史に残る残虐な行為の首謀者がごく平凡な人間であったことを述べる。ホロコーストにおいて、どうして普通の生活者が、大量殺人を実行できたのだろうか。それは、ホロコーストが分業にもとづく近代的な合理主義的組織として行われたからである。組織として、ホロコーストについてのコミットメントは分散され、限定された。当初、ナチスはユダヤ人を銃殺した。しかしそれに従事したほとんどのドイツ人は平凡な市民であり、銃をもつことも初めてであった。銃の扱いに不慣れな彼らによる銃殺は、血しぶきと肉塊が飛び交う恐ろしいものとなった。その結果、多くのドイツ兵が精神の障害に苦しむことになったのである。そこで銃殺という方法に代えてナチスがとった方法はガス室での大量殺人であった。

この過程は徹底的に組織化され、残虐な性向をもつ兵士は排除され、殺害の過程は分業化された。この結果、ある兵士は命令を伝達するだけ、ある兵士はボタンを押すだけ、という、分別され限定されたコミットメントの体制が実現したのである。たとえばコミットメントが命令の伝達のみに制限されると、兵士は自分が殺人にコミットしているという意識を、少なくとも軽減できる。こうして大量の殺人が実行されたのである(1)。ホロコーストを担ったのは殺人狂のような特殊な人間ではなく、どこにでもいるような平凡な生活者たちだったのである。

ベルトコンベアーによる大量生産の自動車工場で終日一つの部品だけを作っている工員に、完成品の自動車を指して、あの車はあなたが作ったのですか？ と聞けば、そうではない、という答えが返ってくるだろう。近代的な組織のもとでは個々の工員は工程の全体には関与しておらず、いわば全体から疎外されたあり方をしているからである。これと同様のことがホロコーストでも起こった。ホロコーストは分業のシステムであった。大量殺人という作業は分業によって分割され、その中の細分化された個々の過程は「殺人」というリアリティをもたなかった。それゆえにこの過程に関与した人びとは、「あなたがユダヤ人を殺したのですか？」と問われた場合に、「私はやっていない」と否定するだろう。彼らは、私は命令に従って情報を伝達しただけ、私は機械を操作しただけ、という言い訳をしたのだが、これは必ずしも責任逃れの言い訳ともいえないのである。こうして彼らは大量殺人という過程から疎外されることで、罪の意識を軽減することができた。組織とはコミットメントと責任の分散の機構だからである。こうして殺人に対する責任の意識が失われた。

じっさい、ウェーバーは近代的組織について、「公務員の名誉は、彼の考えに反して、自分の上級官庁が——彼の忠告にもかかわらず——彼には誤りだと思われる命令に固執する場合、それを命令者の責任において誠実かつ正確に、あたかもそれが彼自身の信念に合致しているかのように実行できる能力にある。このような、最高の意味における倫理的ディシプリンと自己否定がなければ、すべての機構は崩壊するだろう」（Weber 1971: 524）と述べている。

ここに述べられているディシプリンと自己否定が機械としての組織の原理であり、それが責任とコミットメントの意識を奪うのである。このような事態が近代になって生じる理由については、すでに第7章第2節で考察した。モダニティの基盤とはコミットメントの限定であり、思いの非人格化である。それは私の思いが私というコンテクストから引き離されることである。それゆえにナチスに加担した者は、そこで生じた社会場の運動に対する責任の意識を軽減されたのである。それが近代的な組織に特有の思いのダイナミクスである。

しかし、近代の社会場において組織がすべてであるわけではない。コミットメントの運動が機能しないと、そもそも「私」という意識性が消失してしまう。どの時代であっても、この能動的なコミットメントは心的秩序の本質なのである。コミットメントは、自己の想像された持ち分を肯定的に受け止め、未来において生じうる出来事に対する責任を分担しようとする責任感である。それは進んで責任を引き受けようとする態度であり、言いかえれば将来における望ましい出来事への原因となろうとするコミットメントの意志である。ホロコーストの事例では個人は大量殺人という忌むべき出来事に対する責任感を、限定的なコミットメントによってある程度免れることができた。これとは逆に、個人が望ましいと考える出来事に積極的に関与することも普通であり、その場合には能動的な責任の意識、あるいは責任感が生まれる。それは社会的に所与として与えられる自己の責任の範囲と分別を超えて、政治参加などの社会的なテーマなどに自発的に参加し、拡大された範囲の責任を引き受ける態度である。それは自己のコミットメントの範囲を拡大することである。能動的な責任感が実存の意識と結びつくのは、コミットメントが心の本質だからであり、コミットメントの核心である想像力は挑戦の力だからである。

このような能動的なコミットメントの意識は、社会場が流動化する今後の社会ではますます重要になるだろう。能動的な責任感は、社会場の運動に参加し、それをシェアしているという感覚を与え、それによって実存の有意味性の感覚を与えるからである。じっさい、『存在と無』におけるサルトルの実存主義はこの能動的な責任感を極大化する思想であった。

## 2　責任と分別

それでは個人、場合によっては集合体が場において引き受けるべき責任、すなわち「なる」ことの全体性と連続性の中で、ある個人が引き受けるべき部分の範囲の分別は、どのようにして決まっているのだろうか。ここでは生態系における人間による分別を例として考察する。人間は自然界を、「われわれ」と「他者」に分別する。前者は殺してはならず、後者は殺してもよい生物である。前者を殺した場合はその責任を問われ、後者の場合は責任を問われない。

この「われわれ」の範囲は変動し、通常は「人間」は自明の「われわれ」だが、場合によっては特定の人種のみが「われわれ」となることもある。それでは「われわれ」、つまり広い意味の同胞と他者の差異はどこに見出されるのだろうか。それは何らかの客観的な原理や基準によるのだろうか。

たとえば「生命を尊重するべきである」という命題について考えてみよう。ほとんどの人は生命を尊重するべしという思想に同意するだろう。とはいえ、人間は動物だから植物やバクテリアを含む他の生物を殺さなくては生きていけない。それゆえ現在生きている人は、何らかの生物を殺して自らの生をなりたたせているのである。つまりどの人も、すべての生物を「その生命を尊重するべき生物」と「殺してよい生物」の二つの範囲に分別しているのである。ある種の生物は人間と共に生態系における「われわれ」として分別され、その他の生物は他者として分別され、殺害の対象となる。それではこの分別はどのようにしてなりたっているのだろうか。だがこの分別を何らかの明確で普遍的な基準あるいは原理によって行うのは困難である。

普遍的な原理は論理的に一貫しなければならず、この場合には論理的に一貫した立場は二つだけである。一つは「生物を殺さない」という原理に忠実であることである。これは原理であるから普遍的であり、例外を許さない。もしこの原理に徹底的に忠実であろうとすれば、人は直ちに自殺するしかない。あらゆる動物や植物を殺害してはならない、というだけに留まらない。水を飲むことも不適切である。どのような水の中にも多少は細菌が存在し、その水を飲めば細菌を胃液によって殺害してしまうからである。どの生命も殺さないために自殺する、という立場はあまりに極端だが、確かに論理的に首尾一貫しているのである。いま、「あまりに極端」であると述べたが、普遍的な原理とは本質的に極端なものなのであり、じつは「あまりに」という程度問題ではない。それが、普遍性ということの論理的意味なのである。論理的に一貫した他方の立場は、人間は他の生物を殺さないでは生きていけない事実を承認し、したがって「生命の尊重」という原理は欺瞞にすぎないことを認め、家族も友人も含むあらゆる生命を殺戮することを正当化する立場である。このいわばポストモダン的な脱構築の立場もまた「あまりに極端」ではあるが、確かに「生命の尊重の否定」という原理に忠実な、首尾一貫した立場なのである。すなわち、人間が動物である以上、「生命を尊重する」という命題は普遍的な原理にはなり得ない。右にみた一貫した二つの立場は、分別を否定するものなのである。

このいずれの立場も実行はほとんど不可能だろう。それでは「生命の尊重」という命題は無意味なのだろうか。だがこの命題はほとんど、あるいはすべての人びとが承認するものだと思われる。だがその人びとの立場は、いま述べた二つの立場の中間にあるだろう。つまりどの人もじつは「尊重するべき生物すなわち広い意味でのわれわれ」と「尊重しなくていい生物、すなわち生態系における他者」を分別しているのである。「あまりに極端だ」という非難は論理的ではないが、この非論理性に、生きるということのリアリティがあるのである。すなわち「生命の尊重」という命題は有意味に実行されているが、普遍的な原理ではないのである。

たとえば仏教徒は殺生を戒める。だがそこで言われている「生物」とは、じつは生物の中の「動物」のみを意味している。どうして植物や昆虫を殺してよいのだろうか。どうして生きているキャベツやニンジンをそのわが家である土から引っこ抜き、切り刻んで食べてよいのだろうか。水を飲むことによって、微生物を殺戮してよいのだろうか。細菌、植物や昆虫は殺してもよいが、動物はいけないという命題を正当化する原理は存在するのだろうか。クジラやイルカを殺すことに反対する人びともいる。その人びとも牛や豚、少なくとも植物を殺して食べているだろう。どうしてクジラを殺してはいけないのだろうか。その分別を正当化する原理あるいは根拠は何だろうか。

ある人は、クジラは知的だからだ、という。この場合、「知的な生物を殺してはならない」という普遍的な原理（原理Ａ）によって「クジラを殺さない」ことを正当化しているわけである。だがこの原理は「知的でない生物は殺してもよい」という原理（原理Ｂ）を事実上含意してしまう。確かに、原理Ａは原理Ｂを直ちに論理的に意味しない。※いま、「すべての生物の集合」を考えてみる。この集合の部分に「殺してよい生物の集合」（集合Ｃ）があり、その補集合は「殺してはならない生物の集合」（集合Ｄ）である。すると原理Ａは、「知的な生物の集合は殺してはならない生物の集合の真部分集合である」という命題（命題Ｅ）であると解釈できる。命題Ｅは原理Ｂを論理的に含意しない。命題Ｅは、集合Ｄの中に知的でない生物の集合が含まれることを排除しないからである。原理Ａが真であるとき、その対偶も真である。その対偶とは、「ある生物が集合Dに属さないなら、その生物は知的ではない」というものである。つまり「殺してよい生物は、知的でない生物である」ということであり、この命題は「知的でない生物は殺してよい」という主張とは異なっている。それゆえ原理Aの主張は厳密には「知的な生物は一切殺してはならず、知的でない生物には殺してよいものとそうでないものがありうる」ということになる。

しかしこの主張はじっさいの有意味性があまりないと思われる。というのも、当初の原理Aは殺してはならないことの基準あるいは根拠として「知性」を挙げているのだから、知的でない生物は殺しても仕方がない、という命題を論理的にではなくとも現実的に意味していなければ、論理的に無意味でなくとも現実的には無意味であるはずだ。こうして定式化すると明瞭になるように、原理Aはナチスのユダヤ人殺戮の原理と同じ内容をもっているのである。原理Aはそのような危険な原理である。場合によっては知的な障害がある人は生きる資格がない、という主張にもなりうるのである。

こうした事情を察知した聡明な人びとは、生態系の保存を根拠に挙げる。クジラを殺してはいけないのは、その個体数が減少しているからである、という主張である。それは、人間は生態系の一員に過ぎず、生態系における他の同僚を全滅させてはならない、という一見謙虚にもみえる考えである。だが、これを主張する人は本当にそう考えているのだろうか。この主張を行う人は、殺虫剤の進歩によってゴキブリの個体数が減少した時に、この原理に従って、生態系におけるわれらが同僚であるゴキブリを擁護するために製薬会社に抗議行動を行わなくてはならない。原理の普遍性とはこのように例外を許さないものである。

再び言うが、例外を許さないということが、原理や普遍性ということの意味なのである。ある原理が例外を許すなら、それは普遍的ではなく、原理とはいえない。彼らは本当にゴキブリやハエや蚊を擁護するのだろうか。さらにはそれらの「有害」な生物が媒介するコレラ菌や赤痢菌のような生命体をも擁護するのだろうか。ゴキブリやハエ、さらにはコレラ菌や赤痢菌も確かに生物であり、われらが生態系の一員である。われわれはたまたま人間に生まれ、彼らはたまたまコレラ菌に生まれたにすぎないのだ。だが、生態系の擁護者たちが、そうした生物たちを擁護することは、あまりありそうもないのではないだろうか。そうだとすると、人間とクジラとコレラ菌を分かつ原理は何か。だが、そのようなものは存在しない。「生態系の保護」という原理の主張は、コレラ菌の擁護という態度を伴わない限り、じっさいにはその場しのぎの恣意的な主張にすぎないのである。そして生態系の保護を主張する人びとが意味する「生態系」とは科学的な意味のそれではなく、人間中心主義的な意味、すなわち人間にとって有害な存在は生態系における存在を認めないという意味における観念なのである。

それゆえ、「殺してよい生物」と「殺してはならない生物」の分別を普遍的な命題である原理にしたがって決定することは不可能である。ほとんどの人は生命を程度の差はあれ尊重しており、無駄に生き物を殺したりはしないだろう。とはいえ、すでに述べたように生命の尊重という価値は「すべての生命を殺す」と「一切の生命を殺さない」という論理的な両極の間で実行されているのである。ほとんどの人は生き物を愛し自然保護について語り、ビーフステーキやポークソテーや野菜サラダを食べ、ハエやゴキブリがいればただちに殺虫剤を噴射するのであり、消毒剤で手を拭くことで生態系におけるわれらが仲間である細菌類を殺戮することにいささかも躊躇しない。それゆえに、生命の尊重という価値に根拠はないというポスト構造主義的な命題は真であり、論理的な一貫性は欺瞞なのである。同様に、責任について普遍的な原理で考えようとすることは困難である。つまり、「クジラを殺すべきではない」ということを、普遍的あるいは論理的には言明できないのである。だが、この命題は、じっさいに言明される。この命題の正当性があるとすれば、それはどこにあるのだろうか。

戦争に対する責任の観念は、戦争という出来事と、それに関与した主体のそれぞれの分別に依存している。現代の日本社会に生きる個人が過去の戦争責任と無縁ではないと感じるとすれば、その人は自分をホモ・クローザスではなく関係においてある存在と考えている。すでに述べたように、総懺悔の思想は明確な原理にもとづき、論理的に首尾一貫した思想である。そしてこの考え方によるなら、われわれは責任という概念を放棄せざるを得ないことになる。われわれはそうするべきなのだろうか。ポスト構造主義はあらゆる原理の無根拠性を宣言する。そしてそこで終わりとなる。だが、無根拠であっても社会秩序は存在するのだから、その先をわれわれは問わなければならない。あらゆる原理を脱構築しようとするポスト構造主義は、むしろ原理に囚われた思考ではないだろうか。

責任とは原理や根拠にもとづいて首尾一貫したものではなく、あいまいで中途半端なものである。しかし、社会においては、個人や集団にどのような責任があるかが、じっさいに決定されている。この決定は根拠や原理にもとづいてはいないが、別の方法によっているのである。すなわち、責任という考え方は「生命の尊重」という規則と同様に、原理や論理的な一貫性以外のところにその場所をもっているのである。それはすでに述べた、コミットメントである。

責任の観念を可能にする主体と対象は客観的に存在するのではなく、間主観的に「思う」という形で生み出される。それがコミットメントである。コミットメントは原理や根拠によるのではなく、経路依存的ななりゆきで決まる。

すべての生物のうち殺してはならない生物の範囲も歴史的な経路に依存したコミットメントで決まっている。それを原理で説明しようとすれば無理が生じるのである。ここでいう「なりゆき」とは、適当に生きることではない。いかに真剣に誠実に生きたとしても、社会秩序の全体像が不確定であることから、その生はなりゆきなのである。そして、これ以外の生の形は不可能なのである。

責任が経路依存的なコミットメントで決まることは、異なるコミットメントが可能であることを意味している。地上に無数に存在する多種多様な生物のうち、どれを生態系における「われわれ」として殺してはならないと考えるかは、原理によるのではなくコミットメントで決まる。それではクジラはどうなのだろう。クジラが「われわれ」であるか否かを決める原理は存在しない。それは人びとがそう「思う」か否かに依存する。それゆえに異なるコミットメントの間の争いが生じうる。その場合の解決は原理による解決ではあり得ず、共生成によるのである。すなわち長期にわたるうんざりするような争いと議論の中で、徐々に一致点が見えてくることもある。その一致点は原理では正当化されない、力学的なバランス状態なのである。

## 3　責任のドラマトゥルギー

通常考えられている責任の観念は、ある出来事に対する、点記述にもとづくその原因である。この推論は必然的に正確さを欠くのだが、わかりやすさがその欠点を補っている。多忙な人びとにとって、物語としての理解しやすさは、それがたとえやや不正確であっても、決定的に重要なのである。戦争のような、社会的に大きな影響をもつ出来事となると、この物語にはいっそう複雑な要素が生じてくる。アイヒマン裁判について、アレントは次のように述べている。

「『大きな犯罪は自然を侵害し、それゆえに大地それ自身が報復を叫ぶ。悪は自然の調和を破壊し、報復のみが調和を回復できる。不正を受けた集団は道徳的な秩序に対して、犯罪者を罰する義務を負う』(Yosal Rogat)。この命題をわれわれは拒否し、野蛮とみなす。それにもかかわらず、そもそもアイヒマンが裁判にかけられたのは、まさにこれら長い間忘れられていた命題にもとづいてであり、じっさいにはこれらの命題が死刑を正当化する最高の根拠であるということは否定できないと私は考える。ある『人種』を地上から永遠に抹殺することを公然たる目的とする事業に巻き込まれ、その中で中心的な役割を演じたから、彼は抹殺されなければならなかったのである」(Arendt 1963: 277)。

ここに示されているのは単なる因果性の推論ではない。それはいわば責任のドラマトゥルギーとでも言い得るものである。ホロコーストのような悲惨な出来事が生じた場合、それは何となく終わることはできない。それが過去のものであると人びとが「思う」ことを可能にするのは、その原因と考えられる個人や集団に報復することで共同体を確認し、かつて犠牲になった死者といまなお共にあることを意識する儀礼である。通過儀礼に見られるように、儀礼は歴史的な場の転換を象徴的に示すことができる。このような復讐は、原因として考えられる加害者を供犠として捧げ、悲惨な歴史に区切りをつける社会場の儀礼なのである。アメリカ合衆国の世界貿易センタービルへのテロという悲惨な出来事に対して、アメリカ政府はその首謀者としてのオサマ・ビン・ラディンを殺害したが、これも同様の儀礼である。通常の裁判では生じた出来事の「真相」をできるだけ知ろうとするが、責任のドラマトゥルギーの場合は「真相」より象徴性の方が重要になる。戦争のような大規模で不幸な事態は、何らかの物語としてその意味を理解し、始末をつける必要があるのである。そうした大規模な悪を引き起こした主体を特定して、悪の原因として罰する必要がある。それによって一つの決着がつく。たとえその主体に時代や環境が影響していても、である。

責任は複雑な現象である。因果性を特定しようとする責任についての論理的思考に対して、ドラマトゥルギーはその演劇的思考である。それは社会場における集合的な儀礼なのである。集団の長はその集団に生じた出来事について責任があるとされる。この集団が大企業や国家のような巨大なものであっても、である。たとえば大企業の社長なり会長がその企業で生じた不祥事に責任を負うというのは、ドラマトゥルギー的な側面もある。もちろん、不祥事を予期し防止するような体制を取らなかったという意味で、責任があるともいえる。しかし巨大な集団の内部で生じるあらゆることを知り、予期することは不可能である。「責任者」を罰することで事件の幕が引かれ、一つの物語が終わる。そういうドラマトゥルギーなのである。不幸な時代に終止符を打ち、リアリティを更新するためには、何らかの儀礼が必要であり、それは何らかの供犠として行われる。こうして人びとは再び希望という思いをもつことが可能になる。「悪の根源」を点記述で特定し、それを社会から隔離し、消去する。それによってその悪は再現しないという安心感をもつことができる。

責任は過去の出来事について問われる。現時点ではその出来事は消失しており、その犯人は現時点では無害であることも多いだろう。そうした事情は責任についての思考には反映しない。すでにナチスと第三帝国が存在しない以上、アイヒマンがこれ以上ユダヤ人に危害を加えることは不可能であり、彼は再び無害で無力な個人に戻った。それゆえこの場合の問題は現在あるいは未来における災厄を防止することではない。それは悲劇の終焉というドラマを集団的に演じることなのである。それゆえにアイヒマンは象徴として死ななければならなかった。このように責任とはある時代を作るような社会場の大きなダイナミクスが切り替わる際に必要な、儀礼でもあるのである。そして、儀礼というものはアレントも言うように、目に見える形で行われなければならない。だがホロコーストを生んだ思いのダイナミクスは、目に見えないものなのである。目に見える、したがって供犠の場で主役を演じることができるのは、個人のみである。それゆえにアイヒマンという個人が裁かれなければならなかった。

責任のドラマは様々な配役によって演じられるが、「真犯人」がその主役である。ホロコーストは歴史上まれにみる極悪非道な事件である。もしその責任者の一人であるアイヒマンが見るからに凶悪な人間であったなら、彼はこのドラマの立派な主役となり、アイヒマン裁判という儀礼はつつがなく進行しただろう。それは悪を葬り去るという儀礼を可視的に演ずることを可能にしただろう。ところが、アイヒマンが普通の個人であったことからアレントの困惑が始まったのである。「普通の」人間では、史上最悪の凶悪事件の主役としては役不足なのだ。

日本とドイツの戦争責任に対する態度の評価では、ドイツに分があるように思われる。その理由の一つは、ナチスという特定の集団に責任を帰属させることは、因果性の思考であり、因果性は思考の経済になる、というものである。因果性はそれ以上場記述で考え続ける労苦から人を救うのである。また別の理由は、日本のように社会学的態度で考えると、責任が拡散して雲散霧消してしまうからである。社会学は学問だから、どんな答えも疑うべきだ、などと呑気なことを言っていても済むのだが、現実の政治的過程ではそうはいかない。人は悪夢に対して何らかの決着がつくことを望むのである。

ドイツによるナチス追及は、ドラマとして極めてわかりやすく、明瞭である。このドラマではナチスが犯罪の主役として供犠として捧げられた。だがナチスの反ユダヤ主義は、東ヨーロッパを含むヨーロッパ全体に存在した反ユダヤ主義という巨大な波動の一部でしかない。ドイツが反ユダヤ主義において突出していたわけでもないのである。ホロコーストと類似のポグロムもロシアで行われた。ホロコーストは東西ヨーロッパ全域にわたる広範な反ユダヤ主義のダイナミクスの一つの波動なのである(2)。バウマンは、ホロコーストは反ユダヤ主義と直接の関係がなく、むしろ近代合理主義の帰結であるという(Bauman 1989: 93)。そうであるなら、モダニティがホロコーストをもたらしたとさえいえる。だがこの全体の大きな波動を考慮することは、総懺悔の思想に行きつき、結論は責任の不確定となるだろう。それのどこが不都合なのかといえば、悲劇に幕が引かれないからである。ナチスはこの悲劇の幕引きを演じる主役として、他の無数の反ユダヤ主義の波動から選出された。ドイツは社会学的態度に訴えて自分だけが悪いのではないと主張することが可能だが、現在のところはむしろドラマに協力することを選んでいる。それゆえに明確なドラマトゥルギーがなりたっているのである。

それに対して、日本の一億総懺悔の思想は、責任のドラマトゥルギーを決定的に欠いている。それゆえに靖国問題がいつまでも尾を引いているわけである。責任のドラマトゥルギーはある特定の個人か集団を点記述で特定し、「諸悪の根源」として配役して供犠に捧げる。この復讐によって共同体が想像的に再建される。その場合の条件の一つは、有罪とされる個人か集団がその社会全体にとって何らかの点で他者性をもっていることだろう。その場合にその集団を断罪し葬っても、社会全体にはその影響はあまり及ばないと考えることができる。ナチスの場合は丸山真男が「ナチ最高幹部の多くは大した学歴もなく、権力を掌握するまでは殆ど地位という程の地位を占めていなかった」(丸山1964: 94) と言うように、どこからともなく現れたならず者たちであり、それゆえに「ドイツ人＝ナチス」というわけではなく、ナチスはドイツ人一般にとって他者であると考えることもできる。そのために、ドイツ人もある程度はナチスの被害者だ、という解釈も可能であり、その場合ドイツ人の罪は相当程度軽減され、このドラマトゥルギーは耐えられるものになる。それゆえにドイツ人がナチスを徹底的に断罪することが可能なのである。

それでは靖国に眠るA級戦争犯罪人の場合はどうだろうか。この場合におそらくもっとも達成可能なドラマトゥルギーは、「諸悪の根源」を日本の軍国主義者として特定し、彼らを供犠として捧げることだろう。確かにミリタリズムこそは災厄をもたらしたのである。しかしこのドラマトゥルギーには抵抗を感じる日本人も多いだろう。丸山が「なによりナチ指導者の出身とわが戦犯のそれとがまるで対蹠的である。…（中略）…市ヶ谷法廷にならんだ被告はいずれも最高学府や陸軍大学校を出た『秀才』であり、多くは卒業後ごく順調な出世街道を経て、日本帝国の最高地位を占めた顕官である」(同) と言うように、A級戦争犯罪人は当時の日本の代表的な人物だったのであり、この点でナチスと大いに違っており、彼らに日本人一般とは異なる他者性を認めるのは簡単ではない。さらに、ミリタリズムの流れを遡れば武士による明治維新という近代日本の原点に行き着いてしまう。この点でも、彼らに他者性を認めるのは容易ではない。ナチスはアウトサイダーであった特定の政党だったから、その範囲を特定するのも困難ではない。日本の軍国主義者の範囲が不明瞭で連続的であることも、供犠の対象を特定しにくい一因だろう。さらに、A級戦争犯罪人たちは、責任のドラマの主役としてはやや役不足である。彼らは天皇の権威の名のもとに権力を行使したのだし、また政府や軍隊という組織に属する組織人だった。それゆえにこのドラマで主役を張る「格」にやや欠けるのである。

しかし日本人が責任の概念を避けたがる最大の要因は、「なる」という思考法が根づいているためだと思われる。責任という概念は根本的に「する」概念なのである。また、日本人の思考に多大な影響を与えた仏教の核となる縁起の思想は、あらゆる要素が他のすべての要素と相互連関するという考えであり、この思想からは犯人の特定は難しくなる。縁起的な思考がいまだに日本に根づいているのかもしれない。

A級戦争犯罪人が責任を問われたドラマは、連合軍が演出したものである。それは東京裁判として行われた。彼らがこの裁判で犯罪人とされたのは、戦争に負けたからである。もし日本が勝利していたなら、東條英機が犯罪者として裁かれることはあり得ない。法の支配が存在しないから戦争になったのであり、この裁判は通常の意味の裁判ではなく、戦争の一部なのである。戦争において戦勝国は何らかの利益を得る権利がある。古代には敗戦国の国民は奴隷となり、中世や近代では戦勝国は領土を得た。第二次大戦では連合国は「正義」というドラマ的価値を得たのである。A級戦争犯罪人が現在でも問題になるのは、現在の東アジアの政治状況の中で彼らの存在が象徴的な意味をもつからである。靖国神社はいつも話題になるが、それは神道の思想とは別の文脈においてである。仮にA級戦争犯罪人が明らかに戦争と犯罪の原因であるとする物語が支配的になれば、それゆえに彼らを神として祀る、というのが神道の思考だろう。というのも神道の神は正義とは直接には無縁な、時に危険な禍々しい力なのだから、正真正銘に危険にして邪悪な人物なら祭祀によって封印しなければならないことになる。しかしこの神道的な考え方は現時点では物語としては浮上していないようである。

前述の金融津波の場合、多くのアメリカ国民は、破綻した金融機関が税金で救済されることに素直には納得しなかった。アメリカの上院議員チャールズ・グラスリーは、そのような人びとの一人である。彼は、ラジオのインタビューで、こう述べた。

「もっともいらだつのは、企業の重役たちが失敗の責任をとらないことだ。重役たちが日本の例にならってアメリカ国民の前に姿を現し、深く頭を下げて『申し訳ありません』と言い、さらに二つのことのうちいずれか、つまり辞職するか自殺すれば、気分も少しはおさまるだろう」(Sandel 2009: 16)。

上院議員が求めているのは、責任の正確な計算ではなく、責任のドラマトゥルギーである。巨大で悲惨な社会的出来事は、多数の要因が複雑に絡み合って起こるから、個別の要因の貢献度を計算するのは不可能である。この場合、誰かを「諸悪の根源」に仕立ててその人びとを罰することで、悲劇の幕が閉じられる。そしてその「誰か」は、演劇的な効果を基準として選ばれるのである。このドラマの構成に際しては、人びとのルサンチマンの感情が重要な役割を果たすこともある。金融津波に際して下院が可決した、税金で救済された企業の幹部のボーナスに90%課税する法案は、国家による市民社会への不当な介入であり国家権力の乱用だと、通常では感じられるだろう。州の司法長官が、すでにボーナスを受け取った社員の多くにそれを返却させたというのも同様である。非常な高収入を得ている彼らアメリカの経営者は、大多数の国民のルサンチマンの対象であり、それゆえに供犠の標的にもっともなりやすい人びとである。仮に金融津波はまったく予測不可能であったとしても、この際に非難が集中することにもなる。責任のドラマトゥルギーで重要なことは、それが責任の計算にもとづいていないという点である。ここで必要とされるのは、悲劇の幕が閉じられたことを知らせる、劇的で象徴的な効果なのである。そして通常は、大きな悲劇の幕を閉じるのは、別の悲劇である。この供犠は可視的でわかりやすくなければならない。それゆえにもっとも単純な図式である因果性が使用され、誰かが諸悪の根源とされることになる。

最近起こった事例では、イラク戦争がある。この戦争はアメリカを中心とする連合軍がイラクに侵入し、サダム・フセインの独裁体制を打倒した戦争である。この戦争が掲げた物語の大義とは、イラクが秘密裏に核兵器を開発しているということであった。イラクは核開発に関する国際機関の査察を拒否し、この疑惑をさらに強いものとした。ところが、じっさいに戦争を始めてイラクを破り、詳細に調べてみると、核兵器がまったく見つからなかったのである。

つまり、サダム・フセインは無実であったのだ。無実の人間が政権から引きずりおろされ、殺害されたのである。フセインを処刑したのは連合軍ではないが、しかしそれは連合軍の攻撃の延長であることは明らかである。この戦争は不正な戦争だったのである。ある人は、独裁体制が打倒されたのだからいいではないか、と言うかもしれない。しかし独裁体制の打倒は、外国の勢力が侵略することを正当化する理由には現時点ではなっていない。侵略の大義はあくまで核兵器の疑惑だったのであり、その限りにおいてフセインは無実であり、それゆえにこの戦争は不正義の戦争だったのである。

それでは誰が、どのようにこの不正義の責任を取るのだろうか。だが、誰も責任を取っていない。どうして不正義の責任が取られないのだろうか。それは「非民主的な独裁体制を打倒した」という物語の信憑性が強いからだろう。この物語は不正なのだが、多くの人はなんとなく納得しているのだろう。独裁者が打倒されるという可視的な過程が、国際社会の人びとを納得させるドラマトゥルギーを提供したとも考えられるだろう。この戦争の映像は詳しく報道された。「国際コミュニティ」の人びとは、この可視的なドラマをたっぷりと鑑賞したために、面倒な責任の計算を免れる気分になったのではないだろうか。独裁者が打倒されるという筋書きはドラマとして楽しめるものだし、サダム・フセインの不敵な態度と容貌は、このドラマの主役にふさわしいものであったという事情もあるだろう。こうして、イラク戦争は「独裁の崩壊」というドラマとして理解されており、この戦争の不正義は追及されていない。この場合には当初の責任の内容であった「核兵器の開発」から「独裁体制」への物語のずれが生じているのだが、それは追及されないのである。

## 4　責任の進化と進歩

二〇一六年のアメリカ大統領選挙における話題の一つは、アメリカにおける石炭産業の衰退であった。ニューヨーク・タイムズは、その原因は採炭がますます機械化されたこと、パワープラントのより安価な天然ガスへの転換、環境規制の三つであると述べる。しかし石炭産業とその同盟者は前の二つの原因を軽く見て、ホワイトハウスの「石炭に対する戦争」を非難する(3)。責任をめぐる因果性は思いによって想像的に決定される。何が原因であるかは、人の立場によって変化し得る。原因の学問的な特定はしばしば困難だから、原因の決定には多様な思いの相互作用が関与しうる。ここに責任をめぐるダイナミクスの複雑性が存在する。何度も述べたように、社会場はカオスの縁において運動する。過剰な安定性は社会場のダイナミクスの死を招き、過剰な自由度はカオスをもたらす。近代化とは自由度と複雑性の増大であり、個人のレベルで自由度が拡大して個人は「する」主体として表象されるようになった。だが同時に、過剰な自由度を排除するために、個人の絶対的な範囲すなわちホモ・クローザスが設定され、自由度はその範囲に封印された。すなわち個人の自由は私的な範囲、ホモ・クローザスの範囲に限定されたのである。それが近代という時代の自明性である。だが、それは歴史における一つの形態にすぎない。社会場のダイナミクスが進化するだけでなく進歩するものだとすれば、責任の概念における自由度と複雑性の一層の増大が将来において考えられるだろう。それはコミットメントの自由度の拡大という形を取るだろう。

本章の冒頭に、ジョージタウン大学の事例を挙げた。現在の大学の関係者は一八三八年に生じた奴隷売却を因果的に引き起こすことはあり得ず、したがって責任者ではあり得ない。だがそうなら、どうして現在の大学の関係者がこの事件に対する自己の対応を考えているのだろう。ジョージタウン大学のワーキンググループは、大学が奴隷労働から利益を得たことに対して謝罪し、その犠牲者の子孫に奨学金を提供するべきか否かを検討中である。この大学の歴史学者のロスマン博士は、「このような歴史を何が和解させることができるかを知るのは困難です。償いとして、何が可能なのでしょう?」と述べた(4)。どのような償いが可能なのだろうか。だがその前に、現在のこの大学の関係者は、ほとんど二〇〇年前の出来事に対して、なにゆえに償いについて考えているのだろうか。その思考の論理は何だろうか。いったい誰が、誰に対して、何について償うのだろうか。

この責任の論理は、点記述による因果性の論理ではあり得ない。それは社会場の運動におけるコミットメントであると考えられる。それは一種の責任感だが、因果性を示唆する「責任」という用語は強すぎるだろう。あえていえば、

「負い目」の感覚であるといえよう。因果性の論理では責任を問われない対象に、想像力がコミットメントを与えて負い目の意識が生じるのである。それは、自分がたまたまいま現在ジョージタウン大学にいるという偶然の事実から触発されている。これはコミットメントの拡大の一例であるといえよう。責任がコミットメントで決まるなら、自分が存在しなかった過去の出来事に対する責任もなりたつことになる。たとえばジョージタウン大学の場合は、はるかに苛酷な環境である深南部に売られた奴隷の子孫はこのジョージタウン大学の行為によってある程度の被害をこうむっていると考え、この被害部分が大学の責任であるとし、現在の大学の学生や教職員は、現在における大学と自分のコミットメントを考えに入れて、自己が分担するべき責任を考えているわけである。これはコミットメントについての思考である。

アメリカなどで行われているアファーマティヴ・アクションは、社会的に人種などの点で差別されている生徒を優遇する措置である。大学の入学試験で、ある人がある得点を取った場合、この考え方ではその個人がその得点の排他的な原因ではなく、その個人が属する人種もまた因果的に作用していると考えられている。たとえばある個人が、大学の入学試験で五〇〇点を取ったとしよう。点記述ではこの得点はその個人の得点であり、それが合格点に達しなければそれで終わりである。アファーマティヴ・アクションの観点はこの得点が人種という思いのダイナミクスと関係していることを主張する、明確な社会学的思考であり、場記述の思考である。

すなわちこの受験生がアフリカ系である場合、その人は自分が原因ではない条件によって白人なら獲得できる点数より得点が低くなると想定する。しかし、それでは何点優遇すれば埋め合わせになるのかということを原理的に決定することは不可能である。場記述の観点では、この五〇〇点という事実には多様なコンテクストとダイナミクスが関係しており、この五〇〇点は私を通ってやってきた、ともいえないこともない。この受験生は、その不利な人種的背景によって本来なら達成できた点数より何点の損失をこうむったのだろうか。そこには無数の可能性があり、どれが正しいかを原理的に決定できない。なぜなら本来どうだったかなどということは思考不可能だから。それゆえこの決定は多様な力、たとえば学校、政府、社会運動などの異なるダイナミクスの相互作用の結果、経路依存的ななりゆき、すなわちコミットメントで決まるのである。だがこれは差別であるともいえる。たとえば白人のような支配階級の学生にはこの優遇措置は適用されず、したがってその学生は何点かの損失をこうむるからである。この損失分は、支配階級による差別の責任分である、というのがアファーマティヴ・アクションの論理である。アファーマティヴ・アクションは責任の複雑性をあらわにする、典型的な事例である。

二〇一六年六月にアメリカのオールランドのクラブで起こった銃撃事件では、四九人が死亡した。「オールランド銃撃の生存者たちは幸運の衝撃に向かい合う」と題されたニューヨーク・タイムズの記事の中で、幸運にも生き残ったある人は、「生き残って幸運だと感じることの罪の意識は、重い」と語った(5)。この場合も、その場にいたが偶然に被害を免れた人びとの、犠牲者たちに対する因果的な責任はあり得ない。この罪の意識は、クラブの参加者のコミュニティへのコミットメントから来ているといえるだろう。このように、「責任」という用語ではカバーできない「負い目」の意識は、コミットメントの運動を示している。

注

(1) バウマンは、「現代の大量虐殺は、一方で自然発生性が実質的にまったくみられないこと、他方で合理的で注意深く計算された設計が顕著であるという特徴をもつ。それは不確定性や偶然性をほとんど完全に除去し、集団的感情と個人的動機から独立しているという点で際立っている」(Bauman 1989: 90) と述べている。

(2) ホロコースト以前のドイツにおける反ユダヤ主義は、ヨーロッパの他国と比較して弱いものであり、ユダヤ人にとってドイツはむしろ安息の場所と考えられていた (*ibid.*: 31)。ほとんどのドイツ人は反ユダヤ主義者ではなく、むしろ無関心だった (*ibid.*: 32)。それゆえに反ユダヤ主義は直接にはホロコーストを説明しない。

(3) *The New York Times*, May 10, 2016.

(4) *The New York Times*, April 16, 2016.

(5) "Orlando Shooting Survivors Cope With the Trauma of Good Fortune," *The New York Times*, June 14, 2016.

# 第9章　倫理への問い

## 第1節　社会秩序と倫理

### 1　倫理とは何か

アイヒマン裁判の傍聴記を閉じるにあたって、ハンナ・アレントはこの裁判の判事が次のような言葉をアイヒマンに語ったなら、この裁判の正義が万人の目に明らかになっただろう、と述べる。

「どのような外的あるいは内的な偶然の事情のせいであなたが犯罪者となる道へと押し出されてしまったとしても、あなたが行ったことの現実性と他の人びとが行ったかもしれないことの可能性の間には、深い裂け目がある。われわれがここで関心を持つのは、あなたが行ったことのみであり、あなたの内面性や動機が犯罪的なものではなかったという可能性でもないし、あなたの周囲の人びとが犯罪を犯したかもしれない可能性でもない。あなたは自身を不運な境遇にあったと語ったが、そうした事情を知ったわれわれは、よりよい境遇にあったならあなたがわれわれの前に、あるいは他の何らかの刑事法廷に引き出されることはまずなかっただろうと、ある程度までは進んで認めたい。議論を進めるために、ひとえに逆境のために、あなたは大量殺人の組織の中で殺人を進んで実行する道具となってしまったのだと仮定しよう。だがその場合にも、あなたが大量殺人政策を実行し、それゆえそれを積極的に支持したという事実は残る。というのは、政治とは託児所ではないからだ。政治においては服従と支持は同じことなのだ」(Arendt 1963: 278-279)。

なるほど、いかなる事情があれ、ある行為を行うのは最終的には個人である。それは点記述の原理である。だが、アレントはホロコーストの責任者の一人であるアイヒマンを見て、責任は最終的には個人にあるという原理に疑いをもったから、「悪の凡庸さ」という副題をその裁判の傍聴記につけたのではなかったか。その結論がこうだとすると、アレントは責任をめぐる思考に疲れてしまったようにも思える。

哲学者のサルトルは、フランスの対独レジスタンスについての「沈黙の共和国」という短いエッセイを、「われわれはドイツの占領下にあったときほど、自由であったことはなかった」という逆説的な、しかしそれゆえに美しい文章で始めている。

「孤独のなかに追いつめられ、孤独のうちに逮捕され、彼らが拷問に抵抗したのは、身を投げすてることのなかで、最も完璧な窮迫のなかで、である。…(中略)…死刑執行人どもの前で、彼らは孤独で裸だった。とはいえ、この孤独の最も深いところで、彼らが擁護したのは、他者、すべての他者、すべての抵抗の同志だった。たった一言でも、十人や百人の逮捕を引き起こすには十分だった。まったき孤独のなかでこのまったき責任こそ、われわれの自由の開示そのものではないか?」(Sartre 1944=1964: 7)

サルトルが語っているのは、ごく一部の鍛えられたレジスタンスの闘士についてではなく、「四年のあいだ昼となく夜となくいかなる時刻にも、否と言ったすべてのフランス人」についてである。ここに個人の自由と尊厳の、もっとも輝かしい顕現があるのではないだろうか。とはいえ、ここでわれわれはミルグラムの実験を忘れるわけにはいかない。そこでは約65%の人びとが、見知らぬ人に対して致死的な電圧を与えたのだった。サルトルが語っているのは

「普通の」フランス人だが、ミルグラムの実験の参加者もまた、「普通の」アメリカ人だった。そしてアレントが見るところでは、アイヒマンは「普通の」ドイツ人だったのである。

普通の人が一方で高度に倫理的なふるまいを示し、また他方で殺人鬼にもなるとすれば、この差異は個人的な事情ではなく社会的なダイナミクスに淵源すると考えるのが適当だろう。ホロコーストは巨大な悪である。だがその首謀者が平凡な人間であるなら、平凡な人間が悪をなしうる、そのダイナミクスこそが思考の焦点になるのでなければならない。それゆえに、最終的には個人の問題である、という言い方では済まないのである。この態度の差異は、倫理の問題に関わっており、倫理の問題は、個人と社会の関係の臨界に位置している。

倫理や道徳と呼ばれる現象は責任の概念と密接に関係しており、それについての思考の歴史は長く、錯綜している。ここでは本書のテーマと方法に関わる限りにおいてこれらの問題を考察し、倫理、道徳あるいは正義の概念をこれまで展開された理論に位置づけることにしたい。なお、倫理と道徳という用語はあまり明確に区別されていないように思われる。後に定義を導入するまで、倫理という用語を用いることにする(1)。

一方で倫理は嗜好のような純粋に個人的な問題ではなく、社会秩序に関わる問題である。他方で、倫理はあくまで個人がその心において直面する内面的な問題であり(2)、この点でより客観的な規則や規範や制度とは異なっている。倫理への問いは、多くの場合、社会的な規範、価値あるいは原理に対する個人の態度として考えられており、その際、規範や価値は個人に外在するものとしてとらえられているように思われる。だが、すでに述べたように、個人と社会は別個の存在ではない。規範や価値は個人に外在するものではなく、規範意識や価値意識、あるいは規範的、価値的な動機として心的場において運動するものである。つまり規範や価値は個人の思いとして心的場に登場するという仕方でのみ存在するのである。規範や価値に対する個人の倫理的な態度は、その個人の自発的な思いとして存在する。すなわち、倫理的な規範や価値は、個人の心における内的な思いとして創発する。しかし同時に、この思いは通常の欲求とは異なっている。そうでなければ倫理や道徳という特別な用語を用いる意味がない。

倫理は、社会秩序の一部である。これまでの論述では、社会秩序とは社会場において出現する確率が低い状態が現に出現していることを意味してきた。この定義では社会秩序の程度を考えることができ、生起する確率が低いパタンほど高度な秩序であることになる。つまりそれはより「有り難い」のである。倫理はそのような「有り難さ」と関係している。芸術やスポーツもまた確率的な「有り難さ」に関わっている。人は芸術やスポーツにおいて生起する確率が低い、つまりめったに見られない美や技に惹かれる。しかし芸術やスポーツは倫理的とはいわない。個人が自己のコミットメントを追求することは一般的には倫理的とはいわない。倫理的な思い、動機の特質は、ある思いの生起する確率が低く、しかもそれが自己保存に反するという点にある。言いかえれば倫理的な思いは自己に割り当てられていない責任を自ら進んで引き受ける要素、すなわち何らかの自己犠牲、言いかえれば自己の心的場の自発的崩壊を含んでいる。心的なダイナミクスはあるとき形成され、維持され、自発的に崩壊する。この維持の過程が、自己である。倫理の本質は、何らかの意味での自己崩壊としてのデタッチメントであると考えられる。

前章では、責任の概念を社会的な物語として考察したが、倫理はこの物語への個人のコミットメントに関係している。自己とは思いのダイナミクスの安定状態であり、それは確かに「有り難い」ものではあるが、社会秩序において比較的に「有り易い」状態である。社会的な危機の状況のような特異な場面で、自己を放棄するようなデタッチメントが出現する。それは自己保存より出現する確率が低い秩序である。すなわち、道徳や倫理とは確率的にきわめて低い、つまりきわめて「有り難い」、高度の社会秩序であり、同時に自己の自発的な崩壊である。倫理的な思いにおいて個人は葛藤した状態におかれる。ある行為は自己の利益にならないので、やりたくない。だが同時に、それをやるべきだと自発的に思う。この状態が倫理的な思いの状態である。倫理的な思いにおいて、人は引き裂かれた生を生きる。本書では心はモーフォジェネシスによって動機づけられると考えており、倫理はこのダイナミクスの一部である。したがってあらゆる人は潜在的には倫理的である。この論理は本覚思想と同型である。

## 2　道徳と倫理

社会場は自発的に分化し、分化したクラスターの一部は弾性をもつ集合体となって社会的な自己を形成する。この過程は社会場の非エルゴード性という本質的な性質に根差している。コミットメントによって定められた領域が、社会的な自己となる。自己は安定的だから、同一性をもつ通時的な存在者として理解される。倫理はこの社会的な自己をめぐってなりたつ。

思いのダイナミクスにはアトラクタに留まろうとする安定化の側面と、アトラクタからの自発的な脱出、すなわちアトラクタの自発的崩壊の側面が含まれている。安定化とは、あるアトラクタへのアタッチメントであり、NFBの自己保存のダイナミクスの働きである。これに対してアトラクタからの脱出は自己否定としてのデタッチメントである。デタッチメントを経由して新たな方向へのアタッチメントの運動が起こることがコミットメントであり、それはPFBによる過程である。安定化が社会秩序であるというのはわかりやすいが、不安定化もまた社会秩序の必須の条件であるというのがこれまで強調してきた点である。個人は社会秩序の安定化と不安定化の双方に自発的にコミットメントをもつことがあり得、そのコミットメントが強度をもち、程度の差はあれ個人的な自己犠牲を伴う場合には確率的により低い、「有り難い」状態となる。それゆえ、安定化の「有り難さ」と不安定化の「有り難さ」があることになる。そこで以下では、社会秩序の安定的な維持に関わる、強いアタッチメントの意識を道徳と呼び、社会秩序の自発的な崩壊と生成に関わる、デタッチメントの意識を倫理と呼んで区別することにしよう。道徳は社会秩序の維持に、倫理は社会秩序の崩壊に関わっている。

先に述べたように、社会的な力としての価値や規範は、個人における価値意識、規範意識として存在する。しかしそれが直ちに道徳や倫理となるわけではない。人が交通信号に従うことを道徳的ということもできるが、そのような用語法は道徳という概念の含意を広くしすぎるように思われる。倫理や道徳という概念は、心的場における痛みを基準として考えるべきだろう。そもそも、社会的な規範に従うことは、外的な強制にやむを得ずに服することであるとは限らない。個人の心的ダイナミクスはその安定状態においてはアトラクタ上に滞留する。それはルーティーンの世界であり、心のダイナミクスの慣性状態である。それは自明性の世界に生きることであり、生を安定的に維持するためには不可欠なことなのであり、誰もが自然に行うことである。すなわち、社会的なルーティーンに従うことは、通常はもっとも楽な生き方だろう。それゆえに規範や制度は個人に強制されているとは限らないのである。

社会場が安定状態にあるとき、モーフォジェネシスのテーゼが述べるように、その秩序はあたかもプログラムによって駆動されているかのようにみえる。だがじっさいには、いま述べたように個人は完全に社会化されているわけではなく、また、ほとんどの人はつねに監視されているわけではないから、安定状態における規則へのコミットメントにもある程度の自由度が存在する。そのとき、個人の社会的な価値へのコミットメントの強弱があり、それがより強い場合に道徳意識がより強い、と考えればよいだろう。たとえば正直や誠実とは、現存する秩序に対する道徳的コミットメントの意識である。道徳とは不安定化する力に抵抗し、社会場の安定状態を維持することへの強い動機づけなのである。

現存する安定的な社会秩序はアトラクタにおける秩序であるから、この秩序への道徳的なコミットメントはそのアトラクタ内の思いを共有する諸個人、すなわち同胞へのコミットメントでもある。サルトルが述べた対独レジスタンスにおける「沈黙の共和国」とは、フランスという場を構成する同胞へのコミットメントであり、それは倫理というよりは道徳的コミットメントである。レジスタンスという危機的な状況において、個人をフランスという社会場へのコミットメントへと突き動かす力が、道徳意識である。このような状況では、それは場合によっては個人の死を代償として求めるものにもなる。じっさいに、レジスタンスとはそのようなものであった。ナチスによる占領下において、すべてのフランス人が抵抗したわけではない。そこにはある自由度があったのである。そのような状況において、自らを犠牲にすることを辞さないようなコミットメントは、道徳的な動機づけによってなりたつのである。

## 3　倫理と福音

社会システム論は社会システムの維持に主要な関心を注いだが、むしろ興味深いのは、定常状態が崩壊し、新たな状態が生成する、社会場の自発的崩壊の過程である。倫理はそこで核心的な役割を演じている。右に述べた定常状態の崩壊とは、思いのダイナミクスがアトラクタ上における安定状態から脱することであり、それは何らかのきっかけによるにしても、自発的に生じるデタッチメントの過程である。

この自発的な変動過程において、社会場における思いのダイナミクスは現存する秩序への自発的な否定として運動する。道徳が安定状態の維持であるのに対して、倫理の核心にあるのは、この否定性である。社会秩序の崩壊は通常、外的な力による否定的な効果と考えられているだろう。たとえば構造－機能理論では、社会システムは環境に適応できない時に崩壊する。だが、モーフォジェネシスに駆動される社会場のダイナミクスの特質は、それが自発的に崩壊するということであり、それによって社会秩序の運動と進化が可能になるのである。この崩壊に際して、現存の社会秩序に対する否定的な思いと言説が自発的に生み出される。社会場のダイナミクスは運動であり、そのためには既存の安定状態はいつか破壊されなければならない。安定状態の破壊とは、思いのダイナミクスがアトラクタから脱して新たな遍歴に出発することを意味する。この意味で、デタッチメントの運動は社会場のダイナミクスの不可欠の一部なのである。

アトラクタにおける安定状態は、弾性的な場合には集合的自己として展開している。それは安定状態においては反復する「自己」の様相を見せる。安定的なダイナミクスではＮＦＢが主役を演じるから、「自己維持」が社会秩序の主要な特質であるかのように見えるのである。現存する社会秩序に対する否定の運動としての倫理は、同時に集合的自己の否定の運動であり、その集合的自己に属する個人的自己の否定でもある。この社会場の自己崩壊の運動は、いずれかの個人において悲劇的意志となって創発する。想像力の呪いの下にあるそれら預言者は、既存の定常状態の秩序を否定する福音を語るだろう。

福音書の山上の垂訓におけるイエスの説教は、この否定性に貫かれている。敵を愛し、右の頬を打たれたら左の頬も差し出すべしという考え方は、自己という枠組の否定であり、それゆえに自己にもとづく互酬性の否定にほかならない。互酬性とは、安定的な自己同士の関係を律する普遍的な原理であり、敵を憎んで味方を愛し、「目には目を」

がその掟である。イエスは隣人について語っている。ある人が道で強盗に襲われ、身ぐるみはがれて半死状態で倒れていた。そこに通りかかった祭司もレビもこの人を見て見ぬふりをして通り過ぎたが、たまたま通りかかったサマリア人は彼を介抱し、宿に泊まらせてやった。それが善きサマリア人である。この被害者はユダヤ人であると思われるが、サマリア人は彼の同胞ではなく、他者であり敵対する異邦人でもある。それに対して祭司とレビは同胞なのである。この物語はナショナリズムが考える集団的な自己からのデタッチメントの物語にほかならない。倫理において語られるのは、同胞へのコミットメントからの逸脱である。この語りにおいて現れるのが、隣人という他者であり、異邦人なのである。

現存する秩序への自発的な否定において復活するものは、安定状態においては潜在化している、ダイナミクスの力学的性質である。モーフォジェネシスのテーゼが述べるように、力学系の動的な性質はアトラクタにおける安定状態では潜在化し、その結果アトラクタ上の秩序はプログラムとしての原理、法あるいは規範によって駆動されるかのように見える。倫理のもつ否定性が引き出すのは、この潜在化した力学的性質であり、自由度なのである。それゆえに、倫理の否定性は、自己否定の快楽ともいうべきものを伴うことがある。それはニーチェが「没落と否定を通って到達する最高の快楽」(Nietzsche 2010: 120) と述べたような、ディオニュソス的な悲劇的意志による自己崩壊の歓喜である。こうして、倫理は単に苦であるだけでなく、場合によっては快でさえありうる。安定した社会秩序の支配のもとでは、心の本質的な力としての想像力は抑制される。現存する秩序への倫理的な否定の結果、想像力と自由度が復活し、社会場はデタッチメントの力に支配されるようになる。倫理のもつこのような否定的な世界観を、『悲劇の誕生』におけるニーチェの言葉を借りて、悲劇的世界観と呼ぶことができるだろう。

この否定と崩壊に続く過程は、ＰＦＢによる秩序形成の過程である。現存する社会秩序を倫理的に否定した結果、社会場のダイナミクスは新たなカオス的遍歴の途へと出航する。この過程は、非エルゴード的な過程、すなわち本質的に非合理的な過程である。繰り返し述べたように、未来の可能性を具体的に知ることは不可能である。それにもかかわらず未来の新たな秩序が集合的に目指されるのは、それがＰＦＢの運動であるからにほかならない。すなわち倫理的な運動は、未来における望ましいと考えられる状態、すなわち福音へのコミットメントなのである。

未来における理想状態を実証的に語ることは不可能である。本書では未来の理想的な状態についての語りを福音と呼ぶ。福音とはこうして、本質的に非エルゴード的な語りである。それゆえに福音を伝える者は未来を具体的かつ詳細に語ることはない。福音における未来は、詳細に語られるほどに嘘くさくなる。福音書に見る限りでは、イエスは神の国について詳細に語っていない。近代における福音の書である『共産党宣言』においても、マルクスとエンゲルスは彼らが目指す共産主義について具体的な記述を行っていない。日本における明治と昭和の維新における国体の福音も、その詳細については意味不明であった。福音はあいまいな言説であっても、あるいはそうであるがゆえに、コミットメントを獲得することが可能である。

冷静に考えると、ＰＦＢは危険この上ない出発である。なにしろ未来がどのようにして実現するか、誰も知らないからである。この意味で福音は計画された目標と異なっている。目標はその実現可能性がデータに基づいて計算されなければならない。福音は計算不可能性の領域への跳躍である。こうしてＰＦＢによって、福音に示された地点への奔流が生じる。革命運動に代表されるこのような運動は、みんなが「イケイケ」状態となることで異論を押し流して奔流が進む。このカスケードにおいて、その先頭に立って悲劇的意志を体現し、もっとも危険な役割を引き受ける人びとが自発的に生まれる。彼らはその時代のもっともラディカルな前衛である。共産主義革命では前衛党であり、明治維新では維新の志士たちである。彼らは想像力に呪われた人びとであり、必ずしも悲壮な決意で自らを運動に投じるわけではなく、むしろディオニュソス的な熱狂、あるいはフリーダム・ハイとしての悲劇的意志とともにあるだろう。

強烈なＰＦＢの激流の中でコミットメントが純化されて強度を増すと、ラディカリズムの闘志が生まれる。こうした思い方は自発的な犠牲的精神であり、倫理的な態度と呼ぶことができるだろう。これはデタッチメントの意識というよりは、福音の実現に向けたＰＦＢの態度であるといえよう。だがすでに述べたように、ＰＦＢとは非エルゴード的な未来への、じつはあてどない旅立ちである。人びとがそのような運動に自発的にコミットメントを与えるのは、デタッチメントの結果として顕在化した思いのダイナミクスの力学的性質に動機づけられるからである。

福音はイエスやマルクスのように、誰か特定の人物が語る。しかし社会場の思いのダイナミクスの観点からすれば、社会場における思いのダイナミクスが特定の啓示者を生み出すのだと考えるべきである。福音を語る者は同時に預言者でもあり、預言者とは、文字通りその時代のその社会の思いのダイナミクスが生み出した思いを預かり語る個人なのである。ボブ・ディランが言うように、預言者は「それは私を通ってやってきた」という形で出現する、時代と社会の思いの容器である。

注

(1) クーネマンは、ほとんどの哲学的伝統は、倫理 ethics と道徳 morality を明確に区別していないが、分析哲学では道徳は具体的な道徳観を指示し、倫理はそれらについてのメタレベルからの知的分析と分類に限定しているという (Kunneman 2010: 152-153)。本書では本文で行った定義に従う。

(2) ガーゲンは倫理を、個人あるいは心の問題ではなく公共世界における相互行為の問題であるとする (Gergen 1994: 103)。だがそこまで心を排除する必要もないだろう。心は社会の一部であり、社会的なものは心的なものである。それゆえ本書では倫理は心的な秩序の問題でもある。

## 第2節　運動としての倫理

### 1　真理と理論的世界観

福音は現存する秩序を超越する秩序を指し示す。それゆえに福音は想像力の強度によって初めて可能になる。人がまだ経験しない領野を示すことができるのは、概念とそれによって構成される知によってであり、それが人びとの「いま・ここ」を超越することを可能にする。すなわち想像的な知こそが、アトラクタに滞留する社会秩序を破ることを可能にするのである。想像力は現存しないものについての思考だから、本質的に超越する力である。それゆえに想像力には現存する秩序への否定性が本質的に属している。想像力がめざすべき「彼方」を思考可能にするのが、概念であり知であり、理論である。

現存する秩序の維持へのアタッチメントとしての道徳に比べて、現存しない秩序を目指す倫理的なデタッチメントは、いっそう強度ある想像力を必要とする。いま述べたように、いまだ存在しない世界の想像は、概念によって行われる知的な営為である。だがこの知が独自のクラスターを形成し、独自の新たな運動を開始する。それは、いわば真理のモーフォジェネシスともいうべき思いのダイナミクスである。福音は不確定の未来について語ることだから、それは必然的にあいまいな形で語られる。このあいまいさを解消し、福音の倫理を概念と理論によって確固とした体系へと構築しよう。そのような知への意志が生じるのである。それは福音として語られる悲劇的世界観を守り維持しようとする意志から発する、再びニーチェの言葉を借りれば、理論的世界観である。

福音があいまいな象徴的かつ比喩的表現からなるのに対して、真理のモーフォジェネシスはより構築された概念のシステムを求める。それは律法に結晶化する高度に知的な作業である。すでに述べたように、福音の倫理は現世の秩序の否定、あるいは悲劇的世界観の提示として、ディオニュソス的な情熱を伴うデタッチメントを引き起こす。だが福音についての真理のモーフォジェネシスの運動が始まると、『悲劇の誕生』におけるニーチェの言葉を借りれば、ディオニュソスを否定するソクラテスが登場して理論的世界観を創造し、悲劇的世界観を埋葬するのである。

愛というあいまいでナイーブな概念から出発した古代ユダヤ教においては、律法を事細かに解釈する律法学者が登場し、律法を真理の知へと構築した。それは真理のモーフォジェネシスであり、理論的世界観の運動である。彼らはイエスの主要な論敵であった。イエスは律法学者の理論的世界観に抗して、再び悲劇的世界観を述べたのである。マルクスの福音を解釈し、知の体系へと彫琢しようとする真理のモーフォジェネシスの担い手は、マルクス主義者たちであった。律法学者やマルクス主義者とは、ディオニュソスを退場させるソクラテスたちなのである。

律法学者と闘ったイエスの死後、彼の弟子や信奉者たちはイエスの教えを守り維持するためにキリスト教の教義学という新たな律法を作り上げなければならなかった。使徒パウロは、律法によって義とされようとするなら、その人はキリストとは無縁であると述べ（ガラテヤの信徒への手紙5-4）、律法も他の掟も、「隣人を自分のように愛せ」という掟に集約されると述べる（ローマの信徒への手紙13-9）。すでにみたように、「隣人愛」という命題はどのような「自己」をも超越し、集合的な「同胞」をも超越するべしという掟であり、根源的なデタッチメントの要求である。誠実にして賢明な使徒パウロは、イエスの教えの本質を見て取ったというべきだろう。だが、パウロはイエスの否定の倫理を肯定し守るために、教義という理論的世界観を作らざるを得なかった。イエスの教えに対する強いコミットメントは、それが真理であるという信念を生む。真理は他者に開かれていない。他者は真理にただ聴き従うべき存在と映る。こうしてパウロは、キリスト教の歴史の中で最初のソクラテスとなった。

教会は守るべきものであり、再び立ち上がった「同胞」である。教会の教義は復活した律法であり、道徳である。隣人と福音の倫理が本質的にデタッチメントによるのに対して、律法は特定のアトラクタ上における、アタッチメントの運動なのである。こうして、福音書においてディオニュソス的な福音を述べたイエスその人の信徒たちは、福音を律法によって封印するソクラテスたちとならざるを得なかった。ニーチェは、悲劇的世界観と理論的世界観は永久に闘うものだと述べた（Nietzsche 2010: 94）が、理論的世界観が悲劇的世界観に続いて登場して前者を封印するのは、知のモーフォジェネシスの過程の必然である。それゆえ、イエスと教会は永遠に闘うのであり、マルクスと革命党もそうなのである。

フッサールが説いたように、知は生活世界から立ち上がる。しかしそれぞれの知は、生活世界から独立して、独自の運動を始める。現在でも学問は、当初は生活世界における問題意識から発したと思われるが、相対的に閉じた知の世界を構築して進化する。倫理的な知も同様である。こうして、ユルゲン・ハバーマスが言うシステムによる生活世界の植民地化ともいうべき事態が進行する。生活世界において、人びとは素人物理学、素人生物学、あるいは素人社会学や素人哲学を実践している。だが創発した知の世界におけるソクラテスたちは高度に訓練された知の専門家である。彼らは、自分たちの考え方が、真理である、あるいはそれに近いと考える。知の専門家とは、真理に対するコミットメントによって動機づけられる人びとである。生活世界にはあいまいで多様な知識が蓄積されている。それらは雑然としており、また観点も多様である。知の専門家はある特定の観点から、統一的な説明を与えることを任務としている。こうして福音は真理へと変貌する。福音によって立ち上がる悲劇的世界観は、真理をめぐる理論的世界観を必然的に招く。それはひとたび不安定化したダイナミクスの、再度の安定化の過程、倫理の道徳化の過程である。

## 2　正義と同胞

いま述べた過程は、真理として信憑される思いが、真理についての教義としてモーフォジェネシス的になりたつ過程である。この過程と並行して、真理に対してコミットメントを与える人びととの、思いの組織化がなりたってくる。それはキリスト教でいえば教会組織であり、共産主義でいえば革命党である。これらの集合体の形成のダイナミクスは、真理のモーフォジェネシスに対応する、正義のモーフォジェネシスであるといえよう。前者のテーマは真理としての知の構築であり、後者のテーマは真理を実現する組織の構築である。どのような集合体も、それがアトラクタ上にあるとき、その秩序を安定化するために反復的なふるまいを行い、この反復性が自己として結晶化する。この自己はＮＦＢの運動によって維持される。集合体が必然的に自己という領域において運動するのは、コミットメントという運動の本質に由来する。すでに述べたように、秩序のすべての可能性の空間は広大無辺であり、そのすべてを知ることは不可能である。それゆえにたまたま出会ったある秩序領域に滞留し、その場所でダイナミクスが運動するのである。これが非エルゴード性という条件である。そのために、いかなる社会秩序も秩序の可能性空間の特定の狭い運動領域に集中することで初めて可能になり、そこに働く安定化のダイナミクスは集合体の自己保存の運動として現象するのである。

生活世界における様々な集合体、たとえば家族や企業、学校などもこの例に該当する。しかし生活世界におけるそれらは、真理へのコミットメントによってなりたつ集合体ではない。確かにこれらどの集合体も自己維持の運動を行うから、多かれ少なかれ集合的なエゴイズムの要素をもっている。だが生活世界の集合体は、多くの場合、そのエゴイズムを正義によって正当化することはないのである。

イエスが説いた福音はデタッチメントの思想であったが、イエスの後裔としてキリスト教を作り上げた人びとは、教義という真理のモーフォジェネシスのみならず教会という正義のモーフォジェネシスを作り上げ、それは集合体であるために、デタッチメントよりもアタッチメントの運動に支配され、自己保存が至上命題となったのである。福音書でイエスが示す言葉は否定性に貫かれている。それに文字通りに従ったのでは、教会という組織はただちに崩壊してしまう。新たに立ち上がる運動は、ゆらぎに満ちた空間を抵抗と闘いつつ進まなければならない。この運動に強いコミットメントが与えられなければ、それはすぐに瓦解してしまうだろう。そのために必要なのは、堅固な組織である。この組織維持への強い道徳的コミットメントを可能にするのが、正義という思いなのである。こうして必然的に、キリスト教会は、福音書に記述された原則とは異なる原理で運動する運動体となった。それは教義の真理性と教会の正義についての思いを継続的に生み出すような運動体であった。それは真理へのコミットメントにもとづくために、同時に正義を体現すると信じられた。隣人愛の思想こそはすべてである、というパウロの宣言にもかかわらず、パウロその人が構築した正義を体現する集合体としての教会は、他者としての異端と異教を許すことはなかった。こうして隣人は去り、再び同胞が現れた。それは外部性が閉ざされ、内部性が確立する過程に対応している。

同様に、マルクスが説いた革命の福音を実践するために、共産党という組織が必要であった。共産党とは共産主義革命を実行する組織である。権力をもつ体制の圧倒的な力に対抗するために、諸個人の思いを厳密な形で組織するのが革命党である。しかし共産党が集合体であるために、その組織を維持するという道徳的な自己保存の運動が必然的に創発した。しかもこの運動は、真理と正義という信念によって正当化されたのである。

歴史上なんども、人びとはコミットメントのダイナミクスとパラドクスを目撃してきた。マルクスによる福音は、この世界から一切の支配と抑圧を消滅させることを宣言した。それはすなわち、世界から一切の権力を解消することにほかならない。マルクスは権力の根拠を生産手段の私的所有に求めたから、権力の否定は私的所有の廃止を意味した。生産手段の私的所有が廃止された社会が、共産主義社会である。資本主義社会は生産手段の私的所有を認める国家制度にもとづいているのだから、共産主義の実現は国家権力を打倒する政治革命を経由しなくてはならない。革命はなんとなく起こるようなものではないから、革命に対して強いコミットメントをもつ人びとによる組織に主導されなければならない。それが革命党であり、それは悲劇的意志を体現する集合体である。革命党に馳せ参じたのは、同時代の中でマルクスの福音にひときわ強く倫理的コミットメントを与えた人びとであった。こうして、革命党は真理と正義を実現すると信じられたのである。ロシアをはじめとする地域での革命の成功の結果、革命党は権力を掌握した。革命党とは定義によって、あらゆる権力を廃止するための組織である。だが同時にそれは一個の集合体なのである。革命の成功と同時に、パラドクスが始まる。革命党は自己保存と自己安定化の自己運動を始めた。その結果、国家権力の廃止を最大の使命とするソヴィエト共産党は、史上類をみない強大な国家権力となった。

歴史は繰り返す。すでに述べたフリーダム・サマーを組織した学生非暴力協働委員会 Student Nonviolent Coordinating Committee（SNCC）は、その後「フリーダム・ハイ派」と「構造派」に分化していった。前者は元来のＳＮＣＣのアナーキーで実存主義的な雰囲気を引き継ぎ、後者は統制と組織を重視する（McAdam 1988: 125）。「フリーダム・ハイ」という言葉はその後、「構造派」の人びとによって、組織と構造に十分な関心をもたない前者の人びとを嘲笑的に指示する言葉として使用されるようになった（*ibid.*: 295）。

## ３　全体主義の起源

われわれは第Ⅱ編で、心的場におけるコミットメントについて考察した。それは何らかの対象を「好き」になる、遠心的あるいは超越的な過程である。このモーフォジェネシス的な過程の強度が増すほどに秩序の「有り難さ」が増大し、この運動は聖性へと接近する。日常生活において人びとは様々なモーフォジェネシスの過程に従事している。労働し、家族とコミュニケーションを行い、友人と会話する。通常、日常生活は小さな物語と些末なモーフォジェネシスで満たされている。どの人も、草柳千早が言う「あいまいな生きづらさ」（草柳 2004）を感じているだろう。

福音はそれに対して、モーフォジェネシスの強度を可能にする。行方もわからない日々の退屈で不安な生活の彼方に、福音によって新たな世界、新たな価値、新たな意味が語られる。これまでの日常生活の雑然とした秩序がすべて解消する可能性が開かれるのである。福音というＰＦＢにコミットすることは、人に強烈な生の感覚を与えるだろう。それはいわば、殉教のエクスタシーとでもいうべきものである。「あいまいな生きづらさ」に満ちた日常生活では、さらに状況がアノミー的であればなおさら、福音が提示する新たな世界像が眩しさを増すだろう。こうして集合的な沸騰が生じ、人びとは「あいまいな生きづらさ」から逃れることができる。預言者が登場して福音を語り、悲劇的世界観が打ち立てられて人びとはその使徒となる。しかし福音が非エルゴード世界で生じるものである以上、あらゆるゆらぎが理想郷を捻じ曲げてしまうだろう。

この過程は、全体主義とも関係している。そもそもが、ＰＦＢあるいはコミットメントとは、非エルゴード空間の特定の部分を、他の可能性を考慮することなしに目指す、ということにほかならない。福音に対するコミットメントが多くの人びとの支持を集め、カスケードの奔流となる。この過程は、福音にコミットしない人にとっては暴力の過程であり、全体主義的な過程である。この意味で、全体主義は社会場のダイナミクスに内在する。ホロコーストのような大規模な殺戮はまれだが、社会場は小さな全体主義に満ちている。しかしそれはPFBの必然的な過程なのである。社会心理学者のエーリッヒ・フロムはナチズムを人びとの「自由からの逃走」として分析した。しかし人間はそれほど完全な自由を持たないのだ。自由は通常は選択の自由を意味するが、未来に関しては選択肢そのものが未知なのである。それゆえに人びとは信頼できると思う福音にコミットメントを与えるのである。

すでに述べたように、ホロコーストという大規模殺戮が可能になったのは、それを実行する兵士からコミットメントの感覚を奪ったからである。ナチスが考案したのは、分業という組織化によって殺戮の過程を分解し、殺戮の全体像の可視性を奪う合理主義の方法であった。そうすれば兵士は、自分は命令によってボタンを押しただけだ、と考えることができたのである。だがそれは、多くの兵士がナチスの福音にさほどのコミットメントをもっていなかったという事情による。

一九七〇年以後の日本では、革命党が分立し、熾烈な戦いに突入していった。いわゆる「内ゲバ」である。この過程で多数の若者が殺害された。多くの場合、殺人には鉄パイプが使用され、被害者の頭蓋骨が破壊された。このようなやり方は、ナチスが当初取った銃殺よりはるかに凄惨な場面をもたらす。ナチスの兵士がもっていなかった極度の憎悪なくしては、このような行為は不可能だろう。この行為はギャングが行ったのではなく、当時の日本の社会でもっとも知的かつ良心的な人びとが行ったのである。ここに倫理の悲劇がある。この非人道的な行為を可能にしたのは、革命の福音における、その知の真理とそれを実現する集合体の正義への信憑、道徳的なコミットメントにほかならない。自己が属する革命党が福音の真理と正義を体現するのだとしたら、その方針に反対する人間は無価値な存在であり、さらには悪そのものである。権力による支配と抑圧を憎む、もっとも知的でもっとも高度のコミットメントを革命に与えた無私の人びとが、もっとも恐るべき犯罪者となった。

コミットメントという心の本質は、その高度なレベルにおいて、一方で悲劇的意志の英雄を生み、他方でテロリズムと全体主義を生み出す。もっとも倫理的で献身的な人びとが殺人鬼と化す。それが真理と正義への道徳的コミットメントなのである。それは献身的な同胞によってのみ支えられる真理と正義という強い思いが、いかなる隣人の存在をも許さないからである。内ゲバにおける恐ろしい犯罪は、倫理に出発し、真理と正義を体現すると信じられた組織が生み出した、道徳的コミットメントに動機づけられているのである。

全体主義は集合的なエゴイズムとも関わっている。どのような個人も自己維持を図る、エゴイスト的な側面をもっている。しかしそれが戦争のような事態に発展することはまれだろう。近代国家の基盤であるナショナリズムが、真理と正義の思いによって正当化されたとき、ラディカルなナショナリズムとなって噴出する。社会場において他の集合体と競合しているどのような集合体も、真理と正義の理念なしには競争もほどほどのものに留まるだろう。人間の想像力は様々なユートピアを生み出してきた。理想へのコミットメントは、ほとんど必然的に真理と正義のモーフォジェネシスを生み出すのである。

## 第3節　結び

二〇世紀の後半の知の世界に多大な影響を与えたポスト構造主義は、真理と正義という概念を正面から批判する思想である。それは理論的世界観を拒否し悲劇的世界観に留まろうとする、不可能性への断固たる意志によって支えられている。この思想は人間の知の、現在までおけるもっとも高い到達点ではないだろうか。ポスト構造主義という思考の根は、啓蒙の福音がホロコーストを生み、共産主義の福音が社会主義という全体主義に終わったことに対する限りなく深い失望感にあると思われる。ポスト構造主義者たちは、どのような福音も真理の律法と正義の共同体を必然的に生み出すことを賢明にも洞察したのである。それに対する彼らの提案は、真理と正義という理念の創発を防ぐために、いかなる福音を語ることも拒否するということであった。実に潔い態度ではないか。彼らの言説とは裏腹に、皮肉にもそれは人類の良心ではないか？　だがその結果は必然的に、相対主義とニヒリズムであった。もはやどのような仕方でも生を意味づけることは不可能なのだろうか？

ここで前に述べた、クジラを殺すことの是非についての問題に立ち返ってみよう。すでに述べたように、クジラを殺すべきでない理由として、それが知的であることと、生態系を維持するということはなりたたない。それでは、ある人びとはどうしてクジラを殺すべきでないと思うのだろうか。率直に言って、それはクジラがそれらの人にとって無害であり、可愛く思えるからだろう。そうだとすれば、それは恣意的な考えのようにみえる。そしてそれは確かに恣意的である。クジラを愛好する人のほとんどは、身近にクジラと接する環境にはないだろう。その人びとは、ドキュメンタリーのようなメディアでクジラの生態を知ったのである。そうしたドキュメンタリーは、通常はクジラに好意的な態度から制作され編集されている。それを通して、人はよく見ればクジラにはクジラなりの人生ならぬ鯨生があることを知った。それでは同じ哺乳類の牛や豚あるいは鶏はどうなのだろう。それらにクジラと同様の好意的なドキュメンタリーがないのは、そのような番組を作るとビーフやポークやチキンを常食する多くの人間に葛藤をもたらしてしまうからである。身近で接すれば、彼らにも人生ならぬ牛生や豚生や鶏生があるだろう。牛や豚や鶏は殺してもよく、クジラはいけないというのは、恣意的である。

だが、これらの人びとによるクジラの生の発見は、単に恣意的であるだけではない。人間はクジラと生活圏がまったく異なるのだから、クジラが殺されようが全滅しようが、人間の暮らしには何の影響もない。それゆえ、長年にわたってクジラは人間にとっての他者であった。メディアを通して、一部の人はクジラと、いわば出会ったのである。人間にとって無関係な他者であるクジラの生へのコミットメントは、想像力のなせるわざである。コミットメントはデタッチメントにもとづいている。このゆえに、人間ではなく人間の暮らしとも無縁であったクジラにもコミットメントを与えることが可能なのである。こうして、クジラはある人びとにとっての隣人となった。

このコミットメントは、確かに人間の恣意的なコミットメントである。だがこの恣意性は、社会場の非エルゴード性という根源的な性質の必然的な帰結である。人間にとって、人間という種は自明の自己である。想像力にもとづくコミットメントはこの自己を超越するデタッチメントにもとづいている。この自己をめぐって、すでに述べた二つの極端な、それゆえに首尾一貫した態度が可能である。一つは生態系のあらゆる種に対して、同様に、同じ確率でコミットメントを与えるべきである、というエルゴード的な態度である。それはクジラのみでなく、ゴキブリや赤痢菌を含むあらゆるバクテリアを殺さないという大乗的な態度であり、この態度は即刻の自殺によってのみ実証される。この考え方では、自己は極限的に拡大し、その結果、自己は無となるほかはない。それは純化されたデタッチメントである。他方は、このことの非現実性を認め、他者の尊重という理念を欺瞞的なものと考え、あらゆる他者を抹殺する、というものである。この考え方は、自己を極限的に縮小する考え方であり、純化されたアタッチメントであるといえよう。この二つの態度のみが、その拠って立つ普遍的な原理を明確に提示することができる。しかしそのいずれもが、実行が困難な態度なのである。

社会場は非エルゴード空間である。その秩序の可能性の全体は広大無辺であり、思考不可能である。社会場はカオス的遍歴によって分岐に到達し、ゆらぎによってその一つを選択する。そうしてある秩序の場所にたまたま到達し、その場所で、ある他者に偶然に出会う。そのようにして出会った他者が、隣人である。福音書の例でも、サマリア人は怪我をしたユダヤ人にたまたま出会った。コミットメントはたまたま出会った他者へと向けられる超越である。クジラも、ある人びとが偶然に出会った隣人である。このサマリア人は、たまたま出会わなかったらユダヤ人を救うこともなかっただろう。エルゴード性という誤った前提に依拠する人は、このサマリア人は偽善者だと言うだろう。だが非エルゴード空間において、すべての他者と等しい確率で出会い、愛し、救うことは不可能である。それゆえに、生という運動は、偶然に出会った他者を隣人としつつ展開してゆく。

人間の想像力が遠い将来のいつか赤痢菌にまで到達し、赤痢菌が人間の隣人となり同胞となることはおそらくないだろう。だがそれをもって倫理の限界を説く人は、社会場のエルゴード性という誤った前提に立っている。倫理が普遍的な原理にもとづいて弁証可能であるという、錯誤にもとづく議論なのである。すべての他者に平等に、すなわち等しい確率でコミットメントを与えるべきである、というのがエルゴード的な思考である。それは端的に不可能である。エルゴード的思考を完全な啓蒙、あるいは無辺の大乗心とすれば、そこにはつねに限界がある。だがその限界を超えようとするのが、想像力である。生きとし生けるものすべてを等しく救おうとするのが大乗的な態度であるなら、そのようなエルゴード的大乗は実行不可能な思想である。だがこのことは大乗という思想が無意味であることを意味しない。大乗がすべての生きものを救おうとする不可能性へのコミットメントとしての悲劇的意志であるとすれば、それは有意味なのである。心の動機づけがコミットメントである限り、不可能性へのコミットメントもまた有意味でありうる。それは、合理性は不可能だが合理主義は有意味になりたつのと同様である。しかし大乗が実現するのは、非エルゴード空間において、たまたま遭遇した隣人、すなわち生のその都度の「いま・ここ」においてである。すなわち、大乗が成就するとしたら、それは体制、構造、システムとしてではなく、偶然のある一瞬においてである。

自己という現象は、想像不可能なまでに広大な非エルゴード空間において、思いの相互作用を可能にする領域である。それは所与ではなく固定的なものでもない。思いのダイナミクスはある時には自己の範囲に留まり、ある時にはそこから溢れ出す、そのような「なる」形での運動を行っている波動である。私とは明確な境界をもたないダイナミクスであり反応場である。それは定常状態では自己を維持し、時に応じて自発的に崩壊する。私の心に様々な思いが浮かぶ。それは確かに私の思いである。だがそれらがどのようにして私に到来したのか、私はそのすべての来歴を知らない。ある思いは誰か他者の語りに発し、別の思いは古典に由来しているかもしれない。それでも私において生まれた思いは私という場に生息する思いである。

社会場において、個人は自己という範囲につねに留まっているわけではない。路上において、見知らぬ他者に道を聞かれたら、誰でも教えるだろう。この風景は、日常的にありふれたものである。だが、このような些細なことさえも、ホモ・クローザスのモデルでは理解することができない。見知らぬ人に地理を聞かれたとして、その他者に道を教えるのに必要な数秒を、どうして私は自分の有限な人生から割かねばならないのか？　じっさいには、私というダイナミクスは自己の範囲をしばしば超える運動体なのである。他者の期待に応えたいという気持ちは、他者という場においても思いの波動を生み出したいというモーフォジェネシスの動機づけであり、それは社会場における日常的な出来事である。映画を見る時に私は私以外の人生を生きるのと同様に、私は他者たちの人生に関心を持つ。私の生は私の現在の自己に限定されてはいない。私は私の現在だけでなく私の過去と未来、そして他者の過去・現在・未来の生を私のいま現在において同時に生きる。ならば、私にとって現在の私はどうして他者より重要なのか？　というすでに引いたシジウィックの問いは切実にして深刻である。

この可能性と選択の問題は自由という概念と深く結びついている。サルトルは人間の想像力の限界なき可能性を認め、それを対自と呼び、人間は自由へと呪われていると述べた。確かに心の本質としての想像力は自己を超える対自の自由であり、人間は想像力へと呪われているといえよう。だが人間は、同時に即自としての自己であるように呪われてもいる。それが非エルゴード空間における生という運動の掟である。デタッチメントは現在の自己の超越という自由だが、同時に人間は何らかの自己へとコミットメントを与えなければならない。可能なあらゆる対象に等しい確率で関心をもつことは不可能だからである。

とはいえ、サルトルが語る自由は、デタッチメントと自由の関係を示している。権利が即自としての自己の自由であるなら、対自の自由とはデタッチメントに際して顕在化するダイナミクスの自由度であると理解できるだろう。だがこの自由度はその「いま・ここ」において可能なものに限定されている。可能な社会秩序のすべては限りなく広大であり、それが一挙に開示されることはあり得ない。古代王朝の人にインターネット上のコミュニケーションの可能性は開かれない。それゆえ、シジウィックの問いへの答えは、一方で想像力は自己を超出する力だから、私は私のみにコミットメントを与える必然性は何もないということであり、他方で私はコミットメントをある狭い範囲、すなわち自己の範囲に限定しなければならない、ということである。それは、人間は同時に対自であり即自であるべく呪われているという事態である。ダイナミクスは即自と対自のはざまにある。人は必然的に自己であり、同時にその自己を溢れ出す。この運動は弁証法ではなく、したがって総合はない。その代わりに、この運動は歴史を生み出す。

自由がつねに条件づきであるのは、人間がまさに実存としてその都度の「いま・ここ」を生きているからである。自由は、すでに述べた進化と進歩という概念と関係している。進化と進歩は矛盾する概念ではない。進化とは多様な形態が生み出されることである。それに対して進歩とは、確率の低い状態が実現していることと定義される秩序が、より高度になることである。つまり、生起する確率がより低い事象が生起するようになることである。すでに見たように、宇宙はその歴史において進化し、同時に進歩してきた。一方で宇宙の歴史は進化の歴史であり、単純な形に始まり現在の生態系に見られる多様な形態が生み出されてきた。同時にそれは複雑性と自由度の進歩の歴史であり、小さく単純な粒子に始まり、より大きく複雑な物質と生物、つまりより高度の秩序をもつ要素が生み出されてきた。社会場の歴史も同様である。二〇世紀において進歩の概念が批判されたのは、それが啓蒙のユートピアの福音と結びついていたからである。つまり進歩の概念に対する批判は、じつは目的論や終末論に対する批判であった。しかし、進歩という概念は最終的な目的地という概念を不可避的に伴うものではない。

社会場のダイナミクスの歴史的な過程において、われわれは究極的な目的地を考えることはできない。というのも、歴史的過程は非エルゴード空間におけるカオス的遍歴の過程だからである。個人も社会も、あるいは自然さえも、広大な秩序空間をあてどなく行く旅人であり、漂泊者である。そして進化とは、そのような漂泊である。歴史が歴史であるのは、われわれがその行方を知らないからである。合理性の概念の批判としてすでに述べたように、行方を知らないという事実によって、生は有意味になる。この進化の過程は同時に、より高度の秩序を生み出しながら進んでいく。それゆえ歴史は、進化と進歩という二重性を負荷されている。進化はより多様な自由度の探索であり、進歩はより高度な自由度の達成である。こうして、ユートピアなき進歩という概念を考えることが可能なのである。

長期的に見れば、想像力は多様な思いを生み出して進化しつつ、同時により広範な他者を隣人として扱うように、その射程を伸ばしつつある。中世の時代まで狭い共同体という集合的自己に居住していた人は、近代化に伴って都市に住まい、また現代ではネットワークでつながっている。そこで無数の他者と出会うようになった。民族、人種や性差は、かつて想像力を遮断する障壁であった。現代では人間の想像力はその彼方に向かおうとしている。想像力の高度化という進歩はデタッチメントの高度化であり、個人が「自己」の枠の外へと思いを向け、コミットメントを向けることを意味している。「ホモ・クローザス」は近代という時代における偉大な達成であった。それは、以前には不可能だった思いの形の複雑性と自由度を可能にした。だが同時にこの複雑性と自由度は自己の範囲に封鎖され、過剰なカオスから隔てられた。今後の歴史の展開は、自己を超えるコミットメントが焦点となるだろう。

人類の文明は道具を使うことによって始まったといわれる。石器の始まりが、とりあえず転がっている石を道具として使うことであるなら、それは容易に理解できる。だが鉄器はどうやって発見されたのだろう。あらゆる試行錯誤の結果、ついに人間は鉄器を発明した、という命題は容易に理解されるかもしれない。だが、鉄というものの存在を知らない人間が、どうして鉄の製造にいたる試行錯誤を行うことができたのだろうか。こう考えると、むしろ人間にとって目的のない試行錯誤が本来的なのではないかと思えてくる。それは想像力のなせる業である。その結果、人間とその社会は多様な形態と、より高度の形態を生み出してきた。その長い歴史において、人類はありとあらゆる思想、宗教、芸術、仕事とコミュニケーションの様式を生み出してきたし、これからもそうだろう。形態学的な挑戦者として、人類は進化しつつ進歩してきた。それを牽引したのは、想像力である。今後も人間は想像力に呪われた形態学的挑戦者であり続けるだろう。

# あとがき

本書は、心と社会を「なる」という観点から理解する一般理論の試みである。「なる」という思考法は、日本の文化だけに限られるものではないが、日本では馴染み深いものである。丸山真男は論文「歴史意識の『古層』」の中で、世界の諸神話に見られる宇宙創成論の発想を「つくる」「うむ」「なる」の三つにまとめ、これらのうち、「つくる」と「なる」が対極をなし、「うむ」はその中間に位置づけられると言う。「つくる」型の神話の代表は「神が世界を作った」とするユダヤ＝キリスト教の世界創造神話であり、日本神話は「なる」発想の磁力が強い（丸山 1992: 299-300）。「つくる」と「なる」は本書の概念では言うまでもなく、「する」と「なる」に相当する。丸山はこの「なる」という考え方が、日本人の思惟の古層であると考える。この「なる」という思考法は、彼によれば「永遠不変なものが『在』る世界でもなければ、『無』へと運命づけられた世界でもなく、まさに不断に『成り成』る世界にほかなら」（同：309）ない。

「なる」ことが不断に「成り成る」ことであるなら、その論理はダイナミクスとしてのみ定式化できるだろう。それが本書の課題であった。さらに、丸山は「なる」ことの、今様に言えば反本質主義的な面について次のように述べる。

「漢語の『自然』が人為や作為を俟たぬ存在だという意味では、それは“nature”と同様に、『おのずから』の意に通じている。けれども『自然』にも、“nature”にも、ものごとの本質、あるべき秩序というもう一つの重大な含意があるのに対して、和語の『おのずから』はどこまでもおのずからなる、という自然的生成の観念を中核とした言葉であって、事物の固有の本質という定義には、どこかなじまぬものがある」(同：338)。

「おのずから」の論理が本質の概念に馴染まないなら、それは科学の概念として好都合である。つまりそこから「なる」ことの論理を考えることができる。さらに丸山は、この「古層」の「なる」論理の重要な特質を次のように指摘する。

「規範としての『復古主義』をなじみにくくする『古層』の構造は、他面で、言葉の厳密な意味での『進歩史観』とも摩擦をおこす。なぜなら、十八世紀の古典的な進歩の観念は、いわば世俗化された摂理史観であって、その発展段階論は、ある未来の理想社会を目標として、それから逆算されるという性格を多少とも帯びている。進歩史観がどんなに人類の『限りない』進歩を雄弁に語っても、歴史の論理としてはそれは一つの完結した体系として現われるのは、そのためである。ところが『つぎつぎになりゆくいきほひ』の歴史的オプティミズムはどこまでも(生成増殖の)線型な継起であって、ここにはおよそ究極目標などというものはない。まさにそれゆえに、この古層は、進歩とではなくて生物学をモデルとした無限の適応過程としての――しかも個体の目的意識的行動の産物でない――進化(evolution)の表象とは、奇妙にも相性があうことになる」(同：342 ルビは省略)。

確かに彼が述べるように、「なる」論理は進化の概念と「相性があう」が、それは「奇妙」ではないことは、本文で述べた通りである。彼は「なる」という考え方をオプティミズムと評しているが、それは偏見というものだ。「進歩史観」と切り離されているという意味では、ニヒリズムとも言えるだろう。しかし学術的な探求ではより中立的な表現が望ましい。それが「なる」ことの論理である。本書はこの「なる」ことを非エルゴード世界における運動の論理として定式化した。それはサルトル風に言えば、即自と対自、すなわち自己と自由へと同時に呪われた世界である。

非エルゴード空間における経路依存性、不可逆性、カオス的遍歴などの概念はすべて原理的な決定の不可能性を指示し、さらに原理を歴史性によって代替することを意味している。それゆえに本書の理論は、原理的決定の不可能性という点をポスト構造主義と共有するが、それに対置する歴史性はむしろ実存主義的と言えるだろう。ともあれ、複雑性科学という物理学理論の諸概念は、きわめて社会科学的なのである。この思考法に日本語以外のいかなる言語でも理解可能な普遍性を与えるためには、理論的な概念による抽象化が不可欠である。私の勤務する学部はほとんどの授業を英語で行っており、本書の内容も英語で4単位の授業として行っている。本書では「なる」過程を抽象化された概念で記述しているので、日本語でも英語でも同様に話すことができると実感している。この授業には多くの留学生が参加しているが、提出されたエッセイを読む限りでは「なる」ことの論理は十分に理解されているようだ。それはその内容が抽象概念で記述されているからだろう。

本書の主タイトルは『社会秩序の起源』だが、これは私が大いに影響を受けたカウフマンの『秩序の起源―進化における自己組織性と選択』(Kauffman 1993) に示唆されている。カウフマンのこの本のタイトルは、ダーウィンの『種の起源』を意識したものだろう。ダーウィンが考える「起源」は、突然変異と自然淘汰である。だがランダム性から秩序がなりたつことは、不可能ではないが現実的ではない。それゆえに、高度のパタンが存在するなら、形態形成の力を考えるべきである、というのがカウフマンの『秩序の起源』の思想であり、本書の前提でもある。したがって『社会秩序の起源』の「起源」とは、モーフォジェネシスの力を意味している。

この考え方は、自然を受動的な機械ではなく形態形成的な場として理解するものであり、社会秩序、たとえば文化も広い意味における自然現象であると考えることになる。通常、われわれは自然と文化あるいは社会をまったく別のカテゴリーで考えており、文化を自然現象であると考えることはない。だがそのような考え方は単なる常識的な憶断にすぎない。文化は脳の産物である。脳の機能はすべて自然の秩序に従っているのであり、その産物である文化や社会も自然現象と考えるのが唯一の整合的な見方であるはずだ。別の表現をすれば、この広大な全宇宙がすべて自然であるのに、その中で人間とその文化だけが自然の秩序を免れているというのは、信じがたい自己中心主義だろう。複雑性科学からすれば、モーフォジェネシスという自然法則が文化も生み出したのだ、と考えられるだろう。本書『社会秩序の起源』の草稿は、以上のような考えを展開する自然哲学の部分を含んでいたが、分量の関係からそれを割愛し、機会があれば別の書物として世に問うことにした。また、本書の英語版も準備中である。

さらに、本書の草稿では事例として「明治維新の理解社会学」と題する節がつけられていた。その後、この部分は独立の書物として刊行されることになり、重複を避けるために削除された。その論理をここで述べておこう。通常の明治維新の物語は、方法論的個人主義にもとづいている。すなわちそれは吉田松陰や坂本龍馬などの諸個人が行ったものである、という個人レベルの「する」論理によっている。そうなると明治維新は一個の権力闘争として描かれる。そして最終的には明治政権の政治家が、近代的な制度を輸入して近代化を果たしたということになる。この物語の欠点は二つある。第一に、明治維新の意義が、歴史上無数に存在する権力闘争の一つでしかないことになる。だが私は明治維新は日本における近代化であると考える。近代化とは歴史における最大の社会変動である。いま示した通俗的な観点は、最大の社会変動を維新の志士たちが意図して行ったと見るが、近代化のような巨大な社会変動は、意図して行うことなど不可能である。それが二番目の欠点である。

近代化としての維新はモダニティの思いのダイナミクスが長期間にわたって受胎し、発酵して成長した結果であると解釈するのが妥当だろう。本書に続く『明治維新の歴史社会学』（仮題）と題する書物では、一八世紀初頭の江戸期の社会に誕生した近代的なエートスを明治維新の真の主役として描き出す。思いのダイナミクスは個人主義ではないのである。

本書は全編が書き下ろしである。通常はその一部を論文として発表すると思うが、本書の場合はそれぞれの部分が緊密に関係しているので、一部を抜き出して論文とすることは困難だった。このような長大な著作を書き上げるためには、ずいぶんと長い年月が必要であった。おおむね二〇年弱くらいだろうか。その間、研究条件が保証されていたのは大いにありがたいことだった。だがそれも最近の競争重視の風潮からすれば、古き良き日の話となるのかもしれない。長期的に見れば、本書の探求の出発点はもっと遡ることができる。私がまだ高校一年生だった一九六九年のある日に、いつものように登校すると、私の高校は全共闘という集団によって封鎖されていた。高校は休校となり、連日のように全学集会が続き、まだ準備がなかった私は思想的な討議へといきなり放り込まれたのである。その中で圧倒的な思いの重力をもっていたのは言うまでもなくマルクス主義であり、それ以来、マルクス主義が提示する世界観に対して私自身の考えをどのようにして獲得するかということが、私にとってもっとも重要な課題となった。本書はその最終的な答えである。

当然のことだが、本書は多くの思想や理論の恩恵と影響のもとに形成された。直接的には複雑性科学と現象学に多くを負っているのは言うまでもない。しかし内容というよりは思考のスタイルにもっとも深い影響を与えたのは、故大森荘蔵氏による「大森哲学」だろう。本書は論理的な思考を重視しているが、それは大森荘蔵とヴィトゲンシュタインに学んだものである。とりわけ本書における思考の核心となっている存在論的背理の概念は、彼らの思考に触発された。私はかつて、大森先生が教鞭を執っておられた東大駒場の学生だったが、その頃は大森哲学には興味がなく、先生の授業を受講したことはない。だから私は書物で大森哲学を学んだのである。それも悪くはないだろう。本書で大森荘蔵に言及することは多くなく、ヴィトゲンシュタインにはほとんど言及していないが、それは彼らの思想が私の考えの一番の基層をなしているためだろう。だが、大森哲学とは言ってもそれは私が勝手に学んだものだから、大森先生がご存命だとしても、本書の理論に納得されるかどうかはわからない。

本書にいたるまでの思考の経路は、まさにカオス的遍歴の過程だった。ある時は社会学をほとんど放棄して舞踏の世界に投じたこともあった。その時は麿赤兒の大駱駝艦や土方巽のアスベスト館を文字通りカオス的に遍歴していた。とりわけ大駱駝艦の本拠地であった豊玉伽藍の魑魅魍魎の徘徊する怪しくも美しいディオニュソス世界のイメージは、本書のバックボーンとなっているかもしれない。

かつて私がすごした東京大学大学院の社会学研究科は、非常に恵まれた場所だった。学問の世界では往々にして権力的な関係によって研究が制限されたりするという話を聞くが、私が在籍した大学院はまったく自由な雰囲気であり、ほとんど理想的な環境だったと言えるだろう。指導教官の吉田民人先生をはじめとする授業における議論も、教授と学生の区別のない真剣勝負であった。私が一時社会学を放棄して素人の舞踏家となった時も、そんな馬鹿なことはやめろと言われたことはない。それは単に無視されていただけかもしれないが、私の希望的な想像ではあらゆる試行錯誤を許容する雰囲気のせいだろう。そのような場所にいなければ、私はこのような本を書くことはなかっただろう。私は授業のほかに橋爪大三郎氏の率いる言語研究会や小室直樹先生の小室ゼミにも参加し、また慶應義塾大学の山岸健先生のゼミにも参加させていただいた。山岸ゼミ以来の畏友であり現在早稲田大学文学部の草柳千早氏には、本書の草稿をお読みいただき、貴重なコメントと激励をいただいただけでなく、マイケル・ジャクソンの文献もご教示いただいた。これらの方々に感謝したい。

本書や関連する書物に関係する情報は、私のウェブサイト（www.sakurai.jp）に記載する予定である。関心のある方は参照されたい。

著　者

ライル，G.　坂本百大・宮下治子・服部裕幸訳 1987『心の概念』みすず書房
サンデル，M.　鬼沢忍訳 2010『これからの「正義」の話をしよう――いまを生き延びるための哲学』早川書房
サクセニアン，A.　山形浩生・柏木亮二訳 2009『現代の二都物語――なぜシリコンバレーは復活し，ボストン・ルート 128 は沈んだか』日経 BP 社
シュレディンガー，E.　岡小天・鎮目恭夫訳 2008『生命とは何か――物理的にみた生細胞』岩波文庫
シュッツ，A.　佐藤嘉一訳 1982『社会的世界の意味構成――ヴェーバー社会学の現象学的分析』木鐸社
セン，A.　大庭健・川本隆史訳 1989『合理的な愚か者――経済学＝倫理学的探究』勁草書房
アーリ，J.　吉原直樹監訳 2014『グローバルな複雑性』法政大学出版局
ウェーバー，M.　大塚久雄訳 1989『プロテスタンティズムの倫理と資本主義の精神』岩波文庫
―――　中村禎二ほか訳 1982『政治論集』１・２　みすず書房
ウィーナー，N.　鎮目恭夫・池原止戈夫訳 1979『人間機械論――人間の人間的な利用』みすず書房

――― 河野至恩訳 2002『カウフマン 生命と宇宙を語る――複雑系からみた進化の仕組み』日本経済新聞社
キツセ，J.・M. スペクター　村上直之ほか訳 1990『社会問題の構築――ラベリング理論をこえて』マルジュ社
クーン，T.　中山茂訳 1971『科学革命の構造』みすず書房
ルーマン，N.　佐藤勉監訳 1993-95『社会システム理論』上・下 恒星社厚生閣
マーチ，J.・H. サイモン　高橋伸夫訳 2014『オーガニゼーションズ――現代組織論の原典』ダイヤモンド社
マルクス，K.　伊藤新一・北条元一訳 1954『ルイ・ボナパルトのブリュメール十八日』岩波文庫
――― 高木幸二郎監訳 1958-65『経済学批判要綱』5分冊 大月書店
マルクス，K.・F. エンゲルス　大内兵衛・向坂逸郎訳 1971『共産党宣言』岩波文庫
マトゥラーナ，H. R.・F. J. ヴァレラ　河本英夫訳 1991『オートポイエーシス――生命システムとはなにか』国文社
ミルグラム，S.　山形浩生訳 2008『服従の心理』河出書房新社
ミンスキー，M.　安西祐一郎訳 1990『心の社会』産業図書
モス，L.　長野敬・赤松眞紀訳 2008『遺伝子には何ができないか』青灯社
マーフィー，M. P.・A. J. オニール　堀裕和・吉岡亨訳 2001『生命とは何か――それからの50年 未来の生命科学への指針』培風館
ニコリス，G.・I. プリゴジン　安孫子誠也・北原和夫訳 1993『複雑性の探究』みすず書房
ニーチェ，F.　木場深定訳 2010『道徳の系譜』岩波文庫
――― 西尾幹二訳 1991『偶像の黄昏・アンチクリスト』白水社
――― 手塚富雄訳 1969『この人を見よ』岩波文庫
パーソンズ，T.　佐藤勉訳 1974『社会体系論』青木書店
――― 稲上毅・厚東洋輔訳 1976『社会的行為の構造　第一分冊　総論』木鐸社
パーソンズ，T.・E. A. シルス 編著　永井道雄・作田啓一・橋本真訳 1960『行為の総合理論をめざして』日本評論新社
パターソン，C. 馬渡峻輔・上原真澄・磯野直秀訳 2001『現代進化学入門』岩波書店
プリゴジン，I.　小出昭一郎・安孫子誠也訳 1984『存在から発展へ――物理科学における時間と多様性』みすず書房
――― 安孫子誠也・谷口佳津宏訳 1997『確実性の終焉――時間と量子論，二つのパラドクスの解決』みすず書房
ロールズ，J.　川本隆史・福間聡・神島裕子訳 1979『正義論』紀伊國屋書店

法政大学出版局
——— 宇京早苗訳 2000『諸個人の社会——文明化と関係構造』法政大学出版局
ガーゲン，K.　東村知子訳 2004『あなたへの社会構成主義』ナカニシヤ出版
ギデンズ，A.　門田健一訳 2015『社会の構成』勁草書房
——— 松尾精文・小幡正敏訳 1993『近代とはいかなる時代か？——モダニティの帰結』而立書房
——— 松尾精文・藤井達也・小幡正敏訳 2000『社会学の新しい方法規準——理解社会学の共感的批判』而立書房
ギトリン，T.　疋田三良・向井俊二訳 1993『60 年代アメリカ——希望と怒りの日々』彩流社
グッドウィン，B.　中村運訳 1998『DNA だけで生命は解けない——「場」の生命論』シュプリンガー・フェアラーク東京
ハーバーマス，J.　河上倫逸・M. フーブリヒト・平井俊彦訳 1985『コミュニケイション的行為の理論（上）』未来社
——— 丸山高司・丸山徳次・厚東洋輔・森田数実・馬場孚瑳江・脇圭平訳 1987『コミュニケイション的行為の理論（下）』未来社
ハート，M.・A. ネグリ　幾島幸子訳 2005『マルチチュード——〈帝国〉時代の戦争と民主主義』上・下 日本放送出版協会
ハイデッガー，M.　細谷貞雄訳 1963『存在と時間』上 理想社
——— 細谷貞雄・亀井裕・船橋弘訳 1964『存在と時間』下 理想社
ホルクハイマー, M.・T. アドルノ　徳永恂訳 1990『啓蒙の弁証法——哲学的断想』岩波書店
フッサール，E. 立松弘孝訳 1967『内的時間意識の現象学』みすず書房
——— 立松弘孝訳 1965『現象学の理念』みすず書房
——— 渡辺二郎訳 1979『イデーン 純粋現象学と現象学的哲学のための諸構想 Ⅰ－Ⅰ』みすず書房
——— 渡辺二郎訳 1984『イデーン 純粋現象学と現象学的哲学のための諸構想 Ⅰ－Ⅱ』みすず書房
——— 細谷恒夫編 1970『世界の名著 ブレンターノ・フッサール』中央公論社
——— 細谷恒夫・木田元訳 1974『ヨーロッパ諸学の危機と超越論的現象学』中央公論社
カンディンスキー，W.　西田秀穂訳 1979『カンディンスキーの回想　カンディンスキー著作集 4』美術出版社
カウフマン，S. 米沢富美子訳 1999『自己組織化と進化の論理——宇宙を貫く複雑系の法則』日本経済新聞社

## 翻訳文献（本書では参照していないが，参考文献の中で翻訳されている書を挙げた）


アドルノ，T.　木田元・徳永恂・渡辺祐邦・三島憲一・須田朗・宮武昭訳 1996『否定弁証法』作品社

アルバーツ，B. ほか　中村桂子・松原謙一監訳 2010『細胞の分子生物学』第5版 ニュートンプレス

アーチャー，M.　佐藤春吉訳 2007『実在論的社会理論――形態生成論アプローチ』青木書店

アーレント，H. 大久保和郎訳 1969『イェルサレムのアイヒマン――悪の陳腐さについての報告』みすず書房

ベイトソン，G.　佐藤良明訳 2000『精神の生態学』新思索社

ベーエ，M.　長野敬・野村尚子訳 1998『ダーウィンのブラックボックス――生命像への新しい挑戦』青土社

ブルデュー，P.・L. ヴァカン　水島和則訳 2007『リフレクシヴ・ソシオロジーへの招待――ブルデュー社会学を語る』藤原書店

バックレイ，W.　新睦人・中野秀一郎訳 1980『一般社会システム論』誠信書房

キャマジン，S. ほか　松本忠夫・三中信宏訳 2009『生物にとって自己組織化とは何か――群れ形成のメカニズム』海游社

カッシーラー，E. 中野好之訳 2003『啓蒙主義の哲学』上・下 ちくま学芸文庫

チャーチランド，P.　信原幸弘・宮島昭二訳 1997『認知哲学――脳科学から心の哲学へ』産業図書

クロスリー，N.　西原和久・郭基煥・阿部純一郎訳 2009『社会運動とは何か――理論の源流から反グローバリズム運動まで』新泉社

チクセントミハイ，M.　今村浩明訳 1996『フロー体験――喜びの現象学』世界思想社

デランダ，M.　篠原雅武訳 2015『社会の新たな哲学――集合体，潜在性，創発』人文書院

デネット，D.　山口泰司訳 1997『解明される意識』青土社

――― 1997 土屋俊訳『心はどこにあるのか』草思社

エリアス，N.　赤井慧爾・中村元保・吉田正勝訳 1977『文明化の過程（上）――ヨーロッパ上流階層の風俗の変遷』法政大学出版局

―――　波田節夫・溝辺敬一・羽田洋・藤平浩之訳 1978『文明化の過程（下）――社会の変遷・文明化の理論のための見取図』法政大学出版局

―――　徳安彰訳 1994『社会学とは何か――関係構造・ネットワーク形成・権力』

——— 2005a “The Complexity Turn,” *Theory, Culture & Society* 22(5): 1-14
——— 2005b “The Complexity and the Global,” *Theory, Culture & Society* 22(5): 235-254
Valéry, Paul [1914] 1973 *Cahiers* I, Paris: Gallimard寺田透ほか訳 1980『ヴァレリー全集　カイエ篇 1』筑摩書房
Weber, Max 1971 *Gesammelte Politische Schriften* 3, erneut vermehrte Aufl. Hrsg. Johannes Winckelmann, Tübingen: J. C. B. Mohr
——— [1904-05] 2004 *Die protestantische Ethik und der Geist des Kapitalismus*, München: Verlag C. H. Beck
White, Harrison 2008 *Identity and Control: How Social Formations Emerge*, 2nd ed. Princeton: Princeton University Press
Wiener, Norbert 1950 *The Human Use of Human Beings: Cybernetics and Society*, Boston: Houghton Mifflin
Wilde, Melissa J. 2004 “How Culture Mattered at Vatican 11: Collegiality Trumps Authority in the Council's Social Movement Organizations,” *American Sociological Review* 69: 576-602.
Wilson, Tim and Tim Holt 2001 “Complexity and Clinical Care,” *British Medical Journal* 323 (September 22): 685
柳父章 1982『翻訳語成立事情』岩波新書
吉田善章 1998『非線形科学入門』岩波書店
吉本隆明 1968「ちいさな群への挨拶」『現代詩文庫第 1 期 8　吉本隆明』思潮社
Zolberg, Aristide R., 1972 “Moments of Madness,” *Politics and Society* 2(2): 183-207

Schrödinger, Erwin [1944] 1967 *What is Life? The Physical Aspect of the Living Cell*, Cambridge: Cambridge University Press

Schütz, Alfred [1932a] 1981 *Der sinnhafte Aufbau der socialen Welt: Eine Einleitung in die verstehende Soziologie* 2 Aufl., Frankfurt am Main: Suhrkamp Verlag

——— [1932b] 1976, *The Phenomenology of the Social World*, trans. George Walsh and Frederick Lehnert, London: Heinemann Educational Books

盛山和夫 2011『社会学とは何か——意味世界への探求』ミネルヴァ書房

——— 2013『社会学の方法的立場——客観性とはなにか』東京大学出版会

盛山和夫・海野道郎編 1991『秩序問題と社会的ジレンマ』ハーベスト社

Sen, Amartya 1977 "Rational Fools: A Critique of the Behavioral Foundations of Economic Theory," *Philosophy & Public Affairs* 6(4): 317-344

Sewell, William H. Jr. 1996 "Historical Events as Transformations of Structures: Inventing Revolution at the Bastille," *Theory and Society* 25: 841-881

清水博 1999『生命と場所——創造する生命の原理』新版 NTT 出版

——— 2003『場の思想』東京大学出版会

清水博編著 2000『場と共創』NTT 出版

塩沢由典 1990『市場の秩序学——反均衡から複雑系へ』筑摩書房

——— 1997『複雑系経済学入門』生産性出版

Sidgwick, Henry 1981 *The Methods of Ethics*, 7th ed. Indianapolis: Hackett Publishing

Snow, David A. and Dana M. Moss 2014 "Protest on the Fly: Toward a Theory of Spontaneity in the Dynamics of Protest and Social Movements," *American Sociological Review* 79(6): 1122-1143

末木文美士 1996『仏教——言葉の思想史』岩波書店

杉浦・中谷・山下・吉田 1987『化学概論——物質科学の基礎』化学同人

Suteanu, Cristian 2005 "Complexity, Science and the Public: The Geography of a New Interpretation," *Theory, Culture & Society* 22(5): 113-140

高塚和夫 2001『非平衡系の科学Ⅳ　分子の複雑性とカオス』講談社

竹内啓 2010『偶然とは何か——その積極的意味』岩波新書

竹内敏晴 2009『「出会う」ということ』藤原書店

田中博 2002『生命と複雑系』培風館

谷川俊太郎 2013『こころ』朝日新聞出版

巽友正 1995『連続体の力学』岩波書店

Taylor, Mark 2001 *The Moment of Complexity: Emerging Network Culture*, Chicago: The University of Chicago Press

Urry, John 2003 *Global Complexity*, Cambridge: Polity Press

*to a Group of Recent European Writers* 1, New York: The Free Press
Parsons, Talcott and Edward A. Shils (eds.) 1951 *Toward a General Theory of Action*, Cambridge and London: Harvard University Press
Patterson, Colin, 1999 *Evolution*, 2nd ed. New York: Cornell University Press
Plsek, Paul E. and Tim Wilson 2001 "Complexity, Leadership, and Management in Healthcare Organizations," *British Medical Journal* 323 (7315) September 29: 746-749.
Powell, Christopher 2013 "Radical Relationism: A Proposal," in Powell and Dépelteau 2013
Powell, Christopher and François Dépelteau (eds.) 2013 *Conceptualizing Relational Sociology: Ontological and Theoretical Issues*, New York: Palgrave Macmillan
Prandini, Ricardo 2015 "Relational Sociology: A Well-defined Sociological Paradigm or a Challenging 'Relational Turn' in Sociology?," *International Review of Sociology* 25(1): 1-14
Prigogine, Ilya 1980 *From Being to Becoming: Time and Complexity in the Physical Sciences*, San Francisco: W. H. Freeman and Company
——— 1997 *The End of Certainty*, New York: The Free Press
Rawls, John, 1971 *A Thery of Justice*, Cambridge and London: Harvard University Press
Rigney, Daniel 2001 *The Metaphorical Society: An Invitation to Social Theory*, Lanham, MD: Rowman & Littlefield Publishers
Ryle, Gilbert 1949 *The Concept of Mind*, London: Hutchinson
相良亨 1989『日本の思想——理・自然・道・天・心・伝統』ぺりかん社
坂部恵 1989『ペルソナの詩学——かたり ふるまい こころ』岩波書店
Sandel, Michael J. 2009 *Justice What's the Right Thing To Do?,* New York: Farrar, Straus and Giroux
Sanderson, Stephen K. 1995 *Social Transformations: A General Theory of Historical Development*, Oxford and Cambridge: Blackwell
Sartre, Jean-Paul 1943 *L'être et le néant,* 24 éd. Paris: Gallimard 松浪信三郎訳 1999『存在と無——現象学的存在論の試み』新装版上・下 人文書院
——— 1944 "La République du silence," *Les Lettres françaises* 白井健三郎訳1964『サルトル全集第10巻　シチュアシオンⅢ』改訂版 人文書院
Sawyer, R. Keith 2005 *Social Emergence: Societies As Comlex Systems*, Cambridge: Cambridge University Press
Saxenian, Annalee 1994 *Regional Advantage: Culture and Competition in Silicon Valley and Route 128*, Cambridge and London: Harvard University Press

——— [1872b] 1999a *The Birth of Tragedy and Other Writings*, trans. Ronald Speirs, Cambridge: Cambridge University Press
——— [1872c] 1966 秋山英夫訳『悲劇の誕生』岩波文庫
——— [1887] 1999b *Zur Genealogie der Moral*, Friedrich Nietzsche Samtliche Werke Kritischen Studienausgabe Bd. 5, München: Deutscher Taschenbuch Verlag
——— [1889a] 1999c *Götzen-Dämmerung oder Wie man mit dem Hammer philosophirt*, Friedrich Nietzsche Samtliche Werke Kritischen Studienausgabe Bd. 6, München: Deutscher Taschenbuch Verlag
——— [1889b] 1999d *Der Antichrist: Fluch auf das Christenthum,* Friedrich Nietzsche Samtliche Werke Kritische Studienausgage Bd. 6, München: Deutscher Taschenbuch Verlag
——— [1889c] 1999e *Ecce homo Wie man wird, was man ist,* Friedrich Nietzsche Samtliche Werke Kritische Studienausgage Bd. 6, München: Deutscher Taschenbuch Verlag
日本化学会編 1980『化学総説 No.30　物質の進化』学会出版センター
野家啓一 1993『無根拠からの出発』勁草書房
North, Douglass C. 1999 "Dealing with a Non-Ergodic World: Institutional Economics, Property Rights, and the Global Environment," *Duke Environmental Law & Policy Forum* X(1): 1-12
——— 2005 *Understanding the Process of Economic Change*, Princeton and Oxford: Princeton University Press
貫成人 2003『経験の構造――フッサール現象学の新しい全体像』勁草書房
岡一太郎 2009「対人恐怖と社会恐怖の比較文化的研究――日独の患者における視線体験の相違」『精神神経学雑誌』111(8): 908-929
大江健三郎・河合隼雄・谷川俊太郎 1996『日本語と日本人の心』岩波書店
大岡信 1975『蕩児の家系――日本現代詩の歩み』思潮社
大森荘蔵 1976『物と心』東京大学出版会
——— 1982『新視覚新論』東京大学出版会
——— [1985] 1998『大森荘蔵著作集第 7 巻　知の構築とその呪縛（原題　知識と学問の構造）』岩波書店
——— 1992『時間と自我』青土社
——— 1996『時は流れず』青土社
Parker, John 2000 *Structuration*, Buckingham and Philadelphia: Open University Press
Parsons, Talcott 1951 *The Social System*, New York: The Free Press
——— 1968 *The Structure of Social Action: A Study in Social Theory with Special Reference*

*Marx・Friedrich Engels Werke* Bd. 4, Berlin: Dietz Verlag
Massumi, Brian 2002 *Parables for the Virtual: Movement, Affect, Sensation*, Durham and London: Duke University Press
Maturana, H. R. and F. J. Varela 1980 *Autopiesis and Cognition: The Realization of the Living*, Dordrecht: D. Reidel Publishing
McAdam, Doug 1988 *Freedom Summer*, Oxford and New York: Oxford University Press
McAdam, Doug, Sidney Tarrow and Charles Tilly 2001 *Dynamics of Contension*, Cambridge: Cambridge University Press
McAdam, Doug and W. Richard Scott 2005 "Organizations and Movements," in Gerald F. Davis, et al. (eds.) 2005 *Social Movements and Organization Theory*, Cambridge: Cambridge University Press
Merleau-Ponty, Maurice 1962 *Phenomenology of Perception*, London: Routledge and Kegan Paul
——— 1964 *Le visible et l'invisible, suivi de notes de travail*, Paris: Gallimard 滝浦静雄・木田元訳 1989『見えるものと見えないもの』みすず書房
——— 1968 *Résumé de cours, Collège de France 1952-1960,* Paris: Gallimard 滝浦静雄・木田元訳 1979『言語と自然——コレージュ・ドゥ・フランス講義要録』みすず書房
Milgram, Stanley 1974 *Obedience to Authority*, New York: Harper and Row
Minsky, Marvin 1985 *The Society of Mind*, New York: Simon and Schuster
三宅美博 2000「コミュニカビリティーと共生成」清水博編著 2000
Moss, Lenny 2003 *What Genes Can't Do*, Cambridge and London: The MIT Press
向井去来 潁原退蔵（校訂）[1939] 1969『去来抄・三冊子・旅寝論』岩波文庫
村上春樹・柴田元幸 2000『翻訳夜話』文春新書
Murphy, M. P. and L. A. J. O'Neill (eds.) 1995 *What is Life? The Next Fifty Years*, Cambridge: Cambridge University Press
中村春木・有坂文雄編 1997『タンパク質のかたちと物性』共立出版
中村雄二郎 1998『述語的世界と制度——場所の論理の彼方へ』岩波書店
中野重治 1978『中野重治詩集』岩波文庫
Nicolis, Grégoire 1995 *Introduction to Nonlinear Science*, Cambridge: Cambridge University Press
Nicolis, Grégoire and Ilya Prigogine 1989 *Exploring Complexity*, New York: W. H. Freeman and Company
Nietzsche, Friedrich Wilhelm [1872a] 2010 *Die Geburt der Tragödie aus dem Geiste der Musik*, Cambridge: Cambridge University Press

*Theory, Culture & Society* 22(5): 213-234
小林秀雄 1932「Xへの手紙」『Xへの手紙・私小説論』新潮文庫
小池清治 1989『日本語はいかにつくられたか？』筑摩書房
河野司編 1972『二・二六事件　獄中手記・遺書』河出書房新社
鴻池朋子 2005「語られた物語 描かれた予兆」『美術手帖』 6月号
小坂井敏晶 2008『責任という虚構』東京大学出版会
Kuhn, Thomas 1970 *The Structure of Scientific Revolutions*, Chicago: University of Chicago Press
Kunneman, Harry 2010 "Ethical Complexity," in Cilliers and Preiser (eds.) 2010
蔵本由紀 2003『新しい自然学——非線形科学の可能性』岩波書店
草柳千早 2004『「曖昧な生きづらさ」と社会——クレイム申し立ての社会学』世界思想社
Law, John and Annemarie Moll (eds.) 2002 *Complexities: Social Studies of Knowledge and Practices*, Durham and London: Duke University Press
Lawler, Steph 2008 *Identity: Sociological Perspective*, Cambridge: Polity Press
Leschziner, Vanina and Adam Isaiah Green 2013 "Thinking about Food and Sex: Deliberate Cognition in the Routine Practices of a Field," *Sociological Theory* 31(2): 116-144
Luhmann, Niklas, 1985 *Soziale Systeme: Grundriß einer allgemeinen Theorie*, 2 Aufl. Frankfurt am Main: Suhrkamp Verlag
Mackenzie, Adrian 2005 "The Problem of the Attractor: A Singular Generality between Sciences and Social Theory," *Theory, Culture & Society* 22(5): 45-65
前田勉 2006『兵学と朱子学・蘭学・国学——近世日本思想史の構図』平凡社
——— 2012『江戸の読書会——会読の思想史』平凡社
March, James G. and Herbert A. Simon 1958 *Organizations*, New York: Willey
Martin, John Levi 2003 "What Is Field Theory?," *American Journal of Sociology* 109(1): 1-49
丸山真男 1961『日本の思想』岩波新書
——— 1964『現代政治の思想と行動』増補版 未来社
——— 1992『忠誠と反逆——転形期日本の精神史的位相』筑摩書房
Marx, Karl [1852] 1927 *Der achtzehnte Brumaire des Louis Bonaparte*. Neue ergänzte Ausgabe mit einem Vorwort von Friedrich Engels, Hrsg. und eingeleitet von D. Rjazanov, Wien: Verlag für Literatur und Politik
——— [1857-58] 1974 *Grundrisse der Kritik der Politischen Ökonomie*, 2 Aufl. Berlin: Dietz Verlag
Marx, Karl and Friedrich Engels [1848] 1974 *Manifest der Kommunistischen Partei*, *Karl*

今田高俊 1986『自己組織性――社会理論の復活』創文社
――― 2005『自己組織性と社会』東京大学出版会
猪飼篤 1996『生化学　化学入門コース８』岩波書店
井上達夫 1986『共生の作法――会話としての正義』創文社
Isaacson, Walter 2011 *Steve Jobs*, New York: Simon & Schuster
伊丹敬之 1999『場のマネジメント――経営の新パラダイム』NTT 出版
伊丹敬之・西口敏宏・野中郁次郎編著 2000『場のダイナミズムと企業』東洋経済新聞社
Jackson, Michael 1992 *Dancing the Dream*, London: Doubleday
Jenks, Chris and John Smith 2006 *Qualitative Complexity: Ecology, Cognitive Processes and the Re-emergence of Structures in Post-humanist Social Theory*, London: Routledge
――― 2013 "Reshaping Social Theory from Complexity and Ecological Perspectives, "*Thesis Eleven* 114(1): 61-75
Kandinsky, Wassily 1955 *Rückblick*, Baden-Baden: Woldemar Klein Verlag
金子邦彦 2003『生命とは何か――複雑系生命論序説』東京大学出版会
金子邦彦編 2001『複雑系のバイオフィジックス』共立出版
金子邦彦・池上高志 1998『複雑系の進化的シナリオ――生命の発展様式』朝倉書店
金子邦彦・津田一郎 1996『複雑系のカオス的シナリオ』朝倉書店
菅野覚明 2001『神道の逆襲』講談社現代新書
――― 2004『本居宣長――言葉と雅び』（改訂版）ぺりかん社
Kauffman, Stuart 1993 *The Origins of Order: Self-Organization and Selection in Evolution*, Oxford and New York: Oxford University Press
――― 1995 *At Home in the Universe: The Search for Laws of Self-Organization and Complexity*, New York: Penguin Books
――― 2000 *Investigations*, Oxford and New York: Oxford University Press
川端康成 1957 *Snow Country*, trans. Edward G. Seidensticker, Tokyo: Tuttle Publishing
川崎恭治 2000『非平衡と相転移――メソスケールの統計物理学』朝倉書店
Keller, Evelyn Fox 2002 *Making Sense of Life: Explaining Biological Development with Models, Metaphors, and Machines*, Cambridge and London: Harvard University Press
北原和夫・吉川研一 1994『非平衡系の科学Ⅰ　反応・拡散・対流の現象論』講談社
Kitsuse, John and Malcolm Spector 1977 *Constructing Social Problems*, San Francisco: Benjamin Cummings
Knorr, Karin Cetina 2015 "Complex Global Microstructure: The New Terrorist Societies,"

Suhrkamp Verlag
Haggis, Tamsin 2007 "Conceptualising the Case in Adult and Higher-education Research: A Dynamic Systems View," in Bogg and Geyer (eds.) 2007
Hardt, Michael and Antonio Negri 2004 *Multitude: War and Democracy in the Age of Empire*, New York: Penguin Books
Harold, Franklin M. 2001 *The Way of the Cell: Molecules, Organisms and the Order of Life*, Oxford and New York: Oxford University Press
Harrison, Neil E. (ed.) 2006a *Complexity in World Politics: Concepts and Methods of a New Paradigm*, Albany, NY: State University of New York Press
——— 2006b "Thinking About the World We Make," in Harrison (ed.) 2006
Heidegger, Martin [1927] 2001 *Sein und Zeit* 18 Aufl. Tübingen: Max Niemeyer Verlag
Hewitt, Paul G., John Suchocki and Leslie A. Hewitt 1994 *Conceptual Physical Science*, New York: Harper Collins College Publishers 小出昭一郎監修・黒星瑩一訳 1997『エネルギー　物理科学のコンセプト２』共立出版
平田オリザ 1995『現代口語演劇のために』晩聲社
廣田襄・梶本興亜編 2001『現代化学への招待』朝倉書店
Horkheimer, Max and Theodor Adorno [1944]1969 *Dialektik der Aufklärung: Philosophische Fragmente*, Frankfurt am Main: Fischer Verlag
Husserl, Edmund [1928] 1985 *Texte zur Phänomenologie des inneren Zeitbewußtseins (1893-1917)*, Hamburg: Felix Meiner Verlag
——— [1907] 1986 *Die Idee der Phänomenologie*, Hamburg: Felix Meiner Verlag
——— [1913] 2009a *Ideen zu einer reinen Phänomenologie und phänomenologischen Philosophie*, Erstes Buch: Allgemeine Einfuhrung in die reine Phänomenologie, Hamburg: Felix Meiner Verlag
——— [1911] 2009b *Philosophie als strenge Wissenschaft*, Hamburg: Felix Meiner Verlag
——— [1936] 2012 *Die Krisis der europäischen Wissenschaften und die transcendentale Phänomenologie*, Hamburg: Felix Meiner Verlag
飯田隆 2008「『見る』と『見える』——日本語から哲学へ」『岩波講座哲学１ いま〈哲学する〉ことへ』岩波書店
飯島昇藏 2001『社会契約』東京大学出版会
池上嘉彦 1981『「する」と「なる」の言語学——言語と文化のタイポロジーへの試論』大修館書店
——— 2007『日本語と日本語論』ちくま学芸文庫
Ikegami, Yoshihiko (ed.) 1991 *The Empire of Signs: Semiotic Essays on Japanese Culture*, Amsterdam: John Benjamins Publishing

Frie, Roger (ed.) 2003a *Understanding Experience: Psychotherapy and Postmodernism*, London: Routledge

——— 2003b "Introduction: Between Modernism and Postmodernism: Rethinking Psychological Agency," in Frie (ed.) 2003

Fuhse, Jan A. 2013 "Social Relationships between Communication, Network Structure, and Culture," in Dépelteau and Powell (eds.) 2013

——— 2015 "Theorizing Social Networks: The Relational Sociology of and around Harrison White, " in *International Review of Sociology* 25(1): 15-44

Geertz, Clifford 1979 "From the Native's Point of View: On the Nature of Anthropological Understanding," in Paul Rabinow and William M. Sullivan (eds.) *Interpretive Social Science: A Reader*, Berkeley, CA: University of California Press

Gergen, J. Kenneth 1994 *Realities and Relationships: Soundings in Social Construction*, Cambridge and London: Harvard University Press

——— 1999 *An Invitation to Social Construction*, London: Sage Publications

Gergen, J. Kenneth and Sheila McNamee 1999 *Relational Responsibility: Resources for Sustainable Dialogue*, London: Sage

Giddens, Anthony 1984 *The Constitution of Society: Outline of the Theory of Structuration*, Cambridge: Polity Press

——— 1990 *The Consequences of Modernity*, Cambridge: Polity Press

——— 1993 *New Rules of Sociological Method: A Positive Critique of Interpretative Sociology*, 2nd ed. Cambridge: Polity Press

——— 1995 *A Contemporary Critique of Historical Materialism*, 2nd ed. Hampshire and New York: Palgrave Macmillan

Gigerenzer, Gerd and Reinhard Selten (eds.) 2001 *Bounded Rationality: The Adaptive Toolbox*, Cambridge and London: The MIT Press

Gilbert, Scott F. 2003 *Developmental Biology*, Massachusetts: Synauer Associates

Gitlin, Todd 1987 *The Sixties: Years of Hope, Days of Rage*, NewYork: Bantam Books

Goodwin, Brian 1994 *How the Leopard Changed Its Spots: The Evolution of Complexity*, Princeton: Princeton University Press

Griffin, Douglas 2002 *The Emergence of Leadership: Linking Self-organization and Ethics*, Lonon: Routledge

The Gulbenkian Commission 1996 *Open the Social Sciences: Report of the Gulbenkian Commission on the Restructuring of the Social Sciences*, Stanford: Stanford University Press

Habermas, Jürgen 1981 *Theorie des kommunikativen Handelns*, Frankfurt am Main:

Descartes, René 1637 *Discours de la méthode* 谷川多佳子訳 1997『方法序説』岩波文庫

Dewey, John and Arthur T. Bentley 1949 *Knowing and the Known*, Boston: The Beacon Press

Dillon, Michael, 2000 "Poststructuralism, Complexity and Poetics' Theory," *Culture and Society* 17(5): 1-26

Elias, Norbert [1939, 1969] 1997a Über *den Prozeß der Zivilisation: Soziologische und psychogenetische Untersuchungen* Bd. 1, Suhrkamp Taschenbuch Wissenschaft 158, Frankfurt am Main: Suhrkamp Verlag

——— [1939, 1969] 1997b Über *den Prozeß der Zivilisation: Soziologische und psychogenetische Untersuchungen* Bd. 2, Suhrkamp Taschenbuch Wissenschaft 159, Frankfurt am Main: Suhrkamp Verlag

——— [1970] 2006 *Was ist Soziologie?*, Norbert Elias Gesammelte Schriften Bd. 5, Frankfurt am Main: Suhrkamp Verlag

——— [1991] 2001 *Die Gesellschaft der Individuen*, Hrsg. von Michael Schröter, Suhrkamp Taschenbuch Wissenschaft 974, Frankfurt am Main: Suhrkamp Verlag

Emirbayer, Mustafa 1997 "Manifesto for a Relational Sociology," *American Journal of Sociology* 103(2): 281-317

Emirbayer, Mustafa and Ann Mische 1998 "What is Agency?," *American Journal of Sociology* 103(4): 962-1023

Eve, Raymond A., Sara Horsfall and Mary E. Lee (eds.) 1997 *Chaos, Complexity and Sociology: Myths, Models and Theories*, London: Sage Publications

Fish, Kenneth 2013 "Relational Sociology and Historical Materialism: Three Conversation Starters," in Powell and Dépelteau (eds.) 2013

Fligstein, Neil and Doug McAdam 2012 *A Theory of Fields*, Oxford and New York: Oxford University Press

Fontdevila, Jorge, M. Pilar Opazo and Harrison C. White 2011 "Order at the Edge of Chaos: Meanings from Netdom Switchings across Functional Systems," *Sociological Theory* 29(3): 178-198

Fontdevila, Jorge and Harrison C. White 2013 "Relational Power from Switching across Netdoms through Reflexive and Indexical Language," in Dépelteau and Powell (eds.) 2013

Foucault, Michel 1975 *Surveiller et Punir: Naissance de la prison*, Paris: Gallimard 田村俶訳 1977『監獄の誕生——監視と処罰』新潮社

——— 1976 *La Volonte de savoir 1, de Histoire de la sexualite*, Paris: Gallimard 渡辺守章訳 1986『性の歴史 I　知への意志』新潮社

——— 2010 "Difference, Identity and Complexity," in Cilliers and Preiser (eds.) 2010
Cilliers, Paul, Francis Heylighen and Carlos Gershenson 2007 "Philosophy and Complexity," in Bogg and Geyer (eds.) 2007
Cilliers, Paul and Rika Preiser (eds.) 2010 *Complexity, Difference and Identity: An Ethical Perspective*, Berlin and Heidelberg: Springer Verlag
Clark, Nigel 2005 "Ex-orbitant Globality," *Theory, Culture & Society* 22(5): 165-185
Crossley, Nick 2002a *Making Sense of Social Movements*, Buckingham and Philadelphia: Open University Press
——— 2002b "Global Anti-corporate Struggle: A Preliminary Analysis," *British Journal of Sociology* 53(4): 667-691
——— 2011 *Towards Relational Sociology*, London: Routledge
——— 2013 "Interactions, Juxtapositions, and Tastes: Conceptualizing 'Relations' in Relational Sociology," in Powell and Dépelteau (eds.) 2013
——— 2015 "Relational Sociology and Culture: A Preliminary Framework," *International Review of Sociology* 25(1): 65-85
Csikszentmihalyi, Mihaly 1990 *Flow: The Psychology of Optimal Experience*, New York: Harper Collins
Davidson, Paul 1991 "Is Probability Theory Relevant for Uncertainty? A Post-Keynesian Perspective," *The Journal of Economic Perspectives* 5 (Winter issue): 129-143
DeLanda, Manuel 2002 *Intensive Science and Virtual Philosophy*, London and New York: Bloomsbury
——— 2006 *A New Philosophy of Society: Assemblage Theory and Social Complexity*, London and New York: Bloomsbury
Dennett, C. Daniel 1991 *Consciousness Explained*, London: Little Brown & Company
——— 1996 *Kinds of Minds*, New York: Basic Books
Dépelteau, François 2008 "Relational Thinking: A Critique of Co-Deterministic Theories of Structure and Agency," *Sociological Theory* 26(1): 51-73
——— 2013 "What Is the Direction of the 'Relational Turn'?," in Powell and Dépelteau (eds.) 2013
——— 2015 "Relational Sociology, Pragmatism, Transactions and Social Fields," *International Review of Sociology* 25(1): 45-64
Dépelteau, François and Christopher Powell (eds.) 2013 *Applying Relational Sociology: Relations, Networks, and Society*, New York: Palgrave Macmillan
Derrida, Jacques 1967 *La voix et le phénomène,* Paris: PUF 高橋允昭訳 1970『声と現象――フッサール現象学における記号の問題への序論』理想社

2001『ベルグソン全集4　創造的進化』新装復刊 白水社
Bogg, Jan and Robert Geyer (eds.) 2007 *Complexity, Science and Society*, Oxford and New York: Radcliffe Publishing
Bourdieu, Pierre and Loic J. D. Wacquant 1992 *An Invitation to Reflexive Sociology*, Chicago: The University of Chicago Press
Buckley, Walter 1967 *Sociology and Modern Systems Theory*, Englewood Cliffs: Prentice-Hall
——— 1998 *Society: A Complex Adaptive System: Essays in Social Theory*, Amsterdam: Gordon and Breach Publishers
Byrne, David 1998 *Complexity Theory and the Social Sciences: An Introduction*, London: Routledge
——— 2005 "Complexity, Configurations and Cases," *Theory, Culture & Society* 22(5): 95-111
——— 2010 "Comparison, Diversity and Complexity," in Cilliers and Preiser (eds.) 2010
Byrne, David and Gill Callaghan 2014 *Complexity Theory and the Social Sciences: The State of the Art*, London: Routledge
Camazine, Scott, Jean-Louis Deneubourg, Nigel Franks, James Sneyd, Guy Theraulaz, and Eric Bonabeau 2001 *Self-Organization in Biological Systems*, Princeton: Princeton University Press
Capra, Fritjof 2005 "Complexity and Life," *Theory, Culture & Society* 22(5): 33-44
Carneiro, Robert L. 2000 "The Transition from Quantity to Quality: A Neglected Causal Mechanism in Accounting for Social Evolution," *Proceedings of the National Academy of Sciences of the United States of America* 97(23): 12926-12931
Cassirer, Ernst [1932] 2003 *Die Philosophie der Aufklärung*, Gesammelte Werke Bd. 15, Hamburg: F. Meiner Verlag
Castellani, Brian and Frederic William Hafferty 2009 *Sociology and Complexity Science: A New Field of Inquiry*, Berlin and Heidelberg: Springer Verlag
Chesters, Graeme and Ian Welsh 2006 *Complexity and Social Movements: Multitudes at the Edge of Chaos*, London: Routledge
Churchland, Paul. M. 1995 *The Engine of Reason, the Seat of the Soul: A Philosophical Journey to the Brain,* Cambridge and London: MIT Press
Cilliers, Paul 1998 *Complexity and Postmodernism: Understanding Complex Systems*, London: Routledge
——— 2005 "Complexity, Deconstruction and Relativism," *Theory, Culture & Society* 22(5): 255-267

# 参考文献


安部公房 1986『死に急ぐ鯨たち』新潮社

Adorno, Theodor [1966] 1970 *Negative Dialektik, Theodor Adorno Gesammelte Schriften* Bd. 6, Frankfurt am Main: Suhrkamp Verlag

Alberts, Bruce *et al.* 2002 *Molecular Biology of the Cell*, 4th ed. New York: Garland Science

Allen, Peter M., Mark Strathern and Liz Varga 2010 "Complexity: The Evolution of Identity and Diversity," in Cilliers and Preiser (eds.) 2010

尼ヶ崎彬 1995『縁の美学――歌の道の詩学２』勁草書房

網野善彦 1978『無縁・公界・楽――日本中世の自由と平和』平凡社

Archer, Margaret S. 1995 *Realist Social Theory: The Morphogenetic Approach*, Cambridge: Cambridge University Press

Arendt, Hannah 1963 *Eichmann in Jerusalem: A Report on the Banality of Evil*, New York: Penguin Books

Armstrong, Elizabeth A. 2002 *Forging Gay Identities: Organizing Sexuality in San Francisco,1950-1994*, Chicago and London: The University of Chicago Press

――― 2005 "From Struggle to Settlement: The Crystallization of a Field of Lesbian/Gay Organizations in San Francisco 1969-1973," in Gerald F. Davis *et al.* (eds.) 2005 *Social Movements and Organization Theory*, Cambridge: Cambridge University Press

浅野智彦 2001『自己への物語的接近――家族療法から社会学へ』勁草書房

Bak, Per, 1997 *How Nature Works: The Science of Self-organized Criticality,* Oxford and New York: Oxford University Press

Basler, Roy P. (ed.) 1953 *The Collected Works of Abraham Lincoln* 7, New Brunswick: Rutgers University Press

Bateson, Gregory 1972 *Steps to an Ecology of Mind*, Chicago: The University of Chicago Press

Bauman, Zygmunt 1989 *Modernity and the Holocaust*, New York: Cornell University Press

Behe, Michael 1996 *Darwin's Black Box: The Biochemical Challenge to Evolution*, New York: The Free Press

Bergson, Henri [1907] 1959 *L'Évolution créatrice,* Paris: PUF 松浪信三郎・高橋允昭訳

# 事項索引

ま行



や行



ら行



わ行

さ行



た行



な行



は行

# 人名索引

著者紹介

桜井　洋（さくらい　ひろし）

東京大学文学部国史学科卒業
東京大学大学院社会学研究科博士課程修了
山梨大学教育学部，早稲田大学商学部を経て
現在　早稲田大学国際教養学部教授
専門　理論社会学　特に複雑性理論を中心とする

社会秩序の起源
「なる」ことの論理

初版第一刷発行　2017 年 11 月 10 日

著　者　桜井　洋
発行者　塩浦　暲
発行所　株式会社　新曜社
101-0051　東京都千代田区神田神保町 3-9
電話 03（3264）4973（代）・FAX03（3239）2958
Email: info@shin-yo-sha.co.jp
URL: http://www.shin-yo-sha.co.jp
印刷製本　中央精版印刷


ISBN978-4-7885-1547-5 C3036

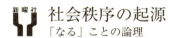